◎医疗保障培训系列教材
◎高等院校健康与医疗保障系列教材

就业保障

王正柱　主编

山东大学出版社
SHANDONG UNIVERSITY PRESS
·济南·

图书在版编目(CIP)数据

就业保障 / 王正柱主编. — 济南：山东大学出版社，2024. 7. -- ISBN 978-7-5607-8365-9

Ⅰ. F249.214

中国国家版本馆 CIP 数据核字第 2024CR7137 号

策划编辑　唐　棣
责任编辑　唐　棣
封面设计　王秋忆

就业保障
JIUYE BAOZHANG

出版发行　山东大学出版社
社　　址　山东省济南市山大南路 20 号
邮政编码　250100
发行热线　(0531)88363008
经　　销　新华书店
印　　刷　济南巨丰印刷有限公司
规　　格　787 毫米×1092 毫米　1/16
　　　　　22.75 印张　500 千字
版　　次　2024 年 7 月第 1 版
印　　次　2024 年 7 月第 1 次印刷
定　　价　68.00 元

《就业保障》
编委会

主　　任　谷景亮　苏宝利

副 主 任　张秀梅　宋　燕

主　　编　王正柱

编写人员（以姓氏笔画为序）：

王正柱　纪雪莹　李　琛

孟　娜　张　雪　杨　惠

前　言

市场经济就是法制经济。党的二十大报告作出了“坚持全面依法治国，推进法治中国建设”的决定，明确指出：我们要坚持走中国特色社会主义法治道路，建设中国特色社会主义法治体系、建设社会主义法治国家，围绕保障和促进社会公平正义，坚持依法治国、依法执政、依法行政共同推进，坚持法治国家、法治政府、法治社会一体建设，全面推进科学立法、严格执法、公正司法、全民守法，全面推进国家各方面工作法治化。劳动就业、社会保障直接关系到国计民生，是项民生工程，必须依法推进，走法制化的道路。

随着我国社会主义市场经济体制的不断完善，我国的劳动就业制度、社会保障制度等法制化建设取得了举世瞩目的成就。近几年来，国家先后颁布了《劳动法》《就业促进法》《劳动争议调解仲裁法》《社会保险法》《劳动合同法》等法律。同时，国家陆续制定出台《工伤保险条例》《失业保险条例》等一大批单项法规、规章，以及国家、地方政府出台的有关劳动就业、社会保险等方面的政策规定。这些法律法规、规章制度、政策规定，涉及面广，时间跨度大，头绪繁多，分散在不同领域，但又切实关系到每个劳动者的切身利益。为保护劳动者的合法权益、规范用人单位和广大职工的劳动就业和社会保障行为，促使、监督用人单位依法用工，政府部门依法行政，职工依法维护合法权益，更好地为之所用，编者根据多年从事劳动就业、社会保障工作的经验和工作中的深刻感悟，主要依据我国现行的有关劳动就业、社会保险等法律法规和政策文件，从实际需要出发，编写了《就业保障》一书，以飨读者。

《就业保障》一书重在实用。本书编者长期从事劳动就业和社会保障工作，深知什么是广大用人单位和劳动者经常遇到的、最为关心的和最迫切需要解决的问题。本书就是针对这些与广大用人单位和劳动者最为密切相关的劳动就业、社会保障等问题进行了翔实的介绍，力求达到“一册在手，政策全有”的目的。

本书共有十二章。在章节安排上，循序渐进，融会贯通，结构严谨，浑然一体。

第一章为失业客观必然性。着重介绍了我国失业矛盾突出的历史背景和失业产生的原因，进一步阐述了失业存在的客观必然性，以及国家进行失业治理的方法措施，使劳动者正确认识失业、珍惜工作。

第二章是就业促进。着重介绍了有关就业的基本知识和我国现行的就业制度、积极就业政策，特别就业优先政策的主要内容，以及为促进失业人员就业所提供的就业服务。帮助失业人员积极探寻就业之路，尽快实现就业。

第三章是劳动者权利义务。着重介绍了失业人员实现就业后，其所拥有的8项劳动权利和4项必须履行的劳动义务。让劳动者知道哪些是自己所拥有的合法权益和应承担、履行的义务，以便劳动者切实捍卫自己的合法权利，同时依法履行劳动者的义务。

第四章是劳动关系建立。明确了我国确立劳动关系的法律形式，以及签订劳动合同应坚持的原则和劳动合同所具备的内容条款，介绍了劳动合同续订和变更的条件和程序，以及劳动合同履行的内容。

第五章是劳动关系解除终止。本章分别从劳动者和用人单位的角度介绍了解除终止劳动合同的情形，以及解除终止劳动合同后劳动者和用人单位应继续享受的权利和应继续履行的义务、劳动者的经济补偿和双方违规法律责任等。

第六章是生育保险。着重介绍了我国生育保险的建立和发展、生育保险的覆盖范围、生育保险费的缴纳标准、享受生育保险待遇的条件、生育保险待遇的内容和标准。

第七章是职工医疗保险。在简单介绍了我国职工医疗保险建立和发展的同时，着重介绍了职工医疗保险参保范围和缴费标准、医保关系转移接续、医保待遇报销标准，包括门诊、门诊慢特病、住院、异地就医等报销规定，三大目录、医保个人账户、缴费与医保待遇享受对应衔接关系等有关内容。

第八章是工伤保险。介绍了工伤保险制度的建立发展、工伤保险的参保范围和费用缴纳标准、工伤认定和劳动能力鉴定、工伤保险待遇、职业病的范围和认定、职业病待遇项目、标准等内容，最后介绍了工伤保险基金先行支付、停止享受工伤保险待遇几种情形等有关内容。

第九章是失业保险。介绍了我国失业保险制度的建立和发展的三个阶段，失业保险覆盖范围、失业保险费缴纳标准、享受失业保险待遇的条件、失业保险待遇项目和标准、领取失业保险金的期限、失业保险关系转移接续等内容，最后介绍了失业保险待遇终止的条件。

第十章是职工养老保险。在介绍了我国职工养老保险制度建立发展、职工养老保险的覆盖范围、养老保险费缴纳标准的基础上，着重介绍了职工养老保险关系的转移接续、个人账户、职工工龄认定、领取养老金待遇地的确认、职工养老保险金计发办法和计发标准、退休人员社会化管理等内容。

第十一章是长期护理保险。在我国，长期护理保险制度仍处于试点探索完善过程中，还没有完全定型。但在这里是作为一项独立的社会保险险种介绍的，着重介绍了长期护理保险的试点建立、覆盖范围、基金筹集渠道标准，长期护理保险待遇的条件，失能等级评估，长期护理保险待遇项目、形式，享受长期护理保险待遇的办理程序等内容。

最后一章即第十二章是劳动争议处理。本章就劳动者和用人单位在劳动关系存续期间，因劳动者享受权利和履行义务时与用人单位所产生的劳动争议、如何解决这些劳动争议等内容进行了介绍，让劳动者能够选择正确的途径和渠道，运用法律的武器来维护自己的合法权益。

本书可作为用人单位劳资人员，广大职工、失业人员，劳动就业、社会保障部门工作人员的培训教材或参考资料，亦可作为有关高等院校劳动保障专业教学和大学生就业培训之用。

本书由山东省医疗保险事业中心、山东第一医科大学医疗保障学院（山东省医疗保障研究院）王正柱负责全书的架构设计、内容安排、定稿，并与山东省医疗保障事业中心相关人员组成编写团队，各章编写分工如下（以姓氏笔画为序）：

王正柱：第九章、第十章；

纪雪莹：第四章、第五章；

李　琛：第二章、第八章；

孟　娜：第三章、第六章；

张　雪：第十一章、第十二章；

杨　惠：第一章、第七章。

同时，本书编写和出版得到了编者的领导和同事们的热情鼓励、大力支持和亲切关怀，倍感鼓舞，深受感动，深表谢意。特别感谢山东第一医科大学医疗保障学院和山东省医疗保障研究院这两大平台的同仁们，有幸融入这个团队。在编写过程中，参考、借鉴和引用了大量的书籍和资料，难以一一致谢，在此一并表示衷心感谢！

由于编者水平有限，书中难免有疏漏、不妥之处，甚至错误，恳请广大读者、同仁批评指正，并通过电子邮箱（wzz05312024@163.com）联系编者，将您的宝贵意见、建议或疑问可一并发来，共同为我国劳动就业制度、社会保障制度建设和完善尽绵薄之力。

编　者

2024 年 7 月于泉城济南

目 录

第一章

失业客观必然性

失业是市场经济条件下不可避免的一种正常的客观社会经济现象。失业，在我国有其客观必然性，是由我国社会主义市场经济体制决定的。失业，不仅给人们正常的生活造成困难，而且严重影响社会的和谐稳定。对此，国家采取各种措施，实行积极的就业政策和就业优先战略，防止失业，并加大力度治理失业，进一步促进更多的失业人员实现就业。

第一节　失业客观性

我国确立市场经济体制后，原在计划经济体制下多年沉积的各种矛盾陆续显现，下岗失业人员大量增加，就业矛盾也异常尖锐复杂起来。这是市场经济条件下不可避免的客观现象，也是社会主义市场经济体制下正常的社会经济现象。

一、我国失业凸现

自20世纪90年代中期以来，我国的就业形势就非常严峻，就业矛盾异常突出，这主要表现在劳动力供求总量矛盾与就业结构性矛盾同时并存，城镇就业压力加大和农村剩余劳动力向非农领域转移速度加快同时出现，新成长劳动力就业和失业人员再就业问题相互交织，焦点集中于高校毕业生就业、农村剩余劳动力转移就业和下岗人员再就业上。这对我国经济发展形成了严峻挑战。

改革开放40多年来，我国社会发展、经济建设、综合国力等都取得了举世瞩目的成就。我国早在2010年就成为世界第二大经济体。2023年，我国全面建设社会主义现代化国家又迈出了坚实的步伐，国民经济回升向好，高质量发展扎实推进，现代化产业体系建设取得重要进展，民生保障有力有效，社会大局和谐稳定。全年国内生产总值126.1万亿元，比上年增长5.2%。我国对世界经济增长贡献率超过了30%，是世界经济增长的最大引擎。全年城镇新增就业人数[①]1244万人，比上年增加38万人。年末，全国城镇调查失业率为5.1%。我国社会经济在取得巨大成就的同时，其发展仍面临着一些困难和挑战，部分群体、行业就业结构性矛盾问题仍比较突出，就业总量压力依然存在，就业形势仍不容乐观。

---

① 城镇新增就业人数是指报告期内城镇累计新就业人员数与自然减员人数之差。

当我们回顾一下我国的改革开放史，就不难发现，就业供求性矛盾和就业结构性矛盾加剧是在我国改革开放进入一个新的历史时期、国有企业改革进入攻坚阶段、社会主义市场经济进一步完善情况下发生的。大学毕业生就业、农村剩余劳动力转移就业、下岗人员再就业等特殊就业群体，使我国的就业矛盾变得异常尖锐是必然的，有其客观性。

（一）隐性失业显性化

计划经济体制下，我国实行的是统包分配、一次分配定终身的劳动就业制度，其特点是“低工资、高就业”。这在当时经济基础薄弱和人口众多的情况下，对稳定社会和保证人民生活是有利的，但其结果是“两个人的活，三个人干”，特别是国有大中型企业，更是如此。这就造成了大批的富余劳动力沉积在企业，劳动生产率低下，也为以后大量的职工下岗失业埋下隐患。

党的十一届三中全会以后，我国进入了改革开放时代。1984 年 10 月，党的十二届三中全会在北京召开。这次会议的主要议程是研究和部署在全国开展以城市为重点的全面改革问题。全会通过了《中共中央关于经济体制改革的决定》，并把增强企业活力作为经济体制全面改革的中心环节，赋予了企业六大自主权，使企业真正成为相对独立的经济实体，成为自主经营、自负盈亏的生产者和经营者。这次会议之后，以城市为重点的经济体制改革开始围绕扩大企业自主权、开展股份制试点、改革所有制结构、改变用工制度、实行厂长负责制等方面陆续展开。

1992 年 10 月 12 日至 18 日，党的十四大在北京召开。大会明确了我国经济体制改革的目标是建立社会主义市场经济体制，并要求抓住机遇，加快发展，集中精力把经济建设搞上去。党的十四大为经济体制改革，特别是国有企业改革进一步指明了方向，对进一步解放思想，把握有利时机，加快改革开放和现代化建设的步伐，具有重大而深远的意义。

在十四大召开之前，即 1992 年 1 月 18 日到 2 月 21 日，邓小平同志先后视察了武昌、深圳、珠海、上海，并发表了重要的谈话（被称为“南方谈话”）。邓小平同志南方谈话后，人们的思想更加解放，我国经济体制改革发展的进程进一步加快。5 月 16 日，中央政治局会议通过了《中共中央关于加快改革、扩大开放、力争经济更好更快地上一个新台阶的意见》。6 月 30 日，国务院通过了《全民所有制工业企业转换经营机制条例》，要求国有大中型企业要进一步落实《企业法》，转换企业经营机制，有步骤地把企业推向市场。之后，又进行了分税制改革、减少指令性计划指标、浦东新区开发开放、新建保税区、扩大对外开放区等。特别是十四大以后，党中央、国务院围绕建立社会主义市场经济体制的目标，相继作出了一系列部署，推动改革和建设的加快发展，并抓紧制定逐步建立社会主义市场经济体制的总体规划。

1993 年 11 月，党的十四届三中全会召开。全会审议并通过了《中共中央关于建立社会主义市场经济体制若干问题的决定》。这是我们 20 世纪 90 年代，乃至以后很长时期进行经济体制改革的行动纲领。按照这一总体规划的要求，我国的经济体制改革开始向纵深领域拓展，相继进行了财税制度改革、金融体制改革、汇率并轨、外贸体制改革、投融资体制改革、国有企业改革和价格管理体制改革等。

1997年9月12日至18日，党的十五大在北京召开。党的十五大进一步明确了国有企业改革方向，从而将国有企业改革推进到攻坚阶段，要从战略上调整国有经济布局，通过资产重组和调整结构，提高国有资产的整体质量，实行鼓励兼并、规范破产、下岗分流、减员增效和再就业工程，形成企业优胜劣汰的竞争机制，以建立现代企业制度为重点的改革攻坚全面展开。这就要求，国有企业，特别是国有大中型企业面向市场，依法自主经营、自负盈亏、自谋发展。企业吃国家"大锅饭"、职工端企业"铁饭碗"的状况将从根本上得到改变，企业优胜劣汰机制和劳动力合理流动机制将真正形成，"减员增效"是这些国有大中型企业走向市场的第一步。

1999年9月，十四届四中全会通过了《关于国有企业改革和发展若干重大问题的决定》，要求大力做好下岗失业人员再就业工作，形成市场导向的就业机制。这样，企业新的减员采取依法解除、终止劳动合同的方式，享受失业保险待遇，直接进入劳动力市场实现就业。

在这种情况下，过去实行计划经济管理体制长期积累的深层次的矛盾，在社会主义市场经济体制下，特别是随着企业改革的不断深化，科学技术进步和经济结构的调整开始显现，部分职工下岗失业就难以避免。针对国有企业大量富余人员集中下岗失业的突出矛盾，1998年5月，国家在北京召开了国有企业下岗职工基本生活保障和再就业工作会议。随后，出台了《关于切实做好国有企业下岗职工基本生活保障和再就业工作的通知》(中发〔1998〕10号)，明确要求当前及今后一个时期，主要解决国有企业下岗职工基本生活保障和再就业问题，力争每年实现再就业的人数大于当年新增下岗数，争取用五年左右的时间，初步建立起适应社会主义市场经济体制要求的社会保障体系和就业机制。1998年年底，全国国有企业下岗职工610万人；1999年年底，全国国有企业下岗职工652万人；2000年年底有657万人；2001年年底有515万人。全国国有企业4年累计下岗职工约2500万人[①]。这部分国有企业下岗职工，3年内未实现再就业的，直接出再就业中心推向了社会，成为失业人员。

(二)大量农村剩余劳动力需转移就业

党的十一届三中全会以后，我国进入了改革开放时代。由于当时最为突出的问题是农业问题，因此，改革首先从农村开始。到1984年上半年，我国农村改革取得了巨大成功，农村生产力得到了极大的解放，劳动生产率大幅度提高。同时，农村剩余劳动力也随之出现，并且增长迅速。这些农村剩余劳动力(俗称"农民工"[②])纷纷到城市寻找工作，形成了"民工潮"，进一步加剧了我国就业矛盾。

一是农村实行家庭联产承包责任制后劳动效率提高，农村出现大量富余劳动力，并从隐性转为显性。农业富余劳动力需要转移，到农村以外的地区寻找新的就业空间。这在

① 张小建.中国就业的发展改革.北京：中国劳动社会保障出版社，2008：111.

② "农民工"是指进入城市工作，但户籍仍在农村的劳动者。今后，随着我国户籍制度改革到位，农村户籍将被取消。这样，"农民工""民工潮"等与户籍有关的词语将会成为历史。

一定程度上挤占了城市待就业人员的就业空间。

二是农村改革的政策使农民的思想观念进一步解放。许多"打工仔""打工妹"走出农村,在外打工不仅挣了钱,并且学到了技术、开阔了眼界,带动家乡其他剩余劳动力跃跃欲试。这使越来越多的农民加入了农民工的行列,纷纷到城市里寻找工作,增加收入。

三是沿海发达地区在加快工业化、城市化建设中对劳动力产生巨大需求,到城市打工的收入要远远高于在农村种田的收入。这就进一步促使了更多的农民工涌现,有的农民工甚至"弃地""荒地"也要到城里寻找工作。

当前,我国农村剩余劳动力非常丰富,转移任务十分艰巨。据统计,2023 年,全国农民工总量[①] 2.98 亿人,其中,有 1.77 亿是进城务工的农民工,占农民工总数的 59.4%。农民工广泛分布在城市的各个行业,尤其是集中在制造业、建筑业、住宿业和餐饮业。由于中国劳动力供大于求的基本国情没有改变。大量农民工进城找工作,无疑加大了城镇就业压力,促使就业形势变得更加严峻。当然,进城农民工,特别是长期在城镇居住的农民工大大促进了我国城镇化水平的提高。2023 年,我国城镇化率已达到 66.2%,比 2022 年提高了 1 个百分点,这也是实现我国高质量发展的必然结果和必然趋势。

(三)大学毕业生就业形势仍不容乐观

大学生在毕业后能否顺利实现就业,已成为全社会普遍关注的热点问题。同时,大学毕业生就业也成了当下就业工作的一个难点、重点。

近几年,我国高校毕业生数量逐年增多,大学毕业生就业形势仍不容乐观。数据显示,2022 年,我国高校毕业生规模达到 1076 万人,比 2021 年增加了 167 万人;2023 年,为 1158 万人,比 2022 年增加了 82 万人,规模和数量均创历史新高。我国在确定 2024 年政府发展主要预期目标时,明确要求 2024 年全国新增就业 1200 万人以上,城镇调查失业率为 5.5%。其中,预计 2024 年高校毕业生将超过 1170 万人。由此可见,仅高校毕业生人数将超过全国全年新增就业人数的 97.5%。[②] 当然,2024 年高校毕业生并不一定全部选择就业,他们当中很大一部分将会继续求学深造,读研读博。即使这样,大学毕业生就业矛盾也是比较突出的。

当前形势下,大学毕业生就业问题普遍受到社会的关注。2024 年,预计大学毕业生占到城镇新增就业人数的 97.5%。大学毕业生是社会主义建设事业的主力军,要建设好国家,当然不能缺少人才,而我国的人才几乎都是依靠高校教育这条路培养出来的。大学毕业生就业问题已成为社会关注的难点问题之一,客观上已经成为中国城镇就业的主要目标群体。"大学毕业生就业难"这一问题已经成为一个客观事实。就业工作面临着就业总量压力大和结构性矛盾突出双重挑战。

一是短期供需时间节点不匹配的矛盾。高校毕业生毕业时间集中,短期走向市场找

---

① 每年的全国农民工总量包括年内在本乡镇以外从业 6 个月及以上的外出农民工和在本乡镇内从事非农产业 6 个月及以上的本地农民工。

② 2024 年国民经济和社会发展情况有关数字,包括高校毕业生有关数字,可详见 2024 年 3 月 5 日李强总理在第十四届全国人民代表大会第二次会议上所作的政府工作报告,并由此进行了推算。

工作的群体规模也较大，而就业机会的创造需要经济发展支撑，且存在时间滞后性，因此存在短期岗位供不应求的情况。

二是劳动力市场需求结构变化快与供给结构调整慢的矛盾。经济结构转型推动市场对毕业生需求的技能结构变化快，而高校毕业生专业结构和培养层次不直接取决于市场需求，因此会存在不同专业的毕业生面临市场需求不均的情况。

三是高校毕业生的求职预期和市场需求层次之间的矛盾。求职预期主要包括人们对就业的行业、地区和工资福利待遇等的要求。在现实生活中，普遍存在着高校毕业生期望就业待遇偏高的现象。2023 年是非常不平凡的一年。我国面对风高浪急的国际环境和长期艰巨的国内改革发展稳定任务，宏观经济遭遇了多重冲击，国内生产总值(GDP)创出新高，超过126 万亿元，比上年增长了 5.2%，成绩来之不易。在这种情况下，企业扩大生产经营规模，特别是第三产业遇到很大困难，吸纳就业能力减退，高校毕业生短期内较难找到合适工作。

针对上述情况，我国要以经济复苏增长带动高校毕业生就业，缓解就业压力。同时，还需提升高等教育对经济发展和产业结构转型的适应性，增强大学毕业生的就业能力，尤其是要提升大学生的数字化技能，以适应未来的劳动力市场转型。

我国的就业形势还面临城镇失业人数增加的趋势。在全球疫情防控依然存在不确定性，国内经济转型任务艰巨的大背景下，我国的就业环境并不宽松。同时，受新冠肺炎疫情冲击，大量接触类服务业受到影响，餐饮、旅游、娱乐等领域形势严峻。2021 年，我国全年城镇调查失业率平均为 5.1%。2022 年 12 月，我国城镇调查失业率为 5.5%，其中 31 个大城市城镇调查失业率为 6.1%。2023 年以来，受益于国民经济整体恢复向好，就业主体人群失业率、进城务工农民工失业率等重要数据均呈下降趋势，但全国城镇调查失业率平均值为 5.2%，年末为 5.1%。但就业总量压力和结构性问题仍不容忽视，青年人就业压力依然较大，高技能人才短缺，“求职难”和“招工难”并存。尤其是青年失业率处于高位，促就业稳就业任务仍然十分艰巨繁重。

目前，我国反映就业状况指标采用了城镇调查失业率。很显然，上述我国公布的城镇调查失业率也许未能真实反映我国就业状况的全貌。调查对象本身不是我们关注群体的全部，仅是其中的一部分，存在一定误差。当然了，这种误差是在一定允许范围内的。但从实际情况来看，我国城镇调查失业人员至少没有包括企业处于停产半停产、关闭半关闭状况下，企业职工已处于隐性失业状态的从业人员。从某一方面说，我国企业，特别是国有企业还承担着保稳定的社会责任，有些企业富余人员，特别是停产半停产的企业，还不能完全与劳动者终止解除劳动合同，把职工向社会一推了之。

另外，我国农村剩余劳动力的人数也没有纳入就业指标中。我们的调查失业率，仅是城镇调查失业率。如果按照国际失业定义计算，我国的真实失业人员还会增多，失业人数更加凸现。

二、失业原因

在我国，失业作为一个问题凸现出来，是从 20 世纪 90 年代中后期开始的。就我国失业如何产生这一问题，学者们提出了不同的观点，综合来说，不外乎下列几个因素：

(一)劳动力供求总量因素

根据国家统计局提供的《2023 年国民经济和社会发展统计公报》，2023 年末，全国人口[①] 14.1 亿人，占世界人口的 17.6%左右。其中 16～59 岁的劳动年龄人口 8.6 亿人，占全国人口的比重为 61.3%；60 岁及以上人口 2.97 亿人，占全国人口的 21.1%，城镇常住人口 9.3 亿人，城镇化率 66.2%。而我国的自然资源仅占世界的 9.6%左右、资本资源占 9.4%左右、知识技术资源占 1.85%、国际资源占 1.83%。因此，我国有一部分劳动力人口处于失业状态也是一种正常现象，而且，劳动力总量供大于求的矛盾是短期内无法改变的一种事实。

(二)发展因素

我国是一个发展中国家，传统的农业和现代化的工业并存，仍具有二元经济的特征。经济由欠发达状态向发达状态转变的过程中，必定要经历农业人口向工业人口转移的过程。这个过程，在我国改革开放前进展得非常缓慢，农村人口在总人口中的比重 30 年来仅下降了几个百分点。据统计，1950 年，我国农村人口占全国人口的 89.8%，1978 年仅下降到 82.1%。2023 年，仍有 4.77 亿农村常住人口。这种情况造成大量的农村剩余劳动力沉淀在农村务农且不能转移。

改革开放以来，大量农村剩余劳动力逐步从农业中释放出来，要求转移到非农产业，特别是城镇中的非农产业领域就业。同时，城市的收入、生活水平远高于农村，更吸引着农村劳动力来城里就业。在农村改革的推力和城市生活的拉力两股力量的共同作用下，大量劳动力由农村流入城市。这个过程势必造成一些农村剩余劳动力失业。农村劳动力大量涌入城市，加剧了城镇就业矛盾。

(三)经济结构调整因素

在经济发展过程中，一国的经济结构是经常变化的。在我国计划经济时期所形成的经济结构是第二产业比重突出的高，第三产业的比重突出的低；第二产业中，资本密集的重工业比重高，轻工业特别是劳动密集的轻工业比重低；低质量的产品比重突出的高，高质量的产品比重突出的低，等等，完全不适应市场经济发展的要求，更不能适应日益开放的国内外市场的需求。因此，在社会主义市场经济体制下，必然要对这种经济结构进行调整。

目前，我国正经历着一场大规模的经济结构调整，这对就业增长的影响是极其深刻的。首先，产业结构调整使第一产业、第二产业的劳动力，尤其是非熟练劳动力被动地向第三产业转移。这样，必然使不适应第三产业就业岗位的劳动力处于失业半失业状态。其次，所有制结构调整使就业岗位从国有企业向混合所有制企业，包括个体私营企业、外

---

① 全国人口包括 31 个省、自治区、直辖市(不含港、澳、台)和现役军人的人口，不包括居住在 31 个省、自治区、直辖市的港澳台居民和外籍人员。

资企业和民营企业转移。在经济结构调整过程中,必然引发结构性失业。

(四)经济体制因素

在我国长期的计划经济时期似乎不存在失业问题,但那是一种假象,是靠牺牲劳动生产率和实行低工资来增加就业的,也是靠不允许劳动力自由流动来维系的。其结果是在农村和城市都形成了大量的隐性失业。在国有企业中,特别是国有大中型企业中,存在着众多的富余人员,他们约占企业职工总数的 1/3。而在社会主义市场经济体制下,企业面临市场的竞争,要求必须把多余的劳动力释放出来,以提高劳动生产率,增加企业的效益,于是就有大量的职工下岗、失业。

(五)科学技术进步因素

从长远看,我国科学技术进步将有利于促进就业增长,但是,当前我国正经受着科学技术进步所引起的“资本排斥劳动力”的过程。具体而言,一些传统产业部门被新兴产业部门替代,致使大量传统产业部门的劳动力由于不适应新就业市场的需要处于失业状态。

(六)城镇化进程因素

在我国,城镇化进程对就业形势产生了很大影响。根据有关资料推算,我国每年新增在城镇就业的农村人口在 900 万人左右。其中,进城务工的农村劳动力在 500 万人以上,政策性“农转非”人员在 250 万人以上,上学等进入城镇的人口不少于 100 万人。再加上城市自身增加的人口,这样,每年新增城镇的劳动年龄人口约在 1300 万人。2023 年,我国的城镇化率已达到 66.2%。显而易见,大力推进我国的城镇化,必将为城镇就业形势带来新的压力。

(七)制度政策性因素

我国就业问题的制度性因素也不能被忽视。其中,主要包括就业制度、教育制度、户籍制度和社会保障制度。

第一,就业制度,特别是劳动力市场服务制度建设还需要进一步完善,就业性别歧视现象时有发生,促进就业政策还需要进一步完善。一些地方性保护政策、法规,使城乡劳动力市场仍处于半封闭状态,严重影响了城乡劳动力转移流动。

第二,教育制度。我国虽然建立了九年义务教育制度,但是,由于城乡之间和不同地区之间的教育投入的非均衡性,城乡之间和不同地区之间的教育发展呈现出非均衡态势,城乡之间和不同地区之间的劳动者的就业能力亦呈现出非均衡性状态。

第三,户籍制度。我国早已打破了城乡户籍界限。2014 年 7 月,国务院就下发了《关于进一步推进户籍制度改革的意见》,要求实行居民户籍制度,取消户籍性质区分。但我国的户籍改革推进非常缓慢。在现实生活中,部分地区的就业、升学、购房、社会保障等仍然受户籍影响,农民工在城市里生活仍然涉及户籍的方方面面。

第四,社会保障制度。社会保障制度本是为了保障权利公平,维护规则公平,保障机会公平和调节分配公平的社会重要制度。然而,我国农民社会保障制度和职工的社会保障制度是不同的,这对就业有着潜在的影响。

另外,我国许多政策都会对就业产生影响,如技术政策、人口政策、财政政策等。在我国改革开放过程中推行的所有制结构调整政策,在一些地方对增加就业并没有发挥应有的作用。有些地方对发展非公有制经济的意义和作用认识不足,措施不力,政策失当,从而造成这些地方非公有制经济发展缓慢,就业门路不宽,就业压力加大,失业问题比较突出等现象。

上述这几种因素交织在一起,使得我国的失业问题凸现出来。

三、失业类型

(一)按照引起失业的原因分类

分类的依据不同,划分失业的类型也不相同。一般来说,失业可分为多种类型,但按照失业产生的原因和特点划分,一般将失业分为如下几种类型。

1.结构性失业

结构性失业是指由于产业结构的变化调整而引起的失业。这种失业的特点是职位空缺和失业人员并存。在一些行业、部门中劳动力稀缺,而在另一些行业、部门中却存在着一定量的失业人员。

结构性失业是第二次世界大战以后,新的技术革命引发的一种社会经济现象。一方面,那些受过高等教育、专门从事科学技术研究工作的人员,不断地创造着新的知识、新的发明,将新的技术运用推广到生产领域,极大地提高了劳动生产率和资本的有机构成。另一方面,在直接从事生产活动的劳动者中,有些劳动者由于受教育、训练较少,不能适应新的工作岗位的要求。于是就出现了这样的一种局面:一部分新兴产业或者部门需要品质、技能较高的专门人才,但因适合的劳动力供不应求而产生大量的职业岗位空缺;而一些传统产业却因为市场需求持续下降而排挤出大量的工人,这些人员由于缺少专门的知识和技能,不能迅速、顺利地转移到新的岗位就业,结果成了失业人员。这种类型的失业在现代社会中越来越突出。

结构性失业与技术性失业有一定的重叠,失业人员主要是因为受到新技术的排挤。与技术性失业不同的是,被新技术排挤的工人原有的技能已经失去了市场需求,不经过专门的训练,很难适应需要新知识、高技能劳动力的新的工作岗位,而这些工人往往又没有接受专门训练所需要的知识基础和基本技能。

2.周期性失业

周期性失业是指由于经济的周期性波动而导致的失业。在市场经济条件下,经济的运行往往呈现出周期性的波动,有人把这种波动周期划分为扩张和收缩两个阶段,也有人把这种波动周期划分为繁荣、衰退、萧条、复苏四个阶段。

在这种经济的周期性波动中,在收缩或衰退和萧条阶段,失业会明显增加,这时所造成的失业即为周期性失业。如果经济波动剧烈,发生了严重的经济危机,则会导致大量的工人失业。这种失业往往是无法预料的,持续期也很难确定。这种失业往往与资本主义国家周期性的经济危机联系在一起。

3.摩擦性失业

摩擦性失业是指在市场经济中，由于劳动力市场运转不完善而出现的失业。因为工人在寻找工作或改变工作时，不能得到完全的就业信息或信息不对称，对存在着的、适合于自己的工作岗位不能及时了解、掌握，对得到的信息也不能作出完全正确的判断。例如，是否能够接受雇主或企业给出的工资水平。雇主或企业在寻找工人时，也缺乏完整的信息，也不能对得到的信息作出完全正确的判断。这样，当劳动者从一个职业、行业或地区转到另一个职业、行业或地区时，总要花费或长或短的时间。不仅寻找工作需要时间，从一个地区流动到另一个地区也需要时间。这些都属于摩擦性失业。

摩擦性失业反映的是市场经济中劳动力资源配置的动态性，劳动力不断地从衰落的企业、行业、地区转移到新兴的企业、行业、地区，从不利于个人或社会发展的地方流动到更有利于个人或者社会发展的地方。

4.季节性失业

季节性失业是指由于某些行业生产条件或产品受气候环境、社会风俗或购买习惯的影响，生产对劳动力的需求出现季节性变化而导致的失业。例如，建筑业、农产品加工业、一些内陆航运业等，都可能因气候条件的影响、季节的变化而使劳动力的需求产生较大的波动。另外，由于人们对某些商品的购买，受风俗习惯或者购买习惯的影响，对劳动力需求都会有季节性的变化。

季节性失业与其他类型的失业相比，由于季节性的原因和季节的周期性，职工失业的时间是可以预料的。因此，季节性失业的工人一般不会转移到其他行业。季节性失业的人并不是完全集中在一个季节里，而且由于季节性失业的时间和持续的时间基本上可以确定，季节性失业问题相对来说比较容易解决。

5.技术性失业

技术性失业是指因为引进了节省劳动力的技术而导致的失业。从工业革命开始，人们就不断地发明和创造出各种更加节省劳动力的新材料、新工艺、新设备，新的自动化程度更高的机器不断地被引进生产领域。正是由于这种科学技术的不断进步，劳动生产率的不断提高，一些劳动者被先进的生产机器和生产方法所代替，使劳动者从本行业、本企业中被排挤出来，出现社会一部分劳动力过剩而导致的失业。这种失业对半熟练工人和不熟练工人影响较大。

对于各种节省劳动力的技术究竟创造了新的工作岗位还是造成了失业，人们有许多不同的意见。但总的来说，随着资本有机构成的提高，生产技术的改进，对劳动力的需求相对地甚至是绝对地减少了，在人口和劳动力数量增长甚至是保持不变的情况下，都会产生失业。对于受新技术直接排挤的工人来说，如果其年龄较大、技术水平偏低，其经历的失业时间可能会很长。

6.自愿性失业

自愿性失业是指由于劳动者受多方面因素的影响，拒绝接受现有的工资水平和劳动就业条件而造成的失业。劳动者受多方面的影响，如受自己的知识水平、认识能力、周围的环境等影响，认为现有的工资水平与自己付出的劳动所应该获得的劳动报酬不相符，他们宁愿在家失业，也不愿意干这种低于自己应得工资收入的工作。另外，人们不满足自己现有的工作专业或工作条件，离开原来的工作岗位而去寻找更理想的工作岗位所造成的失业也属于这种情况。这种劳动力的流动不是经济社会中难以避免的，而是劳动者自己造成的。有的劳动者干脆就是不想就业，在家里、在社会上等待一段时间，看看情况再决定是否就业。因此，也有人称这种失业为选择性失业。

（二）根据失业的表现形式分类

上述六种失业类型是从引起失业的原因上进行分类的，也是比较普遍的分类方法。除此之外，还可以根据失业的表现形式不同，把失业分为下列两类：

1.显性失业

显性失业，即公开失业，是指在劳动力人口有劳动能力和就业愿望的情况下，但却得不到满足的情形，一般表现为劳动者没有任何形式的工作。这种失业属于社会失业。

2.隐性失业

隐性失业，即非公开失业，又称“潜在失业”或“在职失业”，是指以降低劳动生产率为代价，来容纳过多的劳动者所造成的实际失业。在经济发展中，当减少就业数量，而劳动产品或者经济利益并没有下降时，就往往存在着隐性失业。从形式上来说，一方面，隐性失业者一般都有工作单位或劳动岗位，被政府或企业视为就业者。但实际上，企业冗员过多，效率低下。这种失业在我国计划经济时期表现得比较突出，尤其是在20世纪90年代以前，我国以牺牲劳动生产率为代价而获得的人人都有工作岗位的所谓“完全就业”，实际上就存在着严重隐性失业的问题。另一方面，劳动者的劳动能力并没有得到充分发挥，劳动愿望没有得到最大的满足，从而经常处于半失业的闲置状态。

除上述失业分类方法和失业类型外，还有其他的几种失业的类型，如差额性失业，是指劳动力人口的增长超过了国民经济的吸纳能力所产生的失业，等等。总之，从不同的角度分类，有不同类型的失业。

第二节　失业存在的客观必然性

通过前面的介绍，我们知道，失业的产生和存在有其客观性。在计划经济体制下，失业多以隐性失业形式存在。在由隐性失业向显性失业转变的过程中，失业又多以富余人员、下岗职工等形式表现出来。在市场经济体制下，失业有其必然性，并已成为一种客观存在的社会经济现象。

一、隐性失业

在我国，失业并不是市场经济条件下才出现的。计划经济体制下同样存在失业。但在那个时代，它更多的是以隐性失业形式存在。这主要是我国的经济体制，特别是计划经济体制所造成的。

我国计划经济体制的建立应该是从新中国成立初期就确定了，1957 年得到了进一步完善和加强。1957 年，我国生产资料社会主义改造基本完成。由于当时政府对经典社会主义能不能消灭失业现象的认识不足和对社会主义建设的急于求成，“全部就业”是计划经济体制下就业的指导思想。为了适应计划经济体制的需要，我国逐步形成了统包统配的招工和调配制度，以及固定工的用工制度。

统包统配制度源于新中国成立初期的、对凡不以人民为敌的国民党军政人员“包下来”的政策和 20 世纪 50 年代中期的“劳动力统一调配”政策，它是和当时优先发展重工业的工业化路线相适应的。这对解决当时严重的就业压力，稳定社会秩序和集中人力、物力、财力进行大规模的重工业建设起到了重要作用，使旧中国遗留下来的失业问题很快得到了解决。据统计，1949～1958 年，我国社会劳动者由 18082 万人增加到 26600 万人，职工人数由 809 万人增加到 5194 万人。城镇登记失业人数和城镇登记失业率明显下降。到 1958 年年底，我国政府宣布彻底消灭了失业现象。在以后的 19 年间，我国政府有关部门随之取消了关于城镇登记失业者的统计和城镇登记失业率的公布，“失业”一词，似乎完成了它的历史使命。但同时，也为日后的失业问题埋下了伏笔。

隐性失业往往表现为“三个人的活五个人干”。在计划经济体制下，城镇国有经济单位是安置劳动力的主体，国有经济单位的职工在城镇就业人口中占绝大多数。国有经济单位也就自然成为我国隐性失业的最主要领域，具体表现为“三个人的活五个人干，三个人的饭五个人吃”。1992 年，全国 98%的企业存在劳动力总量过剩问题，企业内部有 1/3 以上的冗员，即使以保守的 1/5 估计，企业内部也有 2000 万～3000 万人在“大锅饭”保护伞下处于隐性失业状态。据国家统计研究所提供的资料，1995 年，我国企业富余职工 3000 多万人，停产半停产企业职工常年保持在 600 万人左右，总数超过 4000 万人，相当于现有城市职工的 1/3。可见，隐性失业情况已相当严重。在许多国有企业，普遍存在人浮于事的现象，常常是“一线空、二线挤、三线肿”。国际劳工组织和我国劳动部在 1995 年曾联合进行了一次“企业富余劳动力调查”。数据显示：我国城镇各类企业的综合隐性失业率为 18.8%。而许多国家的权威部门对城镇隐性失业的规模也进行了测算。原国家计委和体改委认为我国城镇隐性失业率为 25%，国家统计局认为是 20%，原劳动部的数字为 10%～12%。可见，即使是 18.8%的城镇各类企业的隐性失业率，也占城镇整体隐性失业率的较大比重，情况十分严峻。

我国的隐性失业以农业领域最为严重。在农村同样存在一支数量庞大的隐性失业大军，而且相当严重，不仅人多，而且空闲时间长。人们对此这样形容：“一个月种田，两个月过年，三个月赚钱，六个月干闲。”在 1952～1978 年期间，我国农业在社会总产值中所占的份额由 45.5%下降到 20.4%，而同期农业劳动力占社会总劳动力的份额却只由 83.5%下降到 73.8%。但在城乡就业制度隔离的条件下，不断增长的庞大的农村劳动力只能被禁锢在有限且数量越来越少的土地上，造成越来越多的农村劳动力剩余。

在我国机关事业单位中，隐性失业也相当普遍。“一杯茶，一支烟，一张报纸看半天”就是指这种现象。机构臃肿，部门林立，功能重叠，一直是我国机关事业单位机构设置中存在的一大问题。而机构的臃肿又会在人员编制过程中相应带来人员的冗余，人满为患。机关事业单位工作人员的膨胀冗余实际上是隐性失业的表现之一。

在计划经济体制下，由于政府单纯追求就业数量和就业公平，并通过行政命令方式来配置社会劳动力资源，而国有企业是政府的附属物，并非真正意义的企业，企业的劳动力需求完全由政府行为左右，再加上企业领导人的政绩考核指标除了产量和利润指标外，还有计划就业指标。因此，企业必然盲目扩大人员编制，从而忽视了就业效率，严重扭曲了劳动力资源配置的效率机制，配置效率大大降低，也造成了劳动力资源的巨大浪费。

隐性失业的实质是强制要求企业接受超过实际需要的就业量，要求企业担负起某些本该由政府承担的社会责任，其代价是企业效率的牺牲。大量隐性失业人员的存在增加了单位产品的工资成本，制约了企业生产效率的提高，阻碍了技术进步和经济结构的优化组合，也妨碍了社会生产从粗放型向集约型的转变，对企业和社会都造成了极大的危害，也严重挫伤了广大劳动者的工作积极性、主动性和创造性。隐性失业导致政企不分，官僚主义滋生。

总之，隐性失业问题直接伤害了广大群众的根本利益，也给国家经济带来了巨大损失，其带来的种种消极后果加重了国家的经济负担和社会负担，阻碍了国民经济的正常发展。

二、失业显性化

隐性失业显性化，在我国，从计划经济体制下的隐性失业到市场经济体制下的显性失业，经历了一个较长的过程。在这个过程中，先后采取了企业安置富余人员为主、社会帮助安置为辅，到在企业建立再就业服务中心、确保下岗职工基本生活和3年出中心，再到下岗职工基本生活保障与失业保险保障并轨等措施办法。

（一）企业富余人员实行自行安置为主，社会帮助安置为辅，保障基本生活的办法

从1984年开始，我国经济体制改革的重点从农村转到了城市。1984年10月，十二届三中全会讨论并通过了《中共中央关于经济体制改革的决定》（后文简称《决定》）。该《决定》是指导我国全面开展经济体制改革的纲领性文件。《决定》把增强企业活力作为经济体制全面改革的中心环节，并赋予企业六大自主权，其中之一有权自行决定用工办法和工资奖励方式。这次全会之后，以城市为重点的经济体制改革开始围绕扩大企业的自主权、开展股份制试点、改革所有制结构、改变用工制度、实行厂长负责制等方面陆续展开。

1986年7月，为进一步改善企业管理，增强企业活力，我国进行了劳动制度重大改革，国务院下发了《国务院关于发布改革劳动制度四个规定的通知》（国发〔1986〕77号）。1988年，我国开始进行企业“优化劳动组合”，它以推进劳动合同制，搞活企业固定工制度为背景，目的是提高企业劳动效率，进一步改善劳动管理。其主要做法是：层层招聘，分级组合，点兵选将，自由组合，招标投标自愿组合；考试考核，择优组合；富余人员下岗，在企业内安置或待岗培训。1993年4月，国务院发布了《国有企业富余职工安置规定》（国务院令第111号）。该文件第二条规定，安置国有企业的富余职工，应当遵循企业自行安置为主、社会帮助安置为

辅，保障富余职工基本生活的原则，并规定了分流安置富余职工的渠道和政策措施。

1.兴办企业，分流安置富余职工

国家规定，企业为安置富余职工而兴办第三产业的独立核算企业，自开业之日起2年免征、3年减半征收企业所得税；企业组织本企业富余职工依法兴办的独立核算企业，可以承担本企业中原由外单位承包的技术改造或者劳务项目。

2.劳服企业安置富余职工

企业开办的劳动就业服务企业应当承担安置本企业富余职工的任务。企业应当按照国家有关国有资产管理的规定，在资金、场地、原材料和设备等方面给予扶持。

3.对富余职工进行待岗和转业培训

对一时无法分流安置的企业富余职工，根据企业实际需求和企业富余职工的具体情况，可以实行待岗和转岗培训。

4.退岗休养

企业职工距退休年龄不到5年的，经本人申请，企业领导批准，可以退出工作岗位休养。职工退出工作岗位休养期间，由企业发给生活费。已经实行退休费用统筹的地方，企业和退出工作岗位休养的职工应当按照有关规定缴纳基本养老保险费。职工退出工作岗位休养期间达到国家规定的退休年龄时，按照规定办理退休手续。

职工退出工作岗位休养期间视为工龄，与其以前的工龄合并计算。

5.职工可以申请辞职

经企业批准辞职的职工，在办理辞职手续时，企业应当按照国家有关规定发给一次性生活补助费。

6.实行有限放假

经企业职工代表大会讨论同意，并报企业行政主管部门备案，企业可以对职工实行有限期的放假。职工放假期间，由企业发给生活费。孕期或者哺乳期的女职工，经本人申请，企业可以给予不超过2年的假期，放假期间发给生活费。假期内含产假的，产假期间按照国家规定发给工资。

7.提前解除劳动合同

企业因生产经营发生重大变化，必须裁减职工的，对劳动合同制职工，经企业职工代表大会讨论同意，可以提前解除劳动合同，但是应当按照合同约定履行义务；合同没有约定的，企业对被提前解除劳动合同的职工，按照其在本企业工作的年限，工龄每满1年，发给相当于本人1个月标准工资的补偿费。

8.进行企业间的职工调剂

劳动行政主管部门和企业行政主管部门应当做好富余职工的调剂工作，企业之间调剂职工，可以正式调动，也可以临时借调；临时借调的，借调期间的工资和福利待遇由双方企业在协议中商定。

9.企业富余职工组织起来就业或自谋职业

鼓励和帮助有条件的企业富余职工组织起来就业和自谋职业。

10.享受失业保险待遇

富余职工由企业自行安置，确有困难被推向社会失业的，在失业期间，依法享受失业保险待遇。劳动行政主管部门和有关行政主管部门应当创造条件，帮助职工实现再就业。

以企业安置为主、社会帮助为辅，确保基本生活分流安置企业富余职工的模式，对解决企业冗员问题起到了一定的作用，但企业本身容量有限，不能从根本上彻底解决我国企业隐性失业的问题，使得一些企业反而包袱越来越大，步履更加艰难。1995 年 9 月，劳动部、国家经贸委、全国总工会联合召开的“困难企业职工生活保障和分流安置工作座谈会”上介绍，当时仅国有企业就富余职工 1500 多万。面对如此多的富余职工，仅靠企业安置为主、社会帮助安置为辅的办法是很难解决的。

(二)在企业建立再就业服务中心，由再就业服务中心保障下岗职工的基本生活，3 年出中心

市场经济就是竞争经济。企业是市场的主体，企业经营的目标就是实现利润最大化。十四大确立了我国经济体制改革的目标是建立社会主义市场经济体制以后，我国对企业，特别是国有大中型企业进行一系列的改革，最终要使企业成为适应市场的法人实体和竞争主体，并形成企业优胜劣汰的竞争机制。这就要求必须把企业推向市场。企业要在市场中求生存、求发展，就要降低成本，提高效益，增强竞争力。企业在深化改革中，首先要解决过去长期积累下来的人浮于事的问题、企业冗员问题。同时，由于市场经济优胜劣汰机制的作用，在经济体制改革中，调整产业、产品结构，进行企业重组，引入竞争机制，必然会使一些企业由于技术落后、经营不善发生亏损而陷入困难。这是市场经济的客观规律，这就不可避免地会有一部分职工下岗。那么，如何妥善解决企业改革中所产生的下岗职工的问题，已提上了政府的重要议事日程。

1993 年 11 月，劳动部下发了《关于印发〈再就业工程〉的通知》(劳部发〔1993〕290 号)，在上海、沈阳等城市进行再就业工程的试点工作，目的是帮助失业人员重新就业，改变当时单纯依靠企业救济解决困难职工基本生活的状况。1995 年 3 月，劳动部对实施再就业工程进行了总结，并形成了《关于实施再就业工程的报告》，对上海市实施再就业工程的做法给予了充分的肯定，并上报国务院。4 月，国务院办公厅向全国转发了该报告，并要求在全国实施再就业工程。1995 年 9 月，劳动部、国家经贸委、全国总工会联合召开了“困难企业职工生活保障和分流安置工作座谈会”，会议明确提出要尽快建立减人增效和兼并破产的机制。1997 年 4 月，国家经贸委、劳动部、财政部和中国人民银行组成联合调查组，赴上海市就实施再就业工程、在企业建立再就业服务中心、妥善解决下岗职工分流安置问题进行了调研。随后，四部门联合下发了《关于印发〈关于上海市实施再就业工程，建立职工再就业服务中心经验调查报告〉的通知》(国经贸企业〔1997〕549 号)，对上海市“从实际出发，积极实施再就业工程，既不使下岗职工长期滞留在企业内部，又不简单地将下岗职工推向社会，而是创造性地建立职工再就业服务中心，对国有企业下岗职工实行托管，并帮助下岗职工实现再就业”的做法给予充分肯定。

在总结上海市经验的基础上，1998 年 9 月，中共中央、国务院下发了《关于切实做好国有企业下岗职工基本生活保障和再就业工作的通知》(中发〔1998〕10 号)。针对前几年国有企业职工下岗问题日益突出，已引起全社会普遍关注的状况，该通知要求凡是有下岗职工的国有企业，都要建立再就业服务中心或类似机构。进入再就业服务中心的对象，主要是实行劳动合同制以前参加工作的国有企业的正式职工，因企业生产经营等问题而下岗，但尚未与企业解除劳动关系、没有在社会上找到其他工作的人员；对于实行劳动合同以后参加工作且合同未满而下岗的，也要安排进入再就业服务中心。由再就业服务中心负责为本企业下岗职工发放基本生活费和代下岗职工缴纳养老、医疗等社会保险费用，组织下岗职工参加职业指导和再就业培训，引导和帮助他们实现再就业。再就业服务中心用于保障下岗职工基本生活和缴纳社会保险费用的资金来源，原则上采取“三三制”的办法解决，即财政预算安排 1/3、企业负担 1/3、社会筹集(包括从失业保险基金中调剂)1/3。下岗职工在再就业服务中心的期限一般不超过 3 年；3 年期满仍未再就业的，应与企业解除劳动关系，按规定享受失业救济金或社会救济。1998～2002 年的5 年间，全国累计有国有企业下岗职工近 2700 万人，进中心的下岗职工基本都能按时领到生活费，并由中心代缴社会保险费。累计有 1800 万下岗职工通过各种渠道实现了再就业，国有企业从业人员从 7100 万减少到 5000 万，大批职工从国有企业转向非公有制企业，从第二产业转向第三产业，平稳化解了计划经济体制时期遗留的企业富余人员这一历史难题，促进了经济结构的调整。

下岗职工进入再就业服务中心是企业富余职工走出企业、走向劳动力市场的前奏，是“半市场化”分流企业富余职工的手段，是符合我国国情的选择。当时，我国以市场为导向的就业机制还不完善，社会保障制度也不健全，而且隐性失业人员极为庞大。因此，在失业显性化后，不能一下子把他们推向劳动力市场，要保护职工的利益。下岗这一渐进的方式应运而生，成为分流安置富余职工、保障下岗职工的基本生活，并大力推进再就业的现实选择。这是我国解决失业显性化问题的一大创举。它既分流了富余职工，加速了国有企业的改革，又可以避免大批下岗职工直接涌进劳动力市场所带来的对社会的冲击和可能导致的社会不稳定；还可以通过再就业服务中心对下岗职工的职业指导和再就业培训，提高其素质，引导和帮助他们尽快实现再就业。

(三)下岗职工基本生活保障与失业保险并轨，完成了从隐性失业到显性失业的过渡

企业建立再就业服务中心，由再就业服务中心保障下岗职工基本生活，是为解决好下岗职工的生活问题而实施的具有我国特色的社会保障制度。可以说，这是在社会保障制度特别是失业保险制度不完善的情况下，采取的一项过渡性措施，目的是保证经济体制改革特别是国有企业改革的顺利进行。按照政策要求，下岗职工在中心的期限最长不能超过 3 年；3 年未出中心的，与企业解除劳动关系，由失业保险保障其基本生活和提供再就业服务。

采取上述从隐性失业到显性失业的过渡形式，是在当时客观环境下，还不具备把企业富余职工、下岗职工直接推向社会的客观条件，是不得已而实施的。

通过这些年的改革和发展，我国社会主义市场经济体制进一步完善，综合国力和国际竞争力显著增强，人民生活总体达到了小康水平，劳动保障事业取得了重大成就。通过采取积极促进就业的政策，建立市场导向的就业机制，我国就业规模不断扩大，就业结构逐步调整，就业形势总体稳定；初步形成了独立于企业事业单位之外、资金来源多元化、保障制度规范化、管理服务社会化的社会保障体系框架。目前，我国基本养老保险制度、基本医疗保险制度和失业保险制度等已覆盖了所有从业人员，城市居民最低生活保障制度较好地发挥了保障低收入者生活的作用，社会保障基金筹资渠道进一步拓宽，国家财政对社会保障事业的资金支持力度大幅度增加。同时，劳动者的改革开放意识、心理承受能力、市场经济观念等都得到了进一步加强。在这种情况下，企业出现的富余人员或下岗职工可以直接推向社会，实现减员增效，由失业保险来保障基本生活。2003 年年底，山东省实现了下岗职工基本生活保障与失业保险并轨。据统计，2003 年，山东省有 47.6 万失业人员领取失业保险金，其中新增失业人员 20 万人；2004 年，有 50.4 万失业人员领取失业保险金；2005 年，达到了 52.1 万人。到 2005 年年底，我国大部分省市区实现了下岗职工基本生活保障与失业保险并轨，失业保险已成为被企业推向社会的富余人员、下岗职工基本生活保障制度，从而完成了从隐性失业到显性失业的过渡。

三、失业成为市场经济下的常态

在市场经济条件下，失业的形式必然是显性失业。但在社会主义市场经济体制不断完善的过程中，在一些国有企业，特别是一些处于停产半停产状态的国有企业仍会时常存在隐性失业。但从社会主义市场经济发展情况和要求来看，失业显性化是一种趋势，是必然的，并且失业会成为市场经济的一种常态。

（一）失业显性化是市场经济体制改革的必然要求

市场经济条件下，每个以营利为目的、从事商品生产经营和服务活动的企业都会讲求经济效益，更加注重劳动生产率的提高。用人单位有了更多的用人自主权，这是市场经济决定和政府赋予的。因此，企业会把那些不需要或一时难以适应企业要求的劳动者，终止或解除劳动关系。特别是 2019 年 12 月以来，国际环境错综复杂，疫情反反复复，市场存在着更多的不确定性。受多重因素的影响，用人单位和劳动者都面临着许多风险，严重影响着生产资料和劳动力资源的有机结合。

在这种情况下，我国的就业制度和就业政策也发生了变化。国家把扩大就业放在经济社会发展的突出位置，实施积极的就业政策和就业优先战略，坚持劳动者自主择业、市场调节就业、政府促进就业的方针，多渠道扩大就业。同时，确保用人单位劳动用人自主权。

1994 年 10 月，党的十四大召开，确立了我国经济体制改革的目标是建立社会主义市场经济体制。我国的就业体制也随之发生了根本变革，逐步通过市场调节实现就业，彻底改变了主要依靠国家安排就业的局面，实行国家政策引导扶持，社会提供帮助，鼓励劳动者依靠自己的努力实现就业；改变主要依靠国有大中型企业吸纳就业的格局，进一步放开搞活就业渠道和形式，由政府完全决定就业的传统机制逐步转变为由劳动力市场主体自由组合决定就业的机制。在就业体制转换的同时，市场经济的激烈竞争也加快了国有企业分离冗员的步伐。

1995 年，我国开始了以建立现代企业制度为主要内容的改革，即按照“产权清晰，权责明确，政企分开，管理科学”的要求，对国有大中型企业实行规范的公司制改革，使企业成为适应市场的法人实体和竞争主体。这就要求企业劳动力配置必须以产品的市场效益为基础，劳动力配置的政府行为逐步被企业行为所替代，企业要想在激烈的市场竞争中获取有利地位，就必须对现有资本和劳动力进行重新组合，转向主要讲经济效益和社会效益，从而脱离了“企业办社会”的低效率发展轨道。这就在客观上要求把以隐性失业形式存在的富余人员分离出来。

随着体制转轨的加快和国有企业改革的深化，由于市场竞争的日益激烈，国有企业逐渐暴露出经营理念落后、产品结构不合理、管理不科学、效率低下等问题，使得国有企业经营举步维艰，大部分国企出现了严重亏损，企业再也无力以“隐性失业”方式容纳富余职工。这进一步要求国有企业只有从根本上转换机制，实施彻底的改革，才能适应市场经济的要求，扭转生产经营的颓势，走出“沼泽”，摆脱困境。在这种大背景下，对劳动力这种派生性生产要素的需求也相应产生了影响，国有企业开始实施“鼓励兼并，规范破产，下岗分流，减员增效”的方针，变隐性失业为显性失业，把富余职工从企业分流出去，进入劳动力市场，从而使越来越多的隐性失业者转为公开失业者。这是市场经济体制改革的必然要求，也是市场经济发展的必然结果。

（二）失业是社会主义市场经济发展的必然

随着我国经济体制改革的不断深化和社会主义市场经济体制的建立和完善，城镇隐性失业显性化就是让隐性失业公开化、透明化，把隐性失业人员释放到社会，无论是对国家、对社会，还是对企业都有重大的意义。

1.失业显性化可以调整劳动力与其他生产要素的比例分配，提高劳动生产率和经济效益，降低企业劳动力成本，减轻企业负担

通过市场价格自动调节劳动力配置，促使企业的人工成本趋于合理化，企业不必为富余职工支付工资而影响企业效率，还可以把资金用于技术改造和创新，从而提高企业市场竞争能力。从社会角度看，也有利于劳动力资源的重新配置，可以促进第一、第二产业的富余人员向第三产业转移，使产业结构更趋合理。

2.失业显性化能够真正实现按劳分配，真正做到“多劳多得，少劳少得，不劳不得”

企业职工按其工作效率大致可以分为三部分：一是高效率人员，他们是企业产值和利润的主要创造者。二是低效率人员，他们的劳动产值低于平均水平，但对企业生产是有一定的贡献的。三是富余人员（冗员），他们或是能力低下，不能满足企业的劳动需求，却由于种种原因滞留在企业中；抑或他们有较高的劳动能力，但是出于客观或主观的因素未实现潜在的劳动向有效现实劳动的转化。在这两种情况下，企业富余人员的产值或效率都接近于零，却耗费了企业的大量成本，如果把他们从就业队伍中剥离出来，不仅不会影响部门的工作和生产，而且通过合理的配置和调整，会使他们中的一部分人员的潜在能力发

挥出来，为社会和企业创造更大财富。同时，隐性失业显性化，能使付出不同劳动数量和质量的人得到不同的劳动报酬，可提高劳动者的劳动积极性，也会提高劳动者的劳动效率；在企业内外都有利于形成就业的市场竞争机制，变福利型就业为竞争型就业，促进劳动者自觉提高综合素质，使企业更具活力，进而提高整个社会的劳动生产率。

总之，隐性失业显性化既有利于提高微观经济效益和宏观经济效益，更有利于真正贯彻落实按劳分配的原则，彻底打破平均主义大锅饭。

3.失业显性化可以最大限度地解放生产力，做到“人尽其才，才尽其用”

失业显性化不仅能充分调动劳动者的积极性，使优秀人才通过竞争脱颖而出，在最能发挥本人专长的岗位上充分展现才能，得到合理的回报，并为社会创造巨大财富，而且也能使释放出来的劳动者失去安于现状的土壤，使他们认识到，只有不断学习，主动适应劳动力市场的要求，努力提高自己的技能，才能“有饭可吃”。从全社会的角度看，可以更加有效地促进和解放生产力。

4.失业显性化能够使企业中原来的隐性失业者显性化，真实反映社会现有的失业情况

失业显性化、社会化，可很好地为政府的宏观就业政策提供预警器或参照物，提高我国劳动就业决策的准确性和针对性，最终可以更好地解决失业问题，使劳动力资源配置逐步合理化。

总之，失业显性化的意义重大，可以使劳动力在市场经济的调节下获得最优配置，从而使整个社会提高效益。

通过以上分析可以看出，在市场经济条件下，失业问题时常发生，并会在某一阶段凸现出来。今后，随着我国社会主义市场经济的逐步完善，失业将成为一种客观的、常见的社会经济现象，失业将成为常态。

第三节　失业治理

失业是市场经济体制下的一种客观经济现象，失业带来的危害是显而易见的。因此，必须对失业进行治理，尽快促进失业人员实现就业，保障其基本生活需要。在我国，治理失业通常表现在两个方面：一是在保证经济持续发展的前提下，采取各种措施，力争把失业总量控制在最低限度内，实现更多的劳动者就业；二是国家切实关心处于失业状态的劳动者，保证失业者的基本生活需要，促进失业人员尽早实现再就业。因此，我国的失业治理可分为主动治理和被动治理两个方面。

一、失业主动治理

失业主动治理是指采取积极主动的有效政策，把失业规模控制在社会可承受的限度内所采取的政策措施。我国政府非常重视就业工作，采取多种措施，实行积极的就业政策和就业优先战略，控制劳动力供给数量，提高劳动者就业竞争能力，努力扩大就业需求，减

少失业或降低就业后再次失业人数。

(一)保持劳动力供给数量,提高劳动力供给质量

国家统计局《2023年国民经济和社会发展统计公报》显示,2023年,我国总人口达到了14.1亿人。其中,16～59周岁劳动年龄人口为8.6亿人,占总人口的61.3%。劳动力人口资源仍然充沛。人口众多是我国的基本国情,劳动力供大于求矛盾将长期存在,因此,这就决定了治理失业应首先适当保持劳动力的供给规模,使其与劳动力的需求相适应。

1.保持适当人口规模

保持适当人口规模是减少劳动力供给的重要途径。总人口增长与劳动力供给的数量取决于总人口的规模和人口增长的速度。在总人口规模一定的前提下,降低人口自然增长率是减少劳动力供给的治本之策。

2023年末,我国人口已达14.1亿人,比上年末减少208万人,全国人口总数持续下降,自然增长率为－1.48‰,比2022年下降9个千分点,连续两年为负增长。短期看,2024年,我国出生人口和生育率可能会有小幅反弹,主要原因是:部分家庭在疫情期间积压的生育计划逐渐释放;2023年结婚对数有所增长,根据民政部数据,2023年三季度结婚登记569万对,同比增加24.5万对;龙有吉祥寓意,龙年存在生育小高峰。但长期看,由于生育堆积效应逐渐消失、生育率低迷、育龄妇女规模持续下滑、生育成本高等,如果没有实质有效的鼓励生育政策出台,出生人口下降趋势较难扭转。人口因素变化缓慢但势大力沉,影响重大深远。在可预期的将来,我国人口会逐渐下降,预计到2100年,人口将会降低到10亿左右。这种状况必须引起我们的高度警觉。

想保持适当总人口规模,必须制定符合我国国情的生育政策。目前,国家根据现阶段和今后一个时期全国人口状况和整体民族的利益,着眼于人口发展与自然资源开发相协调、人口增长与经济社会发展相适应,兼顾人民意愿和民族习俗等客观条件,制定了符合中国国情的人口政策。随着我国人口老龄化的问题不断加剧,国家已经出台了一系列生育政策,来支持我国人口问题的解决。现阶段,国家已经放开了三孩生育政策,并且制定出台了相关的配套政策措施,积极鼓励生育三孩。这对于推动整个社会发展和经济效益提高,改善人口结构,保持适度的人口规模,适当增加劳动力的供给具有重要意义。

2.提高初高中毕业生职业培训和升学比重,推迟他们就业的时间

按照《劳动法》的规定,凡年龄达到16周岁的人口就可以参加工作,成为劳动力人口。在我国,16周岁应处于中学时代。但是,若能通过职业培训或升学来推迟中学生开始就业的时间,则会缓解劳动力供给的压力。据统计,2023年,我国16～24岁城镇人口中,在校学生占比六成多,近6200万人;非在校学生占比三成多,约3400万人。从我国国情看,在校学生的主要任务是学习,而不是兼职工作。随着青年受教育年限不断提高,目前我国高等教育毛入学率近六成,多数青年24岁时刚毕业不久,尚处于择业期,一些人未就业或就业不稳定,至29岁时绝大多数已度过择业期,就业情况趋向稳定。经调查,不包含在校生的16～24岁劳动力失业率为14.9%。

从2000年开始，教育部提出大学招生规模和中等专业学校招生规模，连续三年递增20%，可以延缓457万适龄青年就业。同时，普通高中招生规模每年递增10%，又可以延缓248万适龄青年就业。

近年来，我国高等学校数量呈逐年缓慢增长趋势。2020年，全国共有高等学校3003所，较上年增加47所，同比增长1.59%；2021年，全国共有高等学校3012所，较上年增加9所，同比增长0.3%。2020年，全国各类高等教育在学总规模4183万人，比上年增加181万人；高等教育毛入学率54.4%，比上年增加2.8个百分点。2021年，全国各种形式的高等教育在学总规模4430万人，比上年增加247万人；高等教育毛入学率57.8%，比上年增加3.4个百分点。2021年，全国普通、职业本专科①共招生1001.32万人。其中，普通本科招生444.6万人，占普通、职业本专科招生人数的44.4%；职业本科招生4.14万人，占普通、职业本专科招生人数的0.41%；高职(专科)招生552.58万人，占普通、职业本专科招生人数的55.19%。2023年，全国全年研究生教育招生130.2万人，在学研究生388.3万人，毕业生101.5万人。普通、职业本专科招生1042.2万人，在校生3775万人，毕业生1047万人。中等职业教育②招生616.5万人，在校生1737.9万人，毕业生537.1万人。

今后，要继续坚持适度扩大招生规模的政策，使我国的高校教育在提高劳动力质量上发挥更大的作用。

3.严格退休制度，限制超过法定劳动年龄人口继续工作

按照我国退休制度的规定，凡超过劳动年龄且在正规部门就业的人员，一律实行退休制度。然而，改革开放以来，人们生活水平不断提高，劳动者的身体健康状况得到了极大改善，人们的寿命③得以延长。据统计，2020年，我国人均寿命为77.93岁；2021年，人均寿命提高到78.2周岁。在我国，60周岁以上人口劳动参与率仍占有一定比例，挤占了适龄就业人口的劳动就业岗位，人为地扩大了劳动力供给量。从一些发达国家或地区的经验可以看出，随着经济发展和人均收入水平提高，老年人口劳动参与率应该是不断下降的。

在我国经济持续发展、人们收入水平不断提高的情况下，降低老年人口劳动参与率已具备客观条件。必须严格退休制度，使达到退休年龄的劳动者尽量从正规就业部门退出劳动就业岗位。

4.大力发展农村经济，就地就近实现农村剩余劳动力就业

农村剩余劳动力向城市转移是增加城市劳动力供给的一个重要部分。减少农村剩余劳动力向城市的转移，自然是降低城市劳动力供给的一种途径。然而，随着我国城镇化水平的提高，农村剩余劳动力向城市转移是一个不可阻挡的趋势。目前，我国农村剩余劳动力向城市转移所面临的问题是，由于缺乏必要的信息，流动表现出一定的盲目性和随从

---

① 普通、职业本专科包括普通本科、职业本科、高职(专科)。

② 中等职业教育包括普通中专、成人中专、职业高中和技工学校。

③ "十三五"期间(2016～2020年)，我国人均预期寿命从76.3岁提高到77.3岁，提高了1岁。到"十四五"末，即到2025年，预计我国人均寿命将达到78.3岁，再提高1岁。

性。对此,应该建立一个向农民工流动提供信息服务的全国网络平台,以减少农民工转移流动时的信息不充分性和信息不对称性,增加流入城市农民工的有效供给。

此外,在合理有序推动农村剩余劳动力向城市转移的基础上,减轻对城市劳动力供给的压力,必须大力发展农村经济,拓宽农村劳动力就业空间,尽量使农村剩余劳动力就地就近向非农业转移,实现就业。

(二)扩大劳动力需求规模

解决我国失业问题的关键除控制劳动力供给外,还要扩大劳动力需求规模。扩大劳动力需求不仅可以缓解劳动力供求的矛盾,而且能够推动更多的劳动力资源的充分利用,促进社会稳定和经济增长。

1.保持经济有效增长,创造更多的就业机会

尽管我国的经济增长受就业增长弹性低的制约而不能起到增加就业的应有作用,但要创造更多的就业机会,还必须保持相对稳定的经济增长率。就我国目前的失业情况来看,要防止失业率进一步攀升,必须保持经济速度适当增长。2021 年,我国 GDP 实现了 8.1%的增长率,两年平均增长 5.1%。2023 年,我国经济增长率达到 5.2%,成为拉动就业增长的关键所在,年末全国城镇调查失业率为 5.1%,实现了经济增长与就业增加的良性互动。

结合国外的经验和国内的情况来看,促进经济增长,降低失业率,关键是积极培育旨在扩大就业岗位、开拓就业渠道的新的经济增长点,这包括加强基础设施建设,大力发展第三产业,鼓励发展个体、私营经济,大力发展劳动密集型产业,为失业人员创造更多的就业机会,尤其要采取相应的政策措施,鼓励失业人员自谋职业。

2.调整所有制结构,扩大劳动力就业空间

在从单一的公有制向以公有制为主体、多种所有制经济共同发展的所有制结构转化的过程中,由于非公有制经济的发展,势必扩大劳动力就业空间,增加劳动力需求。因此,应进一步调整所有制结构,大力发展非公有制经济,进一步增加劳动力的需求。

按照国有经济布局调整的思路,国有经济从一些行业和领域逐步收缩或退出,集中力量控制并管好涉及国家安全的行业、自然垄断的行业、提供重要公共产品和服务的行业,以及支柱产业和高技术产业中的重要骨干企业。这就为非公有制经济发展开辟了更广阔的空间。过去,非公有制经济主要集中在商业、生活服务业、运输业、服装与体育用品加工业、电子与通信设备及文化办公用品制造业等行业。现在,一般性资源的竞争性行业,以及卫生、体育、教育、文化、科研、综合技术服务等领域,非公有制经济也可以进入。由于非公有制经济的迅速发展,劳动力就业空间得到进一步扩大。目前,非公有制经济已成为我国城镇就业的主渠道。2018 年,城镇非公有制经济就业人员占比从 1978 年的 0.2%提高到 83.6%,其中,城镇私营企业、个体就业人员分别为 13952 万人、10440 万人,分别占城镇就业人员的 32.1%、24.0%。

3.适当发展劳动密集型的产业,扩大劳动力就业机会

不同产业在资源选择方面并不是相同的,或者说,并非所有的产业都以技术密集为首

选。以劳动密集方式发展基础设施，也是增加劳动力需求的有效途径。基础设施包括：公共设施，如电力、电信、自来水、卫生设施与排污、固体废弃物的收集与处理及管道煤气；公共工程，如公路、大坝和排水用的渠道工程；农业、林业、水利和其他交通部门，如城市和城市间铁路、城市交通、港口和水道，以及机场。所有这些，不仅有力地促进了我国经济的增长，还可以大量增加劳动力就业机会，拓宽就业空间。

4.发展农村经济，拓宽农村劳动力就业渠道

调整农业内部结构，充分利用现有农村劳动力。实现农业内部结构调整，首先是改变种植业、林业、牧业和渔业结构中种植业比重大的状况，其次是优化种植业中粮食和其他经济类作物的比例，最终形成一个深度挖潜、结构合理、效益良好的农业产业结构。

实行农业产业化经营是增加农村劳动就业的重要途径。农业产业化经营，就是以农户为基础，以市场为导向，以龙头企业或合作经济组织为依托，通过专业化生产、一体化经营和社会化服务等，把产前、产中、产后诸环节联结起来，实现贸工农、“种养加”一体化，使农户小规模生产适应大市场的一种新的农业生产组织和经营方式。这样，在农产品销售、运输、加工诸环节上，吸纳大量农村劳动力就业。

5.加快发展服务业，努力增加就业岗位

服务业是就业容量很大的产业。积极发展信息、金融、会计、咨询、法律服务等现代服务业，提高服务业整体水平。运用现代经营方式和服务技术，改造商贸流通、交通运输、市政服务等传统服务业，提高服务质量和效益。发展面向居民消费的房地产业、社区服务、旅游、餐饮、娱乐、健身等产业，增加服务内容。把发展服务业作为近期扩大就业的主攻方向。同时，认真落实促进服务业扩大就业的各项政策。对从事社区服务业的失业人员，要简化工商登记手续，免征营业税、个人所得税以及行政性收费等。服务业的发展会提供越来越多的就业机会。

6.大力倡导多种就业形式，实现劳动力灵活就业

引导劳动者转变就业观念，采取非全日制就业、季节性就业、自谋职业、自主创业和小时工、定点工等灵活多样的就业方式，大力倡导多种形式实现就业。过去，人们普遍认为就业是指进入企业、事业和行政单位，并从事长期的、连续的、稳定的工作。现在，由于生产的多样化，服务范围的扩大，多种所有制形式并存等非正规就业增长迅速。在发达国家中，非正规就业已经成为重要的就业方式，通过非正规就业的从业人员占从业人员总数的20%～30%，在某些国家，非正规就业比重已经达到50%。我国发展非正规就业潜力巨大，前景广阔。预计非正规就业比重在未来10～15年会超过50%，成为我国就业的最重要的模式。

（三）完善劳动力市场，增强劳动力市场的调节功能和调节能力

随着社会主义市场经济体制的发展和完善，劳动力市场最终将成为调节劳动力资源的基础手段。但是，就目前的情况看，我国劳动力市场功能并未充分发挥作用，不能满足劳动力合理有序流动需要。因此，必须加强我国的劳动力市场建设，增强劳动力市场调节功能和调节能力。

1.建立劳动力价格市场形成机制

充分发挥市场作用,建立劳动力价格形成机制,才有可能使劳动力价格得到相对准确的反映。同时,虽然劳动力价格是以劳动力价值为基础,并通过劳动力市场表现出来,但劳动力市场价格的确定也需要一系列外在条件。

第一,需要打破长期以来形成的劳动力价格刚性就业制度。这不仅需要打破传统的由政府行政部门来确定和控制的工资水平,而且需要将劳动力价格水平的确定与个人劳动生产率、企事业单位的经济效益挂钩。

第二,需要消除所有制垄断因素对我国劳动力市场价格造成的消极影响。20世纪80年代中期以来,各行业国有经济比重产生了较大差异。这就造成了我国特有的“所有制垄断”现象,所有制的垄断程度又对行业的劳动力价格水平产生着重大的影响。

第三,消除对农村劳动力的价格歧视。歧视使歧视者和被歧视者同时蒙受损失。就经济歧视而言,歧视者要购买歧视,将放弃与被歧视者一道劳动,减少其资本同被歧视者资本结合所能获得的收入。这种资源配置变化减少了双方的均衡净收入,造成社会福利损失。多年来,我国在城乡劳动力政策设计上却人为地增大了歧视的作用力度。

第四,完善劳动力市场价格形成的市场交易条件,并规范劳动力市场交易行为。政府必须提供比较完备的劳动力市场交易的基础设施,制定和完善与劳动力市场交易行为相关的一系列政策法规等,加强政府部门的宏观调控与管理。

第五,加强政府宏观协调力度,克服劳动力价格的市场调节机制的自发性、盲目性和滞后性。

因此,在劳动力市场价格形成过程中,必须遵循客观价值规律。劳动力市场价格的形成过程是一个动态的运行过程,劳动力供求双方共同确定劳动力价格,不是一种无组织的随机性的讨价还价,必须以国家的有关法律、政策为依据,才能充分保证劳动力供求双方的利益,尤其是保证维持劳动力再生产的基本需要,适时调节劳动力的供求矛盾。综合考虑影响劳动力价格形成因素,研究完善劳动力价格形成机制。

2.扩大用人单位的用人自主权

用人单位的用工自主权是用人单位在生产经营中使用劳动力的权利,这些权利不受他人限制,用人单位可以单方面予以处置,不需与他人协商或同意。而劳动者应该尊重用人单位的用工自主权,按照用人单位的决定执行。

用工自主权应该来源于以下几个方面:法律法规授予用人单位的权利;用人单位与劳动者在劳动合同中约定的内容;用人单位集体合同、合法制定的企业劳动用工规章制度的规定。

在市场经济条件下,用人单位因生产经营需要而调整变化属正常现象。法律允许用人单位根据自身生产经营需要,合理调整劳动者的工作岗位及工作地点,不仅有利于维护用人单位发展,也有利于劳动关系稳定。

需要注意的是,如果支持用人单位对岗位或工作地点进行不合理调整,必然侵害劳动者合法权益,劳动者可依法请求继续履行劳动合同或补偿工资差额等。

用人单位作为市场主体，根据自身生产经营需要而对劳动者的工作岗位、工作地点进行适当调整，是行使用工自主权的重要内容，对其正常生产经营不可或缺。但同时，用人单位用工自主权的行使也必须在相关法律和政策的框架内，符合一定条件和范围，如用人单位须对岗位或工作地点的调整作出合理说明，防止用人单位借此打击报复或变相逼迫劳动者主动离职，也即防止其权力的滥用。

在现阶段，扩大用人单位的用人自主权，重点是如何扩大国有企业特别是国有大中型企业的用人自主权。对于国有企业来说，在用人自主权上，关键要解决两个问题：一个是国有企业要建立现代企业制度，减员与增效的关系；另一个是转变国有企业职工对企业的依赖观念，特别是职工与企业那种割舍不断的情感。

3.健全劳动力市场的中介制度

一个完整的劳动力市场是在信息畅通、完全与不存在劳动力素质制约的条件下完成的。实际上，劳动力市场的信息不完整，劳动力素质的较大差异，使得劳动力市场运行存在一定障碍。解决这个问题的途径是大力发展中介组织，迅速健全中介制度。

健全劳动力市场的中介制度，需要建立和完善一系列中介组织，必须建立可以承担信息收集、信息发布、信息反馈等功能的相应机构，同时还要实现这些机构间的网络化，最终形成全国范围内的劳动力信息流动体系。所有这些劳动力市场的中介组织是劳动力市场运行不可缺少的。就我国目前劳动力市场中介组织发展情况来看，建立劳动力市场中介组织显得更加重要。

二、失业被动治理

失业被动治理是指通过建立和完善失业保险①制度，对失业者提供一定时期的基本生活保障，并促进其尽快实现再就业所采取的一系列政策措施。

仅依靠各种主动的治理措施解决失业问题是远远不够的。再好的政策措施都不能避免失业的发生。主动失业治理政策只能减少失业状况，却不能从根本上消除这一社会顽症，每个社会总是会存在不同数量的失业人员。因此，必须有配套的失业保险制度，以保证这部分劳动者在失业期间的基本生活，使失业不至于成为影响经济运行和社会稳定的一个因素。正是从这个意义上讲，我们把建立和完善失业保险制度称为“失业的被动治理”。

（一）失业保险的作用和功能

失业保险是由国家法律确定的，是通过建立失业保险基金的办法，对非因本人意愿中断就业而失去工资收入的劳动者，提供一定时期基本生活需要及其再就业服务的一项社会保险制度。从失业保险定义中可以看出：失业保险的基本功能，一是保障失业者的基本

① 这里仅讲到了失业保险的作用、功能和如何完善我国失业保险制度。我国失业保险制度的实施范围、缴纳失业保险费标准、享受失业保险待遇条件、失业保险待遇项目和标准、失业保险金领取期限、失业保险待遇终止等规定，可详见第九章“失业保险”的内容。

生活;二是促进失业人员再就业;三是随着经济的发展和需要,增加了稳就业的功能。因此,建立和完善失业保险制度,对保障失业人员及其家庭成员的基本生活、稳定社会、促进就业等方面,无疑起到了积极的作用。失业保险制度具体有以下功能和作用:

1.使劳动力生产和再生产得到延续

根据失业保险制度的规定,失业人员都可以在或长或短的时间内领取一定数额的失业保险金,从而使失业人员及其供养的家庭的基本生活得到保障,并为解决因失业而带来的一系列问题提供了一定的缓冲时间。这样,就可以使暂处于闲置状态的劳动力及其供养的人口,不会因家庭主要劳动力的失业而停止其自身能力的生产和再生产。

2.为充分发挥失业人员的潜能提供了条件

失业保险制度既能为失业人员提供一定时期的基本生活保障,又能为失业人员实现再就业提供一定的职业培训补贴和职业介绍补贴,使失业人员在寻找新的就业岗位时有一定的经济基础,免除后顾之忧,使其尽可能地寻找到与自己的能力和兴趣相符合的、比较满意的工作岗位。这将有助于充分发挥劳动者的能力和潜能,也有助于从整体上提高经济效率。

3.为提高劳动力素质提供了一定的物质帮助

劳动者失业后,其基本生活的保障、职业培训补贴和职业介绍补贴的提供,使失业者在失业期间更有机会、更有条件提高自己的劳动技能、文化素质和改变自己的知识结构,增强其就业竞争能力,促进其尽快实现再就业。

4.有利于企业减员增效

失业保险制度所具有的维持劳动力资源的生产和再生产,有利于劳动者劳动能力的充分发挥以及有助于提高劳动力素质,从而有助于提高整个国民素质和社会经济效益。此外,失业保险制度的实施,减轻了企业向外排放冗员时所产生的社会经济压力,也有助于提高经济资源有效、合理的配置,从而有利于企业经济效益的提高。

5.维护了社会稳定,进一步促进了经济发展和社会稳定

失业保险制度确保了失业人员的基本生活,从而直接或间接地为其家人提供了一定的经济保障。家庭是社会的细胞。这样,一方面避免了劳动者因中断就业而完全失去经济收入所带来困难,稳定了家庭,稳定了社会;另一方面,由于失业保险金的发放,在经济衰退时期能够保持一定水平的消费需求,从而有效刺激了消费,因而有助于经济的迅速恢复和稳定发展。

6.有利于失业人员参与社会经济活动

就业不仅是现代社会大多数人获得经济收入的主要手段,也是人们参与社会经济生活的主要途径。如果没有失业保险制度,仅仅靠失业人员个人在失业期间维持自己和家人的生活,同时寻找新的工作,特别是在结构性失业严重,需要通过待业或地区间的流动重新就业的情况下,是非常困难的。失业保险制度的存在可以避免此类现象,从而有利于失业人员参与社会、经济活动。

7.助推企业渡过难关

自失业保险制度建立以来，失业保险的功能不断向企业延伸，特别2020年以来，在新型冠状病毒肺炎疫情对人民生命安全构成威胁、对经济运行造成巨大冲击和企业生产经营遇到困难的情况下，失业保险及时出台了援企稳岗优惠政策，助推企业渡过难关。这些政策措施主要有：降低失业保险费率，缓缴失业保险费，免收缓缴失业保险费期间的滞纳金，实行失业保险费稳岗返还政策，支持企业开展职业技能提升培训，促进职工复工返岗等，有力地促进了恢复生产经营，帮助企业渡过了难关。

失业保险制度在充分发挥积极作用的同时，也会产生一定的消极影响。在实施失业保险制度时，如果失业保险制度设计不合理，失业保险金的给付水平过高、给付时间过长，失业保险制度对整个社会经济的运行也会产生消极影响，具有一定的负面作用。一方面会提高劳动力成本，加重国家、企业和个人的负担；另一方面则会造成失业人员对失业保险金和失业保险待遇的过分依赖。这既不利于社会经济的发展，也不利于劳动者个人素质的提高。

（二）我国失业保险制度改革完善

我国失业保险制度的建立和发展[①]是我国经济体制改革，特别是劳动就业制度改革的必然结果，是社会经济发展的客观需要；并且，随着经济体制改革的进一步深化，特别是我国社会主义市场经济体制的深入，必然对失业保险制度提出新的要求，失业保险制度也会不断得到完善和发展。

完善的社会保障制度是建立社会主义市场经济体制的重要组成部分，是提高人民生活水平、实现现代化宏伟目标的重要保证。社会保障制度是否完备，社会保障体系是否健全，将直接影响我国经济的发展和社会的稳定。失业保险制度是社会保障体系的重要组成部分，也是劳动就业服务的重要内容和促进就业的重要手段。失业保险制度是否完善也将直接影响到经济的发展和社会的稳定。党的十九大把“坚持在发展中保障和改善民生”作为构成新时代坚持和发展中国特色社会主义的基本方略之一，明确指出要提高就业质量和人民收入水平；要坚持就业优先战略和积极就业政策，实现更高质量和更充分就业；加强社会保障体系建设；按照兜底线、织密网、建机制的要求，全面建成覆盖全民、城乡统筹、权责清晰、保障适度、可持续的多层次社会保障体系；完善失业保险制度。因此，加强失业保险制度建设，继续深化失业保险制度改革，是一项具有重要现实主义和深远历史意义的战略决策。对于加快经济体制改革，促进经济发展和维护社会稳定，将发挥重要的保障作用。

从长远发展看，随着社会主义市场经济体制逐步完善，市场调节将成为劳动力资源配置的基本手段。失业保险制度一方面要促进劳动力正常流动，另一方面要保障流动中暂时失去工作收入人员的基本生活。这是完善的社会保障体系和市场导向的就业机制对失业保险制度提出的要求，是失业保险制度必须担负起来的社会责任，也可以说是一种政治

---

① 我国失业保险制度的建立和发展可详见第九章第一节“失业保险制度建立发展”的内容。

责任。因此,完善的失业保险制度既能切实保障失业人员基本生活,又能积极促进失业人员再就业,稳定就业岗位。按照这样的要求和定位,继续深化失业保险制度改革。

1.必须从我国的国情出发,制定出符合我国国情的失业保险制度

在完善失业保险制度、选择和确定制度的模式上,必须坚持与我国国情、国力相适应的原则。所以,我国的失业保险制度必须从我国的国情出发,建立符合我国社会主义市场经济体制要求的具有我国特色的失业保险制度。我国仍处于并长期处于社会主义初级阶段,这是我国最大的实际。目前和今后一个时期,我国失业保险制度的模式,重点应放在与现实承受能力相适应上,然后再根据需要及可能,逐步扩大范围,将所有具有失业风险的依靠工资收入为主要生活来源的劳动者都纳入失业保险制度的覆盖范围内,使他们面临的失业风险得到有效化解和控制。

另外,我国失业保险制度的改革还必须面对企业内失业和潜在失业这一现实存在的客观情况。在我国,失业人员不仅包括在法定的劳动年龄内、有工作能力、无业且要求就业而未能就业的人员,同时也包括虽然从事一定社会劳动,但劳动报酬低于当地城市居民最低生活保障标准,视同失业的"在职职工"。同时,我国的企业,特别是国有大中型企业,还承担着许多社会职能,维护社会稳定也是国有企业职责之一,不能简单地将企业富余职工向社会一推了之。现在,我国还有大量的失业是企业内失业和潜在失业。失业保险制度的改革也必须要适应这种状况,要给予这些企业一定的稳岗补贴。

2.强化失业保险立法,走法治化道路

进行失业保险立法、失业保险走法治化道路是实施失业保险制度的必然趋势,也是失业保险发挥作用的关键。我国实行的是市场经济。市场经济在某一方面说就是法治经济,一切行为都要求有法律法规来约束、引导、保障和规范。党的十九届四中全会通过的《中共中央关于坚持和完善中国特色社会主义制度、推进国家治理体系和治理能力现代化若干重大问题的决定》,明确要求坚持和完善中国特色社会主义法治体系,提高党依法治国、依法执政能力。必须坚定不移走中国特色社会主义法治道路,全面推进依法治国,坚持依法治国、依法执政、依法行政共同推进。所以,制定和出台我国的失业保险法律,主观、客观条件已经成熟,应该尽快将《失业保险条例》上升为法律,制定出台《失业保险法》。

拟定的《失业保险法》中,应明确各方面的权利和义务,确定各自的职能范围,使失业保险制度的实施具有强有力的法律效力,做到有法可依,有法必依,违法必究,使之健康发展。

3.失业保险保障水平要与我国社会生产力发展水平相适应

合理确定失业保险待遇项目及待遇水平,有助于发挥失业保险的功能和作用。如果失业保险待遇项目及待遇水平超过了现实的经济和社会条件,不仅实施失业保险制度保障失业人员基本生活和促进再就业的基本功能不能得到充分的发挥,还可能产生负面影响。如果待遇项目及待遇水平过高,不仅将加重参保单位或参保个人缴费负担,影响参保单位或参保个人的积极性,甚至还可能因失业保险基金需要量不断增加,制约参保单位的正常经济活动。因此,在设计我国失业保险待遇项目及待遇水平过程中,必须从现实的经

济条件出发，把失业保险保障失业人员最基本的生活放在重要位置上考虑。同时，还要兼顾失业人员在领取失业保险金期间的促进就业需要、就医需求、赡养家庭成员的问题。

4.坚持权利与义务相对等，体现公平与效率的原则，同时兼顾国家、企业、个人三者的利益

总结高福利发达国家产生财政不堪重负的经验教训，从我国国情出发，明确国家、用人单位和个人在失业保险中的权利和义务。对用人单位和个人来说，必须依法参加失业保险，并按时足额缴纳失业保险费，才能享受失业保险待遇。权利与义务的对等、体现公平与效率的原则必须使失业保险待遇水平的高低、享受期限的长短与失业人员失业前缴费的多少、缴费期的长短以及对社会贡献的大小挂钩。

领取失业保险金的数额可按失业前职工一定时期（1～5年）内平均工资的一定比例计发，并随着享受失业保险待遇期限的延长而降低失业保险金的待遇水平。同时，为确保失业人员的基本生活需要和控制失业保险基金的支出，减轻财政负担，可规定失业保险金标准的最高限额和最低限额。失业保险待遇期限的长短可根据失业人员参保缴费期或就业期的长短来确定，但期限跨度不要太大，可等比例增加，并规定最长期限。同时，确定失业保险金的标准和领取失业保险金的期限，还应有利于促进失业人员长期再就业。这样，既发挥了失业保险的社会保障功能，又调动了单位和个人参保缴费的积极性，有利于国家、企业、个人三方的利益，实现公平和效率、权利与义务的统一。

5.立足当前，着眼未来，进一步扩大失业保险范围

目前，我国正处在实现第二个一百年奋斗目标的第一个阶段时期，特别是近几年，新型冠状病毒肺炎疫情突如其来和国内国际局势复杂多变的考验，我国经济下行压力加大，失业保险面临着新形势和新任务。失业保险要适应新形势，需要进一步扩大失业保险范围，完善失业保险制度。

一是巩固、规范现有的失业保险参保范围，使其依法参保、依法缴费。

二是尽快将《失业保险条例》认定的由各省、自治区、直辖市人民政府确定的民办非企业及其职工、国家机关除公务员以外的职工、社会团体及其专职人员、有雇工的城镇个体工商户及其雇工等纳入失业保险范围内，使其参保缴费。

三是探索将国家机关公务员纳入失业保险范围内的新路子。目前，世界上实行失业保险制度的国家，大部分已将国家公务员纳入失业保险范围内。

四是将失业保险功能向企业内延伸，促进企业稳定就业岗位。将失业保险政策向企业内延伸，对稳定就业岗位、不裁员或少裁员的企业，失业保险要给予一定的岗位补贴。同时，对参加企业培训、提升劳动能力和技术水平的职工，也要给予一定的培训补贴。

将失业保险范围扩大到所有有就业经历并参加失业保险的劳动者和视同失业或工资水平低于当地最低工资标准的企业职工。

6.在确保失业人员基本生活的前提下，进一步增强失业保险促进再就业和稳定就业的功能和作用

失业保险具有“保生活”和“促就业”“稳就业”的多重功能。保障失业人员的基本生活

是手段，促进就业、实现就业才是目的。一般来说，保障失业人员的基本生活是救济性的、应急性的，要从根本上解决失业人员基本生活问题，还要依赖于实现再就业。只有实现了再就业，才能彻底保障他们的基本生活。根据我国目前的生产力发展水平和失业保险基金的实际承受能力，我国只能实行积极的失业保险政策，要在确保失业人员一定期限内基本生活的前提下，重在促进再就业，并把这一功能放在更加突出的位置上，要明确失业保险基金用于促进再就业的开支渠道和具体标准，扩大失业保险经办机构为失业人员提供的再就业服务的范围，增强促进再就业服务的工作力度。同时，要明确失业保险经办机构与劳动就业服务机构、职业介绍中介机构、职业培训机构的工作衔接程序，制定失业保险基金支付和促进失业人员再就业服务的工作规范和方法，确定各个机构在促进再就业工作中的职责任务，做到失业保险促进再就业有章可循，有法可依。

每种政策措施都有自己的局限性和片面性，都需要其他政策和措施为之配套和补充。失业的主动治理政策和被动治理政策，应该说都非常重要，但又都有各自不完备的地方。就主动治理政策来说，它们不可能解决所有的失业问题，因此，需要被动治理政策作为事后辅助。就被动治理政策措施而言，如果没有主动治理政策，失业人数可能会上升，最后使得被动治理政策难以为继。因此，政府对失业的治理要双管齐下，既要采取积极措施，加强就业工作，促进失业人员尽快实现再就业，又要建立健全失业保险制度，确保失业人员的基本生活，维护社会稳定，促进经济发展。

第二章

就业促进

就业是民生之本，也是发展之基。在社会主义市场经济条件下，促进就业是我国必须采取和长期坚持的就业方针。国家实行促进就业的长期发展战略。当前，我国就业形势总体平稳，但今后一个时期，特别是面对新型冠状肺炎疫情带来的严重后果和错综复杂的国内国际局势，我国就业情况仍不容乐观，甚至就业形势仍然严峻。因此，国家实行积极的就业政策和就业优先战略，通过发展经济、调整经济结构、深化经济体制改革、协调城乡发展以及完善社会保障体系等政策与措施，进一步促进失业人员就业再就业，保持就业形势的稳定。

第一节　就业概述

劳动就业是人们获得生活资料的基本途径，是人们赖以生存的前提条件。因此，劳动就业不仅是我国当前突出而紧迫的社会经济问题，也是一项长期而艰巨的历史任务。国家一直把劳动者的就业工作作为关系国计民生的政治问题高度重视，不断深化劳动就业制度改革，建立完善市场导向的就业机制，进一步促进劳动者实现就业。

一、就业基本知识

就业是最大的民生工程，涉及改革、发展、稳定的大局。近年来，我国就业问题，特别是高校毕业生就业、农村剩余劳动力转移就业矛盾日益突出，引起了全社会的普遍关注。就业、失业、再就业、调查失业率①、就业观念等词汇频频出现于人们的现实生活中，耳熟能详。因此，必须准确把握、理解和掌握这些与就业有关的基本内容和基础知识。

（一）就业定义

由于各国的社会制度，特别是劳动就业制度不同，工业化程度以及生活水平存在差异，对就业的划分标准也不同，即使同一个国家，在不同的历史时期划分的标准也不尽相同。

在西方经济学中，就业是指具有某种工作或者职业，并通过这种工作或者职业而获得一定货币收入的状态。它包括两种基本情形：一是"自我雇佣"，即各种独立职业者，如律

---

① 调查失业率，确切地称"城镇调查失业率"，是反映城镇常住经济活动人口中，符合失业条件的人数占全部城镇常住经济活动人口的比率。该指标在 2018 年 4 月国家统计局发布一季度宏观经济数据时首次使用。之前，我国常采取城镇登记失业率。城镇登记失业率仅能反映在政府有关部门已登记的我国失业人员的失业状况，而未登记的失业人员是不在其中的。当然，城镇调查失业率也有其局限性，仅反映城镇常住人口失业人员的失业状况，而未包括农村剩余劳动力的失业状况。

师、牙科医生、自由业者以及小业主等;二是"受雇于人",成为纯粹的工薪收入者。

总之,在西方经济学中,不管劳动者是"受雇于人",还是"自我雇佣",也不管是永久性职业,还是临时性职业,只要拥有某种职业,而且能够从该职业或者工作中获取一定的经济收入,就是就业。

我国对就业是这样定义的:就业是指在法定劳动年龄内且具有劳动能力的人员,依法从事获得劳动报酬或经营收入的社会经济活动。它包括三个方面的含义:一是公民就业的资格,包括年龄资格和能力资格;二是劳动者所从事的劳动是有报酬或劳动收入的职业;三是劳动者所从事的劳动是得到社会承认的职业,并且是合法的劳动。

就业的实质是劳动者通过一定的形式,实现与生产资料的结合。

根据上述就业的定义,我们可以清楚地看到:

第一,就业与生产资料所有制形式无关。在社会主义市场经济中,无论是在国有企业、集体所有制企业、外商投资企业和私营企业工作,还是从事个体劳动、自主创业以及灵活就业等,都算是就业。

第二,就业与一定劳动就业制度所决定的用工形式无关。劳动者不论是固定工,还是合同制职工、季节工或者是临时工;无论是正规就业,还是非常规就业;无论是全日制就业,还是灵活就业,只要有正当的职业、有合法的劳动工资收入,均属于就业。

第三,就业与国民经济部门无关。劳动者无论在农林渔猎、矿业、制造业等行业劳动,还是在政府、社会、个人服务等部门工作;无论是从事第一产业劳动,还是从事第二产业或第三产业工作,只要从事有益的劳动,并取得劳动报酬或收入,都是已实现了就业。

第四,劳动者从事义务性的社会劳动、从事家务性的劳动或从事非法性的劳动等,皆不属于就业的范围。

我国对就业的定义首先是指在法定劳动年龄内,且具有劳动能力的人员。因此,就业人员也必须符合这一规定。

2003 年 4 月 14 日,劳动和社会保障部办公厅发布了《关于落实再就业政策考核指标几个具体问题的函》(劳社厅函〔2003〕227 号),对就业人员的一般概念进行了定义。就业人员是指在法定劳动年龄内(男满 16 周岁至 60 周岁,女满 16 周岁至 55 周岁),从事一定的社会经济活动,并取得合法劳动报酬或经营收入的人员。其中,劳动报酬达到和超过当地最低工资标准的,为充分就业;劳动时间少于法定工作时间,且劳动报酬低于当地最低工资标准、高于城市居民最低生活保障线标准,本人愿意从事更多工作的,为不充分就业。这是国家对就业人员概念最具有权威的最新定义。

这一定义主要是针对我国当时的就业状况,结合国际惯例,把工作时间与劳动收入同时作为衡量就业和就业充分程度的主要指标。这是因为,进入现代社会以后,生产方式的多样化使得劳动收入与工作时间并不完全成正比,仅以劳动时间衡量是很难准确把握就业含义的。

国际劳工组织在对就业进行了界定的基础上,指出凡是符合下列情况的人员,应属于就业人员:

(1)正在工作的人员。这是指在规定的时期内正在受雇于他人,从事着有报酬或者有收入工作的人。

(2)有职业,但暂时不工作的人员。例如:由于休假、生病、旷工、发生劳动争议、发生事故,或由于气候、设备、原料、市场等方面的原因而在一定时间内停止工作的人员。

(3)雇主或自主经营人员,或正在协助家庭经营企业或农场而不领取劳动报酬的家属人员。

(二)就业形式

就业形式是指国家在政策和法规中确认劳动者实现就业的方式或渠道。划分就业形式的依据不同,实现就业的方式也不同。

依据就业的稳定性来划分,可将就业分为正规就业和非正规就业两种。

1.正规就业

正规就业主要是指劳动者在各类经济组织中从业,且所签劳动合同在6个月以上的比较稳定的就业形式,以及在国家机关、参照公务员管理的事业单位、社会团体组织中从业的一种就业形式。

2.非正规就业

非正规就业主要包括非全日制工、季节工、短期工、临时工、计时工、计件工、轮换工以及弹性工作制等比较短期的、灵活的就业方式。

按照就业实现的途径不同,可将实现就业形式划分为介绍就业、自愿组织起来就业、自谋职业和国家安置就业四种。

1.介绍就业

介绍就业是指职业介绍机构在国家就业政策的指导下,将求职的劳动者推荐给用人单位,由用人单位择优录用实现就业的方式。其特点是:

(1)介绍范围广泛。适合于介绍就业的劳动者范围非常广泛,包括城镇失业人员、农村剩余劳动力、技校毕业生、高校和中专毕业生,以及自愿放弃由国家安置就业的劳动者、符合流动条件的职工和符合法定条件的其他求职人员。同样,介绍就业的录用单位也十分广泛,既可以是国有企业、股份制企业录用,也可以是私营企业、个体工商户录用;既可以是国内企业录用,也可以是外资企业录用。只要是有用工需求的单位,均可向其推荐、介绍在其合法招工范围内的劳动者。

(2)双向选择自主程度较大。对于劳动力供求双方来说,职业介绍机构的介绍只具有推荐性,至于是否建立劳动关系,完全由劳动者与用人单位之间的双方协商确定。

(3)介绍用工方式灵活多样。介绍就业的用工方式既可以是合同制工,也可以是灵活用工,既可以是全日制用工,也可以是非全日制用工或小时用工。

2.自主创业

自主创业是我国失业人员,特别是高校毕业生们实现就业的重要途径,是一种新就业形式。它是指劳动者通过从事个体工商经营、开办私营企业和进行合伙经营而实现就业的行为。现阶段,我国自主创业的劳动者大部分是以灵活就业方式出现的。目前,我国灵活就业人员接近2亿人。

为了鼓励扶持更多的失业人员从事个体经营,特别是当今高校毕业生们自主创业,减轻他们的税费负担，国家还制定出台了一系列就业优惠政策，如税收免征优惠政策、收费免交优惠政策、小额贷款担保优惠政策、贷款免息贴息优惠政策、灵活就业人员社会保险补贴优惠政策等。

3.自愿组织起来就业

自愿组织起来就业是指劳动者在国家和社会的扶持下，根据社会的需要和本人的专长，按照自愿原则组织起来，举办各种类型的合伙或合作经济组织。目前，组织起来就业的主要形式是举办合伙企业或合作企业，其经营范围包括商业、服务业、工业、建筑业和其他企业。

自愿组织起来就业这种就业形式，是我国20世纪80年代初期提出来的。当时，主要是鼓励返城知青组织起来，创办各种类型的自负盈亏的合作社或合作小组。这种就业形式在安置返城知青，缓解就业压力，促进社会稳定等方面起到了很好的作用，并一直延续下来。

在新的形势下，为更好地发挥组织起来就业的作用，帮助失业人员实现再就业，国家颁布了一系列再就业优惠政策，鼓励失业人员组织起来就业的。除享受自主创业的就业优惠政策外，有些还根据组织起来就业的失业人员人数，享受更优惠的就业政策。

4.国家安置就业

国家安置就业又称国家分配就业，是指根据国家的安置政策，由人力资源社会保障部门和有关部门将某些劳动者分配或安排到一定范围内的用人单位就业。其特点是：

(1)适用国家安置就业的劳动者范围仅限于国家规定的应当或可以由国家安置就业的部分劳动者。

(2)适用于国家安置就业接受的用人单位范围，仅限于依法有义务接受国家安置就业任务的部分用人单位，如国有企业或国有控股企业、国家机关、事业单位等具有公有制性质的用人单位。

对于接受安置人员的国有企业，国家除在政策和法规中明确规定其在特定条件下应当录用属于国家安置就业的人员以外，还可以由有关部门以协议方式确定其承担的安置任务。

(3)劳动者与用人单位之间双向选择的自主程度较小。被安置的劳动者必须服从国家安置分配；安置就业的劳动者，只要符合录用条件，用人单位一般不得拒绝接收。

(4)国家安置就业对其适用范围内的劳动者来说，不具有强制性，国家鼓励和支持这些劳动者自愿选择其他就业形式。

(5)经国家安置就业的均属于正规用工，但根据有关规定，用人单位可作为固定工接收，也可作为合同制工接收。按现行法规和政策规定，列入国家安置就业范围的劳动者主要有以下几种人员：①原是城镇户口的退役军人。②原是农业户口的退役军人，仅限于在服役期间荣立二等功或以上等级的立功者和因公致残的二等、三等伤残军人。③退役军人，但在服役期间因严重违犯或无正当理由坚持要求提前退出现役者，应当按退伍义务兵处理。④军队转业干部。⑤按国家招生计划定点招收的高校毕业生。⑥农村户籍的烈士子女(仅限1名)。⑦在内地定居的归侨、侨眷和港澳台同胞及其内地眷属。⑧纠正冤、假、错案后，因撤销原判、宣告无罪和依据政策法律不予追究刑事责任而释放的人员中，一般限于原有工作者和原无工作但释放后无家可归、无亲可投者。⑨刑满释放的原军队干部，犯过失罪并在服刑期间表现好适合继续担任干部的可安排转业，其余的一般按退役处理。⑩按国家规定应当或可以由国家安置就业的其他劳动者。

（三）就业分类

依据不同标准和目的，可以对就业的类型进行不同的划分。在我国，通常按下列依据划分：

1.按实际就业水平划分

按实际就业水平划分，就业可分为充分就业和不充分就业两种。

（1）充分就业。按照凯恩斯的含义，充分就业是“在某一工资水平下，所有愿意接受这种工资的人都能得到工作”。理论界对充分就业概念的解释大致分为两种：一种是充分就业，指劳动力和生产设备都达到充分利用状态；另一种是充分就业并不是失业率等于零，而是总失业率等于“自然失业率”。

除此之外，有人用某一具体就业水平指标来描述充分就业。

按国际劳工组织的定义，充分就业是指愿意并有能力工作的劳动年龄段男子和妇女能够得到有报酬的、自由选择的、生产性就业的就业水平。

可见，充分就业包括就业数量和就业质量两个方面的含义。

（2）不充分就业。不充分就业是指有就业愿望和能力的劳动年龄段男子和妇女不能充分得到有报酬的、自由选择的、生产性就业的就业水平。

不充分就业也包括数量和质量两个方面。

不充分就业不同于失业，是指劳动力利用不饱满，而不是完全失去工作岗位。不充分就业是劳动力资源利用不充分的表现，可以看作一种隐性失业。在宏观调控方面，在不同情况下，可以选择不同的不充分就业与失业之间的相互替代策略。

由于失业现象大量、普遍存在，特别是在市场经济条件下，失业是一种客观的、正常的经济现象，因此，世界各国都致力于提高劳动者就业水平，追求实现充分就业的目标。

2.按就业形式划分

按就业形式划分，就业可分正规就业与灵活就业两种形式。

正规就业一般是指稳定的、传统的、有固定工作单位的、8 小时工作制的就业形式。

灵活就业是指劳动者在劳动时间、收入报酬、工作场地、保险福利、劳动关系等方面不同于建立在工业化和现代化企业制度基础上的传统主流就业方式的各种就业形式的总称。其种类和涵盖的领域十分广泛，主要包括“非正规部门就业[①]”和“正规部门非标准就业[②]”两大部分。

3.按经济类型划分

按就业分布所在的经济类型划分，就业可分为在国有经济组织就业、在股份制经济组

① 非正规部门就业包括自雇型就业、小型生产服务企业就业者和独立服务就业，如个体私营企业的就业者，独立服务就业既包括街头流动小贩、家庭小时工等，也包括独立服务的律师、作家、自由撰稿人、翻译工作者等。

② 正规部门非标准就业包括在各类大中型企业中就业的非全日制工、临时工、季节工、劳务承包工、劳务派遣工等。

织就业、在民营经济组织就业、在其他经济组织就业,从事私营经济和个体劳动、在农村就业等形式。

其他经济组织包括联营经济、外商投资经济、港澳台投资等经济组织。

4.按行业划分

按就业所分布的行业划分,就业可分为:农、林、牧、渔业就业,采掘业就业,制造业就业,电力、煤气及水的生产和供应业就业,建筑业就业,地质普查业就业,水利管理业就业,交通运输、仓储业及邮电通信业就业,批发和零售贸易、餐饮业就业,金融、保险业就业,房地产业就业,社会服务业就业,卫生、体育和社会福利业就业,教育、文化艺术和广播电影电视业就业,科学研究和综合技术服务业就业,国家机关、政党机关和社会团体就业和其他行业就业。

5.按三次产业标准划分

就业按三次产业标准划分,可划分为在第一产业就业、在第二产业就业、在第三产业就业。

6.按分布区域划分

按城乡就业分布区域划分,就业可分为城镇就业和农村就业。

(四)就业观念转变

当前,失业人员,包括高校毕业生就业难的一个很大障碍是不合时宜的职业价值取向和择业就业观念错位或转变不及时的问题。

从目前社会尚存的空缺岗位和待开发的新的工作岗位情况来看,并不是没有工作岗位,关键是失业人员择业观念跟不上市场经济发展的需要。如果职业价值取向或就业观念符合实际,一部分失业人员完全可以很快找到工作,特别是高校毕业生们。

在社会主义市场经济条件下,劳动力资源配置主要通过劳动力市场来完成,发挥市场配置资源的主渠道作用。这就需要劳动力供求双方双向选择,劳动者自主择业,单位自主用人。政府不再包揽就业,其职责是通过制定积极就业政策,采取就业优先措施,发展经济,创造更多的就业岗位,并为供求双方提供帮助和指导。因此,随着社会主义市场经济体制的不断完善,特别是我国将进一步扩大改革开放,人们的职业价值取向和就业观念也必须随之发生转变,尤其是高校毕业生们。下列观念必须转变:

1.“端上‘铁饭碗’,才算有工作,才算就业”的观念必须转变

“铁饭碗”是计划经济的产物,随着社会主义市场经济体制的建立和完善,“铁饭碗”越来越少。打破“铁饭碗”,不仅是深化国有企业改革的要求,也是广大劳动者的要求,更是建立和完善社会主义市场经济的必然结果。认为只有端上“铁饭碗”,才算有工作,才算实现了就业的观念,在现实生活中,已是越来越少,越来越行不通了。即便是在机关、事业单位工作,也不是“铁饭碗”了。《公务员法》[①]第八十八条规定:“公务员有下列情形之一的,

① 2005年4月27日,第十届全国人民代表大会常务委员会第十五次会议通过了《公务员法》,中华人民共和国主席令第20号颁布。2018年12月29日,第十三届全国人民代表大会常务委员会第七次会议修订,自2019年6月1日起施行。

予以辞退:(一)在年度考核中,连续两年被确定为不称职的;(二)不胜任现职工作,又不接受其他安排的;(三)因所在机关调整、撤销、合并或者缩减编制员额需要调整工作,本人拒绝合理安排的;(四)不履行公务员义务,不遵守公务员纪律,经教育仍无转变,不适合继续在机关工作,又不宜给予开除处分的;(五)旷工或者因公外出请假期满无正当理由逾期不归连续超过十五天,或者一年内累计超过三十天的。"

目前,我国事业单位录用人员也适用聘用合同制度。《事业单位人事管理条例》①明确规定:"事业单位应与工作人员订立聘用合同。"初次就业的工作人员与事业单位订立的聘用合同期限3年以上的,试用期为12个月。试用期内不胜任工作或不符合规定或在聘用合同期间,违反事业单位管理规定的,仍要解除或终止聘用合同。

2."自主创业,低人一等"的就业观念必须转变

在计划经济体制下,国有企业职工的住房、医疗、养老保险等都由国家包下来了,要比在其他经济,包括从事个体经济的劳动者有一定的优越性,感觉在国有单位工作有一定的"自豪感"。现在住房、养老、医疗保险等方面进行了深度的改革,住房市场化,养老、医疗政策统一,并将所有的劳动者全部纳入了社会保险覆盖范围,人人享有社会保障。国有企业的职工和自谋职业者在这些方面公开、平等,并且国家鼓励失业人员自谋职业,自主创业,大力提倡大众创业、万众创新。同时,我们还要看到,在社会主义市场经济体制下,人们有了自主择业的机会,使我们有可能按照自己的意愿、特长、兴趣选择最能发挥自己才能的工作岗位。每个人应该珍惜这样的工作岗位,只要能发挥才能,为自己创造收入、为社会作出贡献,就是光荣的工作岗位。

3."工作难,不好找工作"的就业观念必须转变

"不好找工作"的这种观念,是一种"等、靠、要"的不思进取的就业观念。应当看到,我国实行就业优先的发展战略,扩大就业仍有很大潜力,许多地方仍存在着有人没活干,有活没人干的现象。《就业促进法》第二条明确规定,国家把扩大就业放在经济社会发展的突出位置,实施积极的就业政策,坚持劳动者自主择业、市场调节就业、政府促进就业的方针,多渠道扩大就业。因此,开拓就业领域,创造就业岗位大有可为,国家出台了很多含金量非常高的促进就业政策,关键是失业人员,特别是高校毕业生们,要积极主动寻找新的就业门路。坐等政府分配安排工作岗位已经没有市场了,也是不现实的。与其坐等,不如走进市场,看准机会,自己寻找工作,创造就业岗位,实现就业。

4."没条件,没本事,没技术"的观念必须转变

知识和技能从来都不是天上掉下来的,而是在实践中靠勤奋学习得来的。特别是相对于学历低、没有一技之长的失业人员来说,更应该转变"没条件,没本事,没技术"的观念。在当今社会里,特别是在信息化时代里,我们的经济生活和社会生活急剧变化,创造出不同的新的工作岗位,几乎每个新工种、新就业岗位都要从头学起、从开始做起。涌现出来的各个新的就业岗位需要越来越多的新技能、新知识、新意识,在岗的、下岗的,失业的、就业的,年轻的、年老的等都有一个重新学习的问题、重新认识的问题、重新熟悉的问

① 2014年4月25日,《事业单位人事管理条例》(国务院令第652号)公布,自2014年7月1日起施行。

题。例如：人民生活水平不断提高，产生了许多家政服务一类并不需要太多太高专门技能和专业水平的岗位。每个人都可以竞争一番，只要转变“没条件，没本事，没技术”的观念，完全能够寻找到合适自己的劳动就业岗位。只要振作起来，自强不息，勤奋劳动，就业的机会是存在的，就业的渠道是宽广的。

5.“一次工作定终身”的观念和“一技之长用终身”的观念必须转变

在社会主义市场经济条件下，劳动合同的期限，一方面取决于劳动者的自身素质，另一方面职决于用人单位的经营状况及其他方面的考虑。要求一次就业干到退休是不切合实际的，完全是不可能的。失业人员要面向市场，加强学习，改革创新，不断进取，抓住机遇，这样才有更多的选择就业的机会，尽快实现就业、再就业。

另外，随着产业、产品结构的调整，生产技术的进步，只凭原有的技能、技术去求职，已经不能满足社会的需要和经济发展的需求，必须不断学习新知识、新技术，适应新变化，积极参加各种转业转岗培训，提高就业能力，跟上时代的步伐，才能实现就业。

失业人员在转变就业观念、树立正确就业观的同时，必须把握好以下三个方面：

第一，应当正确认识什么是就业。要正确地认识就业，不能简单理解为在国有企业工作或全日制工作才算就业的理念。应树立只要从事有劳动报酬的经营收入的合法劳动，都是就业的观念。

第二，要正确选择单位和工作。失业人员正确选择单位和工作，一是要从实际出发，实事求是地选择；二是要把当前和长远结合起来，不能只顾眼前，还要考虑到自身以后的发展。

第三，要有积极就业的思想。积极就业，一是根据自己的特长和兴趣，结合家庭和环境可能提供的条件，选准一个目标，通过努力自学或接受职业培训，提高自己的业务技能，为就业创造条件。二是要冲破传统的就业观念，敢于到非国有经济组织去就业。三是要树立艰苦创业的思想，走组织起来就业和自主创业的道路，用自己的双手去开创就业的门路，解决再就业问题。

二、就业制度

在新的历史条件下，特别是不断深化我国社会主义市场经济体制改革和社会主义市场经济的发展，对我国劳动力资源、就业结构和经济发展状况等提出了新要求。2007 年 8 月，我国颁布了《就业促进法》，自 2008 年 1 月 1 日起施行。2015 年 4 月，第十二届全国人民代表大会常务委员会第十四次会议第一次对《就业促进法》进行了修订。《就业促进法》的颁布，为解决我国的就业问题提供了有力的法律保障，从而确定了我国现行的就业制度。

（一）就业方针政策

在社会主义市场经济条件下，做好促进就业工作，实现社会就业比较充分的目标，必须调动各方面的积极性。我国《就业促进法》第二条明确规定：“国家把扩大就业放在经济社会发展的突出位置，实施积极的就业政策，坚持劳动者自主择业、市场调节就业、政府促进就业的方针，多渠道扩大就业。”这就进一步明确了我国的就业方针政策。

1.就业政策

当前,我国的就业政策是积极的就业政策①。积极的就业政策体系主要有以下几个方面的内容:

(1)在经济发展和结构调整中广开就业门路。经济发展和结构调整主要包括调整产业结构,大力发展第三产业;调整所有制结构,鼓励发展就业容量大的个体、私营、外商投资、股份合作等多种所有制经济;调整企业结构,大力发展中小企业;充分发挥劳动力资源优势,积极发展劳动密集型产业和企业等。

(2)运用财税、金融等政策扶持就业。财税、金融等扶持就业的具体扶持政策有税费减免、小额贷款、社保补贴等。

(3)改进和完善就业服务体系,加强人力资源市场建设。改进和完善就业服务体系,加强人力资源市场建设,要求建立健全公共就业服务制度,加强劳动力市场信息化建设,加强高技能人才培养等。

(4)加强对就业的管理和对失业的控制。加强就业管理和失业控制,要求把增加就业岗位和控制失业率作为国家和地区宏观调控指标,各级政府对就业工作负主要责任,加大就业资金投入,建立失业预警机制等。

2.就业方针

我国的就业方针是“劳动者自主择业、市场调节就业、政府促进就业”。这是《就业促进法》明确规定的。

(1)劳动者自主择业。劳动者自主择业是指劳动者个人是市场就业的主体,有宪法赋予的就业的权利和择业的自由。

要倡导劳动者树立正确就业观念,充分调动劳动者的主动性和能动性,发挥就业潜能和提高职业技能,依靠自身努力,求职应聘、自谋职业和自主创业,尽快实现就业。

(2)市场调节就业。市场调节就业是指通过培育与发展劳动力市场,以市场机制为配置劳动力资源的基础性调节手段,实现用人单位和劳动者的双向选择。

充分发挥人力资源市场②在促进就业中的基础性作用。通过市场职业供求信息,引导劳动者合理流动和就业;通过用人单位自主用人和劳动者自主择业,实现供求双方相互选择;通过市场工资价位信息,调节劳动力的供求。

(3)政府促进就业。政府促进就业是指政府通过宏观经济与就业协调发展的政策,发展经济,包括第三产业、个体经济,增加就业岗位;实行积极的就业服务,扩大投入,健全和发展就业服务坐标系;采取措施、帮助失业人员实现就业。

政府充分发挥在促进就业中的重要职责,承担创造就业条件、扩大就业机会、改善就

---

① 所谓积极的就业政策,是指我国政府坚持通过发展经济、调整经济结构、深化改革、协调发展城乡经济以及完善社会保障体系促进就业,并采取各种有效措施,千方百计增加就业,扩大就业规模,努力把失业率控制在社会可承受的限度之内。积极就业政策的具体内容,详见本章第三节“积极就业政策”一节。

② 人力资源市场是将原人事部门组建的人才市场、原劳动保障部门组建的劳动力市场(或职业介绍机构)、教育部门组建的高校毕业生就业市场整合于一体,统称人力资源市场。人力资源市场是为劳动者就业和用人单位招用从业人员而搭建的综合性服务平台。

业环境、提供就业扶助等政府重要职责。同时，在当前社会主义市场体制下，劳动者能动性还不能充分发挥，政府要承担更多的培育完善人力资源市场机制、规范市场行为的责任；要加大鼓励支持劳动者自主择业和企业增加就业岗位的力度。

（二）实行公平就业

实行公平就业，反对就业歧视，保障劳动者的平等就业权利，这既是促进就业工作的一项重要原则，也是社会关注的一个重要问题。

我国《就业促进法》第三条明确规定："劳动者依法享有平等就业和自主择业的权利。劳动者就业，不因民族、种族、性别、宗教信仰等不同而受歧视。"实现公平就业，创造公平就业环境。为此，《就业促进法》专设了"第三章　公平就业"，明确要求各级人民政府创造公平就业环境，消除就业歧视，制定政策并采取措施对就业困难人员给予扶持和援助。规定残疾人、传染病病原携带者和进城就业的农村劳动者等群体享有与其他劳动者平等的劳动权利；用人单位招用人员、职业中介机构从事职业中介活动，应当向劳动者提供平等的就业机会和公平的就业条件，不得实施就业歧视。违反该法规定实施就业歧视的，劳动者可以向人民法院提起诉讼。这些规定将《劳动法》防止就业歧视的有关规定进一步具体化，为解决就业歧视问题，提供了有力的法律保障。实行公平就业，消除就业歧视。

第一，政府应当承担促进公平就业、消除就业歧视的责任。禁止和消除就业歧视不仅是普通的劳动法上的问题，还是关系到人的尊严和价值的人权问题。禁止和消除就业歧视已经成为国际社会普遍接受的原则。国际劳工组织更是将消除就业歧视的劳工标准建立在"人人生而平等"的理念和"社会正义"的价值取向上。我国宪法就有关于平等权的规定，保障公民获得平等的劳动权利和公平的就业机会，是文明社会公民平等权的必然要求。我国的《劳动法》《残疾人保障法》《妇女权益保障法》等法律都作出了禁止就业歧视的规定。

第二，反对就业歧视是维护社会公平正义的需要。推进社会公平与正义，特别是让正义成为社会主义国家制度的首要价值。实现社会正义是社会主义社会的本质要求，也是衡量一个社会全面进步的重要尺度。当前，我国正处于黄金发展期和矛盾凸现期，只有切实维护和实现社会公平正义，人与人之间的关系才能得到恰当的调整，整个社会才能处于比较协调、和谐的状态。而就业公平是最大的公平，关系到个人和家庭的生计，如果不能很好地解决就业歧视问题，实现社会公平正义就将成为一句空话。

第三，消除不合理的就业歧视还是建设和谐社会的需要。和谐社会的一个重要特征是社会阶层之间的相互开放，平等进入和机会均等。在当前我国特定的国情条件下，严峻的就业形势和贫富差距扩大化成为我国政治、经济和社会领域中必须正视并需要妥善解决的重大课题。就业歧视破坏就业市场的公平竞争环境，不利于社会的和谐稳定，已经成为社会矛盾激化的一大隐患。因此，消除就业歧视，实现就业公平是构建社会主义和谐社会的要求，是法律规定政府必须承担的重要职责。

（三）政府促进就业职责

促进就业和治理失业是各国政府的重要职责，也是世界各国政府执政的重要目标，在我国更是各级政府执政为民的重要体现。《就业促进法》对政府在促进就业中的职责作出了明确规定：

1.发展经济和调整产业结构，增加就业岗位

法律规定县级以上人民政府把扩大就业作为经济和社会发展的重要目标和重要职责，通过发展经济和调整产业结构，实行有利于促进就业的产业政策、财政政策、税收政策等各项经济和社会政策，多渠道扩大就业、增加就业岗位。

2.制定实施积极的就业政策

制定政策是政府履行责任的具体体现。《就业促进法》专设了“第二章　政策支持”，确立了国家实行有利于促进就业的产业、财政、税收、金融、投资、贸易等各方面政策，要求实行统筹城乡、区域和不同就业群体的就业政策，要求对失业进行预防、调节和控制。这些规定将积极就业政策中行之有效的核心措施通过法律确定下来，要求各级政府通过政策来引导全社会方方面面共促就业。

3.规范人力资源市场

“人力资源市场”是全国人大法律委协调各方面意见后确定的表述，是对现有的劳动力市场、人才市场、毕业生就业市场等各类市场的总概括。《就业促进法》第三十二条规定：“县级以上人民政府培育和完善统一开放、竞争有序的人力资源市场，为劳动者就业提供服务。”要求加强人力资源市场信息网络及相关设施建设，建立健全市场信息服务体系，完善市场信息发布制度。

上述规定为打破市场分割和建立统一规范的人力资源市场指明了方向，也为完善竞争有序的市场就业机制，实现劳动者有序流动和最佳配置提供了条件。

4.完善就业服务

《就业促进法》在“就业服务和管理”一章中，对完善社会就业服务，特别是加强公共就业服务作了明确规定。要求县级以上人民政府应当培育和完善统一开放、竞争有序的人力资源市场，促进劳动力供给与需求的有效匹配；建立健全公共就业服务体系，提高服务的质量和效率，履行为劳动者提供免费服务的职责。同时，鼓励社会各方面依法开展就业服务，加强对公共就业服务和职业中介服务的指导和监督。这些规定将进一步促进整个就业服务事业发展，也为规范发展公共就业服务机构铺平了道路。

5.加强职业教育和培训

《就业促进法》专设“职业教育和培训”一章，依法发展职业教育，鼓励开展职业培训，并通过制订实施职业能力开发计划，鼓励和支持培训机构和用人单位开展就业前培训、在职培训、再就业培训、职业技能培训和创业培训，以及建立健全劳动预备制度和实行职业资格证书制度，等等。这些规定进一步明确职业培训作为促进就业重要支柱和根本性措施，应成为各级政府促进就业工作的着力点。

6.提供就业援助

《就业促进法》要求各级政府建立健全就业援助制度，采取各种有效措施，对就业困难人员和就业困难地区实行优先扶持和重点帮助，拓宽公益性岗位范围，确保城市中有就业需求的家庭至少有一人实现就业。同时，规定了就业援助的对象范围、主要措施以及对就

业压力大的特定地区实施就业扶持等内容。对困难群体实施就业援助，是保障公民实现劳动就业权，维护和改善劳动者生存状况，促进社会公平与和谐的基本要求。法律将有关扶持政策形成长期的制度性的安排，也给就业困难人员吃了“定心丸”。同时，法律还规定就业困难人员的范围由省级人民政府根据本行政区域的实际情况规定，从而使各地能够从实际出发解决就业困难人员问题，更有利于充分发挥援助政策效应。

（四）就业工作制度

国家通过《就业促进法》等法律形式，将我国就业工作制度化、规范化，从而使我国就业工作纳入了法治化轨道。这些就业工作制度主要有：

1.加强对就业工作组织领导的政府责任制度

政府责任制度包括目标责任制度、促进就业工作协调机制等。它不仅将政府和有关部门建立促进就业目标责任制度通过法律形式固定下来，还充分肯定了当前就业工作联席会议制度的重要作用，并对进一步完善这一制度提出了明确要求，确保对就业工作的齐抓共管持续有效。

2.加强对劳动者帮扶的公共就业服务和就业援助制度

对劳动者帮扶的公共就业服务和就业援助制度是政府履行公共服务职能的重要体现。使公共就业服务的发展和规范有了制度保障，并通过对援助对象、援助途径、援助政策措施和资金的制度性安排，使就业援助工作常规化和制度化。

3.加强对市场行为规范的人力资源市场管理制度

在培育和完善统一开放竞争有序的人力资源市场基础上，对就业和失业的管理、信息系统建设和市场中介行为进行规范，实现市场的健康运行。

4.加强对人力资源素质提升的职业能力开发制度

进一步明确对各类群体开展职业培训的制度安排，明确用人单位和培训机构的责任和权利，用制度保证人力资源开发和促进就业的有机结合。

5.失业保险和失业调控制度

国家建立健全失业保险制度，依法确保失业人员基本生活，并促进其实现就业；县级以上人民政府要建立失业预警制度，对可能出现的较大规模的失业，实施预防、调节和控制。

第二节 就业服务

就业服务是就业制度和就业政策的重要内容。就业服务在促进劳动力供求均衡，减少人力资源市场摩擦，降低人力资源交易成本等方面发挥着重要作用。我国是社会主义市场经济的国家。在市场经济条件下，我国建立起了市场导向的就业机制，用人单位和劳动者双方都具有选择对方的权利，这就需要就业服务组织作为中介，为用人单位和劳动者双方提供就业服务，使其双方相互选择的权利得以实现。

一、就业服务概述

就业服务是指为劳动者实现就业和用人单位招用劳动者提供的一种社会化的服务活

动，是为促进就业所采取的一系列服务措施的总称。其主要职能在于通过人力资源市场信息、职业介绍、职业指导和相应的职业培训等手段的运用，帮助用人单位用人和劳动者就业，促进生产资料和劳动力的有机结合。在我国人力资源市场运行机制和国家劳动就业政策实施体系中，就业服务是非常重要的组成部分。就业服务具有以下特征：

1.服务内容广泛性

就业服务的领域涉及就业的方方面面，服务内容非常广泛，主要有就业登记、职业指导、职业介绍、就业培训、组织以工代赈、社区岗位开发、劳动保障事务代理、发布就业信息、促进用人单位和劳动者有机结合等内容。

2.服务对象特定性

就业服务的对象是劳动力供求双方，即具备法定劳动能力且有就业愿望的劳动者和具备法定用人能力且具有用人需求的用人单位。

(一)就业服务分类

按照提供服务主体的不同类型，我国《就业促进法》明确将就业服务分为两大类：公共就业服务和职业中介服务。《就业促进法》第三十三条规定："县级以上人民政府鼓励社会各方面依法开展就业服务活动，加强对公共就业服务和职业中介服务的指导和监督，逐步完善覆盖城乡的就业服务体系。"两类服务和两类机构性质不同，政府指导监督的要求和重点不同。

1.公共就业服务

公共就业服务是指由各级人民政府所属的人力资源部门所提供的公益性的就业服务。《就业促进法》第三十五条明确规定："县级以上人民政府建立健全公共就业服务体系，设立公共就业服务机构，为劳动者免费提供下列服务：(一)就业政策法规咨询；(二)职业供求信息、市场工资指导价位信息和职业培训信息发布；(三)职业指导和职业介绍；(四)对就业困难人员实施就业援助；(五)办理就业登记、失业登记等事务；(六)其他公共就业服务。公共就业服务机构应当不断提高服务的质量和效率，不得从事经营性活动。公共就业服务经费纳入同级财政预算。"

在我国，公共就业服务职能主要由公共职业介绍机构承担，公共职业介绍机构是提供劳动力市场信息的主要渠道，并负责具体落实政府就业政策，对就业困难人员提供基本的就业服务，其特点是提供服务不以营利为目的，服务一般不收费或收费较低。

2.职业中介服务

职业中介服务是指由各级人力资源部门以外的机构或个人以营利为目的职业中介机构提供的就业服务。其服务内容与公共就业服务机构类似，但其提供的服务一般是收费的，是营利性服务活动。我国《就业促进法》对职业中介服务机构成立应当具备的条件、不得经营行为作了严格的规定。同时，要求县级以上人民政府和有关部门加强对职业中介机构的管理，鼓励其提高服务质量，发挥其在促进就业中的作用。《就业促进法》第四十一条规定："职业中介机构不得有下列行为：(一)提供虚假就业信息；(二)为无合法证照的用人单位提供职业中介服务；(三)伪造、涂改、转让职业中介许可证；(四)扣押劳动者的居民身份证和其他证件，或者向劳动者收取押金；(五)其他违反法律、法规规定的行为。"

（二）就业服务的作用

就业服务是就业机制市场化的产物，属中介服务组织，是劳动者、用人单位和政府部门联系的桥梁。因此，就业服务具有以下作用：

1.促进人力资源市场的培育和发展

人力资源市场同其他生产资料市场一样，也是机制和载体的统一。就业服务是人力资源市场的主要载体之一，承担着培育和发展人力资源市场的重要任务。通过就业服务，可以有效调节人力资源市场上的供求关系，促进人力资源在人力资源市场上的合理配置，使劳动者和生产资料实现有机结合，促进人力资源的供需平衡。因此，就业服务事业的发展程度直接影响着人力资源市场的培育和发展。

2.促进用人单位和求职者的相互选择，促进人力资源的合理配置

就业服务是用人单位选择用人和求职者选择职业的桥梁和纽带。就业服务通过收集和提供空岗、求职信息，沟通供求双方的相互联系，缩短招聘和求职时间，促进劳动者和生产资料的尽快结合，进行合理配置；就业服务通过开展职业介绍、职业指导、职业咨询、发布就业信息等，帮助求职者掌握求职方法和技巧，指导用人单位正确选人和确定招聘方式，从而极大地提高双方选择的成功率。

3.促进劳动力的合理流动

科技的进步和激烈的市场竞争，使得产业结构的调整周期越来越短，要调整产业结构，势必要调整不适应新产业要求的富余人员，吸纳新的劳动力，适应产业发展要求，实现劳动者技能的转换，这就在客观上要求劳动力能合理流动。就业服务在劳动力流动中发挥着重要作用。通过及时、快捷的就业服务，可以使企业加快劳动力结构调整的步伐，从而促进产业结构的调整。同时，通过开展积极主动的就业服务，可以减少劳动者职业流动过程中的人为障碍，节省其职业转换的时间，提高效率。

4.帮助困难群体就业，保持社会稳定

政府建立公共就业服务的目的之一，就是要帮助就业困难人员实现就业。这部分困难群体就业需求最迫切，而由于其自身的素质、技能等原因，就业面临困难，最需要就业服务的帮助。为此，《就业促进法》专设了"第六章　就业援助"，对就业困难人员的界定、就业援助的办法、就业援助的途径等进行了明确。解决就业困难人员的就业，就能产生事半功倍的效果，就能有效保持社会稳定。

二、就业服务内容

以促进就业为核心的就业服务工作是政府就业工作的重要组成部分。我国从20世纪80年代开始，在长期的劳动就业工作中，形成了一套就业服务工作体系。《就业促进法》专设了"第四章　就业服务和管理"，专门对就业服务作出规定和明确。根据《就业促进法》的规定，就业服务的主要内容有：开展就业政策法规咨询；发布职业供求信息、市场工资指导价位信息和职业培训信息；办理失业登记；进行职业指导；开展职业介绍；提供就业培训；对就业困难人员实施就业援助；开展劳动保障事务代理等工作。

(一)开展就业政策法规咨询

作为劳动者,要及时准确地了解国家有关就业的政策和法规,就业服务机构要向劳动者提供这方面的咨询,特别是公共就业服务机构要免费向劳动者提供这方面的咨询。大力宣传国家的就业方针、政策,引导劳动者了解这些政策和法规出台的背景,了解就业和再就业政策法规的具体内容,使他们能够充分利用就业政策和法规,尽快实现就业再就业。

(二)发布职业供求信息、市场工资指导价位信息和职业培训信息

职业供求信息能够帮助劳动者及时、全面地掌握就业信息,实现更快、更好的就业。

市场工资指导价位信息能够为人力资源供求双方在商谈确定某一职位工资水平时提供参考,减少供求双方的盲目性,提高劳动力市场运作效率,促进就业。

职业培训信息能够帮助劳动者有效地选择适合自己的培训信息,并根据自身的条件和就业需求情况,决定参加何种职业培训,提高自身素质,尽快实现就业。

(三)办理失业登记

进行失业登记是劳动就业服务机构依法向失业人员提供服务的一种手段,也是一项基础性工作。要求在法定劳动年龄内,有劳动能力且有就业要求的失业人员,应依法到县级以上就业服务机构办理失业基本情况登记。

进行失业登记时,没有就业经历的失业人员,须持本人身份证件和证明原身份的有关证明;有就业经历的失业人员,还须持原单位出具的终止或者解除劳动关系的证明材料。在失业登记的基础上,失业人员还要进行求职登记。失业保险经办机构根据失业人员失业登记和求职登记等信息,发放《失业证》,享受失业保险待遇。

就业服务机构对失业人员提供的有关材料进行认真审查核实后,符合实际情况,确实处于失业状态的,公共就业服务机构应免费为失业登记人员提供就业服务。

(四)进行职业指导

职业指导是指就业服务机构根据劳动力供求双方的需要,依法为劳动者选择职业、用人单位选择劳动者和培训机构开展职业培训提供调查、测评、咨询、建议等指导性的服务。职业指导的工作内容主要有:

(1)调查分析劳动力市场供求状况和社会职业岗位需求变动趋势。

(2)开展对求职者个人素质和特点的测试,并对其职业能力进行评估。

(3)帮助求职者了解就业形势、就业政策和职业状况,转变择业观念,掌握求职方法,确定择业方向,增强择业能力。

(4)向求职者提出培训建议,并负责向职业培训机构推荐。

(5)为妇女、残疾人、少数民族人员及退出现役的军人等特殊群体提供专门的职业指导服务。

(6)帮助用人单位了解就业政策,转变用人观念,指导其选择招聘方法,确定用人条件和标准。

(7)对自谋职业、自主创业和组织起来就业的劳动者,提供有关的政策咨询和服务。

(8)对职业培训机构的培训方向、培训规模和专业设置等提供导向。

(9)对在校学生的职业指导工作,提供咨询和服务。

通过对劳动者和用人单位提供职业指导,帮助劳动者进行科学的职业选择;帮助用人单位招聘适合自己的劳动者;促进双方实现双向选择,建立劳动关系。

(五)开展职业介绍

职业介绍是指职业介绍机构根据国家就业政策,为劳动力供求双方的沟通提供服务,帮助劳动力供求双方实现就业或用工需求的一种就业服务行为。职业介绍的主要任务是:受理求职登记,企业用工调查与登记,劳务市场信息收集,就业与用工的指导与咨询,以及就业预测预报。职业介绍是就业服务体系中的核心与主要部分。

在我国,职业介绍机构可分为非营利性的职业介绍机构和营利性的职业介绍机构。人力资源社会保障部门设立的公共职业介绍机构多为非营利性的,为求职者提供免费的职业介绍服务。

职业介绍机构通过举办劳动力供求见面的各种活动来为择业人员、转业人员寻找职业牵线搭桥,提供就业服务,帮助劳动者实现就业和帮助用人单位招聘到适合的劳动者。

(六)提供就业培训

就业培训是指通过对失业人员进行职业培训,旨在提高劳动者劳动技术能力而帮助其实现就业的一项就业服务工作。就业培训包括就业前培训、转岗训练和失业培训。

就业前培训是为城镇初次求职的劳动者和需向非农转移及在城镇就业的农村劳动者提供就业前的培训。这种培训往往是短期性、基础性。

转岗培训和失业培训是为在职人员或有就业经历而失业的人员、需要转换职业工作岗位和掌握一技之长而提供的培训。这种培训时间较长、培训专业单一、就业趋向明显。

《就业促进法》专设了“第五章 职业教育和培训”,明确指出,国家依法发展职业教育,鼓励开展职业培训,促进劳动者提高职业技能,增强就业能力和创业能力。要求县级以上人民政府加强统筹协调,鼓励和支持各类职业院校、职业技能培训机构和用人单位依法开展就业前培训、在职培训、再就业培训和创业培训;鼓励劳动者参加各种形式的培训。

开展就业培训是各国解决失业问题,增强失业人员就业竞争能力,进一步促进其再就业的通行做法。

(七)对就业困难人员实施就业援助

就业援助制度是国家建立的促进就业困难人员就业的一项援助行动。随着就业压力的增加和就业形势的矛盾加剧,对就业困难人员实施就业援助已成为当前我国促进就业工作的一项重要内容。《就业促进法》第五十二条规定:“各级人民政府建立健全就业援助制度,采取税费减免、贷款贴息、社会保险补贴、岗位补贴等办法,通过公益性岗位安置等途径,对就业困难人员①实行优先扶持和重点帮助。”

① 就业困难人员是指因身体状况、技能水平、家庭因素、失去土地等难以实现就业,以及连续失业一定时间仍未能实现就业的人员。

对于就业困难人员的范围，国家没有统一规定。不同时期，就业困难的对象是不同的；不同地区，就业困难的范围也是不一致的。一般是指有以下两种情形的就业人员：

(1)难以实现就业的人员。

(2)连续失业一定时间仍未能实现就业的人员。

需要注意的是，不是所有的未就业或者连续失业一定时间仍未能实现就业的人员都属于就业困难人员。有些人员属于有就业能力、就业机会，但由于各种原因没有就业需求，自主选择不就业，这些人员就不属于就业困难人员的范围。

公共就业服务机构应免费对就业困难对象提供个性化就业服务和公益性就业援助。

(八)开展劳动保障事务代理

劳动保障事务代理是随着劳动人事制度改革和市场化就业机制的形成，逐渐发展起来的一项新的就业服务工作。它是指接受用人单位或劳动者的委托，代理用人单位办理和劳动者就业期间的部分或全部相关劳动人事或社会保险事务。劳动保障事务代理的内容主要有：

(1)向代理对象提供有关国家劳动和社会保障法律、法规和政策咨询。

(2)为代理的用工单位代办招工、招聘，包括发布招工、招聘信息、启事，提供招聘场所，承办报名、考试等相关事宜，对符合条件的录用人员办理有关就业登记备案手续，对新招人员和转岗、转业人员进行专业技能培训。

(3)为代理对象保管职工劳动人事档案。按照就业政策，为未办理就业手续的代理对象办理就业登记备案手续，建立个人档案，并代为保管。

(4)为代理对象技术等级考核、技术职称申报等提供服务。

(5)代理机构设置社会保险缴费窗口，统一为代理对象代收代缴社会保险费，为代理对象接续社会保险关系提供服务。

(6)为代理对象签订、续签、变更劳动合同提供指导服务。

(7)为代理对象提供国家有关政策规定的其他服务项目。

(九)其他就业服务工作

除了上述服务，公共就业机构还为劳动者提供劳动关系和档案、职称、社会保险等全方位的代理服务；实施公益性继续教育和职业技能训练；开展公益性的人才评价；开发公益性岗位等。

三、就业服务建设

就业服务的对象是用人单位和劳动者。就业服务架起了用人单位和劳动者的桥梁。因此，就业服务工作质量的高低直接影响着劳动就业工作，关系着用人单位和劳动者需求能否顺利实现。因此，必须加强就业服务建设，完善就业服务手段，实现就业服务工作的制度化、专业化和社会化。

(一)就业服务制度化

所谓就业服务制度化，就是要将就业服务纳入各级政府职责范围，完善公共就业服务体系，充实就业服务内容，建立公共就业服务制度的长效机制。这是做好就业服务工作的基础和保证。

就业服务制度化主要包括四项具体制度，即失业人员登记制度、免费就业服务制度、就业困难群体再就业援助制度、公共就业服务统筹管理制度。

1.失业人员登记制度

进一步完善失业登记办法，建立覆盖未升学的失业人员、各类学校未就业毕(肄)业生、寻找工作的农村剩余劳动力、就业转失业人员以及其他失业人员的失业登记制度。建立和完善就业登记、失业登记与就业服务有机衔接的工作流程，加强对失业人员的动态管理。

2.免费就业服务制度

对失业人员实行免费职业指导、职业介绍和政策咨询等就业服务，并提供一次免费技能培训机会，要切实落实公益性就业服务免费制度，切实保障登记失业人员享受免费就业服务的权利。

各级政府要将职业介绍补贴、职业培训补贴资金列入年度财政预算，按规定加大失业保险基金对公共就业服务工作的支持力度，使免费就业服务和免费提升失业人员职业职能培训的经费补贴有一个稳定的资金来源。

3.就业困难群体就业援助制度

通过街道社区劳动保障工作平台，对就业困难对象提供个性化就业服务和公益性岗位援助。根据当地政府确定的就业援助目标和任务计划，设立公共就业服务和公益性岗位开发项目。依托社区对就业困难对象实行专人帮扶，制订专门就业计划。

就业服务机构要统筹管理政府有关部门开发的公益性岗位情况，有针对性地开展就业困难群体就业援助。深入开展就业援助活动，坚持日常援助与集中援助相结合，使就业援助活动制度化、长期化，使各项帮扶政策措施更具人性化并取得实效，从而形成困难群体再就业援助长效机制。

4.公共就业服务统筹管理制度

公共就业服务在设区的市范围内实行统筹管理。统筹规划，统一制订公共就业服务计划；统一设立公共就业服务项目；统一公共就业服务的工作流程和服务规范；统一确定与服务绩效挂钩的专项经费使用办法；统一评估服务项目实施情况；使求职者和用人单位在全市范围内得到统一、规范、高效的就业服务。

(二)就业服务专业化

所谓就业服务专业化，就是围绕服务对象的各种就业需求，加强公共就业服务机构建设，特别是职工队伍专业化建设，从而提高就业服务的效率和质量，提高求职者和用人单位的满意度，最终达到提高就业服务水平的目的。开展人本服务要有服务热情，更要有专业化的技术职能。

1.就业服务功能多元化

充分利用现有就业服务机构和就业服务设施，最大限度地拓展就业服务功能，满足人力资源市场供求双方的需要。要针对不同失业人员群体，有针对性地设立专门的就业服务项目。拓展就业服务内容，大力开展多种形式的职业指导、创业培训和创业服务。

在坚持对失业人员提供公益性基础服务的同时，发展对社会其他人员的劳动保障事务代理等市场化延伸服务。适应用人单位的需求，在主动开展各类招聘服务的基础上，积极开发人力资源事务管理代理服务等形式多样的有偿服务项目。

2.就业服务人性化

树立以人为本的服务理念，就业服务实行人性化管理，切实提高就业服务质量，使公共职业介绍机构成为当地人民群众信得过、满意度高的服务窗口。以方便服务对象为目标，简化手续，开展求职登记、职业指导、职业介绍、招聘洽谈、培训申请、鉴定申报、档案托管、劳动保障事务代理等“一站式”就业服务。

制定服务标准，规范服务操作，改进服务态度和工作作风，实行“首问负责制”和适应群众需要的灵活多样的就业服务方式。合理布局就业服务场所，完善服务设施，营造便利、舒适的就业服务环境。

3.就业服务队伍专业化

加强就业服务工作人员队伍建设，要建设一支作风硬、业务精、素质高的专业化就业服务队伍。

对就业服务人员可采取社会招聘等形式，聘用高素质人才，优化就业服务队伍结构，弥补编制人员不足的问题。同时，对从业人员普遍开展政策业务和操作技能培训，实行持证上岗制度。加强就业服务机构管理人员、职业指导人员、信息网络技术和信息分析人员、街道社区劳动保障工作人员能力建设，建立一支专业化的就业服务职工队伍。

4.就业服务手段信息化

完善就业服务信息系统。地级以上城市以“数据集中、服务下延、全市联网、信息共享”为目标，建立全市集中式资源数据库和覆盖市、区、街三级的就业服务信息化网络，做到“一点登录，全市查询”，逐步实现就业服务和失业保险业务的全程信息化。建立人力资源市场网站，开展网上招聘、求职服务。

完善信息公开发布系统和职业供求状况分析制度，在做好供求信息季度报告的同时，逐步实现信息综合时时公开传输功能，引导劳动者求职就业和单位合理用人，实现劳动者就业和用人单位用人的高效结合机制。

（三）就业服务社会化

所谓就业服务社会化，就是整合社会资源，建立以公共就业服务机构为主导，社会力量共同参与的社会化的就业服务体系，从而形成统一、开放、公平、诚信的全社会的人力资源市场。

1.面向社会服务

公共就业服务机构在为失业人员提供就业服务的同时，将失地农民、高技能人才、高校毕业生、退伍军人和农村进城务工人员等所有求职者纳入就业服务范围，为全社会各种类型的用人单位和求职者提供就业服务。

2.整合社会资源

加强统筹规划和依法管理各类职业中介机构，要制定措施，鼓励发展各类非营利性职业介绍机构和营利性职业介绍机构，发展各种专业性职业中介机构和劳务派遣、职业咨询指导、就业信息服务、职业培训等社会化服务组织，完善就业服务社会化的功能。鼓励工会、共青团、妇联、残联等社会团体举办各类非营利性质的就业服务机构，从而形成覆盖广泛、相互衔接、优势互补、面向社会的就业服务体系。同时，建立健全职业中介机构运行规则和监督检查制度，规范职业介绍机构，完善退出机制，开展无虚假信息、争创诚信文明的职业中介机构活动，保持人力资源市场良好的运行秩序。

3.接受社会监督

各级公共职业介绍机构和基层劳动保障就业服务机构，要建立以求职者和用人单位满意为就业服务的最终标准，公开服务程序，公开服务项目，实行公示制度，公布举报电话，接受舆论和社会的监督。

就业服务制度化、专业化和社会化的核心理念和基本要求是人本服务，就是把"以人为本"作为整个就业服务体系的宗旨，把满足服务对象的需要作为就业服务全部工作的出发点和落脚点，改善就业服务态度和工作作风，提高就业服务水平和效率，为服务对象，包括求职和从业的城乡劳动者，也包括用人单位，还包括培训机构及其他社会各方面需要提供服务和帮助的个人和机构，提供人本服务。

第三节 积极就业政策

实施积极就业政策，扩大就业，并进一步促进就业是我国当前和今后一个时期重大而艰巨的任务。2002 年 9 月，中共中央、国务院下发了《关于进一步做好下岗失业人员再就业工作的通知》(中发〔2002〕12 号)，要求必须采取切实有效的措施，进一步做好就业工作，特别是下岗失业人员再就业工作。为贯彻《通知》精神，中共中央、国务院有关部门共同研究制定了配套政策和具体实施办法，从而形成了具有中国特色的积极就业政策。

2007 年 8 月，国家颁布了《就业促进法》。《就业促进法》第二条明确规定："国家把扩大就业放在经济社会发展的突出位置，实施积极的就业政策。"我国的积极就业政策用法律的形式固定下来，使积极的就业政策有法可依，可长期坚持实施。

一、积极就业政策含义

积极就业政策是相对于消极就业政策[①]而言的。我国的积极就业政策是在充分借鉴国内外就业政策和经验做法的基础上形成的，是按照市场就业机制的要求，通过政策引导、就业服务和调节劳动力市场供求双方行为等措施，调整、重组劳动力供求，进一步促进就业再就业。它的基本内涵是在实施国家宏观经济社会政策，解决就业问题的同时，采取扶持政策和有效措施，鼓励劳动者自主创业、促进企业吸纳就业、帮助困难群体再就业，缓解就业压力，促进社会和政治稳定。这些政策包括以稳定经济增长对就业的拉动能力为取向的宏观经济政策，以重点促进失业人员就业为取向的就业扶持政策，以实现劳动力与

① 消极就业政策是以对下岗失业人员进行生活救助为主，不注重在增加就业岗位和强化就业服务方面的投入和政策引导。这种重保障、轻就业的政策模式，不仅需要强大的财力作保证，也极容易影响劳动者再就业的积极性，形成"养懒汉"的福利机制。

就业需求合理匹配为取向的人力资源市场政策，以减少失业为取向的失业调控政策，以既能有效地保障失业人员基本生活，又能积极促进其再就业为取向的社会保障政策。

积极就业政策通常围绕两个方面，采取综合措施，调动各方面的积极性，最大限度地进一步促进就业。

1.通过直接调节劳动力供给来促进就业

加强国家宏观调控，采取有效的措施，减少或延缓劳动力市场供给。通过向失业人员提供免费的就业服务和就业培训。对积极参加培训或再就业的人员实行鼓励和补贴措施，改善供给方劳动力状况，适应岗位需求，减少摩擦性、结构性失业。

2.通过调节就业需求来促进就业

国家调整产业结构，大力发展经济，增强国民经济吸纳劳动力就业的能力。对招用失业人员的企业和失业人员创办企业给予免税和补贴奖励，对困难对象实施临时性就业补贴等，为稳定现有就业岗位和创造新的就业需求提供资金、政策、管理等方面的服务和支持。

二、积极就业政策特点

我国积极就业政策是在国民经济处于新的发展时期，国有企业改革进入攻坚阶段，产业结构必须进行调整，同时又必须彻底解决我国失业问题，特别是高校毕业生就业、农村剩余劳动力转移就业等问题的大背景下产生的。因此，积极就业政策有如下特点：

1.在统筹考虑就业的基础上，以高校毕业生就业、农村剩余劳动力转移就业作为工作的重点

当前我国就业形势总体平稳，但在今后一个较长的时期内，我国就业形势仍不容乐观，重点是高校毕业生就业、农村剩余劳动力转移就业，当前最突出、最紧迫、最需要解决的是这一部分失业人员就业问题。正是基于这样的考虑，《就业促进法》第二十条规定："国家实行城乡统筹的就业政策，建立健全城乡劳动者平等就业的制度，引导农业富余劳动力有序转移就业。"第二十二条要求："各级人民政府统筹做好城镇新增劳动力就业、农业富余劳动力转移就业和失业人员就业工作。"其中，新增劳动力就业主要包括高校毕业生就业。

2.在坚持市场导向的就业机制前提下，政府制定扶持优惠政策，进一步促进失业人员就业

市场经济条件下，市场在人力资源配置中起着基础性作用，政府没有必要，也不可能包揽就业。在社会主义市场经济条件下，做好我国的就业工作主要依靠市场调节，必须始终坚持充分发挥市场机制在就业和再就业中的主导性作用，或者说基础性作用。但同时，也不能忽视政府在促进就业中的重要作用。

我国劳动力总量大，整体素质较低，经济结构调整和技术进步对劳动力的要求越来越高，扩大就业，缓解劳动力供求的矛盾，是一个长期的战略任务。政府应主要着眼于制定就业规划，引导和调节劳动力供求，实施积极的就业政策、就业优先战略，对特殊困难对象实施就业援助，健全人力资源市场体系，依法维护人力资源市场秩序，提供就业服务和完善社会保障体系等。同时，又要充分体现"劳动者自主择业、市场调节就业、政府促进就

业”的方针，把市场机制的调节作用和政府的促进作用很好地结合起来，才是解决我国就业和再就业问题的正确选择。

3.既要考虑加大政策的扶持力度，又要充分考虑财政的承受能力

一方面，解决就业问题，应有必要的扶持政策和资金投入。积极就业政策在税费减免和资金投入方面作出了许多规定，制定和出台了税费减免、社会保险补贴、基金担保、财政贴息、免费职业介绍、职业培训补贴等一系列政策措施，明确提出各级政府要调整财政支出结构，加大就业资金投入，将促进就业资金列入财政预算。这对于引导失业人员自谋职业、自主创业、鼓励用人单位招用失业人员、稳定企业就业岗位是十分必要和有效的。

另一方面，积极就业政策也要考虑到目前的财政承受能力，特别是财税、金融有关政策的制定和就业资金支出项目、标准的规定要严格，确保国民经济收入、劳动就业稳定增长和财政收支。

三、积极就业政策内容

我国实行积极的就业政策，是以市场化就业为主线，围绕着解决失业人员就业问题，从宏观政策到微观政策、从就业方向到扶持手段、从工作目标到保证措施，重点解决就业工作各个主要环节和主要方面的问题。积极就业政策涉及面广、优惠幅度大、项目内容多，从而形成了一个比较完整的积极的就业政策体系。

1.有利于促进就业的经济发展政策

《就业促进法》规定，县级以上政府应当把扩大就业作为重要职责，统筹协调产业政策与就业政策。通过鼓励发展劳动密集型产业、服务业，扶持中小企业，鼓励、支持、引导非公有制经济发展，增加就业岗位。发展国内外贸易和国际经济合作，发挥投资和重大建设项目带动就业的作用，拓宽就业渠道。

上述规定，旨在通过做好经济发展和促进就业政策的协调，最终达到正确处理发展经济和扩大就业的关系，实现发展经济和扩大就业的良性互动。

2.有利于促进就业的财政保证政策

《就业促进法》要求，国家实行有利于促进就业的财政政策，加大资金投入，改善变更环境，扩大就业。县级以上人民政府在财政预算中，安排就业专项资金用于促进就业工作，并规定就业专项资金的具体用途。同时，规定审计机关、财政部门应当依法对就业专项资金的管理和使用情况进行监督检查。

促进就业是政府的重要职责，也是公共财政投入的重要方向。这样规定，有利于保证各级政府对就业工作的财政投入，建立起政府财政投入的保障机制；同时有利于规范就业资金的使用和管理，进一步发挥资金效益。

3.有利于促进就业的税收优惠政策

《就业促进法》规定，国家鼓励企业增加就业岗位，扶持失业人员和残疾人就业，对失业人员创办的中小企业、安置残疾人员达到规定比例或者集中使用残疾人的企业和从事个体经营的失业人员、从事个体经营的残疾人等企业和人员符合一定条件的，依法给予税收优惠，并对从事个体经营的失业人员和残疾人免除行政事业性收费。

税收优惠政策是促进就业政策中最重要的手段之一。这样规定，不仅使目前税收优惠政策通过法律形式固定下来，而且在适用范围和适用对象方面都有所扩展，有利于使税收优惠政策对促进就业发挥应有的作用。

4.有利于促进就业的金融支持政策

国家要求增加中小企业的融资渠道，鼓励金融机构改进金融服务，加大对中小企业的信贷支持，并对自主创业人员在一定期限内给予小额信贷等扶持。

加大金融信贷支持，是促进中小企业发展和劳动者自主创业的关键。这样规定，使金融支持常规化、普惠化，有利于促进中小企业发展更多吸纳就业，有利于发挥劳动者自主创业带动就业的倍增效应。

5.城乡统筹的就业政策

国家建立健全城乡劳动者平等就业的制度，引导农业富余劳动力有序转移就业。实现城乡统筹就业是缩小直至消除劳动者城乡就业差别，实现平等就业的基础性内容，对于改善城乡二元经济结构、促进城乡统筹发展具有重要意义。

这样规定，将目前国家促进城乡劳动者平等就业、引导农业富余劳动力有序转移等政策通过法律形式固定下来，可以有效推动政策实施，更能够使农村劳动力转移的整个过程得到法律保障。

6.区域统筹的就业政策

国家支持区域经济发展，鼓励区域协作，统筹协调不同地区就业的均衡增长；支持民族地区发展经济，扩大就业。实现区域统筹就业，是促进我国不同区域就业均衡增长和区域经济协调发展的重要方面。

这样规定，将进一步规范国家在统筹协调不同地区就业方面应担负的责任，有效实现区域和民族的就业均衡。

7.群体统筹的就业政策

统筹促进城乡各类群体劳动者就业，是各级人民政府的重要职责。国家要求各级人民政府统筹做好城镇新增劳动力就业、农业富余劳动力转移就业和失业人员再就业工作。这样规定，有利于进一步明确政府职责，根据各个群体不同时期的不同情况进行就业的统筹安排。

8.灵活就业的劳动和社会保险政策

国家要求各级人民政府采取措施，逐步完善和实施与非全日制用工等灵活就业相适应的劳动和社会保险政策，为灵活就业人员提供帮助和服务。

当前，灵活就业已成为劳动者就业的一种形式和促进就业的重要途径，法律针对当前灵活就业工作中劳动关系不稳定、社会保障制度不健全等薄弱环节，作出相应的保护规定，有利于促进灵活就业规范健康发展。

9.援助困难群体的就业政策

国家建立健全就业援助制度，对就业困难人员给予扶持和帮助。随着就业压力的增加和就业形势的严峻，对就业困难人员实施就业援助已经成为各级政府促进就业工作的一项重要内容。因此，必须对就业援助制度的方法、途径、对象等进一步予以明确，以更好地推动就业援助工作的开展。我国《就业促进法》第五十二条规定："各级人民政府建立健全就业援助制度，采取税费减免、贷款贴息、社会保险补贴、岗位补贴等办法，通过公益性岗位安置等途径，对就业困难人员实行优先扶持和重点帮助。"在这里，《就业促进法》进一步明确了援助困难群体的方法、途径等内容。

10.实行失业保险促进就业政策

失业保险制度具有保障失业人员基本生活、促进就业、稳定就业岗位的功能。要进一步深化失业保险制度改革，完善失业保险制度，增强失业保险促进就业、稳定就业岗位的功能。同时加强对大规模失业的预防、调节和控制力度，防止阶段性集中爆发大规模失业状况。

四、就业优先战略

国家实施就业优先战略，就是要把促进就业作为经济社会发展的优先目标，放在经济社会发展的优先位置，更加注重选择有利于扩大就业的经济社会发展战略，强化政府促进就业的责任。《国民经济和社会发展第十四个五年规划和2035年远景目标纲要》专设"第四十七章　实施就业优先战略"，对我国的就业优先战略进行阐述明确。

(一)强化就业优先政策[①]

就业是最大的民生。当前及今后一个时期，我国的就业形势复杂严峻，特别是在疫情冲击和国内国际环境复杂多变的情况下，就业任务依然十分艰巨。为切实解决好就业这个重大民生问题，我国确定了就业优先战略和积极就业政策，统筹疫情防控和经济社会发展，把就业工作放在更加突出的重要位置，确保实现更高质量和更充分就业，并进一步明确和实施了就业优先政策。

(1)坚持经济发展就业导向，健全就业目标责任考核机制和就业影响评估机制。

(2)完善高校毕业生、退役军人、农民工等重点群体就业支持体系。

(3)完善与就业容量挂钩的产业政策，支持吸纳就业能力强的服务业、中小微企业和劳动密集型企业发展，稳定拓展社区超市、便利店和社区服务岗位。

(4)促进平等就业，增加高质量就业，注重发展技能密集型产业，支持和规范发展新就业形态，扩大政府购买基层教育、医疗和专业化社会服务规模。

(5)建立促进创业带动就业、多渠道灵活就业机制，全面清理各类限制性政策，增强劳动力市场包容性。

(6)统筹城乡就业政策，积极引导农村劳动力就业。

(7)扩大公益性岗位安置，着力帮扶残疾人、零就业家庭成员等困难人员就业。

(二)健全就业公共服务体系

健全覆盖城乡的就业公共服务体系，加强基层公共就业创业服务平台建设，为劳动者和企业免费提供政策咨询、职业介绍、用工指导等服务。

---

① 2018年12月，中央经济工作会议首次明确"就业优先"政策。指出，社会政策要强化兜底保障功能，实施就业优先政策，确保群众基本生活底线，寓管理于服务之中。这是在阐述社会政策有关内容时，首次提出"就业优先"。

(1)构建常态化援企稳岗帮扶机制,统筹用好就业补助资金和失业保险基金。

(2)健全劳务输入集中区域与劳务输出省份对接协调机制,加强劳动力跨区域精准对接。

(3)加强劳动者权益保障,健全劳动合同制度和劳动关系协调机制,完善欠薪治理长效机制和劳动争议调解仲裁制度,探索建立新业态从业人员劳动权益保障机制。

(4)健全就业需求调查和失业监测预警机制。

(三)全面提升劳动者就业创业能力

(1)健全终身技能培训制度,持续大规模开展职业技能培训。

(2)深入实施职业技能提升行动和重点群体专项培训计划,广泛开展新业态新模式从业人员技能培训,有效提高培训质量。

(3)统筹各级各类职业技能培训资金,创新使用方式,畅通培训补贴直达企业和培训者渠道。

(4)健全培训经费税前扣除政策,鼓励企业开展岗位技能提升培训。

(5)支持开展订单式、套餐制培训。

(6)建设一批公共实训基地和产教融合基地,推动培训资源共建共享。办好全国职业技能大赛。

第三章

劳动者权利和义务

劳动者的权利与义务是统一的、一致的，是相互的。在劳动关系存续中，劳动者和用人单位都享有一定的权利和负有一定的义务，双方的权利义务相互对应，即一方权利的实现要以另一方义务的履行为保证，一方的义务又是另一方权利的体现。所以说，用人单位和劳动者的权力与义务是对等的，同时劳动者本身的权利与义务也是对等的、互为条件。《劳动法》[①]在规定了劳动者享有权利的同时，也规定了劳动者应当履行的义务。

第一节　劳动者权利

劳动者的权利是《宪法》和法律赋予的，是神圣不可侵犯的。保护劳动者的基本劳动权利是《劳动法》立法的宗旨。我国《劳动法》第一条明确规定："为了保护劳动者的合法权益，调整劳动关系，建立和维护适应社会主义市场经济的劳动制度，促进经济发展和社会进步，根据宪法，制定本法。"《劳动法》第三条明确规定了劳动者的八项权利："劳动者享有平等就业和选择职业的权利、取得劳动报酬的权利、休息休假的权利、获得劳动安全卫生保护的权利、接受职业技能培训的权利、享受社会保险和福利的权利、提请劳动争议处理的权利以及法律规定的其他劳动权利。"

一、平等就业和选择职业

劳动者享有平等就业和选择职业的权利，是其实现生存权的前提条件。我国《宪法》和《劳动法》规定了劳动者享有平等就业和选择职业的权利，主要包括劳动者不论性别、民族、财产状况和宗教信仰等因素的不同，享有平等的就业权利；在订立劳动合同时，与用人单位有平等协商的权利，并就有关劳动合同期限、工资报酬和劳动条件等意向达成合意的权利。保障劳动者平等就业的权利和自由选择职业的权利，有利于充分发挥劳动者的聪明才智，调动其生产积极性，实现劳动力资源的最佳配置。

（一）国家促进就业的基本原则和政策

我国就业压力大、矛盾突出，这决定了国家必须实行积极的就业政策，促进劳动者就业，实现劳动者平等就业和自主择业。根据有关法律、法规和政策规定，促进就业中必须

① 《中华人民共和国劳动法》（简称《劳动法》），于 1994 年 7 月 5 日第八届全国人民代表大会常务委员会第八次会议通过。2009 年 8 月 27 日，第十一届全国人民代表大会常务委员会第十次会议做了第一次修正。2018 年 12 月 29 日，第十三届全国人民代表大会常务委员会第七次会议做了第二次修正。

坚持以下原则：

1.市场原则

坚持就业的市场原则，其实质就是坚持用人单位与劳动者之间的双向选择。一方面要给予用人单位以充分的用工自主权，用人单位不仅有权随时从劳动力市场中选择自己生产经营所需要的劳动者，而且可以依照法律的规定与劳动者解除劳动关系，或辞退不合格的劳动者。另一方面，劳动者不仅可根据自身的条件、兴趣、专长和爱好选择用人单位，而且可以根据自身情况的变化，通过劳动力市场合理流动，重新选择用人单位或工作岗位。

就业的这一原则，是通过《劳动法》规定的建立劳动关系的基本形式——劳动合同得以贯彻落实的，但少数需要国家进行政策性安置的人员除外。

2.不歧视原则

《劳动法》第十二条规定："劳动者就业，不因民族、种族、性别、宗教信仰不同而受歧视。"反对民族、种族、性别、宗教信仰等方面的歧视，这是人类文明和社会发展的普遍要求，也是各国劳动就业立法的基本原则。

劳动者就业不因民族、种族不同而受歧视，各民族的劳动者都享有平等的就业权利。中华人民共和国各民族一律平等。国家保障各少数民族合法的权利和利益，维护和发展各民族的平等、团结、互助关系。因此，无论劳动者属于哪个民族，或者属于哪个种族，都应享有平等的就业权利；劳动者就业，不因性别不同而受歧视，所有不同性别的劳动者都享有平等的就业权利。《宪法》第四十八条规定："中华人民共和国妇女在政治的、经济的、文化的、社会的和家庭的生活等各方面享有同男子平等的权利。国家保护妇女的权利和利益，实行男女同工同酬，培养和选拔妇女干部。"《劳动法》第十二条的规定，就是将《宪法》规定的男女平等原则在劳动就业方面的具体化。劳动者就业，不因宗教信仰不同而受歧视，所有不同宗教信仰的劳动者都享有平等的就业权利。根据《宪法》第三十六条规定："中华人民共和国公民有宗教信仰自由。任何国家机关、社会团体和个人不得强制公民信仰宗教或者不信仰宗教，不得歧视信仰宗教的公民或不信仰宗教的公民。"《劳动法》也将宗教信仰自由这一原则在劳动就业方面作了规定。

依据上述规定，用人单位不得在为劳动者提供就业机会或者在招工简章中，设定有关民族、种族、性别、宗教信仰等方面的限制；不得在劳动者所从事的职业范围方面，设定有关民族、种族、宗教信仰等方面的限制；不得在劳动者所从事的专业范围，包括就业前专业培训和中等专业以上学校学习时，设定有关民族、种族、性别、宗教信仰等方面的专业限制等。

《劳动法》对国家保障和促进就业作出了明确规定。《劳动法》第十条第一款规定："国家通过促进经济和社会发展，创造就业条件，扩大就业机会。"经济和社会的发展是解决就业问题的基础，实现社会充分就业从根本上讲就是要大力发展各项经济与社会事业。对此，国家负有重要的职责。国家要把经济社会发展政策与就业政策有机地结合起来，在投资建设社会公共基础设施等项目时，要创造就业条件，扩大就业机会。《劳动法》第十条第二款规定："国家鼓励企业、事业组织、社会团体在法律、行政法规规定的范围内兴办产业或者拓展经营，增加就业。”我国劳动力与职业需求之间的矛盾突出，国家鼓励各类企业、事业组织等，通过兴办多种经营，动员社会各方面资金，促进各类产业的发展，进而增加就业岗位。《劳动法》第十条第三款规定：“国家支持劳动者自愿组织起来就业和从事个体经营实现就业。”国家通过支持兴办各种类型的集体所有制经济，鼓励失业人员在法律规定的范围内从事个体经营、个体劳动、合伙经营、家庭经营或举办私营企业等，广开就业门路，促进全社会劳动就业。

(二)特殊就业保障

《劳动法》为保障劳动者平等就业权的实现，针对就业困难的弱势群体，制定了特殊保护政策。

1.保障妇女就业

《劳动法》第十三条规定：“妇女享有与男子平等的就业权利。在录用职工时，除国家规定的不适合妇女的工种或者岗位外，不得以性别为由拒绝录用妇女或者提高对妇女的录用标准。”《劳动法》第五十八条规定：“国家对女职工和未成年工实行特殊劳动保护。”这些规定明确了：

一是强调了男女就业权利平等，直接写明妇女享有同男子平等的就业权利，突出了对妇女合法权益的维护。

二是强调了对妇女就业权利的保护。由于妇女的生理特点与男子有很大不同，确有一些劳动岗位不适合妇女从事，如果不顾现实情况，认为在所有岗位上男女都具有同等的就业能力，实际上将损害妇女的健康。

正是基于上述考虑，国家规定了不适合妇女的工种和岗位，如矿山井下劳动和其他一些禁忌劳动。但除国家另有规定之外，任何用人单位不得私自规定哪些工种和岗位不得招收妇女，不得搞性别歧视，必须为男女平等竞争这些劳动岗位提供条件。用人单位必须做到：

(1)向妇女劳动者提供与男性劳动者均等的就业机会，凡有适合妇女从事劳动的岗位，用人单位不得拒绝招用。妇女劳动者有权与男性劳动者一样，参加招工报名考核等活动，通过公开招收、录用和竞争，获得劳动岗位。

(2)不得提高妇女劳动者的录用标准。如果用人单位在录用标准和条件方面不平等，妇女劳动者的劳动权也无法得以保障。

(3)对女职工不得以结婚、怀孕、产假、哺乳等为由，予以辞退或单方解除劳动合同。凡适合妇女的工种或岗位，应有一定比例的女职工。

2.保障残疾人就业

残疾人①就业是我国劳动就业的一部分，我国非常重视残疾人就业，并为此制定了一系列的法律、法规，切实保障残疾人劳动就业权益的实现。

劳动就业是人类谋生的基本手段，也是残疾人改善生活状况和社会地位的基础，广泛

---

① 残疾人是指在心理、生理、人体结构上，某种组织、功能丧失或不正常，全部或者部分丧失以正常方式从事某种活动能力的人。具体包括视力残疾、听力残疾、言语残疾、肢体残疾、智力残疾、精神残疾、多重残疾和其他残疾的人。

就业是残疾人的迫切愿望。为此，国家采取了多种措施，对残疾人的劳动就业进行统筹规划，为残疾人的劳动就业创造了良好的劳动就业条件，切实保障了残疾人的劳动权利。《残疾人保障法》①专设了“第四章　劳动就业”，对保障残疾人就业作出了具体规定。《残疾人保障法》第三十一条规定：“残疾人劳动就业，实行集中与分散相结合的方针，采取优惠政策和扶持保护措施，通过多渠道、多层次、多种形式，使残疾人劳动就业逐步普及、稳定、合理。”

根据上述规定，目前，我国残疾人就业方式和途径主要有三种，即集中就业、分散按比例就业、自谋职业和个体就业。

(1)集中就业。集中就业就是将残疾人集中安排，专门为解决其就业问题而开办的福利企业事业单位工作。《残疾人保障法》第三十二条规定：“政府和社会举办残疾人福利企业、盲人按摩机构和其他福利性单位，集中安排残疾人就业。”这种方式是由政府有关部门开办社会福利企业，集中安置残疾人，政府在资金减免税收等方面制定扶持政策给予支持。这种方式曾是我国残疾人就业的主要方式，在市场经济条件下，这种通过开办福利企业，集中安置残疾人的就业方式，仍是残疾人就业的一个重要渠道。

(2)分散按比例就业。实行残疾人按比例就业，为残疾人提供更多的就业机会，是国家残疾人就业采取的特殊保护措施。《残疾人保障法》第三十三条规定：“国家实行按比例安排残疾人就业制度。国家机关、社会团体、企业事业单位、民办非企业单位应当按照规定的比例安排残疾人就业，并为其选择适当的工种和岗位。达不到规定比例的，按照国家有关规定履行保障残疾人就业义务。国家鼓励用人单位超过规定比例安排残疾人就业。”为此，国家制定了具体的残疾人就业办法，明确规定了开展残疾人按比例就业，建立了残疾人就业保障金，对未按要求达到就业比例的用人单位，要向当地残疾人就业服务机构缴纳保障金，用于促进残疾人就业。实施残疾人按比例就业，体现了党和政府对残疾人就业的关心和重视，这种就业方式将逐步成为残疾人就业的主渠道。

(3)自谋职业和个体就业。自谋职工和个体就业是新形势下残疾人就业的方式之一。我国政府鼓励残疾人充分发挥自己的聪明才智，平等参与劳动就业竞争，通过自谋职工和个体就业，实现自我价值，奉献社会。因此，《残疾人保障法》第三十四条规定：“国家鼓励和扶持残疾人自主择业、自主创业。”

做好残疾人就业工作，提高残疾人就业率，是政府和社会义不容辞的责任，也是社会进步和人类文明的标志。我国加大政策扶持力度，积极促进残疾人就业。《残疾人保障法》第三十六条规定：“国家对安排残疾人就业达到、超过规定比例或者集中安排残疾人就业的用人单位和从事个体经营的残疾人，依法给予税收优惠，并在生产、经营、技术、资金、物资、场地等方面给予扶持。国家对从事个体经营的残疾人，免除行政事业性收费。县级以上地方人民政府及其有关部门应当确定适合残疾人生产、经营的产品、项目，优先安排残疾人福利性单位生产或者经营，并根据残疾人福利性单位的生产特点确定某些产品由

---

① 《中华人民共和国残疾人保障法》(简称《残疾人保障法》)于1990年12月28日，第七届全国人民代表大会常务委员会第十七次会议通过。2008年4月24日，第十一届全国人民代表大会常务委员会第二次会议修订。

其专产。政府采购，在同等条件下应当优先购买残疾人福利性单位的产品或者服务。地方各级人民政府应当开发适合残疾人就业的公益性岗位。"《残疾人保障法》第三十七条规定："政府有关部门设立的公共就业服务机构，应当为残疾人免费提供就业服务。"

3.保障退出现役军人就业

退出现役军人就业是我国就业工作的一部分。做好退出现役军人的就业工作是国家的一项长期的、重要的政治任务，关系到国家的经济建设、国防建设和社会稳定。这对推进我国改革开放和社会主义现代化建设，实现全面小康社会的目标，具有十分重要的意义。

为确保退出现役军人的劳动就业和社会保障，解除退出现役军人的后顾之忧，国家通过立法，制定了特殊政策。为此，《兵役法》[①]专设了"第九章　退役军人的安置"，对退出现役军人中的义务兵、军士、军官等作出了明确规定。

(1)对退出现役义务兵，国家采取自主就业、安排工作、供养等方式妥善安置。

退出现役自主就业的义务兵，国家按照规定发给一次性退役金，由安置地的县级以上地方人民政府接收。服现役期间，获得二等功以上荣誉或者战时获得三等功以上荣誉以及属于烈士子女的义务兵退出现役，由安置地的县级以上地方人民政府安排工作；待安排工作期间由当地人民政府按照国家有关规定发给生活补助费；根据本人自愿，也可以选择自主就业。因战、因公、因病致残的义务兵退出现役，按照国家规定的评定残疾等级采取安排工作、供养等方式予以妥善安置；符合安排工作条件的，根据本人自愿，也可以选择自主就业。

(2)对退出现役的军士，国家采取逐月领取退役金、自主就业、安排工作、退休、供养等方式妥善安置。

服现役满20年或者符合国家规定的其他条件的军士，退出现役的，由安置地的县级以上地方人民政府安排工作；待安排工作期间由当地人民政府按照国家有关规定发给生活补助费；根据本人自愿，也可以选择自主就业；服现役满30年或者年满55周岁或者符合国家规定的其他条件的，作退休安置。

军士因战、因公、因病致残，退出现役的，按照国家规定的评定残疾等级采取安排工作、退休、供养等方式予以妥善安置；符合安排工作条件的，根据本人自愿，也可以选择自主就业。

(3)对退出现役的军官，国家采取退休、转业、逐月领取退役金、复员等方式妥善安置。

对退出现役的残疾军人、患慢性病的军人，由安置地的县级以上地方人民政府按照国家有关规定接收安置。其中，对患过慢性病旧病复发需要治疗的，由当地医疗机构负责治疗，所需医疗和生活费用，本人经济困难的，要按照国家规定给予补助。

4.保障少数民族人员就业

我国是个多民族的国家，对少数民族人员就业实行特殊保障政策是我国民族政策的

① 《中华人民共和国兵役法》(简称《兵役法》)于1984年5月31日，第六届全国人民代表大会第二次会议通过，中华人民共和国主席令第十四号公布。1998年12月29日，第九届全国人民代表大会常务委员会第六次会议第一次修正。2009年8月27日，第十一届全国人民代表大会常务委员会第十次会议第二次修正。2011年10月29日，第十一届全国人民代表大会常务委员会第二十三次会议第三次修正。2021年8月20日，第十三届全国人民代表大会常务委员会第三十次会议修订。

重要组成部分，是国家促进少数民族地区社会和经济发展的重要手段。因此，我国制定的《民族区域自治法》[①]，对少数民族人员的劳动就业实行倾斜保护政策。《民族区域自治法》第二十二条规定："民族自治地方的自治机关根据社会主义建设的需要，采取各种措施从当地民族中大量培养各级干部、各种科学技术、经营管理等专业人才和技术工人，充分发挥他们的作用，并且注意在少数民族妇女中培养各级干部和各种专业技术人才。民族自治地方的自治机关录用工作人员的时候，对实行区域自治的民族和其他少数民族的人员应当给予适当的照顾。民族自治地方的自治机关可以采取特殊措施，优待、鼓励各种专业人员参加自治地方各项建设工作。"第二十三条规定："民族自治地方的企业、事业单位依照国家规定招收人员时，优先招收少数民族人员，并且可以从农村和牧区少数民族人口中招收。"

国家对少数民族人员就业的政策原则主要体现在三个方面：

(1)用人单位在招工时，在同等条件下，优先招收录用少数民族人员和支援少数民族地区建设和科技人员的失业子女。

(2)对地处少数民族地区的贫困地区，给予重点扶持，对其举办开发就业的生产项目，努力争取生产资金，减免税收，增加贷款及物质、技术等方面的扶持和帮助。

(3)在有条件的少数民族地区，建立就业训练中心和完善就业训练设施，开展职业介绍，适当增加资金投入，为促进就业训练规模的扩大和劳动者素质的提高创造条件。

二、取得劳动报酬

劳动报酬直接关系到劳动者及其家庭的生活水平和生活质量，法律、法规禁止任何用人单位非法侵害劳动者获取报酬的权利，用人单位不得无故克扣和拖欠劳动者工资，也不得以低于当地政府规定的最低工资标准支付劳动者工资。对于保障劳动者获得劳动报酬[②]的权利，我国《宪法》也作了明确规定，要求要切实保障劳动报酬权利的实现。

（一）劳动报酬权利

劳动者的劳动报酬权利主要由四部分组成：

1.劳动报酬取得权

劳动者在履行劳动给付义务后，或依法免去劳动给付义务和因用人单位的原因而不能履行劳动给付义务的条件下，有向用人单位要求领取工资的权利。

2.劳动报酬保障权

劳动者有获得工资支付保障、实际工资保障和最低工资保障的权利。

3.劳动报酬分配参与权

劳动者有通过法定方式参与用人单位工资分配过程的权利。2000 年 11 月 8 日，劳

① 《中华人民共和国民族区域自治法》(简称《区域自治法》)，于 1984 年 5 月 31 日由第六届全国人民代表大会第二次会议通过。2001 年 2 月 28 日，第九届全国人民代表大会常务委员会第二十次会议修正。

② 劳动报酬，又称工资或薪金，是指劳动者依法履行劳动义务后从用人单位取得的全部工资收入，包括基础工资、奖金、津贴、补贴和加班加点工资等，也是劳动法律、法规规定的用人单位对劳动者应当承担的一项最基本的义务。

动和社会保障部发布的《工资集体协商试行办法》(劳动和社会保障部令第 9 号)规定:"劳动者有通过工资集体协商参与用人单位工资分配的权利。"

4.劳动报酬支配权

劳动者对其取得的全部工资有自由支配的权利。劳动报酬即人们通常所说的工资,基于劳动关系取得的各种劳动收入。

(二)劳动报酬的构成形式

我国劳动者的劳动报酬,从其构成形式而言,主要有计时工资、计件工资、奖金和津贴。

1.计时工资

计时工资是指按计时工资标准和工作时间支付给个人的劳动报酬。根据计算工资的时间单位的不同,计时工资可分为月工资制、日工资制和小时工资制。

2.计件工资

计件工资是指对已做工作按计件单价支付的劳动报酬。它是用一定时间内的劳动成果来计算的工资,是计时工资的转化形式。计件工作的形式有:按有关定额和计件单价支付给个人的工资;按工作任务包干办法支付给个人的工资;按营业额提成或利润提成办法支付给个人的工资。

3.奖金

奖金是指支付给职工的超额劳动报酬和增收节支的劳动报酬。奖金是超额劳动报酬,是计时和计件工资的主要辅助形式。奖金按劳动者付出的超额劳动来支付,是对劳动者作出优异成绩的一种奖赏。奖金主要有以下几种:①超产奖:按超额劳动成果的数额来计付。②质量奖:在完成产量的前提下,以产品质量合格率作为考核标准。③节约奖:在完成生产任务的前提下,按节约原材料、燃料消耗的数额计付。④安全生产奖:在完成生产任务的前提下,按安全生产的情况给予奖励等。

4.津贴和补贴

津贴和补贴是指为了补偿职工特殊的或额外的劳动消耗和生活费用,以及因其他特殊原因支付给职工的一类补充性费用。津贴主要可分为以下几类:

(1)为补偿劳动者在特殊劳动条件下的劳动消耗和额外劳动消耗而设的津贴。

(2)为补偿劳动者特殊劳动消耗和额外生活支出而设的津贴。

(3)还有为特种保健要求而设的津贴。

5.加班加点工资

加班加点工资是指职工在国家规定的标准劳动时间或正常劳动时间后延长工作时间,或在休息时间从事劳动所获取的收入。

6.特殊情况下支付的工资

特殊情况下支付的工资主要包括根据国家法律、法规和政策规定,因病、工伤、产假、计划生育假、婚丧假、事假、探亲假、定期休假、停工学习、执行国家或社会义务等原因,按计时工资标准或计件工资标准的一定比例支付的工资,以及附加工资和保留工资。

(三)劳动报酬的分配原则

劳动者劳动报酬权的实现由法律予以保障。《劳动法》第四十六条规定:“工资分配应当遵循按劳分配原则,实行同工同酬。工资水平在经济发展的基础上逐步提高。国家对工资总量实行宏观调控。”这就明确了劳动报酬法律调整的基本原则。

1.按劳分配原则

按劳分配是指根据劳动者提供的劳动数量和质量分配个人消费品,等量劳动领取等量报酬,多劳多得,少劳少得,不劳动者不得。

每个劳动者根据自己提供的劳动量,取得与他所提供的劳动量相当的消费品。按劳分配,要充分体现脑力劳动和体力劳动、复杂劳动和简单劳动、熟练劳动和非熟练劳动、繁重劳动和非繁重劳动之间的差别,要体现奖勤罚懒、奖优罚劣的原则,既要反对平均主义,也要反对分配不公、收入高低过分悬殊的做法。实现按劳分配,有利于调动劳动者的生产积极性,促使劳动者提高劳动技能,提高劳动生产率,为国家和社会创造更多的财富。

2.同工同酬原则

同工同酬是指用人单位对所有劳动者提供同等价值的劳动应付给同等的劳动报酬。

在同一工作单位中,从事同种工作、有同样熟练程度的劳动者,不分性别、年龄、民族、种族,只要付出同等劳动,就应当领取同等报酬。

根据同工同酬原则,用人单位在工资支付过程中不得对从事相同工作、提供同等价值劳动的劳动者,因其性别、民族、年龄等方面的不同而支付不等量的报酬。这一原则是为了保护全体劳动者的合法权益,防止性别歧视、民族歧视等各种歧视性行为。实行同工同酬,充分体现了我国公民在法律面前一律平等,也是实行按劳分配原则的具体体现。只有实行同工同酬,才能保证我国公民享有真正平等的劳动报酬权。

3.在经济发展的基础上逐步提高工资水平的原则

工资水平是指一定时期内职工平均工资的高低程度。工资水平是反映经济发展水平和劳动者物质文化生活水平的一个重要指标,同时也在一定程度上体现着国家、用人单位、劳动者个人三者之间的利益分配关系,以及不同行业、不同地区、不同单位、不同工种之间各类劳动者的工资关系。

工资水平的高低,直接关系着职工生活的改善。工资水平的提高只能建立在经济增长和劳动生产率提高的基础上,要以国民收入的增长和社会劳动生产率的提高为前提,并且在提高的速度上要与之相适应。

(四)工资支付

《劳动法》第五十条明确规定:“工资应当以货币形式按月支付给劳动者本人。不得克扣或者无故拖欠劳动者的工资。”这是为了限制以至取消实物支付,使个人收入货币化、规范化,有利于提高收入分配的透明度,加强对用人单位收入分配的财务监督,同时也有利于建立个人收入申报制度,强化个人所得税调节收入分配的功能。

上述规定明确了工资支付形式、支付时间、支付对象以及特殊情况下的工资支付等基本问题。

用人单位应在劳动者工作地点将工资支付给劳动者本人，由劳动者本人直接领取。当劳动者本人因故不能领取工资时，也可由劳动者授权的亲属代为领取。按照通行做法，用人单位在支付工资时应向劳动者提供一份其个人的工资清单，列出应发工资额及其项目、扣款额及其项目、实发工资额等，并注明发放时间，要求领取工资者签名。

工资应当按月支付，不论是实行计时工资形式，还是实行计件工资形式，用人单位都要按月向劳动者支付工资。对实行年薪制的，则应在每个月按一定比例预付。

用人单位不得克扣劳动者的工资。劳动者在法定工作时间内提供了正常劳动的前提下领取足额工资，任何单位不得克扣，否则便构成对劳动者合法权益的侵害。但是，在下列情况下，扣除劳动者部分工资不属于克扣工资：

(1)用人单位代扣代缴的个人所得税。

(2)由于劳动者本人过失造成事故，使单位或他人财产遭受损失时，按规定令其赔偿损失。

(3)法院委托单位扣除的抚养费、赡养费或赔偿费等。

(4)劳动者应偿还用人单位债务。

(5)法律规定应由劳动者本人负担的社会保险费用。

(6)法律要求用人单位代扣缴的其他费用。

特殊情况下的工资支付。《劳动法》第五十一条规定："劳动者在法定休假日和婚丧假期间，以及依法参加社会活动期间，用人单位应当依法支付工资。"特殊情况下的工资主要包括三方面的内容，即法定休假日工资支付、婚丧假期间工资支付、依法参加社会活动期间工资支付。在这三种情况下，用人单位都应按照劳动者本人履行正常劳动时应得的工资额支付工资。

1.法定休假日期间的工资支付

法定休假日是指法律规定的放假节日。休息权是劳动者的一项基本权利，受到法律保护。劳动者按照规定，在法定休假日内休假，用人单位应当依法向劳动者支付工资。

2.婚丧假期间的工资支付

婚丧假是结婚假和丧事假的总称，指劳动者本人结婚或者其直系亲属死亡时其所在用人单位给予的假期(包括路程假期)。婚丧假期间(包括路程假)用人单位应向劳动者支付工资。

3.依法参加社会活动期间的工资支付

依法参加社会活动是劳动者的政治权利，受法律保护。劳动者在法定工作时间内参加社会活动，应视为提供了正常劳动，用人单位应向劳动者支付工资。这里所讲的社会活动主要包括：依法行使选举权或被选举权；当选代表出席政府、党派、工会以及其他合法社会团体召开的代表大会；出任人民法院陪审员或者证明人；参加由用人单位安排和同意的各种会议或者其他活动。

(五)最低工资保障制度

为保障劳动者的合法权益，我国实行了最低工资保障制度。《劳动法》第四十八条规定:“国家实行最低工资保障制度。最低工资的具体标准由省、自治区、直辖市人民政府规定,报国务院备案。用人单位支付劳动者的工资不得低于当地最低工资标准[①]。”

最低工资标准一般按月确定,也可以按周、日或小时确定。《劳动法》第四十九条明确规定:“确定和调整最低工资标准应当综合参考下列因素:(一)劳动者本人及平均赡养人口的最低生活费用;(二)社会平均工资水平;(三)劳动生产率;(四)就业状况;(五)地区之间经济发展水平的差异。”

1.劳动者本人及平均赡养人口的最低生活费用

所谓最低生活费用是指为维持劳动者本人及其赡养人口的最低生活需要而必须支出的生活费用,包括吃、穿、用、住、行等方面。

2.社会平均工资水平

社会平均工资水平是指政府统计部门提供的职工平均工资水平。最低工资标准应当低于职工平均工资。

3.劳动生产率

劳动生产率是指政府统计部门提供的当地社会劳动生产率。劳动生产率提高是平均工资增长的前提条件。

4.就业状况

就业状况主要是通过失业率这一指标反映的。最低工资标准的确定和调整要考虑失业率水平。当失业率偏高时,最低工资标准不宜定得太高,因为这将影响用人单位吸纳更多的劳动者就业,不利于扩大就业,降低失业率。

5.地区之间经济发展水平的差异

地区之间经济发展水平的差异是指确定和调整最低工资标准时,应当根据不同地区经济发展水平有所差别,不能不顾不同地区之间经济发展水平上的差异而实行相同的最低工资标准。

最低工资标准由当地人民政府公布。在当地人民政府公布最低工资标准后,用人单位应将政府对最低工资的有关规定告知本单位的劳动者,并按照劳动法律、法规的规定,支付给劳动者的工资可以高于但不低于当地最低工资标准。实行计件工资或提成工资等工资形式的用人单位,则必须进行合理折算,其相应的折算额不得低于按时、日、周、月确定的最低工资标准。

在我国实行最低工资保障制度,符合适应社会主义市场经济发展的需要,有利于保障劳动者个人及家庭成员的基本生活,促进劳动者素质的提高和企业公平竞争。

三、休息休假

劳动者的休息休假权是《宪法》规定的基本权利。我国《宪法》第四十三条规定:“中华

① 最低工资标准是指劳动者在法定工作时间内提供了正常劳动的前提下,用人单位应支付的最低劳动报酬。其中:法定工作时间是指根据国家有关工时制度规定的工作时间。正常劳动是指劳动者按照劳动合同的有关规定,在法定工作时间内从事的劳动。劳动者因探亲、结婚、直系亲属死亡按规定休假,以及依法参加国家和社会活动,也应当视为提供了正常劳动。

人民共和国劳动者有休息的权利。国家发展劳动者休息和休养的设施,规定职工的工作时间和休假制度。"

《劳动法》根据我国《宪法》的规定,对职工的休息休假权作了具体明确。劳动者休息休假权是通过休息休假时间[①]而体现出来的。如果没有休息休假时间的规定,也会形成对劳动者休息休假权利的侵占。因此,《劳动法》对劳动者休息休假时间的规定,是对劳动者休息休假权的保障。

休息休假时间是劳动者依法享有的权利,是和劳动者的工作时间紧密相连的。它包括职工在法定工作时间之外用以消除疲劳、进行业务学习、参加社会活动和料理家务等所占用的时间。没有休息时间,就不能使劳动者的工作时间更好地加以利用。

(一)休息与休假的种类和内容

休息时间的种类是随社会经济状况的发展而变化的,并且因产业、行业的不同而不同。根据《劳动法》和其他法规的规定,我国现行的休息时间的种类和内容如下:

1.一个工作日内的休息时间

一个工作日内的休息时间是指职工在每日的工作岗位上生产或工作过程中的工间休息时间和用膳时间,又称间歇时间。

工间休息时间和用膳时间因工作岗位和工作性质的不同而有不同,一般休息1~2小时,最少不能少于半小时。间歇时间一般于工作4小时后开始,不算入工作时间。有的岗位由于生产不能间断,不能实行固定的间歇时间,应使职工在工作时间内有用膳时间。

2.两个工作日之间的休息时间

两个工作日之间的休息时间,是指劳动者在上个工作日结束至下一个工作日开始的期间内所享有的休息时间。其长度应以保证劳动者的体力和工作能力能够得到恢复为标准,一般为15~16小时。实行轮班制的,其班次必须平均调换,一般可在休息日之后调换。在调换班次时,不得让工人连续工作两班。

安排劳动者延长工作时间的,应支付不低于工资的150%的工资报酬。

3.休息日

休息日,又称公休假日,是劳动者满一个工作周后的休息时间。

1995年3月25日,国务院重新修改了《关于职工工作时间的规定》(国务院令174号),要求我国劳动者的休息时间从原来的每周工作6天,休息1天,改为每周工作5天,休息2天。

国家机关、事业单位实行统一的工作时间,星期六和星期日为周休息日。

企业和不能实行国家规定的统一工作时间的事业单位,可以根据实际情况灵活安排周休息日,但同时规定职工每日工作8小时,每周工作40小时。要求凡因工作情况特殊,休息日必须轮流工作时,应给予相等时间的补休。定时或不定时工作日的职工,在休息日值班时,应在一周内补给与值班时间相等的休息时间。

---

① 休息休假时间是劳动者根据法律、法规规定,在与用人单位签订的劳动合同期间内,不必从事生产和工作而自行支配的时间。

休息日安排劳动者工作又不能安排补休的，应支付不低于工资的200％的工资报酬。

4.法定休假日

法定休假日，又称法定节假日，是由国家法律、法规统一规定的用以开展纪念、庆祝活动的休息时间。它也是劳动者休息时间的一种。对此，《劳动法》第四十条专门作了规定。国务院《全国年节及纪念日放假办法》[①]更是细化了全体劳动者放假的法定节日，包括春节、元旦、清明节、中秋节和国庆节等。同时，也对儿童节、妇女节等部分公民休假的节日作了规定。

(1)全体公民放假的节日：①新年：放假1天(1月1日)。②春节：放假3天(农历正月初一、初二、初三)。③清明节：放假1天(农历清明当日)。④劳动节：放假1天(5月1日)。⑤端午节：放假1天(农历端午当日)。⑥中秋节：放假1天(农历中秋当日)。⑦国庆节：放假3天(10月1日、2日、3日)。

(2)部分公民放假的节日及纪念日：①妇女节：妇女放假半天(3月8日)。②青年节：14周岁以上的青年放假半天(5月4日)。③儿童节：不满14周岁的少年儿童放假1天(6月1日)。

(3)少数民族习惯的节日：凡属少数民族习惯的节日，由各少数民族聚居地区的地方人民政府，按照各民族习惯规定放假日期。

(4)其他节日：主要有二七纪念日、五卅纪念日、七七抗战纪念日、九三抗战胜利纪念日、九一八纪念日、教师节、护士节、记者节、植树节等其他节日、纪念日，均不放假。

全体公民放假的假日，如果适逢星期六、星期日，应当在工作日补假。部分公民放假的假日，如果适逢星期六、星期日，则不补假。

单位应该安排劳动者在法定节假日休息，如果安排其加班，要支付加班工资，其标准为支付不低于工资的300％的工资报酬。

5.带薪年休假[②]

职工带薪年休假是为了维护职工休息休假权利，调动职工工作积极性，是《劳动法》和《公务员法》规定的。《劳动法》第四十五条规定：“国家实行带薪年休假制度。”2007年12月，国务院令第514号公布了《职工带薪年休假条例》，自2008年1月1日起施行。

《职工带薪年休假条例》规定：“机关、团体、企业、事业单位、民办非企业单位、有雇工的个体工商户等单位的职工连续工作1年以上的，享受带薪年休假。单位应当保证职工享受年休假。职工在年休假期间享受与正常工作期间相同的工资收入。”该条例明确规定了带薪休假的具体情况和天数：

(1)职工累计工作已满1年不满10年的，年休假5天。

(2)职工累计工作已满10年不满20年的，年休假10天。

(3)职工累计工作已满20年的，年休假15天。

---

① 《全国年节及纪念日放假办法》于1949年12月23日由原国家政务院发布。1999年9月18日，国务院进行了第一次修订。2007年12月14日，国务院进行了第二次修订。2013年12月11日，国务院进行了第三次修订。

② 带薪休假，简称年休假，是劳动者连续工作年满1年后，每年依法享有的保留职务和工资的一定期限休息的假期。

国家法定休假日、休息日不计入年休假的假期。

《职工带薪年休假条例》在规定了带薪休假的情况和天数的同时，也规定了不得休假的情况。该条例第四条规定："职工有下列情形之一的，不享受当年的年休假：（一）职工依法享受寒暑假，其休假天数多于年休假天数的；（二）职工请事假累计 20 天以上且单位按照规定不扣工资的；（三）累计工作满 1 年不满 10 年的职工，请病假累计 2 个月以上的；（四）累计工作满 10 年不满 20 年的职工，请病假累计 3 个月以上的；（五）累计工作满20 年以上的职工，请病假累计 4 个月以上的。"

第五条规定："单位根据生产、工作的具体情况，并考虑职工本人意愿，统筹安排职工年休假。年休假在 1 个年度内可以集中安排，也可以分段安排，一般不跨年度安排。单位因生产、工作特点确有必要跨年度安排职工年休假的，可以跨 1 个年度安排。

单位确因工作需要不能安排职工休年休假的，经职工本人同意，可以不安排职工休年休假。对职工应休未休的年休假天数，单位应当按照该职工日工资收入的 300% 支付年休假工资报酬。"

第七条规定："单位既不安排职工休年休假，又不按规定给予年休假工资报酬的，由县级以上地方人民政府人事部门或者劳动保障部门依据职权责令限期改正；对逾期不改正的，除责令该单位支付年休假工资报酬外，单位还应当按照年休假工资报酬的数额向职工加付赔偿金；对拒不支付年休假工资报酬、赔偿金的，属于公务员和参照公务员法管理的人员所在单位的，对直接负责的主管人员以及其他直接责任人员依法给予处分；属于其他单位的，由劳动保障部门、人事部门或者职工申请人民法院强制执行。"

（二）其他假期

除上述劳动者休息和休假种类外，我国还针对部分劳动者或劳动者的特殊时期，作出了不同种类的假期规定。这些假期主要有：

1.探亲假

探亲假是指职工与配偶、父母团聚的时间。为解决因亲属分居两地职工的探亲问题，1981 年 3 月，《国务院关于职工探亲待遇的规定》（国发〔1981〕36 号）发布。该文件明确规定："职工工作满 1 年，与配偶不住在一起，又不能在公休假日团聚的，可以享受探望配偶的假期待遇；与父母都不住在一起，又不能在公休假日团聚的，可以享受探望父、母的假期待遇。但是，职工与父亲或母亲一方能够在公休假日团聚的，不能享受探望父母的假期待遇。"

（1）职工探望配偶的，每年给予一方探亲假一次，假期为 30 天。

（2）未婚职工探望父母，原则上每年给假一次，假期为 20 天。

（3）已婚职工探望父母，每 4 年给假一次，假期为 20 天。

职工休探亲假的，单位应根据需要给予路程假。但职工探亲假期包括公休假日和法定节日在内。

2.婚丧假

根据国务院有关行政部门规定，职工本人结婚或职工的直系亲属（父母、配偶和子女）死亡时，可以根据具体情况，由本单位领导批准，酌情给予 1～3 天的婚丧假。

职工结婚时双方不在一地工作的，或者职工在外地的直系亲属死亡时需要职工本人去外地料理丧事的，可以根据路程远近，另给路程假。

3.女职工产假

根据女职工生理特征，保护其特殊需要，国家规定了休假。《劳动法》第六十二条规定："女职工生育享受不少于90天的产假。"2012年4月，国务院令第619号公布了《女职工劳动保护特别规定》，并规定自公布之日[①]起施行，即自2012年4月28日起施行。该条例对女职工的产假作了具体明确的规定。

国家规定产假，是为了保证产妇恢复身体健康，享受产假不能提前或推后。《女职工劳动保护特别规定》第七条第一款明确规定："女职工生育享受98天的产假，其中产前可以休假15天；难产的，增加产假15天；生育多胞胎的，每多生育1个婴儿，增加产假15天。"

女职工怀孕流产的，其所在单位应当根据医务部门的证明，给予一定时间的产假。《女职工劳动保护特别规定》第七条第二款规定："对女职工怀孕未满4个月流产的，享受15天产假；怀孕满4个月流产的，享受42天产假。"

女职工产假期间享受生育津贴。《女职工劳动保护特别规定》第八条规定："女职工产假期间的生育津贴，对已经参加生育保险的，按照用人单位上年度职工月平均工资的标准由生育保险基金支付；对未参加生育保险的，按照女职工产假前工资的标准由用人单位支付。"

对婴儿未满1周岁的女职工，国家规定了用人单位应给予哺乳时间。《女职工劳动保护特别规定》第九条规定："对哺乳未满1周岁婴儿的女职工……用人单位应当在每天的劳动时间内，为哺乳期女职工安排1小时哺乳时间；女职工生育多胞胎的，每多哺乳1个婴儿每天增加1小时哺乳时间。"哺乳时间和在本单位内哺乳往返途中的时间，算作劳动时间。女职工哺乳婴儿满1周岁后，一般不再延长哺乳期。

4.医疗期[②]假

为了保障企业职工在患病或非因工负伤期间的合法权益，1994年12月，劳动部根据《劳动法》第二十六[③]、二十九条[④]规定，制定了《企业职工患病或非因工负伤医疗期规定》(劳部发〔1994〕479号)，规定自1995年1月1日起施行，并明确了职工的医疗期和医疗期的工资福利待遇等规定。

企业职工因患病或非因工负伤，需要停止工作医疗时，根据本人实际参加工作年限和在本单位工作年限，给予3个月到24个月的医疗期：

(1)实际工作年限10年以下的，在本单位工作年限5年以下的，医疗期为3个月；5年以上的，医疗期为6个月。

---

① 《女职工劳动保护特别规定》是2012年4月18日，国务院第200次常务会议通过的。2012年4月28日，由国务院令第619号公布，自公布之日起施行，即自2012年4月28日起施行。

② 医疗期是指企业职工因患病或非因工负伤停止工作治病休息不得解除劳动合同的时限。

③ 《劳动法》第二十六条规定之一，劳动者患病或者非因工负伤，医疗期满后，不能从事原工作，也不能从事由用人单位另行安排的工作的，用人单位可以解除劳动合同，但是应当提前30日以书面形式通知劳动者本人。

④ 《劳动法》第二十九条规定之一，劳动者患病或者负伤，在规定的医疗期内的，用人单位不得依据有关条款解除劳动合同。

(2)实际工作年限10年以上的,在本单位工作年限5年以下的,医疗期为6个月;5年以上10年以下的,医疗期为9个月;10年以上、15年以下的,医疗期为12个月;15年以上、20年以下的,医疗期为18个月;20年以上的,医疗期为24个月(见表3-1)。

表3-1 工作年限和医疗期对应表

实际工作年限	10年以下		10年以上				
本单位工作年限	5年以下	5年以上	5年以下	5～10年	10～15年	15～20年	20年以上
医疗期月数	3	6	6	9	12	18	24

职工医疗期假可分段使用,但医疗期假必须在一定的累计病休时间内享受。否则,超过累计病休时间的,不再享受医疗期假。医疗期3个月的,按6个月内累计病休时间计算;6个月的,按12个月内累计病休时间计算;9个月的,按15个月内累计病休时间计算;12个月的,按18个月内累计病休时间计算;18个月的,按24个月内累计病休时间计算;24个月的,按36个月内累计病休时间计算。

医疗期应从病休第一天开始累计计算。例如:应享受3个月医疗期的职工,如果从2022年3月5日起第一次病休,那么,该职工的医疗期应在3月5日至9月5日之间确定,在此期间累计病休3个月即视为医疗期满。其他以此类推。病休期间,公休、假日和法定节日包括在内。

对一些患特殊疾病,如癌症、精神病、瘫痪等的职工,在24个月内尚不能痊愈的,根据实际情况,经企业和劳动主管部门批准,可以适当延长医疗期。

职工在医疗期内,用人单位应按照有关规定支付其病假工资、疾病救济费和医疗待遇等。其中,病假工资标准不得低于最低工资标准的80%。

企业职工因工致残和经医生或医疗机构认定患有难以治疗的疾病,在医疗期内医疗终结,不能从事原工作,也不能从事用人单位另行安排的工作的,应当由劳动鉴定委员会参照《职工工伤与职业病致残程度鉴定标准》(GB/T 16180—2006)进行劳动能力的鉴定。被鉴定为一至四级的,应当退出劳动岗位,终止劳动关系,办理退休、退职手续,享受退休、退职待遇;被鉴定为五至十级的,医疗期内不得解除劳动合同。

企业职工非因工致残和经医生或医疗机构认定患有难以治疗的疾病,医疗期满,解除劳动关系,并办理退休、退职手续,享受退休、退职待遇。医疗期满尚未痊愈者,被解除劳动合同的,按有关规定,应给予一定的经济补偿。

四、获得劳动安全卫生保护①

劳动者有获得劳动安全卫生保护的权利。劳动者的劳动安全卫生保护权利,主要包括劳动者获得符合劳动安全卫生标准的劳动条件和接受劳动安全卫生知识教育的权利;

① 劳动安全卫生保护,又称劳动安全卫生和职业安全卫生保护,是指对劳动者在劳动过程中的安全和健康的保护。

拒绝用人单位提出的违章作业要求，并在劳动过程中遇有严重危及生命安全的危险时采取紧急避险的权利；要求定期健康检查以及职业病患者要求及时治疗并调离原岗位的权利等。

劳动安全卫生保护是对劳动者的生命安全和身体健康的直接保护。由于现代科学技术大量应用于生产，劳动过程中发生职业危险的可能性日益增大，如不采取有效的防护措施，就会造成工伤事故，引起职业病，危害劳动者的安全健康，甚至会导致劳动者生命的丧失，劳动者最基本的人身权利得不到保护。因此，为切实保障劳动者获得劳动安全卫生保护权利的实现，《劳动法》专门设立了"第六章 劳动安全卫生"，就劳动健全卫生制度、劳动安全卫生设施、劳动安全卫生标准、劳动防护用品、特种作业人员、劳动者劳动安全卫生权利等作了明确规定。

（一）劳动安全卫生制度

《劳动法》第五十二条规定："用人单位必须建立、健全劳动安全卫生制度，严格执行国家劳动安全卫生规程和标准，对劳动者进行劳动安全卫生教育，防止劳动过程中的事故，减少职业危害。"劳动安全卫生制度主要有：

1.安全生产责任制

安全卫生责任制是最基本的安全管理制度，是所有劳动安全卫生规章制度的核心。安全生产责任制是按照安全生产方针和"管生产的同时必须管安全"的原则，将各级负责人员、各职能部门及其工作人员和各岗位生产工人在安全生产方面应做的事情及应负的责任加以明确规定的一种制度。

2.安全技术措施计划

安全技术措施计划，也称劳动保护措施计划，是企业生产财务计划的一个组成部分。它是企业有计划地改善劳动条件，做好劳动安全卫生工作，防止工伤事故和职业病的一项重要措施。通过编制安全技术措施计划，可以有效地利用资金解决急需的问题，加强安全生产教育，发挥群众监督作用，减少事故隐患，改善劳动条件。

3.安全技术措施经费

安全技术措施经费是进行安全技术措施的物质保障。在编制安全技术措施计划时，必须划清范围，凡属医疗、福利、消防和一些生产上的设施，不应列入该措施计划中，以确保安全技术措施经费真正用于改善劳动条件。

4.安全教育

安全教育是指对劳动者进行劳动安全卫生政策和专业安全知识等方面的教育。《劳动法》第五十二条明确规定，要"对劳动者进行劳动安全卫生教育，防止劳动过程中的事故，减少职业危害"。通过安全教育，使劳动者熟悉和掌握劳动安全卫生法规和安全生产方面的技术知识，树立安全生产的思想。

5.安全生产检查

安全生产是清除隐患、防止事故、改善劳动条件的重要手段，是企业安全卫生管理工作的一项重要内容。通过安全检查可以发现用人单位及生产过程中的危险因素，以便有计划地采取措施，保证安全生产。

（二）劳动安全卫生设施

劳动安全卫生设施包括以改善劳动条件，防止伤亡事故和职业病发生为目的的一切技术措施。用人单位都应根据各自的生产特点，采取各种办法，完善各种劳动安全卫生设施，保障劳动者的安全与健康。因此，《劳动法》第五十三条规定："劳动安全卫生设施必须符合国家规定的标准。新建、改建、扩建工程的劳动安全卫生设施必须与主体工程同时设计、同时施工、同时投入生产和使用。"劳动安全卫生设施主要有：①安全技术方面的设施；②劳动卫生方面的设施；③生产性辅助设施。

（三）劳动安全卫生标准

劳动安全卫生标准是保护劳动者安全与健康，维护劳动工具、劳动对象，发展生产的客观需要。现代化工业生产，由于大量使用电气设备、大功率机械设备，以及采用高温、高压生产工艺或在有毒有害工作环境中作业，容易发生触电、火灾、爆炸等事故，使劳动者身体受到伤害或引起职业病，使生产设备受到严重破坏。因此，我国非常重视劳动安全卫生标准化工作。《劳动法》要求："劳动安全卫生设施必须符合国家规定的标准"，并且用人单位必须"严格执行国家劳动安全卫生规程和标准"。

我国劳动安全卫生标准有国家标准、行业标准和地方标准，其中以国家标准为主体，国家标准和行业标准都是全国性标准。用人单位必须严格遵守这些标准。

（四）劳动防护用品

劳动防护用品，是指保护劳动者在生产过程中的人身安全与健康所必备的一种防御装备，对于减少职业危害起着相当重要的作用。因此，《劳动法》第五十四条规定："用人单位必须为劳动者提供符合国家规定的劳动安全卫生条件和必要的劳动防护用品，对从事有职业危害作业的劳动者应当定期进行健康检查。"

劳动防护用品是保护劳动者安全健康的一种预防性辅助措施，根据安全生产、防止职业性伤害的需要，按照不同工种、不同劳动条件进行发放。对特种劳动防护用品要建立健全质量检查与认证制度，严格按照国家标准和行业标准进行生产、试验和检测。

（五）特种作业

特种作业是指在劳动过程中容易发生伤亡事故，对操作者本人，尤其对他人或生产设备的安全有重大危害的作业。

工业技术的发展，促进了生产设备的现代化，改变了传统的作业方式和工作方法，减轻了劳动强度，提高了工作效率。但设备的机械化和自动化，对操作人员技能提出了更高的要求。我国对危险性较大的生产设备，即特种设备，实行特殊管理。《劳动法》第五十五条规定："从事特种作业的劳动者必须经过专门培训并取得特种作业资格。"以此来提高特种设备工作人员对设备危险性的意识和处理事故的能力，有效控制特种事故发生。

《劳动法》第五十六条规定："劳动者在劳动过程中必须严格遵守安全操作规程。劳动者对用人单位管理人员违章指挥、强令冒险作业，有权拒绝执行；对危害生命安全和身体健康的行为，有权提出批评、检举和控告。"这是《劳动法》赋予劳动者的劳动安全卫生保护的权利；在安全生产过程中，劳动者在应履行了义务的同时应享有的权利。

劳动法律、法规对女职工和未成年工的劳动保护也作了特别规定。这主要是针对女职工的生理特点，抚育后代的需要和未成年工处于生长发育以及继续接受义务教育的需要而规定的。女职工由于其生理特点，往往在劳动和工作中会遇到一些特殊的困难；同时她们还承担着生育和抚育婴幼儿的天职。如果在劳动中对于女职工的这些特点不予注意，不加以保护，不仅会影响女职工本身的安全和健康，而且会影响到下一代的安全和健康。因此，为保证女职工在劳动过程中的安全和健康，就应当为女职工提供特殊的劳动保护。对女职工的保护，实质上也是对发展生产力的保护。我国《劳动法》专设了“第七章　女职工和未成年工特殊保护”。国务院也颁布了《女职工劳动保护特别规定》，用人单位必须严格执行对女职工和未成年工劳动保护方面的法律、法规。

五、接受职业技能培训

劳动者接受职业技能培训的权利是《劳动法》明确规定的。《劳动法》第六十六条规定：“国家通过各种途径，采取各种措施，发展职业培训事业，开发劳动者的职业技能，提高劳动者素质，增强劳动者的就业能力和工作能力。”劳动者接受职业培训的权利主要有：

(1)劳动者利用用人单位提供的职业培训条件和参加用人单位组织的职业培训的权利。

(2)劳动者要求经过职业培训提高劳动能力，并按照工作能力安排工作和给予待遇的权利。

(一)职业培训

现代社会的发展速度和知识更新速度都非常快，若劳动者不接受继续教育，就会落后于时代的发展，难以适应工作岗位的需要。劳动者通过技术培训，不断提高专业知识和操作技能，一方面使自身的智力、能力和素质得到提高，从而增强工作能力和选择新职业的能力；另一方面直接提高了工作效率和工作质量，对发展生产、创造效益有直接的推动作用。接受职业技能培训对于劳动者来说是一项权利，为了获得更多的劳动报酬和就业机会，劳动者自己也应该积极主动地参加职业技能培训。对于国家和用人单位来说，劳动者接受职业技能培训既是权利又是义务。

职业培训是指对具有劳动能力的劳动者获得从事某种职业和做好工作所必需的专业技术知识、实际操作技能和职业道德、职业纪律而进行的教育训练。通过有效的职业培训，必将大大提高劳动者的素质，增强劳动者的就业机会和就业能力。目前，我国主要职业培训有以下四种情况：

1.劳动预备制培训

劳动预备制培训是指根据劳动力市场需求，按照职业分类和职业技能标准，对劳动预备制人员进行的职业培训和职业教育。

培训内容主要是进行职业技能和专业理论学习，并进行必要的文化知识学习和创业能力培训，同时进行职业道德、职业指导、法治观念等教育。

培训时间根据学员文化基础和所选专业确定，技术职业(工种)一般应在 2 年以上，非技术职业(工种)一般应在 1 年以上。

特殊职业(工种)的培训期限和内容,根据行业或企业要求,经有关部门核准后,可适当调整。

劳动预备制培训的主要对象是城镇未能继续升学并准备就业的初中、高中毕业生,以及农村未能升学并准备从事非农产业工作或进城务工的初中、高中毕业生。

2.企业职工培训

企业职工培训是指对企业在岗职工进行的提高其职业技能的培训。

根据培训的对象,企业职工培训可分为:对管理人员进行的提高管理能力的培训;对工程技术人员进行的科技知识更新和科技开发、产品开发能力提高的培训;对生产操作人员进行的实际操作技能水平的培训和班组长培训等。

根据培训的内容,企业职工培训可分为技术等级培训、岗位培训、岗位练兵、转岗转业培训等。参加培训的方式可分为脱产培训和不脱产培训。

3.再就业培训

再就业培训是指对有过一次工作经历的职工失业或下岗后,对其进行的从事职业所必需的职业指导、职业技能、职业道德和职业纪律的培训。

再就业培训的主要对象是:非自愿中断就业的失业人员;进入再就业服务中心的下岗职工;企业内减员增效,离开工作岗位但未解除劳动关系的富余职工;向非农产业转移的农村进城务工人员;需要转换岗位的其他人员。

再就业培训是帮助劳动者提高再就业能力,从而实现再就业的重要措施,其特点是:

一是针对性。再就业培训的针对性是指要针对下岗失业人员的特点进行培训。下岗失业人员的特点是文化素质低、年龄大、技能单一。要使这部分再就业困难群体适应市场就业需求,就要先解决观念问题,这是首要条件;同时,要根据个人特点,有针对性地进行培训。

二是实用性。再就业培训的实用性是指根据市场需求信息,确定培训的内容,要选用实用价值的内容,采取干什么学什么,缺什么补什么的原则,以实际操作技能培训为主,注重效果,力争在短期内,经过培训就可以适应企业岗位的需要。

三是有效性。再就业培训的有效性是指再就业必须有助于促进下岗失业人员再就业。提高再就业培训有效性,就必须实行培训伙伴计划和政策购买培训成果等新的形式,鼓励引导培训机构与企业、与职业介绍机构加强合作,大力开展定单培训、定向培训,提高培训后的再就业率。

4.创业培训

创业培训也是职业培训的一种,是培训工作在近几年促进就业再就业过程中,逐步探索并发展起来的一种新的培训形式。

创业培训是对具有企业愿望和相应条件的人员所进行的开办小企业或自谋职业所必备的基础知识和必备能力的培训。开办创业培训的目的是通过创业培训,培养"创业者"的心理、管理和经营素质,增强其驾驭市场的应变能力,实现就业倍增效应。同时,推动非公有制经济进一步健康发展。

创业培训的对象可以是下岗失业人员,也可以是院校毕业生、军队复转退伍军人、农村准备向非农产业转移的人员或返乡创业人员。只要有创业愿望和一定的能力，都可以申请参加开办企业的培训。创业培训模式有 SYB 培训模式①、三段式培训模式②、各地自创模式、远程创业模式等。

（二）职业标准和职业技能鉴定

对于参加职业培训的劳动者，经过职业技能考核鉴定与实行资格证书制度予以确认。为此，国家按照对劳动力资源合理配置和分类管理的基本原则，制定职业技能标准，建立职业技能标准体系。一方面可以有效地促进职业培训质量的提高，另一方面也为企业合理使用劳动力和劳动者选择职业岗位提供了依据和凭证。

1.职业标准

职业标准是指在职业技能分类的基础上，通过科学划分工种，并对工种进行分析和评价，根据其对知识、技能水平要求，进行概括和界定。职业技能标准是衡量从业人员技能业务水平和工作能力的尺度，是从业人员进行技术培训、技能鉴定、用人单位使用劳动力以及开展国际劳务交流的基本依据。

职业标准分为国家标准和工人技术等级标准两种。

（1）国家职业标准。国家职业标准是指在职业分类的基础上，对某一职业所需能力水平所作的规定，是从业资格的主要依据。它包括职业概况、基本要求、工作要求和比重表四部分，其中工作要求为国家职业标准的主体部分。国家职业资格等级分为初级（五级）、中级（四级）、高级（三级）、技师（二级）、高级技师（一级）五个等级。

（2）工人技术等级标准。工人技术等级标准是衡量工人技术业务水平和工作能力的尺度，是对工人进行培训、鉴定的基本依据。工人技术等级标准是按不同工种、不同等级制定的，包括知识要求、技能要求、工作实例三部分。

2.职业技能鉴定

职业技能鉴定是指按照国家规定的职业技能标准或任职资格条件，通过政府劳动保障行政部门认定的考核鉴定机构，对劳动者技能水平和职业资格进行客观公正、科学规范的评价与认证的活动。

我国的职业技能鉴定实行行政指导下的社会化管理体制。职业技能鉴定的对象包括各类职业技术学校和培训机构（毕）结业生，凡是技术等级考核的工种，逐步实行职业技能鉴定。企事业单位学徒期满的学徒工，必须进行职业技能鉴定。企事业单位的劳动者以及社会各类人员，根据需要，自愿申请职业技能鉴定。劳动者通过鉴定合格后，取得的职业资格证书是表明其职业技能水平的凭证。

目前，我国对就业实行职业资格证书和就业准入制度。

---

① SYB 培训模式是国际劳工组织针对培养微（小）型企业创办者的需要而专门开发的一个培训项目，在世界 80 多个国家推广。培训采取小班制教学，注重教师和学员的互动交流，采用知识培训、案例分析、角色扮演、自由讨论等多种形式，教学内容丰富，课堂气氛活跃，培训效果明显。

② 三段式培训模式是将整个创业培训过程分为理论学习阶段、咨询辅导阶段和后续扶持阶段。

六、享受社会保险福利

劳动者享受社会保险和福利的权利，主要包括劳动者要求用人单位按照法律、法规的规定缴纳社会保险费的权利；在劳动能力丧失或失业期间，要求社会保险经办机构和用人单位支付社会保险待遇的权利；享用社会公共福利设施和本单位集体福利设施以及要求用人单位支付法定和约定的福利津贴的权利等。

劳动者以劳动为谋生手段，当其在完全或部分丧失劳动能力，或丧失劳动就业机会而不能劳动、不能正常劳动或失业的情况下，就有失去生活主要来源的危险。为确保劳动者生存和劳动力的再生产，国家和社会对因丧失劳动能力或劳动就业机会而不能劳动或失业的劳动者，给予一定的物质帮助，建立健全社会保险制度。

社会保险作为社会保障的主要内容，在社会保障体系中处于核心地位。社会保险制度是社会历史发展的产物。目前，作为职工的社会保险，我国主要有职工养老保险、职工医疗保险、失业保险、工伤保险和职工生育保险五个险种。

（一）职工养老保险[①]

职工基本养老保险是国家通过立法，保障劳动者在达到法定退休年龄后，从政府和社会获得一定的经济补偿、物质帮助和服务，以保证其晚年基本生活的一项社会保险制度。

我国借鉴国际上养老保险制度发展的经验和教训，结合人口多、底子薄的基本国情，实行了社会统筹与个人账户相结合的模式，创造了具有中国特色的养老保险制度。社会统筹与个人账户相结合的模式，实质就是把公平与效率结合起来，把保障基本生活与鼓励勤奋劳动结合起来的一种养老保险制度。

我国通过建立和完善职工养老保险制度，切实保障了劳动者退休后的基本生活。

（二）职工医疗保险[②]

职工医疗保险是为了补偿劳动者因疾病风险造成的经济损失而建立的一项社会保险制度。

职工医疗保险通过用人单位和个人缴费建立医疗保险基金，参保人员患病就诊发生医疗费用后，由医疗保险机构给予一定的经济补偿，使劳动者不至于因为治疗而影响生活。

医疗保险对参保人员的经济补偿主要有两种形式：

(1)将医疗费用支付给医疗机构，参保人员患病后，可以从医疗机构得到免费或部分免费的医疗服务。

(2)参保人员在医疗机构就诊后先支付医疗费用，然后由医疗保险经办机构给予全部或部分经济补偿。

---

① 有关职工养老保险的建立和发展、实施范围、缴费标准、养老保险个人账户、工龄和缴费年限确认、退休条件、基本养老保险金计发、退休人员社会化管理、死亡丧葬补助费和供养直系亲属补助费标准等内容，可详见第六章“第一节 职工养老保险”部分。

② 有关职工医疗保险的建立和发展、实施范围、缴费标准、职工医疗保险统筹基金和个人账户、医疗保险待遇、就医费用结算、特殊情况的处理等内容，可详见本书第六章第二节“职工医疗保险”部分。

(三)失业保险[①]

失业保险是由国家法律确定的,是通过建立失业保险基金的办法,对非因本人意愿中断就业而失去工资收入的劳动者,提供一定时期基本生活需要及其再就业服务的一种社会保险制度。失业保险制度具有保障失业人员的基本生活和促进其再就业的双重功能,这是失业保险制度与其他社会保险制度不同之处。我国建立和实施失业保险制度的目的就是充分发挥失业保险制度的双重功能:确保劳动者失业后的基本生活需要,为进一步促进失业人员实现再就业提供物质帮助。只有失业人员实现了再就业,才能从根本上解决其基本生活。所以,我国失业保险制度,始终坚持保障失业人员的基本生活与促进再就业紧密结合的指导思想。

(四)工伤保险[②]

工伤保险又称职业伤害保险,是指职工在工作过程中因工作原因受到事故伤害或者患职业病,由社会保险经办机构对其本人或供养亲属给予物质帮助和经济补偿的一项社会保险制度。工伤保险制度是国家的一项基本的劳动保障政策和社会政策,在社会上发生着积极的作用。因此,建立和实施工伤保险制度应遵循下列原则:

1.无责任补偿的原则

在发生工伤事故后,无论事故的责任在企业领导或者是职工本人,均应依法给予职工经济补偿。

2.区别因工与非因工的原则

因工伤残与非因工伤残的性质是不同的,所享受的保险待遇也是不同的。因此,区别因工与非因工是工伤保险的出发点和前提。

3.补偿直接经济损失的原则

当职工发生伤残事故后,对于其遭受的直接经济损失必须给予适当的补偿,以确保职工的基本生活需要。

4.个人不缴费的原则

由于职业伤害是在生产过程中产生的,职工为国家和企业创造财富而付出了代价,补偿这些代价所需要的费用由国家和企业承担,职工个人不负担。这是完全必要和合情合理的。

5.补偿、预防、康复相结合的原则

工伤保险的根本目的是保障职工的基本生活,保护职工健康,促进社会安定和生产力发展。因此,工伤保险应当与事故预防、医疗康复以及在职业危害发生时及时挽救治疗相结合,这比工伤补偿更具有积极意义。

6.风险分担、互助互济的原则

国家通过法律,建立工伤保险基金。在待遇分配上,国家责成社会保险机构对基金实

---

① 有关失业保险的建立和发展、实施范围、缴费标准、享受失业保险待遇条件、失业保险待遇、失业保险金领取期限、失业保险待遇终止等内容,可详见本书第九章“失业保险”部分。

② 有关工伤保险的建立和发展、实施范围、缴费标准、工伤认定、劳动能力鉴定和工伤评残、工伤保险待遇等内容,可详见本书第八章“工伤保险”部分。

行分配，分担风险。

（五）职工生育保险[①]

生育保险是指国家通过立法，在劳动者因生育子女而暂时中断劳动时，由国家和社会及时给予物质帮助的一项社会保险制度。职业女性既要从事社会生产，又要担负起人类自身再生产的任务，她们在怀孕、分娩、育婴期间，因部分或全部不能参加劳动而失去收入来源，同时又增加了医疗保健费用支出。实行生育保险，通过向生育妇女提供生育津贴、产假以及医疗服务等方面的待遇，保障她们因生育而暂时丧失劳动能力时的基本经济收入和医疗保健，帮助生育妇女恢复劳动能力、重返工作岗位。这一制度，既保证了生育女职工自身劳动力再生产的正常进行，又保证了新生儿具有健康体魄和正常智力，为后备社会劳动力素质的提高提供了物质基础。

国家还要发展社会福利事业，兴建福利设施，为劳动者的休息休养提供条件。用人单位也应从利润中拿出一部分作为福利基金，为劳动者改善生活条件，提供良好的生活工作环境。

七、提请劳动争议处理[②]

劳动争议是指劳动关系当事人双方因享有劳动权利和履行劳动义务发生的纠纷。劳动者提请劳动争议处理的权利，主要有劳动者在发生劳动争议时申请调解、仲裁和提起诉讼的权利，在合法权益受到侵害时请求有关国家机关、工会组织依法给予保护的权利等。《劳动法》第七十九条规定：“劳动争议发生后，当事人可以向本单位劳动争议调解委员会申请调解；调解不成，当事人一方要求仲裁的，可以向劳动争议仲裁委员会申请仲裁。当事人一方也可以直接向劳动争议仲裁委员会申请仲裁。对仲裁裁决不服的，可以向人民法院提起诉讼。”

根据上述规定，劳动争议当事人解决劳动争议的基本方法是：①申请调解；②仲裁；③提起诉讼。

劳动争议双方当事人也可以自行协商解决劳动争议。

这就明确了我国处理劳动争议处理的一般程序是：①第一步：双方进行协商解决劳动争议。②第二步：双方协商不成的，可申请调解。③第三步：调解不成的，可申请仲裁。④第四步：对仲裁不服的，可进行诉讼。

当事人双方各自有着不同的利益，在一般情况下能够友好地进行协调，但有时难免发生争议。

法律赋予劳动者提请劳动争议处理权利是为了更好地保护劳动者的合法权益。这样，劳动者的权利不仅有了实体法律、法规保护的基础，而且也有了在程序上法律救济的途径。在市场经济条件下，仅有实体上的权利而没有程序上的权利保障，实体权利便会名存实亡。

---

① 有关职工生育保险的建立和发展、实施范围、缴费标准、生育保险待遇、生育保险待遇支付等内容，可详见本书第六章“生育保险”部分。

② 有关劳动争议处理的内容、方法和处理程序等内容，可详见本书第十二章“劳动争议处理”部分。

八、其他权利

法律规定的其他权利，既包括《劳动法》本身规定的其他方面的权利，也包括其他的法律、法规规定的劳动者享有的权利，主要有：

(1)劳动者有组织和参加工会的权利。

(2)劳动者参加企业民主管理的权利。

(3)劳动者参加和开展劳动竞赛的权利。

(4)劳动者有提出合理化建议的权利。

(5)劳动者有依法解除劳动合同的权利。

(6)劳动者有自主使用工资的权利。

(7)劳动者有从事科学研究、技术革新和发明创造的权利。

(8)劳动者有对用人单位管理人员违章指挥和强令冒险作业拒绝执行的权利。

(9)劳动者对危害生命安全和身体健康的行为有批评、举报和控告的权利等。

劳动者的劳动权利和《宪法》规定的公民的权利是一样的，都是相对的，是有一定限度的，没有绝对的权利。权利如果超出一定的界限，就会走向反面。这就是说，劳动者在法律规定的范围内，行使自己的劳动权利是被允许的，受法律保护的；一旦超出法律的规定，即超出权利的界限，就是违法行为。因此，劳动者必须正确认识和行使自己在劳动方面的权利，不能滥用权利。

第二节　劳动者义务

义务是一种责任，也是一种约束。表现为负有义务的劳动者必须作出一定行为或者被禁止作出一定行为，以维护国家、集体和其他劳动者的合法权益。《劳动法》第三条规定了劳动者的四项义务：完成劳动任务，提高职业技能，执行劳动安全卫生规程，遵守劳动纪律和职业道德。

劳动者的义务是法定的责任，所以和权利显然不同。权利可以放弃，而义务不能放弃。因此，劳动者必须依法履行自己的义务。

一、完成劳动任务

完成劳动任务，是指劳动者按照劳动法律、法规、集体合同、劳动合同的规定和用人单位所要求的时间、地点、方式、数量和质量实施劳动的行为，是达到劳动目标，取得劳动成果的一种责任。

完成劳动任务是《劳动法》规定劳动者所应履行的首要的基本劳动义务。完成劳动任务是劳动者享受劳动权的先决条件。我国《宪法》第四十二条第一款明确规定："中华人民共和国公民有劳动的权利和义务。"这就表明了劳动不仅是劳动者的基本权利，还是劳动者的一项重要义务。

在社会主义市场经济条件下，劳动已经不单纯是劳动者个人谋生的手段，而且也是劳动者为国家作出贡献的重要方式。劳动者对国家的贡献，多是通过完成劳动任务来体现的。因此，劳动者应该按规定完成劳动任务，对国家承担起劳动的义务。

用人单位与劳动者建立劳动关系的目的在于使用劳动者的劳动力，实现劳动过程。劳动者只有完成劳动任务，才能使整个劳动过程得以延续，生产得到发展，实现建立劳动关系的目的。同时，完成劳动任务又是劳动者获得劳动报酬的基本前提，劳动者只有完成一定的劳动任务，才能获得相应的劳动报酬。因此，规定劳动者负有完成劳动任务的义务，是实现劳动过程的客观要求，也是劳动者享受劳动权利的基本前提。

劳动者承担完成劳动任务的义务，必须亲自、全面地履行，不得由他人代替，这是劳动者履行劳动合同时所必须遵守的原则。劳动者只有全面完成自己所承担的劳动任务，才能保证整个劳动过程的畅通无阻，保证生产发展。

在我国社会主义制度下，劳动者是国家和社会的主人，劳动者的劳动是一切物质财富和精神财富的源泉，劳动者既为自己劳动，又为社会劳动。因此，《劳动法》规定劳动者负有完成劳动任务的义务，每个劳动者都必须勤勤恳恳、兢兢业业地劳动，认真完成或超额完成劳动任务，从而促进生产不断发展，国家和社会财富极大丰富，劳动者生活水平不断提高。

用人单位为了完成整个生产任务或工作任务，往往也依法制定内部规章制度，根据劳动者完成劳动任务的情况给予奖惩。对于经培训或调整岗位仍不能胜任工作的职工，《劳动法》规定用人单位有权提前通知劳动者解除其劳动合同。因此，劳动者与用人单位一旦建立了劳动关系，完成劳动任务则是义不容辞的。

二、提高职业技能

职业技能是指劳动者从事劳动所必须具有和掌握的专业技术业务知识和实际操作技能，是劳动者完成劳动任务的条件。因此，劳动者有责任接受职业技能的培训，不断提高自己的职业技能水平。

接受劳动培训、提高职业技能不仅是劳动者的权利，也是劳动者的义务。劳动者一方面享有接受职业技能培训的权利，另一方面又要承担提高职业技能的义务。这是《劳动法》所规定的，也是开展职业技能培训工作的必然要求。

现代化大生产客观上要求对劳动者进行职业技能培训，而开展职业技能培训工作是国家和用人单位在培训职工方面的职责和义务，应保障劳动者接受培训的权利，为劳动者接受职业培训创造各种条件。劳动者必须认真对待，只有这样，才能达到职业培训的目的，才能促进生产的发展；也只有这样，才能保证权利的正确行使和不被滥用。因此，必须从法律上规定劳动者负有提高职业技能的义务。

规定劳动者负有提高职业技能的义务，就是要求劳动者自觉地在学习和实践中不断接受新的业务知识，提高业务能力和操作技能，认识到自己在改进生产工艺、提高产品质量、降低生产成本等方面肩负的责任，做一名积极主动、好学上进、有责任感的社会主义新时代的熟练劳动者。我国经济目前仍处于不够发达阶段，全体劳动者不断提高职业技能，不断掌握先进的科学知识，就有利于推动我国经济实力的不断增强，人民生活的逐步改善；同时，劳动者不断提高职业技能，也为自己完成劳动任务创造有利条件，从而提高自己的劳动报酬水平。每个劳动者更应该接受职业技能教育培训,通过培训学习和实践活动不断提高自身业务素质,掌握胜任本岗位以及相关岗位应必备的知识和技术,为经济发展、国家繁荣和社会进步作出贡献。

三、执行劳动安全卫生规程

劳动安全卫生规程,是指在生产劳动过程中,国家为保护劳动者的生命安全和身体健康而制定的一系列法律、法规和规章制度。

《劳动法》在规定劳动者享有劳动安全卫生保护权利的同时,也规定了劳动者负有执行劳动安全卫生规程的义务。赋予劳动者享有劳动保护权利的目的在于保护劳动者在劳动过程中的生命安全和身体健康。规定劳动者承担执行劳动安全卫生规程的义务,其目的仍在于保护劳动者的生命安全和身体健康。

劳动者执行劳动安全卫生规程的义务,主要表现为劳动者必须认真遵守用人单位按照国家规定制定的、符合本单位生产实际的、为消除导致人身伤亡、职业危害或造成设备财产破坏的具体技术要求和实施程序,以及劳动安全卫生规范等。

认真执行劳动安全卫生规程,就能够避免或减少工伤事故和职业病的发生,保证安全生产。劳动者是劳动过程的直接参加者,直接受到劳动过程中各种不安全、不卫生因素的威胁。只有劳动者自身认真执行劳动安全卫生规程,照章操作,不违章作业,才能真正地、切实地保护自身的生命安全和身体健康。因此,执行劳动安全卫生规程不仅仅是用人单位的义务,也是劳动者自身应承担的责任。规定劳动者承担这一责任,能够督促劳动者树立劳动安全卫生的意识,减少或避免由于违章作业而造成的伤亡事故和职业病的发生,一方面保障劳动者自身生命安全和身体健康,另一方面保障劳动过程的顺利进行,减少生产中断。

劳动者认真履行执行劳动安全卫生规程的义务,首先必须学习和掌握与本岗位相关的劳动安全卫生规程,熟练掌握操作规章,熟悉机器设备的性能,了解设备运转对场地、通风、采光等方面的要求,做到心中有数。《劳动法》第五十五条规定:“从事特种作业的劳动者必须经过专门培训并取得特种作业资格。”同时第五十六条又规定:“劳动者在劳动过程中必须严格遵守安全操作规程。劳动者对用人单位管理人员违章指挥、强令冒险作业,有权拒绝执行;对危害生命安全和身体健康的行为,有权提出批评、检举和控告。”

四、遵守劳动纪律和职业道德

劳动纪律是指劳动者在劳动过程中必须遵守的劳动规则和秩序,是组织劳动、保证生产和工作秩序正常进行的必要条件之一。它是保证劳动者按照规定的时间、质量、程序和方法,完成自己承担的工作任务的行为准则。劳动纪律的范围很广泛,主要包括上下班制度,工作任务的完成,劳动态度,执行何种生产、安全、技术、卫生等规程的要求,服从管理、听从指挥等。

我国把遵守劳动纪律规定为劳动者的基本劳动义务之一,目的在于使劳动者切实遵守劳动纪律,保证生产过程的正常进行。如果没有劳动纪律,就不可能建立起正常的劳动秩序,生产过程就会发生混乱,就有随时造成设备损坏和事故的危险。所以,劳动纪律在任何社会形态下都是至关重要的。既然《劳动法》规定了遵守劳动纪律和职业道德为劳动者的一项义务，劳动者就必须履行，不履行就要承担相应的法律责任。

劳动者遵守劳动纪律，具体也包括遵守厂规厂纪等用人单位内部劳动规则。用人单位内部劳动规则是用人单位根据劳动纪律的要求依法制定的要求本单位劳动者协调有序进行劳动的行为准则。因此，遵守单位内部劳动规则是遵守劳动纪律的具体表现。加强劳动纪律就要加强对用人单位内部劳动规则的管理和落实，使这些劳动规则真正依法制定并真实反映生产过程的本身要求，从而督促劳动者自觉遵守。

道德是调整人与人之间以及个人与社会之间关系的一种行为规则，它是人们关于善与恶、正义与非正义、诚实与虚伪、公正与偏私、光荣与耻辱的观念和行为规则的总称。职业道德是某一职业对从事该职业劳动者的特有的道德要求，是社会主义精神文明建设的重要目标。每一种职业，都有相应的职业道德规范。遵守职业道德是对劳动者参加劳动的必然要求，也是社会主义精神文明建设的基本要求。由于道德不具有法的实施以国家强制力作为保证的特点，遵守职业道德作为劳动者义务显得更为重要。

职业道德要求从事该职业的劳动者必须遵守一定的规范和原则，才能保证该职业的社会价值，才能保证该职业劳动者的劳动为社会所接受和承认，实现劳动的社会价值。因此，劳动者只有遵守职业道德，才能向社会提供按质按量的劳动，才能不断地为社会创造物质财富和精神财富。

职业道德和劳动纪律是互相联系的，劳动纪律中包含很多职业道德的内容，职业道德体现了劳动纪律的高层要求，可以补充劳动纪律不足的部分。我国法律把遵守职业道德规定为劳动者的基本义务之一，有利于提高全体劳动者的道德意识。树立职业道德观念，要求劳动者忠于职守，认真负责对待工作，爱护财产，积极劳动，廉洁奉公，有利于促进社会主义精神文明建设，有利于各行各业和整个社会物质财富和精神财富的丰富。

我国把遵守劳动纪律和职业道德作为劳动者的基本劳动义务，劳动者必须认真履行，劳动者违反劳动纪律和职业道德的行为，不仅要受到社会公德的谴责，有时甚至还会受到法律的制裁。

第四章

劳动关系建立

用人单位和劳动者建立劳动关系，表明劳动者实现了就业和再就业，标志着劳动者已是用人单位的一名职工。它是以后劳动关系发生、续延、变更、中止和终止等一系列环节和在这些环节之间，劳动者和用人单位相关权利和义务实现的起点。劳动者和用人单位要按照一定的方式确定劳动关系，从而产生了相对的权利和义务。

建立劳动关系必须订立劳动合同。劳动合同是确立劳动者和用人单位劳动关系的法定形式。

第一节　劳动关系概述

劳动关系是伴随人类社会由低级到高级的进化而产生和发展起来的，不同社会制度的国家和不同的历史发展时期，建立劳动关系条件的具体内容和标准不尽相同，一般都与其生产发展水平相适应。我国实行的是社会主义市场经济，这就要求国家必须构建和发展和谐的、稳定的劳动关系，切实保护劳动者的合法权益。

一、劳动关系定义

说到底，劳动关系应该是一种利益关系，劳动者与用人单位就是因为某种利益，双方才建立起了劳动关系。这种关系是发生在劳动过程中的一种社会经济关系，并且在劳动过程中，巩固和维持这种劳动关系。劳动者与用人单位所建立的劳动关系依附于劳动，与劳动密不可分。通常劳动关系有两种含义：

一是指广义的劳动关系，即人们在社会劳动过程中发生的一切关系，包括劳动力的使用关系、劳动管理关系等。

二是指劳动力所有者（劳动者）与劳动力使用者（用人单位）之间，以实现劳动为实质而发生的劳动力与生产资料相结合的社会关系。

这里所说的劳动关系，是指劳动者在运用劳动能力、实现劳动过程中与用人单位产生的一种社会经济关系。在社会主义市场经济体制下，劳动关系呈现以下特征：

（1）劳动关系是以劳动为目的，通过劳动力与生产资料相结合的方式，在人们运用劳动能力，作用于劳动对象，实现劳动过程中发生。如果劳动力不投入使用，不进入劳动过程，便不会产生劳动关系。

（2）劳动关系具有自然关系和社会关系的双重属性。劳动关系不仅表现为单纯的劳动力的使用与被使用，即人与自然的关系，还包含着复杂的社会经济、政治、文化、道德等社会关系。

(3)劳动关系的主体一方为劳动力所有者和支出者,即劳动者;另一方为生产资料占有者和劳动力使用者,即用人单位。其中,劳动者在劳动过程中及其前后都是劳动力的所有者,并且在劳动过程中还是劳动力的支出者。用人单位以占有生产资料成为劳动力的使用者。

(4)劳动关系是人身关系属性和财产关系属性相结合的社会关系。劳动力的存在和支出与劳动者人身不可分离,劳动者把劳动力让渡给用人单位,劳动关系就此意义而言是一种人身关系。同时,劳动者让渡劳动力使用权的目的是换取生活资料,使用劳动力的用人单位必须向劳动者支付工资等物质待遇,实行等价交换,劳动关系就此意义而言又是一种财产关系。

(5)劳动关系是平等性与隶属性兼有的社会关系。其平等性表现在劳动者与用人单位之间,通过劳动力市场相互选择和平等协商,以劳动合同的形式确立劳动关系,并可以通过平等协商来续延、变更或终止。其隶属性表现在劳动关系一旦建立,劳动者就成为用人单位的一名职工,用人单位就成为劳动力的使用者和支配者,劳动者在生产劳动过程中要服从用人单位的指挥,接受用人单位的管理,从而构成了一种主体之间隶属的管理和被管理的关系。

(6)劳动关系的确立、变更和终止以及在劳动过程中主体的权利义务,均以特定的方式实现。在不同的历史时期和不同经济体制条件下,实现方式有所不同。在市场经济体制条件下,劳动关系的建立、变更和终止以及在劳动过程中主体权利义务等是以劳动合同等法律形式实现。

二、劳动关系类型

在不同国家或同一国家的不同历史时期和不同经济发展阶段,劳动关系的分类方法及其法律意义都不尽相同。目前,劳动关系的分类大致有以下几种情形:

(一)以生产资料所有制为标准进行分类

劳动关系按生产资料所有制划分,可分为私营劳动关系和国有劳动关系。我国主要有国有所有制劳动关系、集体所有制劳动关系、私营企业劳动关系、外商投资企业劳动关系、个体经济组织劳动关系、股份制企业劳动关系等。

(二)以劳动者特定身份为标准进行分类

以劳动者特定身份为标准分类,可分为工人劳动关系与管理人员劳动关系。管理人员劳动关系可进一步分为一般管理人员劳动关系和高级管理人员劳动关系;一般职工劳动关系与特别人员劳动关系等。

(三)以用人单位性质为标准进行分类

以用人单位的性质为标准进行分类,可划分为企业劳动关系和国家机关、社会团体、事业单位劳动关系。

（四）以劳动关系所在的产业为标准进行分类

以产业为标准进行分类，可划分为工业劳动关系，农业劳动关系，商业劳动关系及金融业、房地产业、信息产业等劳动关系。

（五）以劳动关系确立的方式为标准进行分类

以劳动关系确立的方式为标准进行分类，可划分为劳动合同劳动关系和非劳动合同劳动关系。

（六）以不同的法律规范调整为标准进行分类

以不同的法律规范调整为标准进行分类，可划分为劳动法调整的劳动关系和劳动法及其他法调整的劳动关系。

三、劳动关系法定形式

《劳动法》第十六条第二款规定："建立劳动关系应当订立劳动合同。"劳动合同是用人单位与劳动者确立劳动关系、明确双方权利与义务的协议。《劳动法》第十七条第二款规定："劳动合同订立即具有法律约束力，当事人必须全面履行劳动合同规定的义务。"由此可见，劳动合同是确定用人单位和劳动者劳动关系的法定形式，即用人单位和劳动者的劳动关系是用劳动合同这种法定的形式确定下来的。

目前，在我国已实行了全员劳动合同制度，并且随着社会主义市场经济的发展和现代企业制度的建立，劳动合同制度会不断完善和加强。劳动合同制度是市场经济条件下，用人单位和劳动者确立劳动关系的一种用人制度。用人单位和劳动者通过签订劳动合同确立劳动关系，从法律上打破了原来计划经济条件下劳动者身份界限，既有利于劳动力的合理流动和劳动力资源的合理配置，充分保障劳动者和用人单位的合法权益，也有利于促进双方劳动关系的良好运行，具有非常重要的意义。

（一）劳动合同制度是建立劳动力市场的重要条件

在社会主义市场经济体制条件下，企业转换经营机制建立现代企业制度，必然要对劳动用工方式进行了一系列重大改革和调整，这就需要培育和发展劳动力市场。

通过培育和发展劳动力市场，建立劳动力的社会调节机制，以满足生产和生活的需要。劳动合同制度从法律上规范了用人单位和劳动者的行为，使劳动合同当事人在规定的条件和范围内活动。因此，实行劳动合同制度，为培育和发展我国劳动力市场，建立统一、开放、公平和规范的劳动力市场运行机制创造了有利的条件。

（二）劳动合同制度有利于保障用人单位和劳动者双方的合法的权益

用人单位与劳动者在平等自愿的基础上，按照国家有关法律、法规、通过签订劳动合同，明确双方的权利和义务，使双方平等地置于法律的监督和保护之下。用人单位和劳动者按合同约定履行各自的义务，同时享受相应的权利。任何一方违约，侵害另一方权益的，都要承担经济或法律责任。所以，实行劳动合同制度，用人单位与劳动者的合法权益都能得到切实有效的保护。

(三)劳动合同制度有利于劳动力的合理使用和合理流动

实行劳动合同制度有利于企业和劳动者在一定条件下的相互选择。企业可以根据生产需要,在数量和质量上选择适宜的劳动者,劳动者也可以选择最适合自己志趣和专长的岗位。企业与劳动者可以通过签订或续订劳动合同,来确定双方相对稳定的劳动关系;也可以通过解除或终止劳动合同的办法,确定解除双方的劳动关系。

(四)劳动合同制度有利于提高职工队伍素质

实行劳动合同制度,对劳动者来说,既有动力又有压力。一方面,劳动者可以按照自己的专长、不同素质和身体素质等条件选择职业,或根据这些条件的变化转换职业。这就为不同层次、不同素质的劳动力,通过择业竞争各尽所能、人尽其才创造了条件。另一方面,劳动还是谋生的手段,而且每个劳动者的劳动所得与职业或岗位相联系,劳动者若想获得或继续从事理想的职业或岗位,必须具备这种职业或岗位所要求的条件,并在竞争中获胜。这种竞争压力必将促进劳动者勤奋学习,努力钻研业务,不断提高技术水平。

(五)实行劳动合同制度将促进劳动法治建设

劳动合同的基本内容就是用人单位和劳动者双方的劳动权利和义务。在不违背国家法律的前提下,劳动合同一经签订,即具有法律效力,成为双方必须遵守的行为准则,违者要承担法律责任。市场经济就是法治经济。用人单位和劳动者之间所存在的错综复杂的利益关系,只有用法治手段才能有效地解决。实行劳动合同制度,必将对我国的劳动法治建设起到推动作用。

第二节 劳动合同基本知识

在我国,劳动合同是劳动者和用人单位依照法律确立劳动关系的协议,是为了实现劳动权利和招用人员的法律形式。根据我国《劳动法》的规定,劳动合同是劳动者实现劳动权利和履行劳动义务的一种重要的法律形式,也是用人单位组织劳动生产,实现其目标任务的一种重要的法律手段。因此,劳动合同对确立劳动者和用人单位的劳动关系、明确双方的权利和义务具有非常重要的意义和决定性的作用。

一、劳动合同概念

劳动合同亦称劳动契约、劳动协议,是指劳动者与用人单位之间为确立劳动关系,依法协商达成的双方权利和义务的协议。根据此协议,劳动者与用人单位之间便形成了具体的劳动法律关系。

以劳动合同方式确立劳动关系是各国普遍的做法。我国《劳动法》第十六条第二款规定:“建立劳动关系应当订立劳动合同。”

一是劳动过程非常复杂,不同行业、不同单位和不同劳动者在劳动过程中的权利和义务各不相同,国家法律、法规只能对共性问题作出原则性的规定,而不可能对当事人的权利、义务进行具体规定。这就要求双方当事人根据劳动者和用人单位的具体情况和生产经营范围、任务、特点，依法订立劳动合同，以明确相互间的权利和义务。

二是劳动合同是双方当事人享受权利，履行义务的法律依据。

劳动合同具有下列特征：

(一)合同具有特定性

劳动合同这种特定性表现在两个方面：

1.当事人的身份是特定的

合同一方只能是劳动者个人，另一方是用人单位。当事人不以劳动者或用人单位身份订立的协议，不是劳动合同。

2.合同目的是特定的

劳动者和用人单位订立劳动合同的目的是为了确立相互间的劳动关系，明确双方的权利和义务，实现劳动者和用人单位的目标任务。

(二)合同确立的劳动关系既有平等性也有隶属性

劳动者与用人单位在订立合同时法律地位是平等的，双方根据平等、自愿的原则确立合同关系。但合同生效后，劳动者便成为用人单位的一员，在工作中必须服从用人单位的劳动规则和工作安排。

(三)国家法律、法规对劳动合同的内容和形式具有强制性

由于劳动力本身的特点，劳动者在劳动关系建立过程中一般处于弱势地位。为保护劳动者的根本利益不受侵犯，法律一般要对劳动者作出特别保护规定，表现在不仅对劳动合同规定有法定必备条款，而且对法定必备条款规定了基本标准，如最长工作时间和最低工资标准等。双方当事人，特别是用人单位不能任意设立和更改劳动合同的内容、标准。当事人在订立劳动合同时，自愿协商约定的内容也不能与法律的强制性规定的内容相抵触。

(四)劳动合同可以有试用期限的约定

试用期是指劳动者和用人单位为了相互了解、选择而在劳动合同中约定的考察适应期。劳动者与用人单位之间相互了解需要一定时间，规定试用期可以使当事人能在工作中彼此加深了解，以便确定相对稳定的劳动关系。

在试用期内，劳动关系处于一种相对不稳定状态，劳动者据以考察用人单位提供的劳动条件是否与招工承诺的一致、本人是否胜任工作岗位等。用人单位据以考察劳动者的职业素质和身体素质是否符合录用条件、是否胜任工作岗位的要求等。在试用期内，如果劳动者发现用人单位不符合自己的要求，可以提出辞职；用人单位认为劳动者不符合录用条件，也可以解除劳动关系。

(五)涉及第三人的物质利益

劳动合同的内容不仅限于对当事人权利义务的规定，而且还会涉及劳动者直系亲属在一定条件下应享有的物质帮助权，会直接损害劳动者亲属的利益。

二、劳动合同种类

劳动合同的形式主要有两种划分方式：

一种是以合同的载体来划分。可分为口头劳动合同和书面劳动合同。我国《劳动法》确认书面劳动合同为劳动关系的法定形式。

另一种是以劳动合同的期限来划分。《劳动法》第二十条第一款规定："劳动合同期限分为有固定期限、无固定期限和以完成一定的工作为期限。"

《劳动法》虽未明确规定劳动合同的种类，但在明确劳动合同期限的同时，以对期限的要求不同为标准明确了劳动合同的三种类型。

（一）有固定期限的劳动合同

有固定期限的劳动合同，亦称有一定期限的劳动合同。它是指劳动者与用人单位在订立的劳动合同中，对劳动合同履行的起始和终止日期有具体明确的规定。期限届满，双方的劳动关系即行终止。如果双方协商同意，还可以续订期限。

有固定期限的劳动合同适用范围广，应变能力强，可以根据生产需要和工作岗位的不同要求来确定合同期限，有利于合理使用人才，也有利于促进职工合理流动。我国《劳动法》对有固定期限的劳动合同没有时间限制。因此，劳动者和用人单位双方协商一致，可以选择 6 个月、5 年、10 年或者更长时间的劳动合同期限。

（二）无固定期限的劳动合同

无固定期限的劳动合同亦称没有一定期限或不定期的劳动合同。它是指劳动者与用人单位订立劳动合同时不约定具体明确的终止日期。订立无固定期限的劳动合同，除法律、法规规定外，当事人双方应当约定劳动合同终止的条件。这种劳动合同只要不出现双方约定的终止条件或法律、法规规定的其他情形，一般不能终止。

为保护长期在同一单位工作的老职工的权益，《劳动法》第二十条第二款特别规定："劳动者在同一用人单位连续工作满 10 年以上，当事人双方同意续延劳动合同的，如果劳动者提出订立无固定期限的劳动合同，应当订立无固定期限的劳动合同。"

（三）以完成一定的工作为期限的劳动合同

以完成一定的工作为期限的劳动合同是指劳动合同当事人双方把完成某项工作或工程作为确定劳动合同起始和终止的时间。该项工作或工程开始时间，就是劳动合同履行的起始时间；该项工作或工程一旦完成，劳动合同随即终止。

此类劳动合同，实际上也是一种定期的劳动合同，只是与有固定期限劳动合同在表现形式上有所不同。一般的定期劳动合同是以时间的长短来界定，而完成一定工作的劳动合同是以一项工作或工程的起始与完成来界定的。

三、劳动合同内容[①]

劳动合同的内容是劳动关系的实质，也是劳动合同成立和发生法律效力的核心问题。

---

① 劳动合同的内容，是指劳动合同需要明确列出的事项和劳动关系当事人双方约定的权利、义务条款。

劳动合同依法成立后，就对双方当事人产生了法律约束力。因此，当事人对合同条款的约定应当具体、明确，以利于劳动合同的履行。劳动合同的内容主要包括三个方面：

一是劳动合同主体，即订立劳动合同的当事人双方：一方是劳动者，另一方是用人单位。

二是劳动合同客体，是指劳动合同的标的，即劳动合同当事人权利、义务指向的对象，它是当事人双方订立劳动合同目的的直接体现，也是产生当事人权利义务的依据。

三是劳动合同权利、义务，是指劳动合同当事人享有的劳动权利和应承担的义务。

劳动合同的内容一般由法定必备条款和协商条款构成。

(一)劳动合同法定必备条款

根据《劳动合同法》[①]第十七条的规定，劳动合同应当具备以下9项条款。

1.用人单位的名称、住所和法定代表人或者主要负责人

用人单位是劳动合同的一方，是使用劳动者劳动力的主体单位。在劳动合同中，必须是用人单位的全称，住所和地址必须确定而又明确。法定代表人或者主要负责人必须签字。签订劳动合同的日期也要明确。

2.劳动者的姓名、住址和居民身份证或者其他有效身份证件号码

劳动者是签订劳动合同的另一方主体，是使用自己的劳动力而获得劳动报酬的主体。在签订劳动合同时，劳动者必须认真详细阅读，必须是劳动者本人签字。住所和地址必须确定而又具体。签订劳动合同的日期也要载明。

3.劳动合同期限

劳动合同期限是指劳动合同在法律上的时效概念，自生效之日起，至终止日止。其是劳动合同双方享有权利和履行义务的有效时间，是劳动合同存在和发生效力的前提条件。如果劳动合同没有期限，当事人双方享有劳动权利和履行劳动义务的时间就会处于不确定状态，不利于维护各自的合法权益。

用人单位与劳动者订立劳动合同期限，应共同遵循以下两个原则：

(1)有利于生产经营发展。订立劳动合同的目的是实现社会化生产经营，使劳动者获得一定的物质利益。而劳动者的劳动和获得的物质利益，必须依赖用人单位的生产经营所取得的经济效益。用人单位的生产经营是依靠不同的工种及许多具体环节连接起来的一个复杂过程，每一个工种(岗位)对劳动力的需求和技术业务水平的要求也不同。对于不同工种(岗位)需要与劳动者订立多长期限的劳动合同，首先应从生产经营和工作的实际出发，安排生产发展。

(2)兼顾当事人双方利益。在坚持有利于生产经营发展的原则下，要兼顾当事人双方的利益。在确定劳动合同期限时，不能只强调用人单位的利益，而忽视劳动者的利益。要在坚持有利于生产经营条件下，兼顾双方的利益。用人单位在确定劳动合同期限时，应考虑下列三个方面的因素：一是劳动者的年龄因素；二是劳动者的身体因素；三是劳动者的

① 《中华人民共和国劳动合同法》(简称《劳动合同法》)于2007年6月29日，第十届全国人民代表大会常务委员会第二十八次会议通过。2012年12月28日，全国人民代表大会常务委员会进行第一次修订。

专业技术因素。

4.工作内容和工作地点

劳动合同的工作内容是对劳动者设定的义务性条款，主要包括劳动者从事劳动的工种（岗位），或者工作的部门，劳动者在生产或工作上应达到的数量、质量指标，或者应当完成的生产任务。

这一条款是非常关键的，劳动者完成多少工作任务，应该根据大多数职工的实际情况来确定。用人单位对劳动者工作任务的安排要合理，避免要求过高，超过劳动者的承受能力，迫使劳动者延长工作时间；要保证绝大多数劳动者在法定的工作时间内都能够完成。

劳动合同工作地点是指履行劳动合同的具体工作地方或场所。

工作地点大体上可分两类：

（1）精准型约定工作地点。这是指将工作地点约定到具体的一个点位上，如工作房间、工作地点等。

（2）宽泛型约定工作地点。这是指把工作地点含糊地约定在一定范围内。

在约定不明的情况下，通常处理方法是：双方在劳动合同签订后，劳动者已经在某实际工作地点进行工作的，该实际工作地点视为双方确定的具体工作地点。用人单位不得再以宽泛型的工作地点约定，再行变更员工的工作地点。

在劳动合同中约定工作地点应该由双方协商确定，如果用人单位日后要求的工作地点与约定不一致时，必须经劳动者协调一致；否则，劳动者可以与用人单位解除劳动合同，并要求用人单位支付经济补偿金。

5.工作时间和休息休假

关于劳动者的工作时间和休息休假的规定，我国《劳动法》等法律、法规的规定还是非常明确的。这是劳动者应尽的义务和应享受的权利，在劳动合同中，必须明确确定。为此，《劳动法》专设了“第四章　工作时间和休息休假”，对劳动者的工作时间和休息休假进行了规定。

国家实行劳动者每日工作时间不超过 8 小时、平均每周工作时间不超过 44 小时的工时制度。用人单位应当保证劳动者每周至少休息 1 日。用人单位在元旦、春节、国际劳动节、国庆节和法律、法规规定的其他休假节日期间应当依法安排劳动者休假：国家实行带薪年休假制度。劳动者连续工作 1 年以上的，享受带薪年休假。

对延长劳动者工作时间和不能按规定安排劳动者休息休假的，根据不同的情况，用人单位要支付不低于劳动者正常工作时间的 150％～300％的工资报酬。这样，才能更好地维护劳动者的合法权益。

6.劳动报酬

劳动报酬是指用人单位应向劳动者所支付的工资收入等所得。这里的劳动报酬，专指劳动法所调整的劳动者基于劳动关系而提供的劳动数量和质量，应当取得的以货币形式支付的各种劳动收入。这是用人单位应尽的义务，获得劳动报酬是劳动者的权利。用人单位应依据劳动法律、法规以及劳动合同的约定，支付职工的工资、奖金、津贴、补贴和福利等。

当事人双方在订立劳动合同约定劳动报酬时,不得违反国家法律、法规的规定。劳动合同中不得约定用实物或有价证券支付工资;当劳动者提供正常劳动后,用人单位支付的工资不得低于当地政府规定的最低工资标准,工资支付期限也不得违反有关的法律、法规和政策规定等。

(1)工资。工资是劳动者的主要劳动报酬。确定工资分配的方式主要有以下几种:

一是立法确定,即工资分配由立法强行性规范具体规定。

二是协商确定,即工资分配由用人单位与劳动者谈判约定。

三是用人单位确定,即工资分配由用人单位依法制定的内部规章具体规定。

在市场经济条件下,工资分配多由用人单位自主确定和谈判方式确定,由立法确定的会越来越少。

(2)奖金。奖金是指用人单位对劳动者的超额劳动或增收节支实绩所支付的奖励性报酬。

(3)津贴和补贴。津贴是指为了补偿劳动者在特殊劳动条件下所付出的额外劳动消耗和生活费用,而支付给劳动者的劳动报酬。

补贴是指为了保障劳动者的工资水平不受特殊因素的影响而支付给劳动者的劳动报酬。

(3)福利。福利又称职工福利或劳动福利,是指用人单位为满足劳动者生活的共同需要和特殊需要,在工资和社会保险之外向劳动者及其亲属提供一定货币、实物、服务等形式的物质帮助。

除法律、法规有特别允许外,用人单位应当用我国法定货币——人民币支付劳动者工资,用人单位应当将工资支付给劳动者本人。劳动者本人因故不能亲自领取时,可以由其亲属领取或委托他人代领。用人单位必须书面记录支付劳动者工资的数额、时间,领取者的姓名,并保存两年以上备查。同时,还要在支付工资时向劳动者提供一份个人工资清单。用人单位也可以通过银行,直接将工资打到劳动者银行账户上。

劳动者与用人单位应当在劳动合同中约定工资支付的日期。双方约定的日期若遇节假日或休息日,则应提前至最近的工作日支付,工资至少每月支付一次。实行周、日、小时工资制的可按周、日、小时支付工资;对完成一次性临时劳动或某项具体工作的劳动者,用人单位应按合同约定,在其完成劳动任务后立即支付劳动者工资;当事人依法解除或终止劳动合同时,用人单位应在解除或终止劳动合同的同时一次付清劳动者工资。

7.社会保险

我国社会保险是国家强制实施的,是一种为丧失劳动能力、暂时失去劳动岗位或因健康原因造成损失的人口提供收入或补偿的一种社会和经济制度。

社会保险由政府举办,强制用人单位和劳动者个人将其收入的一部分作为社会保险税(费)缴纳,形成社会保险基金,在满足一定条件的情况下,被保险人可从基金获得固定的收入或损失的补偿。它是一种再分配制度,其目标是保证物质及劳动力的再生产和社会的稳定。

在中国,社会保险是社会保障体系的重要组成部分,其在整个社会保障体系中居于核心地位。资金主要是用人单位和劳动者本人缴纳，政府财政给予补贴并承担最终的责任。但是，劳动者只有在履行了法定的缴费义务，并在符合法定条件的情况下，才能享受相应的社会保险待遇。

用人单位为职工办理参保登记手续，依法参加社会保险，并依法为职工缴纳社会保险费，这是用人单位法定的义务。在签订劳动合同时，必须明确用人单位和劳动者参加社会保险的险种、缴费基数、单位和职工个人的缴费比例、缴费时间等问题。

目前，我国的社会保险的主要有养老保险、医疗保险、失业保险、工伤保险、生育保险和依附于某险种的衍生社会保险。

8.劳动保护、劳动条件和职业危害防护

劳动保护和劳动条件是对用人单位设定的义务性条款，主要包括用人单位提供的劳动安全卫生设施、设备、防护措施和必要工具、环境等条件，如工作时间和休息休假、各项劳动安全卫生方面的措施和设备，以及对女职工和未成年工的劳动保护等。

劳动合同中约定的劳动保护和劳动条件必须符合国家劳动法律、法规的规定，能够为劳动者履行劳动义务创造条件和提供可靠的保护。

职业危害，是指用人单位的劳动者在职业活动中，因接触职业性有害因素如粉尘、放射性物质和其他有毒有害物质等而对生命健康所引起的危害。用人单位与劳动者订立劳动合同时，应当将工作过程中可能产生的职业病危害及其后果、职业病防护措施和待遇等如实告知劳动者，并在劳动合同中写明，不得隐瞒或欺骗。用人单位应当按照有关法律、法规的规定严格履行职业危害防护的义务。

9.法律、法规规定应当纳入劳动合同的其他事项

在签订劳动合同时，还应约定其他一些很必要的条款，主要有劳动纪律、劳动合同终止的条件、违反劳动合同的法律责任等条款。

劳动纪律又称内部规章制度，是指用人单位制定的劳动者在生产中必须遵守的工作秩序和劳动规则。劳动纪律是用人单位组织生产经营活动、完成工作任务的措施保证，是规范劳动行为的一项重要内容，也是劳动者必须履行的义务。劳动纪律主要有：①上下班纪律；②工作时间纪律；③安全技术与生产规程、设备保养纪律；④保密纪律；⑤防火及防止其他事故的日常纪律等。

劳动纪律是用人单位加强劳动管理的重要措施，也是其行使奖惩权的依据。在劳动合同中，劳动纪律只是劳动者应当履行的一项义务，并不详细约定劳动纪律的全部内容。

劳动合同的终止条件是指通过一定的法律事实（包括行为和事件）终止现存劳动关系的条件。它是当事人双方协商约定的在何种情况下可以终止劳动合同法律约束力的内容。《劳动法》第二十三条规定：“劳动合同期满或当事人双方约定的终止条件出现，劳动合同即行终止。”

这里所说的劳动合同终止条件，特指当事人双方约定的劳动合同终止条件。当事人双方在约定劳动合同终止条件时，不得把法定解除劳动合同条件约定为终止条件。因为按照法律、法规规定，用人单位依法解除劳动合同应当支付劳动者经济补偿金，若将法定解除劳动合同条件约定为终止条件，则有可能使用人单位规避应支付劳动者经济补偿的

法律义务，侵害劳动者的合法权益。

在终止条件这一内容中，还应当包括终止条件出现，劳动合同终止时，双方应履行的义务或承担的责任。

违反劳动合同的责任，是指劳动合同当事人一方或双方，由于自己的过错，造成劳动合同不履行或不完全履行，按照法律、法规和劳动合同约定应当承担的法律责任。它不仅包括依法应当承担违约的责任，而且包括在合法范围内承担或免除违约责任的具体约定。法律、法规把这一条款作为必备内容，其主要目的是明确在立法规定应承担违约责任不明确的情况下，促进当事人双方切实履行劳动合同。

承担违反劳动合同责任的形式，主要有：①经济损失赔偿；②经济补偿。

在约定违反劳动合同的责任时，不应侵害劳动者的基本权利。凡劳动合同中约定了侵害劳动者基本权利的条款，一旦发生争议，应视为无效。

（二）劳动合同协商条款

劳动合同协商条款是法定必备条款的必要补充，是指当事人双方经过平等自愿协商一致，在劳动合同中约定的、除法定必备条款外的其他权利义务内容。《劳动法》第十九条第二款规定："劳动合同除前款规定的必备条款外，当事人可以协商约定其他内容。"

劳动合同协商条款对于劳动合同成立或者履行不发生根本性的影响。当事人在协商劳动合同条款时，须注意协商约定的条款应当是与当事人双方劳动权利和义务密切相关的内容，并不得与国家相关法律、法规和政策规定相抵触。这些协商性的条款主要有：

1.试用期条款

试用期，即用人单位与新招收的劳动者在劳动合同中约定的相互考察了解的时期。试用期包含在劳动合同期限内，在试用期内用人单位对劳动者是否合格进行考察，劳动者对用人单位是否适合自己进行了解。

试用期满，当事人双方履行或解除劳动合同。试用期不是劳动合同成立的必要条件。是否约定试用期，由当事人双方根据情况协商，也可以不约定，但不能由一方强制约定。

劳动合同中约定试用期要遵循以下两个原则：

（1）试用期包括在劳动合同期限内。《劳动合同法》第十九条规定第四款规定："试用期包含在劳动合同期限内。劳动合同仅约定试用期的，试用期不成立，该期限为劳动合同期限。"

（2）试用期最长不得超过6个月。《劳动法》第二十一条规定："试用期最长不得超过6个月。"《劳动合同法》第十九条具体明确了试用期的有关内容：①劳动合同期限3个月以上不满1年的，试用期不得超过1个月；②劳动合同期限1年以上不满3年的，试用期不得超过2个月；③3年以上固定期限和无固定期限的劳动合同，试用期不得超过6个月；④以完成一定工作任务为期限的劳动合同或者劳动合同期限不满3个月的，不得约定试用期；⑤同一用人单位与同一劳动者只能约定一次试用期。

这一规定，较好地解决了劳动合同期限与试用期的比例问题，避免了劳动者与用人单位权利义务的不平衡，有利于保护劳动者的利益。

对初次就业或再就业时的劳动者，劳动合同可以约定试用期。工作岗位或工种没有发生变化的劳动者，在同一个用人单位只能试用一次。续订劳动合同不得约定试用期；转业、退伍军人和转业干部随迁家属以及现役军官随军家属订立劳动合同，不得约定试用期。试用期内劳动者的劳动报酬，按不低于当地政府公布的最低工资标准，由当事人双方协商约定。

在劳动合同中约定试用期，对用人单位和劳动者都有益处。在试用期内，用人单位可以考察了解劳动者是否符合招用条件，能否适应生产岗位和所从事的工种，其技术水平、业务能力、身体状况能否适应所担任工作任务的要求等。劳动者也可以考察了解用人单位提供的劳动条件是否符合劳动合同约定的标准，用人单位有无支付工资的能力，工资报酬与自己所从事的劳动是否相当，自己能否适应或胜任用人单位所安排的岗位及工作任务等。

在试用期内，双方发现实际情况与订立劳动合同时的情况不符或不适的，均可以解除劳动合同，且不承担法律责任。

2.保密条款和竞业禁止条款

保密条款，即约定劳动者对用人单位商业秘密负有保密义务的合同内容，包括保密的内容、范围、期限和措施等。但不得违反法律、法规规定，或非法限制科技人员正常流动，且不得有失公平。

竞业禁止条款，即约定禁止劳动者与用人单位同业竞争以保守用人单位商业秘密的合同内容，包括竞业禁止的期限、范围和补偿等。竞业禁止的期限最长不得超过3年，但用人单位应当给予劳动者一定数额的经济补偿。

3.第二职业条款

第二职业条款是指劳动合同中约定的劳动者可否从事第二职业以及如何从事第二职业的内容。

我国有关法规和政策也允许科学技术人员兼职，从事第二职业，但对兼职人员及其所从事的工作范围作了规定。凡从事第二职业的劳动者，应当事先取得用人单位同意，或者在劳动合同中予以约定。除法规和政策禁止从事第二职业的劳动者外，均可以在劳动合同中协商约定第二职业条款。

4.保证金条款

保证金条款是指在劳动合同中，约定劳动者向用人单位交纳一定数额的货币或其他财物，而在有特定违约行为时不予退还，并以此作为订立劳动合同前提条件的条款。

我国禁止约定劳动者交纳保证金。

5.违约金和损失赔偿条款

违约金和损失赔偿条款是指用人单位与劳动者约定的不履行劳动合同时应支付违约金或损失赔偿的内容。它包括违约金或损失赔偿的支付条件、项目、范围和数额等内容。

我国现行法律、法规，允许劳动合同约定违约金或损失赔偿条款，但对违约金或损失赔偿金数额没有明确规定。

四、劳动合同形式

劳动合同的形式是指劳动合同内容赖以存在的方式。它是劳动合同当事人双方意思表示一致的外部表现。

劳动合同的形式一般有两种：

1.口头劳动合同形式

口头劳动合同形式简便、灵活，但不便于履行、监督和检查，特别是在发生劳动争议后，往往因口说无凭，而难以对当事人之间的权利义务进行认定和处理。

2.书面劳动合同形式

劳动合同采用书面形式，当事人在拟定合同条款时会比较慎重，内容明确，确定有据，因而便于履行、监督和检查。发生劳动争议后便于当事人举证。

我国《劳动法》规定：“劳动合同应当采用书面形式。”但对未采用书面形式的劳动合同的效力未作明确规定，一般认为，未采用书面形式的劳动合同应属无效。

在实际工作中，大量用人单位存在不与劳动者签订书面劳动合同的现象，为了保证劳动者的合法权益不受侵犯，维护社会的稳定，我国原劳动部出台了相关文件加以规范，即用人单位与劳动者发生劳动争议时，不论是否订立劳动合同，只要存在事实劳动关系，并符合《劳动法》的适用范围和《企业劳动争议处理条例》①的受案范围，劳动争议仲裁委员会均应受理。

用人单位违反劳动法的规定，故意拖延不订立劳动合同的，依《劳动法》第九十八条及《违反〈劳动法〉行政处罚办法》的规定，由劳动行政部门责令限期改正，逾期不改的，应给予通报批评。在这种情况下，劳动者与用人单位虽然没有订立书面劳动合同，但如果能证明他们之间存在事实上的劳动关系，仍应由劳动法调整。对劳动者造成损害的，用人单位应当承担赔偿责任。

《劳动合同法》明确规定，建立劳动关系的唯一标准是劳动者给用人单位实际提供劳动。只要劳动者实际提供了劳动，用人单位实际用工，就建立了劳动关系。不论劳动者是否签订书面劳动合同，都将受到同等法律的保护。

(1)书面劳动合同签订在前，实际用工在后的，劳动关系自实际提供劳动之日起建立。劳动关系的建立后于书面劳动合同的签订日期，劳动关系建立日期之前的书面劳动合同只具有合同效力。如果合同一方违约，按照民事法律规定追究其违约责任。

(2)实际用工在前，签订书面劳动合同在后的，劳动关系早于书面劳动合同建立，劳动关系的建立不受未签订书面劳动合同的影响。

(3)劳动者在实际提供劳动的同时，签订书面劳动合同的，劳动合同签订期、劳动关系建立期和实际提供劳动期是一致的。

劳动者和用人单位也可签订专项协议书，就劳动合同之外的某些内容作出特别约定。原劳动部《关于实行劳动合同制度若干问题的通知》规定，生产经营发生严重困难的企业应当与劳动者签订劳动合同，但劳动合同中有关工作岗位、劳动报酬等内容可在协商一致的基础上通过签订专项协议来规定。用人单位应与本单位富余人员签订劳动合同，对待

---

① 《中华人民共和国企业劳动争议处理条例》(简称《企业劳动争议处理条例》)，在1993年6月11日由国务院第五次常务会议通过，国务院令第117号发布，自1993年8月1日起施行。

岗或放长假者，应当变更劳动合同相关内容，并就有关内容协商签订专项协议。

五、劳动合同效力

劳动合同的效力是指已经成立的劳动合同在当事人之间产生的法律约束力，即通常所说的劳动合同的法律效力。

劳动合同的效力来自于法律的赋予。只有当事人的意志符合国家的意志，它才能得到作为国家意志体现的法律的认可和保护。

劳动合同的效力表现在对内、对外两方面：

(1)劳动合同的对内效力，即劳动合同对当事人的效力。具体体现在权利和义务两个方面。

就合同权利而言，主要包括请求并接受义务人履行合同义务的权利、抗辩权以及各种请求救济权。当事人通过行使这些权利而实现其利益。

就合同义务而言，全面履行义务具有法律上的强制性。如果当事人违反合同义务，则应承担违约责任。法律责任是合同义务的保障，如果失去责任制度，合同效力也难以有效发挥。

(2)劳动合同的对外效力，即依法签订的劳动合同具有排斥第三人非法干预和侵害的效力。

(一)有效的劳动合同

有效的劳动合同是指具备法定条件，受到国家承认和保护的、具有法律效力的劳动合同。劳动合同的签订，只表明当事人对劳动合同条款达成了一致，并不意味着合同合法有效。已经成立的合同只有符合法定有效要件，才具有法律效力。根据我国《民法通则》和《劳动法》的规定，劳动合同有效的基本要件是：

1.主体合格

主体合格，即当事人应具有法定的用人能力或法定劳动能力，并在自己的法定能力范围内订立合同。租赁经营(生产)、承包经营(生产)的企业，所有权并没有发生改变，法人名称未变，在与职工订立劳动合同时，该企业仍为用人单位一方。依照租赁合同或承包合同，租赁人、承包人如果作为该企业的法定代表人或者该法定代表人的授权委托人时，可代表该企业(用人单位)与劳动者订立劳动合同。

2.当事人意思表示真实

签订劳动合同，双方之间应不存在欺诈、胁迫或重大误解等违背当事人真实意愿的情形。

3.内容合法

劳动合同的内容要符合国家法律、法规的要求，是社会和国家提倡、倡导或允许的，不得违反法律和行政法规的规定。

4.形式、程序合法

除了法律、行政法规有特别规定或当事人有约定的外，劳动合同必须采用书面形式，并办完有关手续后，劳动合同才能生效。

劳动合同生效的时间，一般由当事人在劳动合同中约定。当事人未约定生效时间的，依法自劳动合同签订之日起生效。

凡是法律规定或者当事人约定将鉴证作为劳动合同生效要件的，劳动合同应自鉴证之日起生效。

（二）无效劳动合同

无效劳动合同是指所订立的劳动合同不符合法定条件，不能发生当事人预期的法律后果的劳动合同。劳动合同的无效由人民法院或劳动争议仲裁委员会确认，不能由合同双方当事人决定。根据《劳动法》第十八条的规定，无效劳动合同包括下列情形：

1.违反法律、行政法规的劳动合同

此即违反法律、行政法规的强制性规定而订立的劳动合同。在实践中主要从劳动合同主体、内容、形式和程序等方面考察劳动合同的合法性。

2.采取欺诈、威胁等手段订立的劳动合同

欺诈是一方当事人故意实施的欺骗他人的行为，其目的是使他人陷入错误而作出不真实的意思表示。最高人民法院《关于贯彻执行〈中华人民共和国民法通则〉若干问题的意见（试行）》第六十八条规定："一方当事人故意告知对方虚假情况，或者故意隐瞒真实情况，诱使对方当事人作出错误意思表示的，可以认定为欺诈行为。"

因欺诈而订立的劳动合同的构成要件有四个：①欺诈方具有欺诈的故意；②欺诈方实施了欺诈行为；③被欺诈方因欺诈方的欺诈行为而陷入对劳动合同内容的错误理解；④被欺诈方因被欺诈而错误地作出了订立劳动合同的意思表示。

威胁是指以给公民及其亲友的生命健康、荣誉、名誉、财产等造成损害为要挟，迫使对方作出违背真实的意思表示的行为。

因威胁而订立的劳动合同的构成要件有三个：①威胁方具有威胁的故意；②威胁方实施了威胁行为；③受威胁方因被威胁而违背自己的真实意愿订立了合同。

无效的劳动合同从订立的时候起，就没有法律约束力。确认劳动合同部分无效的，如果不影响其余部分的效力，其余部分仍然有效。无效的部分应停止履行，有效的部分可以继续履行。根据《最高人民法院关于审理劳动争议案件适用法律若干问题的解释》（法释〔2001〕14号）[①]第十四条的规定："劳动合同被确认为无效后，用人单位对劳动者付出的劳动，一般可参照本单位同期、同工种、同岗位的工资标准支付劳动报酬。"根据《劳动法》第九十七条的规定："由于用人单位的原因订立的无效合同，给劳动者造成损害的，应当承担赔偿责任。"用人单位对劳动者收取保证金或扣押身份证等物品的，应当返还劳动者。

用人单位因非法招用未满16周岁的未成年人造成劳动合同无效，情况严重的，县级市场管理部门可以吊销其营业执照并处以罚款。触犯刑律的，依法追究有关责任人的刑事责任。

---

① 该解释由最高人民法院于2001年3月发布，4月30日起施行。

第三节 劳动合同订立[①]

劳动者和用人单位建立劳动关系，应当订立劳动合同。它是劳动者与用人单位确立劳动关系，明确双方权利和义务的协议。劳动合同必须依法订立。依法订立的劳动合同即具有法律约束力，当事人必须履行劳动合同规定的义务。

一、劳动合同订立原则

劳动合同订立的原则，是指当事人双方在订立劳动合同过程中，应当遵循的法律准则。《劳动法》规定："订立和变更劳动合同，应当遵循平等自愿、协商一致的原则，不得违反法律、行政法规的规定。"《劳动合同法》第三条第一款更是将订立劳动合同的原则，具体细化为："订立劳动合同，应当遵循合法、公平、平等自愿、协商一致、诚实信用的原则。"

（一）合法原则

合法原则是指劳动合同的订立不得与法律、行政法规相抵触。订立劳动合同必须符合国家的法律、法规的要求，不得违反法律、行政法规的规定。

这里的法律、行政法规，既包括现行的劳动法律、法规，也包括民事、经济等方面的法律、法规。合法原则是劳动合同法律制度的本质反映，是订立劳动合同首要的和最基本的要求。合法原则要求无论是当事人双方的主体资格、内容、形式，还是订立合同的程序都必须符合法律、法规和政策规定。

合法原则同时要求双方订立的劳动合同，在目的和效果上不得有损于社会秩序和社会道德风尚，不得有损于国家主权和民族尊严，不得有损于国家、集体和公民的利益，不得损害社会公共利益。社会公共利益为国家法律、法规所保护，若损害了社会公共利益，即使用人单位与劳动者已经订立了劳动合同，该合同或合同条款也无效。

（二）公平原则

公平原则要求当事人订立劳动合同时应以社会正义、公平的观念指导自己的行为，平衡各方的利益，要求以社会正义、公平的观念来处理用人单位和劳动者双方之间的利益。

当事人应当遵循公平原则确定各方的权利和义务。公平原则强调在订立和履行劳动合同时，任何一方都只能以公平交易规则为准则，享受公平合理的利益，既不享有任何特权，也不履行任何不公平的义务，权利与义务相一致。

公平原则主要表现在以下方面：

（1）用人单位与劳动者的劳动法律关系的机会平等。

（2）当事人劳动关系上的利益应均衡，合理分配义务。

（3）当事人合理地承担法律责任。

公平原则是进步和正义的道德观在法律上的体现，对于弥补法律规定的不足和保证

---

① 劳动合同的订立是指劳动者与用人单位之间为建立劳动关系，依法明确双方劳动权利义务的法律行为。它是劳动法律关系发生的依据，并由此产生一定的法律后果。

法律的实施具有重要意义

(三)平等自愿原则

平等原则是指订立劳动合同时,用人单位和劳动者的法律地位平等,双方都有权选择对方并就劳动合同内容表达具有同等效力的意志。

一是指劳动合同当事人之间的机会平等,而不是实质平等。在劳动合同法律、法规中,它是指当事人双方在利用劳动合同为自己谋取利益最大化上毫无差别。

二是平等原则贯彻于劳动合同的全过程,它要求劳动合同当事人以平等、协商的方式建立、变更劳动合同,不能将一方的意志强加于另一方。

三是平等原则是劳动合同自愿原则的基础。不平等就难以实现自愿,二者不可分割。平等原则决定了当事人双方是平等主体之间的关系,有着平等的利益要求和权利。

自愿原则是指订立劳动合同必须出自当事人自己的真实意愿。其基本内容包括:

一是订立劳动合同自愿。

二是劳动合同相对人自愿,即当事人一方可以自愿选择何人订立劳动合同。

三是内容自愿,即当事人可以自由地依法决定劳动合同的内容。

四是订立劳动合同后,当事人可以自由地协商变更、解除和终止劳动合同。

自愿原则保证了劳动合同当事人双方可以根据自己的意愿,独立自主决定劳动合同的订立,任何一方不得强迫或欺骗对方,也不能采取其他诱导方式使对方违背自己的真实意思而接受对方的条件。

(四)协商一致原则

协商一致原则是指当事人双方对劳动合同的内容和具体条款在法律、法规允许的范围内,由双方共同协商,在取得完全相同的意思表示后再订立劳动合同。协商是过程,一致是结果。

在订立劳动合同时,双方当事人虽然经过充分协商,如仍然存在分歧,不能达成一致的意思表示,劳动合同就不能成立。

协商一致的原则表明,劳动合同的全部内容都必须符合当事人的意愿,能为当事人所接受。协商一致的原则是维护当事人合法权益的根本要求。

(五)诚实信用原则

诚实信用原则,简称诚信原则。诚信原则要求用人单位和劳动者在不损害他人利益和社会公益的前提下订立劳动合同,明确双方的权利和义务,追求自己的合法利益。

诚实信用是市场经济活动中的道德准则。市场经济条件下,每一个有劳动能力的人,都应当通过市场交换获取利益和生活资料。获取自己的利益,即为诚实信用,是正当的、合法的,应受法律保护。

法律绝不允许靠损害他人利益和社会利益,以获得利益。诚实信用原则的目的是在当事人之间的利益关系和当事人与社会之间的利益关系中实现平衡,并维持市场道德秩序。

二、劳动合同订立程序

劳动合同的订立与其他合同的订立一样，是当事人之间意思表示一致的结果，意思表示一致在法律上是通过要约与承诺进行的。要约和承诺只是意思表示的外在表现形式。订立合同时，人们一般通过讨价还价的过程来达到意思表示的一致，从而使当事人之间形成合同关系。

劳动合同的订立程序一般要经过两个阶段：

(一)第一阶段：要约阶段

1.要约成立的条件

要约是指希望和他人订立合同的意思表示。要约又称为发盘、出盘、发价、报价等。发出要约的人称为要约人，接受要约的人称为受要约人或者承诺人。一个意思表示成为要约须符合下列两个条件：

(1)该意思表示的内容应当具体确定。所谓“具体”，是指意思表示的内容必须具有足以使劳动合同成立的最基本的条款。这里的“确定”是指要约的内容必须可以根据一般生活常识或者特定行业的知识确定下来。即受要约人可以根据他所具有的生活或者行业知识了解要约所希望表达的确切含义。要约不能有尚未确定的、需要继续谈判的条款，或者说不能缺少的主要条款。否则，对方当事人即使表示全盘接受，合同也无法成立。

(2)要约在到达对方后方产生法律效力，即要约采取到达生效的原则。在要约到达受要约人之前，要约人可以撤回、变更、修改其已发出的要约。要约一旦到达受要约人，即产生约束力，该要约一经受要约人承诺，合同即告成立。

2.要约阶段的环节

要约阶段也是用人单位和劳动者相互选择，确定劳动合同当事人双方的阶段。此阶段主要包括以下主要环节：

(1)公布招聘简章。招聘简章包括两部分：①招用条件，包括所招收的工种、岗位、名额、男女比例、对象及条件、招用地区范围等。②招用后劳动者的权利义务，一般包括工资、福利、劳动保护等。

(2)自愿报名。劳动者按照用人单位的招用条件，结合自身的情况，持有效证件(身份证、学历证、失业证、职业资格证明等)，到用人单位自愿报名。

(3)全面考核，择优录用。用人单位对符合条件的劳动者从德、智、体等方面进行全面考核。考核内容和标准可以根据生产和工作需要有所侧重。招收学徒工人，侧重文化考核；招收技术工人，侧重职业技能和专业技能考核；招收繁重体力劳动工人，侧重身体健康条件的考核。考核成绩要予以公布，并根据考核的结果，择优录用符合本单位招用条件的劳动者，向劳动者本人发出书面通知。

(二)第二阶段：承诺阶段

承诺，是指受要约人同意要约的意思表示。承诺的主体是受要约人，承诺作为对要约的回应，只能由受要约人作出。当然，受要约人授权的代理人所作出的承诺，亦为有效的承诺。

1.承诺具有的特征

(1)承诺的内容必须与要约的内容完全一致。受要约人接到要约后要仔细研究,确定是否接受要约。只有受要约人对要约中的各项内容全盘接受后,方构成一个有效的承诺。承诺生效后合同即告成立。在实践中,通过要约和承诺订立合同的过程比较复杂。一个合同往往要经过多次要约、反要约才能达成一致。

(2)承诺采取到达生效的原则。承诺一经生效,合同即产生法律效力,即一方要约,对方承诺,合同即告成立。法律之所以这样规定,是为了保护当事人双方的合法权益,早一点确定双方的权利义务,以维护社会关系的稳定。

2.承诺阶段的环节

承诺阶段是用人单位和劳动者协商确立权利义务关系的阶段。包括以下三个环节:

(1)提出劳动合同草案。用人单位可以提出拟定的劳动合同草案,并向劳动者说明各条款的具体内容和依据。当然,劳动者也可以与用人单位协商共同拟定劳动合同草案。

(2)商定合同内容。即用人单位与劳动者依法对劳动合同条款逐条进行协商,达成一致。

(3)签名盖章。用人单位和劳动者意见一致后,即在合同文本上签名盖章,劳动合同订立即告成立。

三、劳动合同续订

劳动合同的续订,是指劳动合同期限届满后,经劳动关系当事人双方协商一致,继续签订与原劳动合同内容相同或对原劳动合同的某些条款作修改或补充的法律行为。《劳动法》未对劳动合同续订作出明确的规定。但《劳动合同法》第十四条有这样的规定:“用人单位与劳动者协商一致,可以订立无固定期限劳动合同。有下列情形之一,劳动者提出或者同意续订、订立劳动合同的,除劳动者提出订立固定期限劳动合同外,应当订立无固定期限劳动合同:(一)劳动者在该用人单位连续工作满十年的;(二)用人单位初次实行劳动合同制度或者国有企业改制重新订立劳动合同时,劳动者在该用人单位连续工作满十年,且距法定退休年龄不足十年的;(三)连续订立二次固定期限劳动合同,且劳动者没有本法第三十九条[①]和第四十条第一项、第二项[②]规定的情形,续订劳动合同的。”

在实际工作中,劳动合同续订的条件和程序与最初订立劳动合同时的有关规定是相同的。

---

① 《劳动合同法》第三十九条:“劳动者有下列情形之一的,用人单位可以解除劳动合同:(一)在试用期间被证明不符合录用条件的;(二)严重违反用人单位的规章制度的;(三)严重失职,营私舞弊,给用人单位造成重大损害的;(四)劳动者同时与其他用人单位建立劳动关系,对完成本单位的工作任务造成严重影响,或者经用人单位提出,拒不改正的;(五)因本法第二十六条第一款第一项规定的情形致使劳动合同无效的;(六)被依法追究刑事责任的。”

② 《劳动合同法》第四十条第一、二项情形:“有下列情形之一的,用人单位提前三十日,以书面形式通知劳动者本人或者额外支付劳动者一个月工资后,可以解除劳动合同:(一)劳动者患病或者非因工负伤,在规定的医疗期满后不能从事原工作,也不能从事由用人单位另行安排的工作的;(二)劳动者不能胜任工作,经过培训或者调整工作岗位,仍不能胜任工作的。”

(一)劳动合同续订的条件

劳动合同续订应当具备法定的必备条件,主要有:

1.劳动合同续订须由当事人双方同意

在我国,仅要求在原劳动合同期满前双方同意续订即可。

2.特定条件下续订劳动合同

劳动合同到期,但因用人单位原因未办理劳动合同终止或续订手续,形成事实劳动关系的,视为当事人双方同意继续履行原劳动合同。

3.续订无固定期限的劳动合同

《劳动法》第二十条第二款规定:“劳动者在同一用人单位连续工作满十年以上,在当事人双方同意续延劳动合同的情况下,如果劳动者提出订立无固定期限劳动合同的要求,用人单位则应当订立无固定期限的劳动合同。”

(二)劳动合同续订的程序

关于劳动合同的续订程序,法律、法规并无特别规定和要求,与前述劳动合同订立的程序大致相同。一般包括下列两个阶段:

1.第一阶段:双方达成续订意见阶段

当事人双方或一方就续订劳动合同提出意见,取得另一方同意一致后,订立书面劳动合同。

2.第二阶段:对续订的劳动合同进行鉴定阶段

原劳动合同在订立时经过鉴证、备案或其他程序的,续订劳动合同也应办理同样的手续。

原劳动部对劳动合同续订作出了特别的规定:

一是用人单位对工作岗位没有发生变化的同一劳动者只能试用一次。

二是针对终止时间相同的劳动合同数量较多的情况,为防止由于大批量终止劳动合同而带来不利影响,原劳动部要求地方劳动保障部门引导、鼓励用人单位在生产经营、组织结构等未发生重大变化的情况下与劳动者续订劳动合同。

劳动合同续订与订立一样,必须坚持平等自愿、协商一致的原则,任何一方不得强迫另一方续订劳动合同。同时,续订劳动合同也不能由他人代替。劳动合同续订是对有固定期限劳动合同期限的延长。因此,续订劳动合同应在劳动合同期满前办理续订手续,而不应在劳动合同期满后。

四、订立劳动合同注意事项

劳动合同是确立劳动关系的法律形式,是明确劳动者和用人单位双方权利和义务的协议。因此,签订劳动合同时必须慎重仔细,除按上述规定签订劳动合同外,还应注意下列事项:

(一)劳动合同应由双方各执一份

劳动合同系当事人的合意,应由当事人双方各执一份为凭。但实践中,有时会存在两份合同在一方手上而另一方无合同的情况，在此情况下，一旦双方发生争议，要以合同作依据时，无合同的一方就非常被动。无合同的一方多数情况下是劳动者，但有时也是用人单位。这种情况之所以出现，直接的原因，多数在于合同当事人签订劳动合同的方式不当。

正确的签约方法应是合同双方签字盖章，然后各执一份保留。但实践中，许多用人单位都是将事先做好的劳动合同文本一式二份交给劳动者先行签字，然后由劳动者将自己签好的劳动合同交还用人单位盖章，用人单位盖章后将其中一份交给劳动者。这种签约方式签约效率较高，但问题是，如果用人单位出于某种目的而有意不将劳动者已签好字的、应当交还劳动者的那份劳动合同交还劳动者，那么，就会出现两份合同全在用人单位的手里，劳动者则两手空空的情况。相反的情况也有，即用人单位将自己盖好章的两份劳动合同文本全部交给劳动者签字，劳动者签字后出于某种目的故意未将应交还用人单位的那份劳动合同交还用人单位。

这种情况出现，对于手上没有劳动合同的一方是非常不利的，由于两份合同均在对方手上，如果对方恶意地更改合同的条款，那么除非能够证明对方确属恶意更改，否则另一方将不得不承受这一更改的后果。而实际上要证明对方确属恶意更改是非常困难的。因此，建议无论是用人单位，还是劳动者，在签订劳动合同时，不仅要注意签约的效率性，也要注意签约的严肃性，做到当面签订、同时签订。

（二）不得拒绝或拖延签订劳动合同

目前，用人单位拒绝或拖延同劳动者订立劳动合同的情况比较普遍。作为弱势群体，为了能保住这份工作，许多劳动者委曲求全，对用人单位的这一违法做法忍让迁就。但实际上，法律对此的规定是很明确的。《劳动法》第九十八条规定：“用人单位违反本法规定的条件，解除劳动合同或者故意拖延不订立劳动合同的，由劳动行政部门责令改正；对劳动者造成损害的，应当承担赔偿责任。”《违反〈劳动法〉有关劳动合同规定的赔偿办法》[①]第二条和第三条规定，用人单位故意拖延不订立劳动合同，即招用后故意不按规定订立劳动合同以及劳动合同到期后，故意不及时续订劳动合同的，按以下规定执行：“（一）造成劳动者工资收入损失的，按劳动者本人应得工资收入支付给劳动者，并加付应得工资收入25%的赔偿费用；（二）造成劳动者劳动保护待遇损失的，应按国家规定补足劳动者的劳动保护津贴和用品；（三）造成劳动者工伤的，除按国家规定提供治疗期间的医疗待遇外，还应支付相当于医疗费用25%的赔偿费用；（四）造成女职工和未成年工身体健康损害的，除按国家规定提供治疗期间的医疗待遇外，还应支付相当于其医疗费用25%的赔偿费用；（五）劳动合同约定的其他赔偿费用。”

（三）劳动者应当以书面形式订立劳动合同

劳动者与用人单位建立劳动关系，应当签订劳动合同，并且采用书面形式订立劳动合同。对应当订立书面劳动合同而未订立，劳动者按照用人单位要求履行了劳动义务的，双

---

① 1995年5月10日，劳动部下发了《关于发布〈违反《劳动法》有关劳动合同规定的赔偿办法〉的通知》（劳部发〔1995〕223号），明确自发布之日起施行。

方即形成了事实劳动关系，即劳动合同关系成立，用人单位应当按规定支付劳动报酬。对此，2005 年 5 月 25 日，劳动保障部下发了《关于确立劳动关系有关事项的通知》(劳社部发〔2005〕12 号)。该通知就部分用人单位招用劳动者不签订劳动合同，发生劳动争议时因双方劳动关系难以确定，致使劳动者合法权益难以维护的情况，作出明确规定："一、用人单位招用劳动者未订立书面劳动合同，但同时具备下列情形的，劳动关系成立：(一)用人单位和劳动者符合法律、法规规定的主体资格；(二)用人单位依法制定的各项劳动规章制度适用于劳动者，劳动者受用人单位的劳动管理，从事用人单位安排的有报酬的劳动；(三)劳动者提供的劳动是用人单位业务的组成部分。

二、用人单位未与劳动者签订劳动合同，认定双方存在劳动关系时可参照下列凭证：(一)工资支付凭证或记录(职工工资发放花名册)、缴纳各项社会保险费的记录；(二)用人单位向劳动者发放的"工作证"、"服务证"等能够证明身份的证件；(三)劳动者填写的用人单位招工招聘"登记表"、"报名表"等招用记录；(四)考勤记录；(五)其他劳动者的证言等。其中，(一)、(三)、(四)项的有关凭证由用人单位负举证责任。

三、用人单位招用劳动者符合规定的情形未签订劳动合同的，用人单位应当与劳动者补签劳动合同，劳动合同期限由双方协商确定。协商不一致的，任何一方均可提出终止劳动关系，但对符合签订无固定期限劳动合同条件的劳动者，如果劳动者提出订立无固定期限劳动合同，用人单位应当订立。用人单位提出终止劳动关系的，应当按照规定支付经济补偿金。

四、建筑施工、矿山企业等用人单位将工程(业务)或经营权发包给不具备用工主体资格的组织或自然人，对该组织或自然人招用的劳动者，由具备用工主体资格的发包方承担用工主体责任。"

(四)用人单位不得收取抵押金(品)

实际生活中，用人单位往往在同劳动者订立劳动合同时，以各种名义向劳动者收取抵押物，如定金、保证金、抵押金等。对此，我国法律作出了明确的规定。《山东省劳动合同条例》[①]第九条规定："用人单位招用劳动者，不得扣押劳动者的居民身份证、居住证和其他证件，不得要求劳动者提供担保或者向劳动者收取押金和其他财物。对擅自扣留、抵押职工居民身份证等证件和收取押金(品)的，公安部门、劳动监察机构应责令企业立即退还职工本人。"

第四节 劳动合同履行

劳动合同的履行是指劳动合同依法订立后，双方当事人遵守和执行劳动合同规定的各项条款，完成劳动合同规定的任务，实现劳动合同规定的权利，建立和谐的劳动关系的过程。《劳动法》第十七条规定："劳动合同依法订立即具有法律约束力，当事人必须履行

① 《山东省劳动合同条例》于 2001 年 10 月 28 日，山东省第九届人民代表大会常务委员会第二十三次会议通过。2013 年 8 月 1 日，山东省第十二届人民代表大会常务委员会第三次会议修订。

劳动合同规定的义务。”因此，劳动合同一经依法订立，双方应当严格履行。履行是劳动合同法律制度的关键环节，也是订立劳动合同的实质所在。否则，订立劳动合同就毫无意义。

一、劳动合同履行条件

劳动合同履行的条件是指劳动合同履行的前提和基础。劳动合同履行如果没有前提条件，就无法承担劳动合同的义务，劳动合同的权利也就无法实现。劳动法律、法规虽然对劳动合同的履行条件未作明确的规定，但履行劳动合同必须具备以下几个条件：

（一）履行的主体必须明确

劳动合同履行的主体是指劳动合同双方的当事人。劳动合同是特定对象之间的合同，其履行也必须在特定对象之间进行，即在劳动合同双方当事人之间履行，而不允许任何第三者代为履行，也不允许由一方当事人向第三方履行。由于我国劳动法律、法规规定的劳动权利与劳动义务是一致的。因此，劳动合同不存在一方当事人只向另一当事人履行义务而不享受权利的情况。在这种情况下，履行劳动合同的主体必须明确。

（二）劳动合同履行的标的必须明确

标的明确是指劳动合同的权利、义务要有明确的指向对象，即劳动合同要有明确的履行目标。劳动合同中的具体内容必须有明确的标的，但劳动合同的每一项具体条款，要由当事人来约定。如劳动者在一定时期内的生产产品的数量、质量以及该生产数量、质量完成后用人单位提供的具体报酬等必须具体明确。劳动合同只有具备明确的标的，才能为实际履行劳动合同提供准确的物质标准，保证劳动合同的切实履行。

（三）劳动合同履行的期限必须明确

劳动合同履行期限是双方当事人共同履行的时间限制。劳动合同的履行期限明确后，当事人双方应按期履行。如遇特殊情况，一方当事人须征得另一方当事人的同意，双方协商一致后，另行确定履行期限。

（四）劳动合同履行的地点必须明确

履行地点明确，是指当事人双方要有明确的承担义务、享有权利的具体场所。劳动合同履行的地点，是劳动者最关心的，履行地点关系到劳动合同内容履行的实现。因此，双方当事人必须在劳动合同中明确劳动合同履行的地点。如果在履行过程中变更地点，应当作为劳动条件发生变化，按照变更劳动合同的有关规定办理。否则，就是违约。

以上条件缺一不可，只有同时具备了，劳动合同所规定的内容才能变得具体明确，才有了履行的基础和条件。

二、劳动合同履行原则

劳动合同履行的原则，指当事人双方在履行劳动合同，享有权利和承担义务时，所应遵循的基本准则。劳动合同明确了劳动合同双方的权利和义务。劳动合同中所确定的当事人一方的义务，即是对方当事人的权利。因此，劳动合同当事人应圆满履行劳动合同所规定的义务来获取自身权利的实现。当事人在履行劳动合同中，必须遵循以下原则：

（一）全面履行原则

劳动合同的全面履行是指劳动合同成立后，当事人按照合同约定的地点、时间和方式，全面完成劳动合同约定的义务。《劳动合同法》第二十九条明确规定："用人单位与劳动者应当按照劳动合同的约定，全面履行各自的义务。"因此，劳动合同中订立的各项条款，双方都必须全面、认真地履行。因为劳动合同是一个整体，合同中订立的条款相互之间有内在的联系，不能任意割裂。只有当事人双方认真地全面履行了劳动合同所规定的全部义务，当事人双方的权利才能充分实现。要克服那种对有利于自己的条款就积极履行，不利于自己的条款则消极对待的现象。要通过全面履行，使双方当事人的合法权益得以全面实现。

（二）协作履行的原则

协作履行是指当事人双方在履行劳动合同过程中，团结合作、相互配合、相互支持，共同完成合同规定的任务。如果当事人双方不坚持协作履行的原则，则劳动合同中规定的权利就无法实现。因为劳动者和用人单位的权利和义务是互为条件的，一方要实现自己的权利，就必然要求对方履行其义务。没有双方的协作，劳动合同就会失去履行的基础。

协作履行原则要求劳动合同的当事人双方不仅要严格履行自己的义务，而且还要尽量协助对方履行其义务，并为对方履行义务创造条件。只有这样，才能更好地实现自己的权利。

（三）亲自履行的原则

亲自履行是指劳动关系以特定的法人（包括非法人实体经济组织）和劳动者为主体，以自己的行为履行劳动合同所约定的各项义务，双方均不得由他人顶替，其权利必须亲自享受，不得转让，义务必须亲自履行，不得代行或转移。《劳动法》第十七条第二款规定："劳动合同依法订立即具有法律约束力，当事人必须履行劳动合同规定的义务。"这里的"必须"是强制性措施。

只有在法律规定或客观上不需要或不可能时，才能允许用支付违约金和赔偿损失的办法来代替当事人的亲自履行。

（四）诚实信用的原则

诚实信用的核心将劳动合同完全建立在当事人双方相互信任的基础上，以恪守合同规定和根据具体情况公平衡量当事人双方的利益为标准，真诚善意，讲求信誉。诚实信用的原则是以道德为内容的法律规范，是将道德行为法律化。

三、劳动合同履行中止

劳动合同履行中止是指在劳动合同履行过程中，因出现法定事由或不可抗力，使劳动合同难以继续履行，法律、法规允许其暂中止劳动合同履行的制度。引起劳动合同中止履行的原因消除后，应当继续履行。根据《山东省劳动合同条例》第二十六条的规定，有下列情形之一的，劳动合同可以中止。

(一)用人单位与劳动者以书面形式协商一致的

劳动合同是当事人双方在平等自愿、协商一致的基础上订立的。同样,劳动合同当事人双方在平等自愿、协商一致的基础上,也可以中止劳动合同的履行。

(二)劳动者因涉嫌违法犯罪被限制人身自由的

人身自由是劳动者支配劳动能力所必需的基本条件,只有在人身自由的条件下,劳动者才能以自己的行为履行自己的义务,同时享有劳动的权利。劳动者因涉嫌违法犯罪,被公安、国家安全或者司法机关限制人身自由的,劳动者无权自由支配自己的劳动能力,也就丧失了履行劳动合同义务的可能性。因此,劳动合同履行只有暂时中止。但劳动者"涉嫌",并经证明没有犯罪、恢复人身自由后,用人单位应当与其继续履行劳动合同;劳动者"涉嫌",并经证明犯罪的,用人单位可与其解除劳动合同。

(三)因不可抗力致使劳动合同暂时不能履行的

不可抗力是指不能预见、不能避免并不能克服的客观情况。不可抗力与劳动合同的履行密切相关,它对劳动合同的履行造成不同的结果:一是劳动合同全部不能履行;二是劳动合同部分不能履行;三是劳动合同不能按期履行。

如果当事人可以预见,而因疏忽大意等原因没有预见,或者发生的事件虽然不可避免,但能够克服,以及个人的行为,都不能称为不可抗力。

因不可抗力事件发生而导致劳动合同履行中止时,可以免除暂时停止履行劳动合同的责任,但当事人一方应及时通知对方,以尽量减少给对方造成的损失,并在一定的期限内提供证明证据。

(四)法律、法规规定的其他情形

这主要是指上述情形以外的,又符合我国法律、法规规定或允许的其他可以中止劳动合同履行的情形。这样一个开放性的规定,是为以后法律、法规规定的可以中止劳动合同履行的情形留有余地。

劳动合同中止期间,劳动关系保留,劳动合同暂停履行,用人单位可以不支付劳动报酬并停止缴纳社会保险费。劳动合同中止期间不计算为劳动者在用人单位的工作年限。

劳动合同中止履行的情形消失,除已经无法履行的情况外,应当恢复履行。

四、劳动合同履行法律保障

劳动合同是以法律、法规为依据而订立的,其履行也必须得到法律的保障。劳动合同的法律保障主要表现为国家采用法律和经济手段,对违反劳动合同的行为所给予的法律制裁。法律制裁具体体现在劳动保障行政机关依法查处当事人违反劳动合同的行为,以及劳动争议处理机关依法裁判当事人强制履行劳动合同或解除劳动合同。

在劳动合同履行过程中,任何一方不履行或不完全履行劳动合同的约定而给对方造成损失的,都要被依法追究违约责任。《劳动法》第九十八条规定:"用人单位违反本法规定的条件解除劳动合同或者故意拖延不订立劳动合同的,由劳动行政部门责令改正;对劳动者造成损害的,应当承担赔偿责任。"同时,《劳动法》也规定了劳动者违反规定的情形。

《劳动法》第一百零二条规定:“劳动者违反本法规定的条件解除劳动合同或者违反劳动合同中约定的保密事项,对用人单位造成经济损失的,应当依法承担赔偿责任。”这就为劳动合同的履行提供了法律保障,也是保护当事人双方的合法权益,维护和谐稳定的劳动关系的重要手段。

劳动合同的履行依程度不同,可以分为完全履行、不完全履行或完全不履行三种情形,三种不同的情形又导致不同的法律后果:双方完全履行劳动合同的,导致劳动关系圆满实现,正常终结;劳动合同的不完全履行、完全不履行都属于违反劳动合同的行为,应根据情节轻重和造成的后果,依据劳动法律追究违约责任。

第五节 劳动合同变更

劳动合同变更是指劳动合同在履行过程中,由于法定原因或约定的条件出现,劳动合同双方当事人就已订立的劳动合同条款达成修改、补充或废止协议的法律行为。它是原来已存在的劳动权利义务的发展。

当某种情况的变化使得继续履行原劳动合同的部分条款有困难或不可能时,劳动法律、法规允许双方当事人在劳动合同的有效期限内,对原劳动合同的相关内容进行调整。劳动合同的部分内容经过双方当事人协商一致得以依法变更以后,劳动合同仍然有效。

一、劳动合同变更条件

劳动合同变更条件是指引起劳动合同变更的因素。在劳动合同履行过程中,因客观情况发生重大变化,原劳动合同的部分条款不作修改或补充,原劳动合同就不能继续履行。在此情形下,根据双方或单方当事人要求,劳动合同当事人可以依照法律、法规,或者协商变更劳动合同。变更劳动合同的情形一般是:

(一)经劳动合同双方当事人协商一致,可以变更劳动合同

变更劳动合同是双方当事人的法律行为,必须经双方当事人平等自愿、协商一致,依法对劳动合同的部分内容作部分修改后,而达成新的协议,任何一方不得单方变更劳动合同。《山东省劳动合同条例》第二十五条规定:“用人单位与劳动者协商一致,可以变更劳动合同。变更劳动合同,应当以书面形式载明变更的内容、日期,由用人单位和劳动者双方签字或者盖章。变更后的劳动合同文本由用人单位和劳动者各执一份。”

(二)订立劳动合同时所依据的劳动法律、法规已经修改或废止

订立劳动合同时所依据的劳动法规发生变化或新的改革方案由政府颁布出台,也会引起劳动合同的变更,在此种情况下则必须经过双方协商同意。新的劳动法规或改革方案生效之日起,原劳动合同中的相关内容自行失效。

(三)企业受有关产业政策影响或根据市场变化决定转产或调整生产任务

用人单位经上级主管部门批准或根据市场变化决定转产或调整生产任务,必然在产品、产量、质量要求、技术规范,以及经营管理、组织形式等方面引起变化,随之而来的,与

原订劳动合同相应的条款、内容就要进行修改或补充，就要变更原来的劳动合同。

（四）劳动合同订立时所依据的客观情况发生重大变化，致使劳动合同无法履行

劳动合同履行过程中，当事人一方或双方的情况发生变化，致使原劳动合同无法履行，必须变更原劳动合同的相关内容。这包括两方面情况：一是企业一方情况发生变化，必须对原劳动合同中的产量、质量指标、工资、资金等条款作相应的修改、补充或废止；二是劳动者一方情况发生变化，致使履行原合同有一定的困难，必须对原劳动合同中的工作岗位、劳动报酬等条款作相应的修改等。

（五）法律、法规允许的其他情况

根据劳动法律、法规的规定，变更劳动合同必须遵循平等自愿、协商一致原则和全合法原则，在国家法律、法规允许的范围内，经过充分的协商，达成一致意见后，才能变更，并签订书面协议。

变更劳动合同必须在原劳动合同的有效期内进行，即在劳动合同期满前这一段时间内，当事人一方或双方提出变更要求。如果合同期满，则属于劳动合同终止，而不是变更。

二、劳动合同变更程序

用人单位或劳动者变更已生效的劳动合同，必须经过一定的程序，按规定的程序变更。劳动合同变更的程序一般需要经过提议、协商、签订三个阶段。

1.第一阶段：提出变更劳动合同的建议阶段

先由要求变更劳动合同的一方向对方提出变更的建议，并说明需要变更劳动合同的理由依据及其内容。

2.第二阶段：双方协商阶段

对方收到变更建议后，双方进入协商阶段。这一阶段，双方充分交换意见，就变更劳动合同的有关条款进行协商。

3.第三阶段：协商一致签订劳动合同阶段

如果一方同意接受另一方提出的建议，双方就可以签订新的协议；如果变更建议不能或者不能全部被对方接受，双方需要继续协商。如在协商过程中发生争议，任何一方都可以向本企业劳动争议仲裁委员会申请调解，调解不成或不申请调解都可以向有管辖权的当地劳动争议仲裁委员会申请仲裁。

三、劳动合同变更的法律后果

劳动合同依法变更后，当事人双方的权利和义务从变更合同所约定之日起发生变更。因一方要求变更劳动合同，给另一方带来经济损失的，受损方可以要求提出变更方承担经济赔偿责任。如因不可抗力或国家政策的变化而引起的劳动合同的变更，可部分或全部免除赔偿责任。由用人单位发生分立或合并后，分立或合并后的用人单位与原用人单位的劳动者变更、解除或重新签订劳动合同的，重新签订劳动合同视为原劳动合同的变更。

劳动者不能依据《劳动法》第二十八条[①]关于合同解除的规定要求经济补偿。

在劳动合同没有变更的情况下，用人单位一般不得安排职工从事劳动合同规定以外的工作，但下列情况除外：①发生事故或遇到灾害，需要及时抢修或救灾；②因工作需要而临时调动工作；③发生短期停工；④法律允许的其他情况。

① 《劳动法》第二十八条："用人单位依据本法第二十四条、第二十六条、第二十七条的规定解除劳动合同的，应当依照国家有关规定给予经济补偿。"

《劳动法》第二十四条："经劳动合同当事人协商一致，劳动合同可以解除。"

《劳动法》第二十六条："有下列情形之一的，用人单位可以解除劳动合同，但是应当提前三十日以书面形式通知劳动者本人：(一)劳动者患病或者非因工负伤，医疗期满后，不能从事原工作也不能从事由用人单位另行安排的工作的；(二)劳动者不能胜任工作，经过培训或者调整工作岗位，仍不能胜任工作的；(三)劳动合同订立时所依据的客观情况发生重大变化，致使原劳动合同无法履行，经当事人协商不能就变更劳动合同达成协议的。"

《劳动法》第二十七条："用人单位濒临破产进行法定整顿期间或者生产经营状况发生严重困难，确需裁减人员的，应当提前三十日向工会或者全体职工说明情况，听取工会或者职工的意见，经向劳动行政部门报告后，可以裁减人员。用人单位依据本条规定裁减人员，在六个月内录用人员的，应当优先录用被裁减的人员。"

第五章

劳动关系解除终止

在我国，劳动者和用人单位之间的劳动关系，是以签订劳动合同的形式确定下来的。签订劳动合同，是确定劳动者和用人单位双方劳动关系的法定形式；并在劳动合同中明确了双方的权利与义务，其目的是更有效地保障劳动者和用人单位双方的合法权益。因此，劳动者与用人单位双方劳动关系的解除终止，也就是劳动合同的解除终止。

第一节　劳动合同解除[①]

劳动合同解除也就是劳动者和用人单位劳动关系的解除。劳动合同解除只对未履行的劳动合同的内容产生效力，不涉及已履行完毕的劳动合同内容。劳动合同解除，无论在什么情况下和什么原因解除，都不得违反法律、法规和政策的规定，都必须符合法律、法规规定的条件和程序，依法解除劳动合同。

一、劳动合同解除类型

劳动合同解除既可以由双方协商解除，也可以由当事人一方强制解除。根据我国《劳动法》的规定，可将劳动合同解除分为协商解除和法定解除两种情形。但从劳动合同制度的执行情况来看，劳动合同解除可以按不同的标准进行分类。

（一）以解除方式划分

按照劳动合同解除的方式不同，可分为两种类型：协商解除劳动合同和单方解除劳动合同。

1.协商解除劳动合同

协商解除劳动合同是经当事人双方协商一致后解除劳动合同。《劳动法》第二十四条规定：“经劳动合同当事人协商一致，劳动合同可以解除。”法律、法规对协商解除劳动合同这一方式一般不规定条件，只要求解除合同在程序、形式和内容上合法即可。它包括在当事人双方均无单方解除权的情况下，经协商一致解除劳动合同，也包括无单方解除权的当事人在征得有单方解除权的当事人同意后，解除劳动合同。

2.单方解除劳动合同

所谓单方解除权，是指当事人依法享有的、无须对方当事人同意而单方决定解除合同

---

① 劳动合同解除，是指劳动合同依法订立后，尚未履行完毕前，由于某种原因导致当事人双方提前终止劳动合同的法律约束力，解除双方的劳动权利义务关系的法律行为。

的权利。单方解除劳动合同即享有单方解除权的当事人以单方意思表示解除劳动合同。它包括随时解除劳动合同和提前通知解除劳动合同两种。按照《劳动法》的规定,劳动者和用人单位都有随时解除劳动合同和提前通知解除劳动合同的权利情形。

按照法律、法规的规定,用人单位与劳动者都有依法单方解除劳动合同的权利,只不过两者解除劳动合同的具体要求有所不同。就劳动者解除劳动合同而言,一般只对随时解除劳动合同规定条件,而对提前通知解除则不规定条件,即劳动者可以无条件地提前通知解除劳动合同。就用人单位解除劳动合同而言,要求用人单位在符合法定条件或约定条件的情况下,可以解除劳动合同。

(二)以解除的条件为依据划分

按照劳动合同解除是依据法律、法规规定,还是当事人双方约定,可分为两种类型:法定解除劳动合同和约定解除劳动合同。

1.法定解除劳动合同

法定解除劳动合同即劳动者或用人单位在符合法律、法规规定解除条件的情况下,单方解除劳动合同。法律、法规之所以规定劳动合同解除条件,目的是限制单方解除劳动合同的任意性,以维护劳动关系的稳定。

2.约定解除劳动合同

约定解除劳动合同即劳动者或用人单位在约定解除劳动合同条件出现的情况下,单方解除劳动合同。在具备约定解除合同条件时,当事人必须作出解除的意思表示,劳动关系方可终止。

约定解除的基本条件是当事人双方约定的解除条件必须合法。这种约定只能限于法定的适用范围内,当事人双方才能就劳动合同解除条件作出约定。如果法律、法规允许在一定条件下解除劳动合同,劳动合同中就不得约定在该条件下禁止或限制解除劳动合同。

(三)以解除劳动合同原因中有无过错划分

按照解除劳动合同的当事人一方是否有无过错,劳动合同解除又可分为有过错解除劳动合同和无过错解除劳动合同两种类型。

1.有过错解除劳动合同

有过错解除劳动合同,即由于当事人一方的过错而导致另一方解除劳动合同。它包括劳动者因用人单位有过错而解除劳动合同、用人单位因劳动者有过错而解除劳动合同。这里所说的过错,是指当事人的错误行为达到了法律、法规或劳动合同以及用人单位劳动规章制度规定的可以解除劳动合同的条件,轻微的过错不包括在其内。

用人单位若有过错,则应当赔偿劳动者因解除劳动合同所受到的损失;劳动者若是有过错,则无权要求用人单位因解除劳动合同而给予经济补偿。

2.无过错解除劳动合同

此即当事人一方无过错或虽有过错但未达到法律、法规或劳动合同以及用人单位规章制度规定的解除劳动合同的条件,当事人另一方单方解除劳动合同。对于这种类型的劳动合同解除,为了避免或减少给另一方造成的损失,《劳动法》规定除在试用期内,当事人一方要在解除劳动合同前向另一方提前通知，而且还规定了用人单位提出解除劳动合同，要依法给予劳动者经济补偿，其目的是为了保护劳动者的利益。

二、双方协商解除劳动合同情形

双方协商解除劳动合同，又称协商一致解除劳动合同，是指劳动合同依法成立后，尚未全部履行完毕以前，经当事人双方协商一致解除劳动合同。

劳动合同是用人单位与劳动者为建立劳动关系、明确双方权利义务而达成的协议，是依双方协商一致而订立，亦可由双方协商一致而解除。

在劳动合同履行过程中，如当事人双方不愿意继续保持这种劳动关系，共同提出解除劳动合同，或一方当事人提出解除劳动合同，另一方当事人表示同意，法律、法规允许双方解除劳动合同。《劳动法》第二十四条规定："经劳动合同当事人协商一致，劳动合同可以解除。"反之，如当事人双方没有就解除劳动合同达成一致，则不能解除劳动合同，即使因一方当事人坚持解除劳动合同，也不能产生双方解除劳动合同的法律后果。

从上述规定中可以看出，当事人双方就解除劳动合同协商一致，是协商解除劳动合同的唯一条件。双方当事人就解除劳动合同协商一致，不仅包括对解除劳动关系本身协商一致，也包括对一方或双方提出的解除劳动合同的条件协商一致。如在劳动者首先提出解除劳动合同时，用人单位可能提出补偿在合同存续期间为劳动者支付的培训费用等；在用人单位首先提出解除劳动合同时，劳动者也可以就善后事宜，如生活补助费等提出条件[①]。只有对这些条件协商一致时，才属于双方解除劳动合同。

三、用人单位解除劳动合同情形

用人单位可以解除劳动合同的情形，是指劳动者在劳动过程中存在某些重大过失，或因劳动者和用人单位一方的客观原因，致使劳动合同不能履行，用人单位依据法律、法规规定单方解除劳动合同的行为。我国对用人单位解除劳动合同规定了必备条件。根据《劳动法》的规定，用人单位解除劳动合同可分为以下四种情形：

（一）用人单位根据劳动者在工作中的表现决定解除劳动合同的情形

用人单位可根据劳动者在工作中的具体表现，决定是否与劳动者解除劳动合同。这种解除劳动合同的情形，用人单位无须向劳动者提前通知，可以随时解除劳动合同。《劳动法》第二十五条规定："劳动者有下列情形之一的，用人单位可以解除劳动合同：（一）在试用期间被证明不符合录用条件的；（二）严重违反劳动纪律或者用人单位规章制度的；（三）严重失职，营私舞弊，对用人单位造成重大损害的；（四）被依法追究刑事责任的。"

《劳动法》的这一规定，为用人单位根据劳动者的工作表现和情形，可以单方面提前解除劳动合同提供了法律依据。

---

① 经劳动合同当事人协商一致，由用人单位提出解除劳动合同的，用人单位支付经济补偿金，具体标准可详见本书第五章第三节"二、解除劳动关系经济补偿"的相关内容。

1.在试用期间被证明不符合录用条件的

在试用期间被证明不符合录用条件，是指当事人双方依法订立劳动合同后，在试用期内用人单位通过对劳动者的考察，发现其不符合本单位的录用条件而与劳动者解除劳动合同的情形。

这里的“录用条件”一般包括法定最低就业年龄、用人单位招用简章规定的劳动者的技术条件、身体条件、品质要求等。

在试用期内，用人单位与劳动者的劳动权利义务关系尚处于一种不完全确定的状态。这是试用期的一大特点。目的是给予当事人双方一个相互了解和选择的机会。

在试用期内，用人单位将从思想品质、工作能力、知识水平、身体状况等方面进一步对劳动者进行考察，了解其是否符合本单位的工作要求。如果发现劳动者在某些方面不符合本单位的录用标准和条件，用人单位可以与其解除劳动合同。

2.严重违反劳动纪律或者用人单位规章制度的

严重违反劳动纪律或者用人单位规章制度，是指严重违反劳动合同规定的劳动纪律或者用人单位制定的其他规章制度，包括：严重违反劳动纪律，影响生产、工作秩序的；违反操作规程，损坏设备、工具，浪费原材料、能源，造成经济损失的；服务态度很差，经常与顾客吵架或损害消费者利益的；不服从正常调动的；贪污、盗窃、赌博、不够刑事处分的；无理取闹，打架斗殴，严重影响社会秩序的；犯有其他严重违反劳动纪律的。以上这些行为，有的破坏了正常的生产和工作秩序，给用人单位造成了经济损失或名誉的损害，有的严重影响了社会秩序，危害了社会安定。对于有这些行为的职工，经过教育或行政处分仍然无效的，用人单位可以与其解除劳动合同；对其中违纪情节严重，符合除名、开除条件的，可按照《企业职工奖惩条例》予以除名或开除。

用人单位在判定劳动者违纪是否严重时，应以法律、法规所规定的限度和用人单位依法制定的劳动规章制度所规定的具体界限为标准。

3.严重失职，营私舞弊，对用人单位造成重大损害的

严重失职，即劳动者在履行劳动合同期间有严重渎职行为，对用人单位的利益造成重大损害。如值班时间不负责、擅离职守，致使工厂的产品或原材料被盗，或由于粗心大意，使本该发现的事故隐患未能及时发现，造成严重事故发生，对用人单位的利益造成重大损害的。营私舞弊，即劳动者不履行维护和增进用人单位利益的义务，而是利用手中的职权或机会，采取欺骗的方式谋取私利的故意行为。如公司的负责人等高级管理人员，利用职权收受贿赂和其他非法人收入或者侵占公司财产，或挪用公司资金或者将公司资金借给他人，或以公司资产为本公司股东或者其他个人债务提供担保，使公司的利益遭受重大损害的。此种情形必须符合下列条件：

(1)严重失职、营私舞弊与造成重大损害要有明确的因果关系。

(2)要有具体的失职或舞弊行为。

(3)有该行为给用人单位的利益造成重大损害的事实。

只要具备了上述条件，用人单位就可以解除劳动合同。

4.被依法追究刑事责任的

所谓的“被依法追究刑事责任”，是指被人民法院判处刑罚，包括拘役、管制、有期徒刑、无期徒刑、死刑、罚金、没收财产、剥夺政治权利等和依据《刑法》免于刑事处分的。劳动者在履行劳动合同期间，严重违法，构成犯罪，被人民法院依法追究刑事责任时，用人单位可以解除劳动合同。劳动者犯罪，被依法追究刑事责任，就失去了人身自由，在这种情况下，他们与用人单位订立的劳动合同实际上已无法履行，所以，用人单位可以与其解除劳动合同。

（二）用人单位根据劳动合同履行中客观情况变化解除劳动合同的情形

用人单位可根据劳动合同履行中劳动者和客观情况的变化，决定与劳动者解除劳动合同。

这种解除劳动合同的情形，用人单位需提前通知劳动者。根据《劳动法》第二十六条的规定，有下列情形之一的，用人单位可以解除劳动合同，但是应当提前 30 日以书面形式通知劳动者本人。

1.劳动者患病或者非因工负伤，医疗期满后，不能从事原工作也不能从事由用人单位另行安排工作的

患病是每个劳动者都难以避免的客观现象，非因工负伤，如发生意外的伤害事故等，属于工作以外的事故，两者产生的原因都与用人单位没有直接关系。我国法律、法规对劳动者患病或者非因工负伤，规定了一个相对合理的医疗期。这个医疗期是指劳动者患病或者非因工负伤，根据其参加工作年限和在本单位的工作年限，依法可以享受的停止工作治病休息，而不得解除劳动合同的期限；它不是劳动者因病或非因工负伤治愈实际所需要的医疗期限。

劳动者在患病或者非因工负伤医疗期内，用人单位不能解除劳动合同。医疗期满后，虽其病伤尚未医疗终结或医疗终结，但可以继续从事原工作，或者劳动者没有留下大的后遗症，可以从事由用人单位另行安排的工作的，劳动合同关系继续有效；如果劳动者的劳动能力受损减弱，经劳动鉴定委员会鉴定，不能从事原工作，由用人单位另行安排适当工作之后，仍不能从事另行安排的工作，就意味着劳动者缺乏或丧失从事工作的劳动能力，致使其无法继续履行劳动合同，用人单位因此可以解除劳动合同。

2.劳动者不能胜任工作，经过培训或者调整工作岗位，仍不能胜任工作

这里所谓“不能胜任工作”，是指劳动者不能按要求完成劳动合同约定的工作任务或者同工种（岗位）人员的工作量。

劳动者在试用期满后不能胜任工作，用人单位应当对其进行培训或者为其调整工作岗位。劳动者经过一定时间的培训或重新调整工作岗位后仍不能胜任工作，就意味着劳动者缺乏履行劳动合同的能力，用人单位可以解除劳动合同。但劳动合同约定的工作任务一定要合理，应该是绝大多数同工种（岗位）的劳动者都能够完成的工作任务，而不能故意提高工作定额标准，使劳动者无法完成工作任务。

3.劳动合同订立时所依据的客观情况发生重大变化，致使原劳动合同无法履行，经当事人协商不能就变更劳动合同达成协议的

这里的“客观情况”是指发生不可抗力或出现致使劳动合同全部或部分无法履行的其

他情况，如企业迁移、被兼并、企业资产转移等，并且排除《劳动法》第二十七条规定的情形。由于这些客观情况是当事人双方履行劳动合同的必要条件，一旦发生，就足以使劳动合同不能履行或不必要履行。如果不变更劳动合同，原合同规定的劳动权利义务关系就无法存续或者没有存续的必要。因此，当事人双方就变更劳动合同不能达成一致时，用人单位可以解除合同。

从上述情况看，在此种情况下，用人单位与劳动者解除劳动合同的依据，必须具备下列条件：

(1)确实有客观情况发生重大变化的事实。这主要是指与用人单位和劳动者劳动合同订立时相比，所依据的客观状况发生了重大变化的事实。

(2)发生重大变化的客观事实为不可归责于当事人的事由所致，如地震、水灾等不可抗力，战争、国家经济调整等。

(3)发生重大变化的客观事实未为当事人所料，且不能为当事人所料。

(4)发生重大变化的客观事实发生在劳动合同关系产生之后，消灭之前。

(5)发生重大变化的客观事实导致劳动合同不能履行，或继续履行原劳动合同将显失公平。

(6)经双方协商，不能达成变更劳动合同的协议。

在上述情况发生时，用人单位可以解除劳动合同，除履行预先通知劳动者的义务外，还应当给予劳动者经济补偿。

(三)用人单位经济性裁减人员解除劳动合同的情形

经济性裁减人员是指用人单位一次性解除一定数量劳动者的劳动合同，以此作为克服困难和改善生产经营状况的一种措施，它是提前通知解除劳动合同的一种特殊形式。由于市场形势的变化和用人单位自身经营的原因，裁减人员具有不可避免性。允许用人单位裁减人员是为了增强用人单位的活力，适应市场竞争，确保其在困境中渡过难关，以求更大的发展。但是，用人单位裁减人员涉及广大劳动者的利益，会给劳动者和社会带来不利后果，影响社会稳定和增加就业压力。因此，国家对裁减人员既允许又要从严限制。《劳动法》第二十七条第一款规定：“用人单位濒临破产进行法定整顿期间或者生产经营状况发生严重困难，确需裁减人员的，应当提前三十日向工会或者全体职工说明情况，听取工会或者职工的意见，经向劳动保障行政部门报告后，可以裁减人员。”

用人单位裁减人员，必须出于法律规定的原因。《劳动法》规定用人单位只有在下列两种情况下才能裁减人员：

1.用人单位濒临破产进行法定整顿期间

根据我国企业《破产法》[①]和《民事诉讼法》的规定，濒临破产进行法定整顿期间，是指企业由债权人申请破产后，被申请破产的企业的上级主管部门申请对该企业进行整顿的期间。

---

① 《中华人民共和国企业破产法》(简称《破产法》)于2006年8月27日，由第十届全国人民代表大会常务委员会第二十三次会议通过，国家主席令第54号颁布，自2007年6月1日起施行。《企业破产法(试行)》同时废止。

法律规定这个整顿期间，是为了促使企业改善经营状况，扭转亏损局面。因此，在濒临破产进行法定整顿期间，用人单位可以按照法律规定的程序，解除与部分劳动者的劳动合同。如果整顿成功，企业可以避免破产的命运。在整顿过程中，企业为了缩小开支范围，势必要裁减部分职工。

2.用人单位生产经营发生严重困难

用人单位生产经营状况恶化，发生诸如严重亏损、开工严重不足、产品严重积压之类的困难，并达到当地政府规定的严重困难企业标准，需要通过裁减人员来克服困难。法律之所以规定用人单位因生产经营不善，发生严重困难时可以裁减人员，是为了保证用人单位充分行使用人自主权，裁减富余人员，以重新对生产资料和劳动力进行合理配置，扭转困难局面。

对于这类经济性裁员，国家在裁减程序作出了明确规定，要求用人单位按照法定程序与被裁减人员解除劳动合同：

第一，用人单位应当提前30日向工会或全体职工说明情况，并提供有关生产经营状况的资料。

第二，提出裁减人员的方案，包括被裁减人员名单，裁减时间，实施步骤，依据的法律、法规规定，经济补偿办法。

第三，将裁减方案征求工会、全体职工的意见，并修改方案。

第四，向当地劳动保障行政部门报告裁减方案和工会、全体职工的意见，听取劳动保障行政部门的意见。

第五，公布裁减方案，与被裁减人员办理解除劳动合同手续，支付经济补偿金，出具裁减人员证明书。

《劳动法》第二十七条第二款同时规定："用人单位依据本条规定裁减人员，在六个月内录用人员的，应当优先录用被裁减的人员。"用人单位在裁减人员后经营状况发生好转，在六个月内需要招收职工的，应当优先招用被裁减的人员。其目的是防止用人单位以经营状况严重困难为借口裁减人员，侵犯劳动者的合法权益。

（四）用人单位解除劳动合同的特殊情形

用人单位解除劳动合同的特殊情形，主要有以下两种具体情况：

1.劳动者被依法判处有期徒刑，并宣告缓期执行的

劳动者被判处有期徒刑，并宣告缓期执行，是依据刑法规定追究刑事责任后的一种具体执行方式，它没有否定犯罪者的犯罪事实，也没有改变追究刑事责任的实质。因此，劳动者只要被依法追究刑事责任，不管采取什么处理方式，就已经具备了解除劳动合同的条件，用人单位可以根据其被追究刑事责任的事实解除其劳动合同。

2.女职工在"三期"期间、劳动者在规定医疗期内或工伤职工严重违纪、违法的

法律、法规对女职工"三期"期间的保护是有条件的。根据《劳动法》第二十九条的规定，女职工在"三期"期间，用人单位不得依据《劳动法》第二十六条、第二十七条的规定解除其劳动合同，并不包括《劳动法》第二十五条的规定，也就是说：女职工在"三期"期间，并非是指任何情况下都不能解除劳动合同。原劳动部《关于贯彻执行〈中华人民共和国劳动

法〉若干问题的意见》(劳部发〔1995〕309号)第三十条规定:“劳动法第二十五条为用人单位可以解除劳动合同的条款,即使存在第二十九条规定的情况,只要劳动者同时存在第二十五条规定的四种情形之一,用人单位也可以根据第二十五条的规定解除劳动合同。”这就是说,女职工严重违反劳动纪律和用人单位规章制度,或者有严重失职、营私舞弊行为,给用人单位造成重大损害,在与女职工“三期”毫无关系的情况下,即使是在“三期”内,女职工也无权享受特殊保护,用人单位可以解除劳动合同。同样,劳动者在规定的医疗期内或工伤职工严重违纪、违法的,用人单位也可以解除劳动合同。

四、劳动者解除劳动合同情形

用人单位和劳动者解除劳动合同,不仅有用人单位解除劳动合同的情形,同样,也有劳动者解除劳动合同的情形。劳动者解除劳动合同是指劳动者在劳动过程中因主观原因,或因用人单位的过错或客观原因,致使劳动合同不能履行,劳动者依据法律、法规规定,单方解除劳动合同的情况。

按照《劳动法》的规定,劳动者可以解除劳动合同的情形,分为随时解除劳动合同和提前通知用人单位解除劳动合同两种情形。

(一)劳动者可以随时解除劳动合同的情形

劳动者随时解除劳动合同,是指劳动者无须向用人单位提前通知或征求用人单位的同意,就可以解除劳动合同。《劳动法》第三十二条规定:“有下列情形之一的,劳动者可以随时通知用人单位解除劳动合同:(一)在试用期内的;(二)用人单位以暴力、威胁或者非法限制人身自由的手段强迫劳动的;(三)用人单位未按劳动合同约定支付劳动报酬或者提供劳动条件的。”

依据《劳动法》第三十二条的规定,由劳动者解除劳动合同的情形,无须提前通知用人单位,或征得用人单位的同意,并且不承担任何责任。

1.劳动者在试用期内的

试用期不仅是用人单位对劳动者是否符合录用条件和胜任工作的考察检验,也是劳动者对用人单位支付劳动报酬和提供劳动条件等履行劳动合同能力方面的考察检验。

在试用期内,劳动者对是否建立正式劳动关系仍有选择权。如果劳动者认为用人单位不符合自己的要求,或者认为从事的工作岗位不能发挥自己的特长,不适合自己的爱好,或出于其他原因,均可以随时提出解除劳动合同。即使用人单位出资对劳动者进行过专业技术培训,劳动者也无须向用人单位赔偿。

劳动者在试用期内解除劳动合同是无条件的。用人单位解除劳动合同是有条件的,用人单位要有合法有效的证据证明劳动者不符合录用条件或不能胜任工作。

2.用人单位以暴力、威胁或者非法限制人身自由的手段强迫劳动者劳动的

这里“暴力”是指用人单位对劳动者身体直接采用强制性的手段,强迫劳动者为其劳动。

“威胁”是指用人单位以实行暴力或其他非法手段对劳动者本人及其亲属的人身、财产、名誉加以损害,来胁迫劳动者劳动。

“非法限制人身自由”是指用人单位采用拘留、禁闭或其他强制性手段，非法剥夺或限制劳动者按照自己的意志支配自己的身体活动自由的行为。

在劳动关系中，劳动者依法享有基本的人身自由，不仅包括法定工作时间之外的完全人身自由，也包括法定工作时间之内的有限人身自由。公民的人身自由是《宪法》规定的权利，任何人不得侵犯。

劳动者与用人单位之间的劳动关系，是建立在平等自愿、协商一致基础上的合同关系，这种劳动关系不是人身依附关系。因此，用人单位必须严格按照劳动合同的约定，安排劳动任务。劳动者也必须严格执行劳动合同的约定，努力完成劳动任务。不允许用人单位以暴力、威胁或者非法限制人身自由的手段强迫劳动，即便在劳动者没有严格执行劳动合同完成工作任务的情况下，用人单位也不得以暴力、威胁或者非法限制人身自由的手段强迫劳动者劳动。否则，不仅触犯了《劳动法》，还触犯了《宪法》《刑法》《民法》等其他法律，应当受到法律的严厉制裁。劳动法律、法规规定，在用人单位以暴力、威胁或者非法限制人身自由的手段强迫劳动者劳动的情况下，劳动者可以随时解除劳动合同，而不必提前通知用人单位，是对其基本人身权利的保护。

3.用人单位未按劳动合同约定支付劳动报酬或提供劳动条件的

劳动报酬是劳动者付出劳动应得的收入，是劳动者得以维持劳动力再生产的主要来源，是用人单位的法定义务。

劳动条件是劳动者从事生产劳动必不可少的。不提供劳动条件，劳动就无法正常进行，劳动者的生命安全和健康就得不到保障。劳动条件包括劳动者履行劳动义务所必需的生产资料条件和安全卫生条件。

劳动者进行劳动，用人单位应按照劳动合同约定支付相应的报酬，提供必要的劳动条件。用人单位任意克扣或者拖欠劳动者工资，隐瞒或欺骗劳动者，让其在有毒有害和无防护设备等恶劣环境中劳动，导致劳动者中毒、残废或者死亡，是法律、法规所不允许的。因此，为保护劳动者的合法权益，《劳动法》明确规定用人单位未按劳动合同约定支付劳动报酬或者提供劳动条件的情况下，劳动者有权随时解除劳动合同，并且，根据造成后果的严重程度，要追究有关人员的行政或刑事责任。

因此，在劳动合同履行过程中，只要出现了上述几种情况，劳动者可以随时解除劳动合同，不承担法律责任，并有权要求用人单位按照劳动合同的约定和其提供的劳动，支付劳动报酬和其他福利待遇。

(二)劳动者提前通知解除劳动合同的情形

劳动者单方解除劳动合同无须有任何实质性条件，但必须提前通知用人单位，以使用人单位进行必要的准备，避免影响其生产和经营，且应依据劳动合同的规定，向用人单位承担责任。劳动者有权出于自身的原因提出解除劳动合同，是劳动者完全出于个人意愿而提出解除劳动合同，而与用人单位的行为无任何关系。

选择职业的权利，是《劳动法》规定的劳动者的一项基本权利。这项权利的实现，有利于劳动者根据自己的能力、特长、志趣和爱好，选择最适合自己的职业，从而最大限度地发挥自身的潜能，在更好地为社会、为人类创造财富的同时，实现自身的价值。选择职业的权利，既包括失业人员在选择职业过程中，选择适合自己工作岗位的权利，如通过试用期，亲身体验并判断工作岗位是否适合自己的特长，也包括已经就业的人员，在从事的工作岗位不适合自己时，选择其他工作岗位的权利。因此，《劳动法》第三十一条规定："劳动者解除劳动合同，应当提前三十日以书面形式通知用人单位。"这是劳动者解除劳动合同的一般情形，也为劳动者行使解除合同的权利提供了法律依据，是对劳动者选择职业的权利的规定和具体化。

根据上述规定，劳动者认为现从事的工作岗位难以发挥自己的作用时，或已经找到了更好的工作时，或由于其他种种原因，都有权提出解除劳动合同，但劳动者须提前书面通知用人单位。如果劳动者没有提前30日书面通知用人单位就解除了劳动合同或违反劳动合同中约定的保密事项，对用人单位造成损失的，应承担赔偿责任；如属于劳动合同未到期限的，还要承担相应的违反劳动合同的责任。因此，劳动者行使这一权利时，应注意以下问题：

(1)劳动者应当提前30日以书面形式通知用人单位。这是劳动者解除劳动合同或辞职的程序，也是解除劳动合同或辞职的条件。

(2)只要劳动者提前30日通知了用人单位，并且超过30天的，无论用人单位是否批准，劳动者均可以解除劳动合同或辞职，用人单位应当为劳动者办理手续。

(3)劳动者解除劳动合同或辞职，给用人单位造成的经济损失，应当依据法律、法规、规章规定和劳动合同约定承担赔偿责任。

劳动者应承担的违反劳动合同约定的责任，不能因其提前30日通知了用人单位而免除所有责任。

《劳动法》之所以规定劳动者单方解除劳动合同应当提前30日以书面形式通知用人单位，一方面充分考虑劳动合同双方当事人订立劳动合同的自愿原则，反映了劳动合同制度具有的变动性、流动性的本质特点，促进用人单位建立劳动者能进能出的用人制度；另一方面又兼顾当事人双方的利益，给用人单位一定的期限进行准备和调整，利用这一期限，用人单位可以重新安排人员，避免因劳动者辞职给生产经营带来的损失。如果劳动者违反提前30日以书面形式通知用人单位解除劳动合同的规定，用人单位可不予办理，并可要求其继续履行劳动合同，劳动争议处理机关应予以支持。

五、用人单位不得解除劳动合同情形

为了保证用人单位的正常的生产经营秩序，严格纪律，提高劳动生产率，确保用人单位正常的生产经营需要，《劳动法》第二十五条、第二十六条、第二十七条分别规定了用人单位单方解除劳动合同的不同情形。但是为了保护劳动者的合法权益，《劳动法》第二十九条又规定："劳动者有下列情形之一的，用人单位不得依据本法第二十六条、第二十七条的规定解除劳动合同：(一)患职业病或者因工负伤并被确认丧失或者部分丧失劳动能力的；(二)患病或者非因工负伤，在规定的医疗期内的；(三)女职工在孕期、产期、哺乳期内的；(四)法律、行政法规规定的其他情形。"

这里的"不得解除"劳动合同是指用人单位不能以《劳动法》第二十六条、第二十七条

的规定为理由提出解除劳动合同。“不得解除”不是无条件的、绝对的，而是有条件的。在用人单位不得解除劳动合同的规定中，《劳动法》第二十九条规定的用人单位不得解除劳动合同的情形，就没有将该法第二十五条规定的情形列入。如果劳动者出现了用人单位可以随时解除的条件，则不能得到“不得解除”劳动合同规定的保护。

（一）劳动者患职业病或者因工负伤并被确认丧失或者部分丧失劳动能力的

职业病是指劳动者在生产劳动或从事其他职业中，接触职业性有害因素造成的疾病。

因工负伤是指劳动者因工作事故原因负伤，或者属于法律、法规规定范围内的其他原因造成的伤害，包括由于执行日常工作，以及执行用人单位行政方面临时指定或同意的工作，在紧急情况下未经企业行政方面指定而从事对用人单位有利的工作，由于从事发明创造或者技术改进的工作或在从事对社会有利的工作情况下负伤等都属于因工负伤。劳动者因工负伤多是由劳动过程中的职业危害因素所致。国家对劳动者工伤保险实行“无责任补偿”或称“无过错补偿”的原则，只要认定为工作中的意外伤害，无论事故责任是出于本人过失，还是出于同事或用人单位过失，都要对受伤害的劳动者给予补偿。因此，用人单位对由此而丧失或者部分丧失劳动能力的劳动者，负有保障其生活和劳动的义务。在这种情况下，不得解除劳动合同，而应按照国家行政法规关于工伤保险待遇的规定，给予一定的经济补偿，对他们今后的生活和工作给予特殊照顾。

劳动者患职业病或者因工负伤丧失或者部分丧失劳动能力的程度，由劳动鉴定委员会依法作出鉴定。

（二）劳动者患病或者负伤，在规定的医疗期内的

患病是指患职业病以外的疾病。

负伤是指非因工负伤。

医疗期是指劳动者患病或者非因工负伤，依法可以享受的停止工作治病休养的时限。

法律、法规规定劳动者患病或负伤，用人单位应当给予一定的医疗期，以保证劳动者治病和疗伤的需要，并在此期限内负有保障其医疗和生活的义务。这是法律赋予劳动者的权利。

关于医疗期，我国劳动法律、法规规定，应根据劳动者参加工作年限和在本单位工作年限的长短，给予3～24个月的医疗期。对某些患特种疾病，如癌症、精神病、瘫痪等的劳动者，在24个月内尚不能治愈的，经用人单位主管部门和劳动保障部门批准，可以适当延长医疗期。

在医疗期内，劳动者身体还未康复，无法重新寻找工作。如果用人单位解除劳动合同，可能会影响劳动者的身体健康和生活状况。在这种情况下，即使出现了特殊的经营困难，用人单位也不得解除劳动合同。

（三）女职工在孕期、产期和哺乳期内的

孕期是指女职工怀孕期间。产期是指女职工生育期间。哺乳期是指女职工哺乳婴幼儿的期间。

用人单位不得以女职工在孕期、产期和哺乳期内为理由解除劳动合同，目的是保护妇女和儿童的特殊权益，保障人类的再生产和下一代的身心健康。因为女职工怀孕、生育和哺乳婴儿不是女职工个人的事情，而是一种社会义务。对女职工“三期”的保护也是一种社会责任，它关系到民族的兴衰和国家的存亡。

女职工在“三期”内，自身生理功能会发生一系列变化。这些变化会直接或间接地影响到她们所从事的劳动，因而可能会对用人单位生产带来一定影响，但这一影响并非女职工个人的过失或过错造成的。因此，即使具备了解除劳动合同的条件，用人单位也不得解除劳动合同；即使劳动合同期满，用人单位也不得解除劳动合同。

(四)法律、行政法规规定的其他情形

这是一个开放性的规定。因为现实生活中的情况千变万化，在一个法规中很难对未来的所有情况进行规定。

法律、行政法规规定的其他情形，在《劳动合同法》就有所体现。

对于用人单位不得解除劳动合同的情形，《劳动合同法》同样也做了明确的规定，并且比《劳动法》更具体、明确。《劳动合同法》第四十二条规定：“劳动者有下列情形之一的，用人单位不得依照本法第四十条①、第四十一条②的规定解除劳动合同：(一)从事接触职业病危害作业的劳动者未进行离岗前职业健康检查，或者疑似职业病病人在诊断或者医学观察期间的；(二)在本单位患职业病或者因工负伤并被确认丧失或者部分丧失劳动能力的；(三)患病或者非因工负伤，在规定的医疗期内的；(四)女职工在孕期、产期、哺乳期的；(五)在本单位连续工作满十五年，且距法定退休年龄不足五年的；(六)法律、行政法规规定的其他情形。”

可见，在《劳动法》规定了符合用人单位不得与劳动者解除劳动合同的情形外，《劳动合同法》又具体明确增加了两种情形：①从事接触职业病危害作业的劳动者未进行离岗前职业健康检查，或者疑似职业病病人在诊断或者医学观察期间的；②在本单位连续工作满十五年，且距法定退休年龄不足五年的。

劳动者的合法权益相对于企业和其他用人单位来说，更需要得到保护。《劳动法》和《劳动合同法》都有“法律、行政法规规定的其他情形”。这样规定，目的是避免现行法律、法规规定遗漏的其他情形，与其他法律、法规或与以后颁布的法律、法规相衔接。同时考虑到社会生产中各行各业的一些特殊性，除已经列出的情形外，还有其他用人单位不得解除劳动合同的情形。在这些情形出现后，用人单位也不得随意解除劳动合同，从而更好地

---

① 《劳动合同法》第四十条：“有下列情形之一的，用人单位提前三十日以书面形式通知劳动者本人或者额外支付劳动者一个月工资后，可以解除劳动合同：(一)劳动者患病或者非因工负伤，在规定的医疗期满后不能从事原工作，也不能从事由用人单位另行安排的工作的；(二)劳动者不能胜任工作，经过培训或者调整工作岗位，仍不能胜任工作的；(三)劳动合同订立时所依据的客观情况发生重大变化，致使劳动合同无法履行，经用人单位与劳动者协商，未能就变更劳动合同内容达成协议的。”

② 《劳动合同法》第四十一条：“有下列情形之一，需要裁减人员二十人以上或者裁减不足二十人但占企业职工总数百分之十以上的，用人单位提前三十日向工会或者全体职工说明情况，听取工会或者职工的意见后，裁减人员方案经向劳动行政部门报告，可以裁减人员：(一)依照企业破产法规定进行重整的；(二)生产经营发生严重困难的；(三)企业转产、重大技术革新或者经营方式调整，经变更劳动合同后，仍需裁减人员的；(四)其他因劳动合同订立时所依据的客观经济情况发生重大变化，致使劳动合同无法履行的。”

保护劳动者的合法权益。

第二节　劳动合同终止

劳动合同的终止，也就是劳动者和用人单位劳动关系的终止。通常为当事人双方按照劳动合同约定，履行了全部义务，实现了相应的权利，劳动合同终止的条件出现时，终止双方的劳动关系。劳动合同终止的原因是多方面的，但国家为保护劳动者的合法权益，在规定了劳动合同终止的同时，也规定了用人单位不得终止劳动合同的情形。

一、劳动合同终止情形

劳动合同终止是指劳动合同期满或者当事人约定的劳动合同终止条件出现，以及劳动合同一方当事人消失，无法继续履行劳动合同时结束劳动关系的行为。它意味着劳动合同确定的劳动权利义务关系履行完毕，当事人任何一方均不得强制对方继续履行原劳动合同。

劳动合同终止主要有以下几种情形：

(1)劳动合同期限届满，劳动合同终止。根据《劳动法》第二十三条的规定，劳动合同期满，劳动合同即行终止。

(2)劳动合同双方当事人在劳动合同中约定的终止条件出现，劳动合同即告终止。根据《劳动法》第二十三条的规定，当事人约定的劳动合同终止条件出现，劳动合同即行终止。因此，当事人双方如果未遇到意外情况，无固定期限劳动合同只有在双方约定的条件出现时，才告终止。

(3)劳动合同双方当事人发生劳动争议，经劳动争议仲裁委员会裁决或人民法院判决终止其效力的劳动合同应当终止。

(4)除国家另有规定外，用人单位因破产或其他法定事由，使得原劳动关系一方主体不复存在，劳动合同即告终止。

(5)劳动合同履行中，由于自然因素或社会因素，而发生了不可抗力的情况，在合同期限内不可能恢复，原劳动合同无法继续履行或履行成为不必要，劳动合同可以终止。

(6)以完成某项工作任务为期限的劳动合同，在该项工作任务完成后，劳动合同即告终止。以完成某项工作任务为期限的劳动合同，实际上是有固定期限劳动合同的一种特殊形式。工作任务完成之日，即为劳动合同终止之时。

(7)经当事人双方协商一致，同意终止劳动合同，劳动合同可以终止。

(8)劳动者丧失劳动能力，导致劳动合同无法履行而终止。劳动者丧失劳动能力是指劳动者因病、非因工负伤或者因职业病、因工伤残，被劳动鉴定委员会鉴定为伤残一至四级完全丧失劳动能力，致使劳动合同不能履行。因此，只能解除劳动合同。

(9)劳动者达到法定退休年龄，退出劳动岗位，劳动合同即告终止。

(10)劳动者死亡，劳动合同主体一方已不存在，劳动合同关系自然终止。

劳动合同期限届满前，用人单位应提前1个月向劳动者提出终止或续订劳动合同的书面意向书，并送达劳动者。经双方协商，同意续订劳动合同的，应在合同期限届满前办理续订劳动合同手续。经双方协商，不同意续订劳动合同而终止的，用人单位应当按照国家有关规定向劳动者出具书面证明。

二、用人单位不得终止劳动合同情形

用人单位不得终止劳动合同的情形，是指用人单位在劳动合同终止条件出现时，遇到法律、法规和规章规定的不得与劳动者终止劳动合同的情况，应继续履行劳动合同，直到终止条件具备出现时，方可终止劳动合同。《劳动合同法》第四十五条规定："劳动合同期满，有本法第四十二条①规定情形之一的，劳动合同应当续延至相应的情形消失时终止。但是，本法第四十二条第二项规定丧失或者部分丧失劳动能力劳动者的劳动合同的终止，按照国家有关工伤保险的规定执行。"

（一）从事接触职业病危害作业的劳动者未进行离岗前职业健康检查，或者疑似职业病病人在诊断或者医学观察期间的

国务院《使用有毒物品作业场所劳动保护条例》②第三十三条规定："用人单位应当对从事使用有毒物品作业的劳动者进行离岗时的职业健康检查；对离岗时未进行职业健康检查的劳动者，不得解除或终止劳动合同。用人单位发生分立、合并、解散、破产等情形的，应当对从事使用有毒物品作业的劳动者进行健康检查，并按照国家有关规定妥善安置职业病病人。"因此，用人单位在终止劳动合同前，应对从事使用有毒物品作业的劳动者进行健康检查；否则，不得终止劳动合同。

（二）劳动者因病或者非因工负伤，在规定的医疗期内的

劳动者因病或者非因工负伤在一定的期限内带薪治疗休养，是法律赋予劳动者的权利，它不因劳动合同终止而被剥夺。用人单位应根据劳动者的工龄和在本单位的工作年限给予一定期限的治疗恢复期。在此期间，用人单位不得终止劳动合同，即使是劳动合同期限届满或约定的终止条件出现也不能终止，需延续到医疗期满，才能终止劳动合同。

（三）女职工在孕期、产期、哺乳期内的

国家对女职工孕期、产期和哺乳期的保护，是社会的责任，也是用人单位义不容辞的义务。女职工在"三期"内，用人单位不得终止劳动合同，即使是劳动合同期限届满或约定的终止条件出现也不能终止，必须延续到"三期"期满后，才能终止劳动合同。

（四）在本单位连续工作满十五年，且距法定退休年龄不足五年的

按照《劳动法》的规定，劳动者在同一单位连续工作满 10 年以上，当事人双方同意续延劳动合同的，如果劳动者提出订立无固定期限的劳动合同，应当订立无固定期限的劳动合同。劳动者在本单位连续工作满 15 年了，应该订立无固定期限的劳动合同。距法定退

---

① 《劳动法》第四十二条参见本书第 121 页。

② 《使用有毒物品作业场所劳动保护条例》于 2002 年 4 月 30 日由国务院第五十七次常务会议通过。2002 年 5 月 12 日，国务院令第 352 号公布，自公布之日起施行。

休年龄不足5年的劳动者,如果此时用人单位终止劳动合同,使其成为失业人员,想实现再就业,无论年龄,还是精力,甚至知识结构,在市场经济条件下实现再就业,已经没有任何优势了,就业会特别困难。因此,对在本单位连续工作满15年,且距法定退休年龄不足5年的劳动者,国家制定了特殊保护措施。即使企业按照规定支付了职工经济补偿金,企业也不得依据企业生产经营状况发生严重困难需要裁减人员,并且提前30日向工会和全体职工说明了情况,听取了工会和职工的意见为由与劳动者终止解除劳动合同。

(五)法律、行政法规规定的其他情形

这一规定,也是一条开放性的条款。随着用人单位生产经营状况的变化和社会经济的发展,还会出现或遇到其他的侵害劳动者合法权益的情形。国家还应制定其他的法律、行政法规来规范企业的用人行为,还需要进一步保护劳动者的合法权益。

对劳动者因职业病、工伤丧失或者部分丧失劳动能力劳动者,可以终止劳动合同,但要按照国家有关工伤保险的规定享受工伤保险待遇。以前,在工伤保险和残疾人康复就业制度尚未建立和不完善的情况下,对因职业病、工伤部分丧失劳动能力的劳动者,劳动合同期满的,是不允许终止劳动合同的,仍由原单位按照国家有关规定提供医疗等待遇。但现在,我国已经建立健全了工伤保险制度和残疾人康复就业制度,并且我国行政区域内,所有用人单位均参加了工伤保险。对在本单位患职业病或者因工负伤,并被确认丧失或者部分丧失劳动能力的,应按照国家有关工伤保险的规定享受工伤保险待遇。《工伤保险条例》第二条规定:"中华人民共和国境内的企业、事业单位、社会团体、民办非企业单位、基金会、律师事务所、会计师事务所等组织和有雇工的个体工商户(以下称用人单位)应当依照本条例规定参加工伤保险,为本单位全部职工或者雇工(以下称职工)缴纳工伤保险费。"第十四条规定:"职工有下列情形之一的,应当认定为工伤",其中就有患职业病的。因此,为保证因职业病、工伤部分丧失劳动能力劳动者的合法权益,国家对因工伤部分丧失劳动能力的劳动者作了保护性规定。

劳动合同期满终止,劳动者除继续履行法律、法规规定和双方约定的义务外,用人单位应当无条件地为其办理终止劳动合同的各项手续。

在劳动合同期满终止时,用人单位不得要求劳动者交回职业资格证书和强迫劳动者缴纳培训费,并不得以不予办理终止劳动合同手续、扣押"劳动手册"等相威胁。

第三节　解除劳动关系处理事项及违规法律责任

劳动关系解除后,用人单位应按照有关规定给予劳动者经济补偿。这是我国的一项经济补偿制度。实行解除劳动合同经济补偿制度,是为了保证劳动者解除劳动合同后,在寻找到新的工作前,其基本生活开支有必要的保障和有能力继续治病医疗。同时对违反劳动合同的,也要承担法律责任。

一、解除劳动关系后的权利义务

用人单位和劳动者劳动关系解除后,不但没有立即消灭当事人双方的权利和义务,而且对当事人双方来说，随之又产生了新的义务，双方还必须将这些义务履行完毕。《山东省劳动合同条例》第三十条规定："用人单位应当自出具解除或者终止劳动合同证明之日起15日内，为劳动者办理档案和社会保险转移手续，并结清劳动者的劳动报酬和其他费用。用人单位依法向劳动者支付经济补偿的，应当在办理工作交接时支付。"同时规定："劳动合同解除或者终止后，劳动者应当按照双方约定的时间、地点办理工作交接，归还用人单位的生产工具、技术资料等财物。"这就明确了用人单位和劳动者解除或者终止劳动合同后，双方应履行的义务。

（一）劳动关系解除后用人单位的义务

用人单位解除或终止劳动合同后，对劳动者所负的义务，主要有：

1.支付劳动者经济补偿

劳动合同解除或终止后，对符合支付经济补偿条件的劳动者，用人单位要按规定支付经济补偿。经济补偿包括经济补偿金、医疗补助费等。《劳动法》第二十八条规定："用人单位依据本法第二十四条、第二十六条、第二十七条的规定解除劳动合同的，应当依照国家有关规定给予经济补偿。"

2.为劳动者出具解除或终止劳动合同证明

解除或终止劳动合同证明书，是用人单位与劳动者终止劳动关系的凭证，又是劳动者享受失业保险待遇和进行失业登记、求职登记的依据。此证明的内容包括：劳动者的姓名、性别、年龄，劳动合同的期限，解除或终止劳动合同的日期和原因，劳动者所担任的工作等事项。

3.为劳动者补缴各项社会保险费，并办理社会保险关系转移手续

凡是依法应由用人单位为劳动者缴纳的各项社会保险费，在解除或终止劳动合同时，用人单位应负责一并缴齐。同时要按规定，为劳动者办理职工基本养老保险、职工基本医疗保险等社会保险关系转移手续；劳动者符合退休、退职条件的，用人单位应为其向人社部门移交办理退休、退职手续。

4.清偿所欠劳动者的债务或返还财产

用人单位在解除或终止劳动合同时，如果有拖欠劳动者的工资或其他债务，应当一次性清偿。劳动者在劳动关系存续期间寄存的各项财产和属于劳动者的财产，应全部返还。如果因某种特殊原因确实无法清偿或返还的，用人单位应当与劳动者协商订立书面协议，确定清偿或返还的时间和办法。

5.为劳动者办理档案转移手续

用人单位在解除或终止劳动合同时，应及时将劳动者的档案材料转移到新的用人单位；如果劳动者暂时没有新的工作单位，应将其档案移交失业保险经办机构或转移到本人户口所在地的街道，或应劳动者的要求转送到职业介绍机构，为劳动者享受失业保险待遇办理有关手续。

6.为被裁减人员提供一次就业保障

用人单位以经济性裁减人员的方式解除劳动合同，自解除劳动合同之日起6个月内需要招收新人员的，应当从所裁减人员中优先录用，并向当地劳动保障部门报告录用人员

的数量、条件、时间和优先录用人员的情况。

(二)劳动关系解除后劳动者的义务

劳动者解除或终止劳动合同后,对用人单位所负的义务,主要有:

1.结束并移交有关事务

解除或终止劳动合同时,劳动者应当按照用人单位的要求或双方协商达成的协议,结束其正在进行的事务,对紧急事务作应急处理。同时,向用人单位办理各项事务移交手续,包括所担负工作事务的移交和所保管物品的移交等。

2.偿还债务

解除或终止劳动合同时,劳动者所欠用人单位的债务也应全部返还。债务包括劳动者违反法律、法规规定和劳动合同约定解除劳动合同,给用人单位造成的经济损失,由用人单位出资进行业务技能培训及招收录用的费用,劳动者在劳动关系存续期间借用或所欠的其他费用、财物等。

3.继续保守商业秘密

掌握用人单位商业秘密的劳动者,在解除或终止劳动合同后一定期限内应当继续履行保密义务。根据规定,掌握商业秘密的劳动者按劳动合同约定,在终止劳动关系后一定期限内(一般不超过3年),不得到与原用人单位生产同类产品或经营同类业务且有竞争关系的其他用人单位任职,也不得自己生产或经营有竞争关系的同类产品或经营同类业务。

二、解除劳动关系经济补偿

经济补偿是指用人单位对劳动者在劳动关系存续期间,为本单位所做劳动贡献积累的补偿,也是因解除或终止劳动合同给劳动者带来一定经济损失的补偿。用人单位解除终止劳动合同给劳动者的生活造成了一定的困难,而重新就业又需要一段时间。对此,国家规定,用人单位解除终止劳动合同,应当依照法律、法规的规定给予相应的经济补偿。经济补偿一般包括三部分:经济补偿金、医疗补助费和禁止同业竞争补偿费。

(一)用人单位解除劳动合同的经济补偿

用人单位解除劳动合同的经济补偿,是指用人单位依据法律、法规规定解除劳动合同时,一次性支付劳动者的经济补偿金。

1.用人单位支付经济补偿的范围和依据

我国实行解除劳动合同经济补偿制度,但并不是所有劳动者被解除劳动合同的都可以享受经济补偿。《劳动法》第二十八条规定:“用人单位依据本法第二十四条、第二十六条、第二十七条的规定解除劳动合同,应当依照国家有关规定给予经济补偿。”《劳动合同条例》第四十六条在《劳动法》第二十八条规定的基础上,又具体明确增加了几种用人单位解除劳动合同应当支付经济补偿的情形。《劳动合同法》第四十六条规定:“有下列情形之一的，用人单位应当向劳动者支付经济补偿：（一）劳动者依照本法第三十八条[①]规定解除劳动合同的；（二）用人单位依照本法第三十六条[②]规定向劳动者提出解除劳动合同，并与劳动者协商一致解除劳动合同的；（三）用人单位依照本法第四十条[③]规定解除劳动合同的；（四）用人单位依照本法第四十一条第一款[④]规定解除劳动合同的；（五）除用人单位维持或者提高劳动合同约定条件续订劳动合同，劳动者不同意续订的情形外，依照本法第四十四条第一项[⑤]规定终止固定期限劳动合同的；（六）依照本法第四十四条第四项[⑥]、第五项[⑦]规定终止劳动合同的；（七）法律、行政法规规定的其他情形。”

从法律、法规的规定看，除因劳动者因为本人的原因提出解除劳动合同或因其违纪、违法被用人单位解除劳动合同外，用人单位都应当支付劳动者经济补偿金。

2.支付经济补偿金的月数和标准

国家对用人单位支付劳动者经济补偿金的月数和每月的标准等都作出了明确的规定。用人单位依据国家的规定，并根据劳动者在本单位工作时间的长短，确定支付劳动者经济补偿的月数。《劳动合同法》第四十七条规定：“经济补偿按劳动者在本单位工作的年限，每满一年支付一个月工资的标准向劳动者支付。六个月以上不满一年的，按一年计算；不满六个月的，向劳动者支付半个月工资的经济补偿。”

这里所说的月工资是指劳动者在劳动合同解除或者终止前12个月的平均工资。劳动者月工资高于用人单位所在直辖市、设区的市级人民政府公布的本地区上年度职工月平均工资3倍的，向其支付经济补偿的标准按职工月平均工资3倍的数额支付。

根据工作年限，支付最多不超过12个月劳动者工资的经济补偿。

（三）用人单位不支付经济补偿金的情形

国家在规定了用人单位与劳动者解除劳动合同，应当支付经济补偿情形的同时，也明确了用人单位和劳动者解除或者终止劳动合同，可以不支付经济补偿的情形。从法律、法

---

① 《劳动合同法》第三十八条：“用人单位有下列情形之一的，劳动者可以解除劳动合同：（一）未按照劳动合同约定提供劳动保护或者劳动条件的；（二）未及时足额支付劳动报酬的；（三）未依法为劳动者缴纳社会保险费的；（四）用人单位的规章制度违反法律、法规的规定，损害劳动者权益的；（五）因本法第二十六条第一款规定的情形致使劳动合同无效的；（六）法律、行政法规规定劳动者可以解除劳动合同的其他情形。用人单位以暴力、威胁或者非法限制人身自由的手段强迫劳动者劳动的，或者用人单位违章指挥、强令冒险作业危及劳动者人身安全的，劳动者可以立即解除劳动合同，不需事先告知用人单位。”

② 《劳动合同法》第三十六条：“用人单位与劳动者协商一致，可以解除劳动合同。”

③ 《劳动合同法》第四十条：“有下列情形之一的，用人单位提前三十日以书面形式通知劳动者本人或者额外支付劳动者一个月工资后，可以解除劳动合同：（一）劳动者患病或者非因工负伤，在规定的医疗期满后不能从事原工作，也不能从事由用人单位另行安排的工作的；（二）劳动者不能胜任工作，经过培训或者调整工作岗位，仍不能胜任工作的；（三）劳动合同订立时所依据的客观情况发生重大变化，致使劳动合同无法履行，经用人单位与劳动者协商，未能就变更劳动合同内容达成协议的。”

④ 《劳动合同法》第四十一条：“有下列情形之一，需要裁减人员二十人以上或者裁减不足二十人，但占企业职工总数百分之十以上的，用人单位提前三十日向工会或者全体职工说明情况，听取工会或者职工的意见后，裁减人员方案经向劳动行政部门报告，可以裁减人员：（一）依照企业破产法规定进行重整的。”

⑤ 《劳动合同法》第四十四条第一项：“劳动合同期满的。”

⑥ 《劳动合同法》第四十四条第四项：“用人单位被依法宣告破产的。”

⑦ 《劳动合同法》第四十四条第五项：“用人单位被吊销营业执照、责令关闭、撤销或者用人单位决定提前解散的。”

规规定来看，用人单位不支付经济补偿金的情况，一般是因劳动者的原因导致解除劳动合同或未造成劳动者失业等情况。

1.依据《劳动法》第二十五条规定解除劳动合同的

《劳动法》第二十五规定："劳动者有下列情形之一的，用人单位可以解除劳动合同：(一)在试用期间被证明不符合录用条件的；(二)严重违反劳动纪律或者用人单位规章制度的；(三)严重失职，营私舞弊，对用人单位造成重大损害的；(四)被依法追究刑事责任的。"

2.经当事人协商一致，由劳动者提出解除劳动合同的

3.劳动者在劳动合同期限内，由于主管部门调动或转移工作单位而被解除劳动合同，未造成失业的

在这种情况下，用人单位和劳动者解除或者终止劳动合同，可以不支付经济补偿，但劳动者在原单位的工作年限，应合并计算为新单位解除劳动合同经济补偿金的工作年限。

4.劳动者在试用期内解除劳动合同的

劳动者依据《劳动法》第三十二条第一项[①]规定解除劳动合同，用人单位可以不支付经济补偿金，但应按照劳动者的实际工作天数支付工资。

5.用人单位发生分立或合并，重新订立劳动合同的

用人单位发生分立或合并后，分立或合并后的用人单位可根据其实际情况与原用人单位的劳动者遵循平等自愿、协商一致的原则变更、解除或重新订立劳动合同。在此情况下重新订立劳动合同，视为对原劳动合同的变更，用人单位变更劳动合同，劳动者不能依据《劳动法》第二十八条[②]的规定要求经济补偿金。换言之，用人单位可以不支付经济补偿金。但劳动者在分立、合并前的工作年限应合并计算为分立、合并后用人单位支付其经济补偿金的工作年限。

根据《劳动法》的规定，《山东省劳动合同条例》列出了更具体、详细的用人单位和劳动者解除劳动合同，可不支付经济补偿的情形。《山东省劳动合同条例》第二十八条第二款规定："劳动者有下列情形之一，用人单位解除或者终止劳动合同的，可以不支付经济补偿：(一)在试用期间被证明不符合录用条件的；(二)严重违反用人单位规章制度的；(三)严重失职，营私舞弊，给用人单位造成重大损害的；(四)被依法追究刑事责任的；(五)同时与其他用人单位建立劳动关系，对完成本单位的工作任务造成严重影响，或者经用人单位提出，拒不改正的；(六)以欺诈、胁迫的手段或者乘人之危，使用人单位在违背真实意思的情况下订立或者变更劳动合同致使劳动合同无效的；(七)自用工之日起三十日内经用人单位书面通知后，仍然不与用人单位订立劳动合同而终止劳动关系的；(八)提出解除劳动合同并与用人单位协商一致解除劳动合同的；(九)提前三十日以书面形式通知用人单位解除劳动合同，或者在试用期内提前三日通知用人单位解除劳动合同的；(十)固定期限劳动合同期满终止，用人单位维持或者提高劳动合同约定条件续订劳动合同，劳动者不同意

---

① 《劳动法》第三十二条第一项："在试用期内的。"

② 《劳动法》第二十八条："用人单位依据本法第二十四条、第二十六条、第二十七条的规定解除劳动合同的，应当依照国家有关规定给予经济补偿。"

续订的;(十一)法律、法规规定的其他情形。"

以上是《山东省劳动合同条例》列出的11种情形,用人单位和劳动者解除或终止劳动合同,可不予支付经济补偿。

三、违反劳动合同法律责任

违反劳动合同的法律责任,又称违约责任,是指劳动合同的当事人一方或双方不履行或者不完全履行劳动合同,依法应当承担的法律后果,即违反劳动合同行为人应当承担具有强制性的某种法律上的责任。

劳动合同依法订立后,就具有法律约束力,当事人双方应当自觉履行、完全履行。违反劳动合同的约定,必须要追究违反劳动合同的法律责任,这是法律为了保护当事人合法权益而采取的强制补救措施。

(一)法律对劳动合同的约束力

劳动合同是调整具体劳动关系的法律手段。《劳动法》第十六条第一款规定:"劳动合同是劳动者与用人单位确立劳动关系、明确双方权利和义务的协议。"同时《劳动法》第十七条第二款规定:"劳动合同依法订立即具有法律约束力,当事人必须履行劳动合同规定的义务。"

法律对劳动合同的约束力,主要表现在以下几个方面:

(1)劳动合同一经订立,说明用人单位与劳动者之间的劳动关系已经确立,即当事人之间就产生了法律意义上的劳动权利义务关系。劳动合同是劳动者与用人单位之间关于劳动关系的协议,双方签订劳动合同的行为是一种法律行为。当事人所享有的权利和承担的义务,是根据劳动法律、法规由劳动合同约定的劳动权利和劳动义务。如果当事人不履行合同,就要承担法律责任,其中主要是赔偿对方经济损失的责任,必要时还应承担法律规定的其他责任。

(2)当事人必须严格履行劳动合同中所规定的义务。劳动合同的一方当事人,有权要求对方当事人全面履行劳动合同所确定的义务。一方违反劳动合同不履行义务,对方有权要求赔偿由此而造成的损失。必要时,可以请求调解、仲裁或诉诸人民法院以保护自己的合法权益。

(3)未经当事人双方协商一致,任何一方不得变更、增减劳动合同的内容或解除终止劳动合同。否则视为违反劳动合同而承担法律责任。

(4)用人单位法人代表的更换,不影响劳动合同的法律约束力。法人代表所签订的劳动合同,并不是以个人名义签订的,是代表法人签订的。劳动合同所确定的权利、义务应由法人直接承担。《劳动合同法》第三十三条规定:"用人单位变更名称、法定代表人、主要负责人或者投资人等事项,不影响劳动合同的履行。"因此,无论出于何种原因,只要劳动合同是依法签订的,就不能因法人代表的更换而影响劳动合同的法律效力,后任法人代表必须履行原劳动合同所确定的义务。

(5)任何单位和个人不得以任何名义,非法干涉当事人履行劳动合同。由于第三人非法干预,造成一方违约而使另一方遭受经济损失的,应由违约一方先承担赔偿责任,然后由违约一方向第三人追偿。

（6）双方当事人因劳动合同的订立、履行、变更、解除和终止而产生的劳动争议，经双方协商，不能解决的，均可以向地劳动争议仲裁机构申请仲裁。对仲裁裁决不服的，还可以在规定期限内向人民法院提起诉讼。

（二）当事人违反劳动合同法律责任形式

当事人违反劳动合同法律责任的形式，是指当事人违反劳动合同后，以何种方式承担违反劳动合同的法律后果。根据我国法律、法规规定，承担违反劳动合同法律责任的形式主要有经济赔偿责任、行政责任和刑事责任三种形式。

1.经济赔偿责任

违反劳动合同的经济赔偿责任，是指依据劳动法律、法规的规定，由违反劳动合同的当事人一方赔偿给对方经济损失的赔偿责任，包括支付违约金和赔偿损失。

（1）支付违约金。劳动合同约定的违约金，指的是劳动合同中约定的在用人单位或者劳动者违反了劳动合同中其他有关约定时，应当向对方支付的赔偿金。劳动合同是劳动者与用人单位确立劳动关系，明确双方权利和义务的协议。劳动合同依法订立即具有法律约束力，用人单位和劳动者应当按照劳动合同的约定，全面履行各自的义务。劳动合同当事人双方违反劳动合同约定，擅自解除劳动合同的或违背劳动合同约定的，应当按照劳动合同的约定支付违约金。由此可见，支付违约金是当事人在劳动合同中约定的一方违约时应当向另一方给付一定数额货币的经济制裁资金。

《劳动合同法》第二十二条规定："用人单位为劳动者提供专项培训费用，对其进行专业技术培训的，可以与该劳动者订立协议，约定服务期。劳动者违反服务期约定的，应当按照约定向用人单位支付违约金。违约金的数额不得超过用人单位提供的培训费用。用人单位要求劳动者支付的违约金不得超过服务期尚未履行部分所应分摊的培训费用。"第二十三条规定："用人单位与劳动者可以在劳动合同中约定保守用人单位的商业秘密和与知识产权相关的保密事项。对负有保密义务的劳动者，用人单位可以在劳动合同或者保密协议中与劳动者约定竞业限制条款，并约定在解除或者终止劳动合同后，在竞业限制期限内按月给予劳动者经济补偿。劳动者违反竞业限制约定的，应当按照约定向用人单位支付违约金。"

为了防止部分用人单位滥用违约金条款，侵害劳动者自主择业权，《劳动合同法》第二十五条明确规定："除本法第二十二条和第二十三条规定的情形外，用人单位不得与劳动者约定由劳动者承担违约金。"并且，在《劳动合同法》第二十二条中具体规定了在培训服务期约定中，约定违约金的最高限额，即违约金的数额不得超过用人单位提供的培训费用，用人单位要求劳动者支付的违约金不得超过服务期尚未履行部分所应分摊的培训费用。《劳动合同法》第二十三条明确了在竞业限制约定中约定违约金的，用人单位对负有保密义务的劳动者，在解除或者终止劳动合同后，在竞业限制期限内按月给予劳动者经济补偿。

可见，《劳动合同法》只明确了上述两种情形劳动者违反了劳动合同的约定，可以支付违约金。除此以外，用人单位不得与劳动者约定由劳动者承担的违约金，或者以赔偿金、违约赔偿金、违约责任金等其他名义约定由劳动者承担违约责任。在这里并没有限制不能约定用人单位承担违约责任，如果劳动合同中约定了用人单位的违约责任，劳动者可以主张用人单位承担违约责任，支付约定的违约金。

(2)支付赔偿金。赔偿是以货币方式弥补损失，损失是经济收入的减少或利益的丧失，它是一种保护劳动合同当事人合法权益的法律手段。劳动合同一方违反劳动合同的约定，给另一方造成损失的，必须支付赔偿金。可见，赔偿金是指当事人一方违约并给对方造成经济损失时，应根据其后果和责任大小，由违反劳动合同的一方向对方支付一定数额货币的一种经济补偿。

承担赔偿责任是双方的，违反劳动合同的约定，违约者应向另一方支付赔偿金。《劳动法》《劳动合同法》等都专设了"法律责任"一章，具体明确了用人单位和劳动者违反劳动合同的约定，应当承担的赔偿责任。例如，《劳动合同法》第八十六条规定："劳动合同依照本法第二十六条①规定被确认无效，给对方造成损害的，有过错的一方应当承担赔偿责任。"第八十七条规定："用人单位违反本法规定解除或者终止劳动合同的，应当依照本法第四十七条②规定的经济补偿标准的二倍向劳动者支付赔偿金。"

(3)继续履行劳动合同。继续履行劳动合同，是指当事人一方违反法律、法规和劳动合同约定的义务，在条件允许的情况下，受损失的一方要求对方当事人按照劳动合同约定的义务，承担违约责任的一种方式。

继续履行要求违反法律、法规和劳动合同约定义务的当事人一方应当实际地履行合同而不得任意地以赔偿损失来代替履行劳动合同的约定。继续履行劳动合同是实际履行原则的体现，也是当事人应当承担的违约责任。如当事人一方违法解除劳动合同，除赔偿给受损失一方造成的经济损失外，还应继续履行劳动合同。《劳动合同法》第四十八条规定："用人单位违反本法规定解除或者终止劳动合同，劳动者要求继续履行劳动合同的，用人单位应当继续履行；劳动者不要求继续履行劳动合同或者劳动合同已经不能继续履行的，用人单位应当依照本法第八十七条③规定支付赔偿金。"

继续履行劳动合同，也是实际履行劳动合同，同样具有强制性。它是承担合同违约责任的一种方式和合同违约救济的一种手段，必须根据对方的要求，并在自己能够履行的条件下，对原合同未履行的部分继续按照要求全面实际履行。但在实际工作中，劳动合同继续履行是一个复杂的过程。合同违约方往往会制造一系列的麻烦或设置许多障碍，使劳动合同继续履行成为一种不可能。所以说，当事人要谨慎选择要求对方继续履行劳动合

① 《劳动合同法》第二十六条："下列劳动合同无效或者部分无效：(一)以欺诈、胁迫的手段或者乘人之危，使对方在违背真实意思的情况下订立或者变更劳动合同的；(二)用人单位免除自己的法定责任、排除劳动者权利的；(三)违反法律、行政法规强制性规定的。对劳动合同的无效或者部分无效有争议的，由劳动争议仲裁机构或者人民法院确认。"

② 《劳动合同法》第四十七条："经济补偿按劳动者在本单位工作的年限，每满一年支付一个月工资的标准向劳动者支付。六个月以上不满一年的，按一年计算；不满六个月的，向劳动者支付半个月工资的经济补偿。劳动者月工资高于用人单位所在直辖市、设区的市级人民政府公布的本地区上年度职工月平均工资三倍的，向其支付经济补偿的标准按职工月平均工资三倍的数额支付，向其支付经济补偿的年限最高不超过十二年。本条所称月工资是指劳动者在劳动合同解除或者终止前十二个月的平均工资。"

③ 《劳动合同法》第八十七条："用人单位违反本法规定解除或者终止劳动合同的，应当依照本法第四十七条规定的经济补偿标准的二倍向劳动者支付赔偿金。"

同这一违约补偿方式,或在对方继续履行劳动合同时,防止对方设置一些陷阱,造成新的履行劳动合同成为一种不可能。

(4)采取补救措施。补救措施是指违反劳动合同的当事人一方给对方造成经济损失,以事后弥补的方式予以偿还。在劳动合同履行过程中,用人单位违反法律、法规和劳动合同规定,危害劳动者身体健康,造成职业病或因工致残的,应负责予以治疗,并按照有关规定给予劳动者及亲属有关待遇。

根据我国有关法律规定,当事人一方违反劳动合同时,另一方有权要求履行或采取补救措施,并有权要求赔偿损失,支付赔偿金。在我国,强制履行、支付违约金、赔偿损失、没收预付定金等都是对违约责任的一种补救措施和方法。

2.行政责任

违反劳动合同的行政责任,是指劳动保障行政机关对违反劳动合同的当事人,依照法定的职权给予的一种行政制裁。对用人单位来说,用人单位违反有关工作时间、休息休假、安全卫生、女职工和未成年工保护等法律、法规和政策规定,劳动保障行政部门和其他有关部门依照职责权限,可以对用人单位给予行政处罚。行政处罚的形式主要有警告、罚款、没收违法所得、责令限期改正、责令停产停业、吊销许可证、行政区拘留等。对劳动者来说,劳动者违反劳动法律、法规等合同约定解除劳动合同,不履行劳动合同约定的保密事项及其他事项等,用人单位有权或依照企业规章制度对职工予以行政处分。

3.刑事责任

违反劳动合同的刑事责任,是指依据法律、法规,对违反劳动合同已构成犯罪的当事人,由司法机关执行的刑罚制裁。如劳动者违反劳动合同约定的保密义务,给用人单位造成重大损失或者后果特别严重的,即构成侵犯商业秘密罪,应依据《刑法》的规定追究刑事责任。

(三)用人单位应承担的法律责任

用人单位违反劳动合同的规定,应承担的法律责任主要有:

(1)用人单位制定的劳动规章制度违反法律、法规规定的,由劳动行政部门给予警告,责令改正;对劳动者造成损害的,应当承担赔偿责任。

(2)用人单位违反劳动法律、法规规定,延长劳动者工作时间的,由劳动行政部门给予警告,责令改正,并可处以罚款。

(3)用人单位有下列侵害劳动者合法权益情形之一的,由劳动行政部门责令支付劳动者的工资报酬、经济补偿,并可责令支付赔偿金。①克扣或者无故拖欠劳动者工资的;②拒不支付劳动者延长工作时间工资报酬的;③低于当地最低工资标准支付劳动者工资的;④解除劳动合同后,未依照本法规定给予劳动者经济补偿的。

《劳动合同法》第八十五条规定:“用人单位有下列情形之一的,由劳动行政部门责令限期支付劳动报酬、加班费或者经济补偿;劳动报酬低于当地最低工资标准的,应当支付其差额部分;逾期不支付的,责令用人单位按应付金额百分之五十以上百分之一百以下的标准向劳动者加付赔偿金:(一)未按照劳动合同的约定或者国家规定及时足额支付劳动者劳动报酬的;(二)低于当地最低工资标准支付劳动者工资的;(三)安排加班不支付加班费的;(四)解除或者终止劳动合同,未依照本法规定向劳动者支付经济补偿的。”

(4)用人单位的劳动安全设施和劳动卫生条件不符合国家规定或者未向劳动者提供必要的劳动防护用品和劳动保护设施的,由劳动行政部门或者有关部门责令改正,可处以罚款;情节严重的,提请县级以上人民政府决定责令停产整顿;对事故隐患不采取措施,致使发生重大事故,造成劳动者生命和财产损失的,对责任人员比照《刑法》第一百八十七条的规定追究刑事责任。

(5)用人单位强令劳动者违章冒险作业,发生重大伤亡事故,造成严重后果的,对责任人员依法追究刑事责任。

(6)用人单位非法招用未满十六岁的未成年人的,由劳动行政部门责令改正,处以罚款;情节严重的,由工商行政管理部门吊销营业执照。

(7)用人单位违反法律、法规对女职工和未成年工的保护规定,侵害其合法权益的,由劳动行政部门责令改正,处以罚款;对女职工或者未成年工造成损害的,应当承担赔偿责任。

(8)用人单位有下列情形之一的,依法给予行政处罚;构成犯罪的,依法追究刑事责任;给劳动者造成损害的,应当承担赔偿责任:①以暴力、威胁或者非法限制人身自由的手段强迫劳动的;②违章指挥或者强令冒险作业危及劳动者人身安全的;③侮辱、体罚、殴打、非法搜查或者拘禁劳动者的;④劳动条件恶劣、环境污染严重,给劳动者身心健康造成严重损害的。

(9)由于用人单位的原因订立的无效合同,对劳动者造成损害的,应当承担赔偿责任。

(10)用人单位违反劳动法律、法规规定的条件,解除劳动合同或者故意拖延不订立劳动合同的,由劳动行政部门责令改正;对劳动者造成损害的,应当承担赔偿责任。

(11)用人单位无故不缴纳社会保险费的,由劳动行政部门责令其限期缴纳;逾期不缴的,可以加收滞纳金。

(四)劳动者应承担的法律责任

我国在规定了用人单位违反劳动合同约定,须承担法律责任外,也明确了劳动者违反劳动合同的约定,同样也要承担法律责任。《劳动法》第一百零二条规定:“*劳动者违反本法规定的条件解除劳动合同或者违反劳动合同中约定的保密事项,对用人单位造成经济损失的,应当依法承担赔偿责任。*”

劳动者与用人单位签订劳动合同后,在履行过程中,可以解除劳动合同。除法律、法规另有规定外,劳动者解除劳动合同应提前30日以书面形式通知用人单位,使用人单位有所准备,安排新人接替工作,以免因劳动者解除劳动合同而使工作受到损失。如果劳动者违反了劳动法律、法规规定的条件,随意解除劳动合同,对用人单位造成损失的,就要承担赔偿责任。

在劳动合同履行过程中,有些劳动者掌握着用人单位一定的关键技术或秘密,为了保证用人单位之间的公平竞争,防止劳动者在离开原用人单位时带走用人单位的生产技术或商业秘密到其他用人单位,劳动法律、法规规定了劳动合同当事人可以在劳动合同中规定保守用人单位商业秘密的有关事项。劳动者如果是违反劳动合同中规定的保密事项,就是违反了合同的约定。如果给用人单位造成了经济损失,就应当承担违约责任,依法赔偿用人单位的经济损失。

第六章

生育保险

国家建立生育保险制度[①]的目的在于通过向生育女职工提供生育津贴、产假以及医疗服务等方面的待遇，保障她们因生育而暂时丧失劳动能力时的基本经济收入和医疗保健，帮助生育女职工恢复劳动能力，重返工作岗位，实现再就业，并使婴儿得到必要的照顾和哺育，从而体现国家和社会对妇女在这一特殊时期给予的支持和爱护。同时，通过将妇女生育负担由用人单位责任转化为全社会责任，对平衡企业之间的负担，减轻用人单位招用妇女的成本，促进消除就业性别歧视等具有非常重要的意义。

第一节　生育保险制度建立发展

我国的生育保险制度在新中国成立之时就建立起来了，随着我国经济的发展和社会的进步，走过了一个曲折的发展过程。在不同的历史发展阶段，我国生育保险制度始终坚持从维护妇女和关怀下一代身体健康出发，积极促进广大妇女参与社会劳动，保护妇女和儿童的合法权益。

一、生育保险制度建立

此段时间指1949～1954年。

我国的生育保险制度始建于20世纪50年代。1949年9月29日，中国人民政治协商会议第一届全体会议通过的《共同纲领》已明确要求，逐步实行劳动保险制度。保护青工女工的特殊利益。1950年10月，当时的政务院就公布了《劳动保险条例(草案)》，对职工医疗、生育等待遇作出了规定，并在全国范围内征求意见。1951年2月，正式颁布了《劳动保险条例》。

《劳动保险条例》第十六条专门就生育保险待遇作了规定，主要内容有：明确了妇女产假天数；规定了产假期间工资照发；规定了女工人与女职员怀孕其检查费与接生费由企业负担；确定了生育补助费标准；明确了产假期满仍不能工作的待遇。

1953年，我国财政状况和经济状况有所好转，为了适应大规模经济建设发展的要求，国家对《劳动保险条例》作了修正，进一步提高了生育保障待遇水平。

新中国成立初期，由于我国生产力水平比较低，国家建设和各项事业发展主要依靠大

① 生育保险是国家通过立法，在劳动者因生育子女或者为了生育子女而导致暂时中断工作时，由国家和社会提供生活保障或物质帮助的一项社会保险制度。

规模地使用劳动力来实现。在当时的历史条件下,实行供养直系亲属半费医疗保险制度和生育保障制度,城市里每个家庭夫妻之间有一人就业,无论生育多少子女都可以按照规定享受相应的生育保障待遇,并且保障待遇水平不受享受次数的多寡而下降或提高。

在这一时期,我国生育保障政策实际上是起到了促进人口增长的作用。

二、计划经济下的生育保险

此段时间指1955～1978年。

1955年4月,为了保证国家机关工作人员的生育待遇,国务院颁发了《关于女工作人员生产假期规定的通知》,对机关、事业单位女职工生育保险作了规定。这一规定的基本内容和待遇与《劳动保险条例》中企业女职工是一致的,从而使女职工生育保险待遇的覆盖面从企业扩大到机关、事业单位。

1956年以后的几年里,为了增加城镇劳动力,适应大规模妇女就业的情况,我国逐步对生育保险待遇进行了调整,加强了可操作性。1962年规定,女职工因病休在6个月以内生育时,可以享受产假工资;1964年规定,怀孕检查费包括挂号费、检查手续费及化验费,还对一些特殊情况作了规定,如女职工宫外孕、葡萄胎属于病理现象,因此停工休息的,应按病假待遇处理;1965年规定,女职工非婚不能按照《劳动保险条例》的规定享受生育保险待遇,对于生活确有困难的,可以由企业行政方面酌情给予补助等。

"文化大革命"期间,劳动行政管理被大大削弱,劳动保险制度也失去正常的运行条件。1969年2月,财政部颁发的《关于国营企业财务工作中几项制度的改革意见》规定,"国营企业一律停止提取工会经费和劳动保险金","企业的退休职工、长期病号工资和其他劳保开支,改在企业营业外列支"。自此,我国社会保险的统筹制度中断,管理职工生育保险业务的各级工会组织被迫停止工作,生育保险工作基本处于停滞状态。生育保险制度也随之发生了变化:

(1)生育保险的社会统筹制度被废止,变为各单位只对本单位的女职工负责。

(2)随着临时工逐步转为固定工,生育保险从适合多种用工制度转变成为只适合单一的用工制度。

由于我国多年实行鼓励人口增长政策,人口总量增长超过了社会资源的承受能力,包括上学、就业、住房等一系列问题逐步显现出来。

20世纪70年代,我国计划生育工作在全国城乡全面展开。70年代初,国家提出了以控制人口数量为核心的人口政策,城乡推行"晚、稀、少"政策,允许每个家庭最多生育两个子女。生育保险政策配合计划生育政策的实施,规定只有执行计划生育政策的职工,才能享受生育保险待遇。一些多生育子女家庭,得不到生育保障,生育子女费用由个人负担。有的地区对多生育子女家庭实行惩罚措施。

从此,我国的生育保险政策开始从鼓励人口增长向控制人口数量、提高人口质量的方向转变。

三、生育保险制度改革探索

此段时间指1979～1993年。

1978年12月，党的十一届三中全会在北京召开，开启了我国改革开放的历史新时期，党和国家的工作中心转移到经济建设上来。随着社会主义市场经济体制的逐步建立，原有计划经济体制下的生育保险制度越来越无法适应新经济体制的要求。20世纪80年代中期，党中央提出了建立适应社会主义市场经济体制要求的社会保障体系的任务。从此，包括生育保险在内的社会保障制度，按照市场经济的要求进行改革与重建。

20世纪80年代，我国对生育保险制度进行了重大改革。1986年5月，卫生部、劳动人事部、全国妇联等单位联合印发了《女职工保健工作暂行规定(试行草案)》。该规定适用于一切有女职工的企业、事业、机关和团体。

1988年7月，国务院又颁布了《女职工劳动保护规定》，具体规定了女职工产假、难产假、多胞胎产假等的休养天数及期间的工资福利保障待遇，扩大了生育保障的实施范围，提高了生育保险待遇水平：

(1)将产假由56天调整到90天，同时规定产前休假15天，产后休假75天；难产、多胞胎生育者增加15天产假。

(2)明确规定"不得在女职工怀孕期、产期、哺乳期降低其基本工资，或者解除劳动合同"。

(3)规定女职工产前检查时间算作劳动时间。

(4)对孕期、产期、哺乳期的女职工有关劳动强度、劳动环境、劳动时间等方面作出更为具体的保护规定。

同年，劳动部印发了《关于女职工生育待遇若干问题的通知》，对《女职工劳动保护规定》中有关产假及产假工资等问题作出了详尽说明。

20世纪80年代，我国开始由计划经济体制向社会主义市场经济体制转变。为了适应市场经济体制和现代企业制度的要求，自1987年以来，各级劳动部门、社会保险机构以及工会对企业职工生育保险制度进行了改革探索。

1988年，江苏省南通市率先进行生育保险制度改革。主要办法是实行生育保险费用社会统筹，用人单位按照工资总额的一定比例缴纳生育保险费，无论女职工数量多少，统一征缴，建立生育保险基金。职工生育后，由生育保险基金支付职工生育期间的各项待遇。之后各地陆续进行改革尝试，改变了长期以来生育费用完全由女职工所在企业独立承担的状况，减轻了女职工多的企业生育费用负担。

1991年，劳动部保险福利司与全国总工会女工部在云南省昆明市召开了生育保险工作交流会，就生育保险制度的发展模式以及改革目标等进行了广泛的研究和探讨。

1992年4月，全国人大通过了《妇女权益保障法》，明确了"国家保护妇女依法享有的特殊权益"，"妇女在经期、孕期、产期、哺乳期受特殊保护"，要求"国家推行生育保险制度，建立健全与生育相关的其他保障制度"。

1994年10月，劳动部、全国总工会在山东省曲阜市召开了部分省市生育保险制度改革工作座谈会，就全国部分地区生育保险改革工作进行经验交流，并提出改革的思路。会议对全国19个省的生育保险制度改革试点地区中有代表性的做法进行探讨和论证，认为实行生育保险基金统筹的方式，体现了全社会共担风险的大数法则，有利于在市场经济体制下均衡不同单位和行业之间的生育成本，有利于充分发挥对妇女劳动者的保护功能，生育保险制度改革带来的社会效益是好的，是符合国情的选择，实践证明生育保险制度改革是可行的。

四、生育保险制度完善

此段时间指1994年至今。

1993年11月，党的十四届三中全会召开，通过了《关于建立社会主义市场经济体制若干问题的决定》，明确提出要建立多层次的社会保障制度，为城乡居民提供同我国国情相适应的社会保障，促进经济发展和社会稳定。这为社会保障制度改革，包括生育保险制度改革指明了方向。

1994年7月，《劳动法》颁布。《劳动法》第七十三条规定："劳动者在下列情形下，依法享受社会保险待遇。"其中之一就有：生育情形。这就在法律上确定了劳动者在生育情况下，依法享有社会保险待遇。同年12月份，为配合《劳动法》的贯彻实施，更好地保障企业女职工的合法权益，原劳动部下发了《关于发布〈企业职工生育保险试行办法〉的通知》(劳部发〔1994〕504号)。该试行办法明确规定："制定本法是为了保障企业女职工的在生育期间得到必要的经济补偿和医疗保健，均衡企业间生育保险费用的负担。"

1995年5月2日，山东省劳动厅转发了《劳动部关于发布〈企业职工生育保险试行办法〉的通知》(鲁劳发〔1995〕138号)，并明确了生育保险的保障范围和对象，对生育保险基金的征集、生育保险待遇项目和标准等提出了具体意见。

2007年4月1日，山东省人民政府颁布了《山东省企业职工生育保险规定》(省政府令第193号)。该规定共六章二十七条，明确了生育保险规定的实施范围、生育保险费征缴标准、生育保险待遇项目和标准、产假休假天数，以及监督管理、法律责任等；并明确该规定自2007年5月10日起施行。

2010年10月28日，国家主席令第35号公布了《社会保险法》。《社会保险法》专设了"第六章　生育保险"，明确规定："职工应当参加生育保险，由用人单位按照国家规定缴纳生育保险费。"已经缴纳生育保险费的用人单位职工应享受生育保险待遇，并规定了生育保险待遇的内容和享受生育保险待遇的条件。

2012年4月18日，国务院第200次常务会议通过《女职工劳动保护特别规定》(国务院令第619号)，进一步明确了女职工的产假天数、生育医疗费用项目和支付渠道、生育津贴的标准等基本问题。

2021年1月30日，山东省人民政府根据《社会保险法》等法律、法规，并结合山东省实际，重新颁布了《山东省企业职工生育保险规定》(省政府令第339号)。明确了该规定自2021年3月1日起施行。《山东省企业职工生育保险规定》和同时实施的《社会保险法》《女职工劳动保护特别规定》，一并确定了山东省现行的生育保险政策。

第二节　生育保险实施范围

目前，我国生育保险的实施范围主要由《社会保险法》《女职工劳动保护特别规定》确定，是非常广泛的。按照规定，我国行政区域内的机关、事业、企业、社会组织以及有雇工的个体工商户及其职工等都纳入了生育保险的实施范围，其用人单位及其职工都应该参加生育保险，按规定缴纳生育保险费，其女职工生育或者为了生育子女而导致暂时中断工作的，均应享受生育保险待遇。

一、企业职工生育保险实施范围

2021 年 1 月，山东省人民政府颁布了《山东省企业职工生育保险规定》（省政府令第 339 号），明确了将山东省行政区域内的企业、社会组织以及有雇工的个体工商户及其职工纳入生育保险范围内，按规定参加生育保险，缴纳生育保险费。

这就明确界定了企业职工生育保险的实施范围。

（一）企业及其职工

这里的城镇企业具体包括国有企业、城镇集体企业、外商投资企业、城镇私营企业以及其他企业。其他企业主要有港、澳、台投资企业，以及联营企业、股份制企业等。

这些企业不分隶属关系，也不论经济性质，都必须按规定参加所在地的职工生育保险。

（二）社会组织及其职工

社会组织是指在政府部门或以盈利为目的的企业之外的，以非营利为目的，从事公益事业的一切志愿团体、组织或民间协会。其主要包括基层自治组织、人民团体、社会团体、行业组织、中介组织、基金会等。

社会组织具有组织性、民间性、非营利性、自治性、志愿性等特征。

（三）有雇工个体工商户及其雇工

个体工商户是指在工商部门登记在册，从事个体生产经营的个体经济组织。根据有无雇工，可分为有雇工的个体工商户和无雇工的个体工商户。

个体工商户可以根据生产经营需要招用从业人员。招用从业人员的个体工商户即为有雇工的个体工商户

个体工商户应当依法与招用的从业人员订立劳动合同，履行法律、行政法规规定和合同约定的义务，不得侵害从业人员的合法权益。

二、女职工劳动保护特别规定实施范围

《女职工劳动保护特别规定》（国务院令第 619 号）是为了减少和解决女职工在劳动中因生理特点造成的特殊困难，保护女职工健康而制定的。该规定第二条明确规定："中华人民共和国境内的国家机关、企业、事业单位、社会团体、个体经济组织以及其他社会组织等用人单位及其女职工，适用本规定。"

这就明确了该规定在更大范围内实施。在山东省行政区域内，既包括《山东省企业职工生育保险规定》（省政府令第 339 号）明确的实施范围，又包括将未列入《山东省企业职工生育保险规定》（省政府令第 339 号）的国家机关、参照公务员制度管理的事业单位、群众团体等以及有雇工个体工商户及其雇工等都纳入了生育保险实施的范围内。

《女职工劳动保护特别规定》将生育保险制度规定的女职工生育保险待遇的项目、标准等内容，全部进行了明确。例如：女职工生育享受的产假天数、怀孕流产的产假天数；女职工产假期间的生育津贴标准、生育或流产的医疗费用支付渠道和标准等。可以说，生育保险制度规定的女职工享有的权益，在《女职工劳动保护特别规定》几乎都得到了保障，并且《女职工劳动保护特别规定》内容更加广泛，违规处罚力度更加严厉。

2023年3月，人力资源和社会保障部、国家卫生健康委员会、最高人民法院等6部委办公厅根据《劳动法》《女职工劳动保护特别规定》等法律、法规，制定了《工作场所女职工特殊劳动保护制度(参考文本)》。该保护制度就女职工劳动就业保护、工资福利保护、生育保护、职业安全健康保护等作出了明确规定，特别是"生育保护"部分，分别对女职工月经期、孕期、产期、哺乳期等都作了详细明确的保护规定。同时制定的还有《消除工作场所性骚扰制度(参考文本)》。这两个参考文本切实保障了广大女职工合法权益，促进了女职工身心健康。同时，为检察机关开展妇女权益保障公益诉讼提供参考。

第三节　生育保险费缴纳标准

生育保险按属地管理的原则实行社会统筹，由各级医疗保险行政部门所属的医疗保险经办机构按照"以支定收，收支基本平衡"的原则，根据各省生育人数和生育津贴、生育医疗费等费用支出状况，确定生育保险费筹集标准及其筹集渠道，并可根据当地的经济、社会发展状况和人口变化情况，对生育保险费收入、支出情况等适时调整。

2019年3月，为全面推进生育保险和职工基本医疗保险合并实施，保障职工社会保险待遇，增强基金共济能力，国务院办公厅下发了《关于全面推进生育保险和职工基本医疗保险合并实施的意见》(国办发〔2019〕10号)，明确要求生育保险基金并入医疗保险基金，统一征缴，并确保2019年年底前基本医疗保险费和生育保险费顺利合并实施。

一、生育保险费缴费基数

《山东省企业职工生育保险规定》第五条规定："生育保险费按照以支定收、收支平衡的原则筹集和使用，缴费基数按照医疗保险费缴费基数核定。"

关于医疗保险缴费基数，国家明确规定以职工工资总额为缴纳职工医疗保险费的缴费基数。《国务院关于建立城镇职工基本医疗保险制度的决定》(国发〔1998〕44号)规定："基本医疗保险费由用人单位和职工共同缴纳。用人单位缴费率应控制在职工工资总额的6%左右。职工缴费率一般为本人工资收入的2%。"这在国家层面明确了职工医疗保险费缴费基数对用人单位来说是职工工资总额，对职工来说是本人工资收入。

1999年8月，山东省人民政府《关于印发山东省建立城镇职工基本医疗保险制度实施方案的通知》(鲁政发〔1999〕94号)明确规定："用人单位以本单位职工工资总额为缴费基数，职工以本人工资收入为缴费基数。"

在实际工作中，为了使职工医疗保险费和职工养老保险费统一征缴，方便用人单位缴费，往往将缴纳职工医疗保险费的缴费基数和职工养老保险费的缴费基数[①]一致，两者统一成一个缴费基数。

二、生育保险费缴费比例

《山东省企业职工生育保险规定》(省政府令第 339 号)对生育保险费的缴纳比例标准并没有作出具体的规定，仅规定了生育保险费按照以支定收、收支平衡的原则筹集和使用，由设区的市人民政府根据国家和省有关规定，按照职工基本医疗保险基金支出情况确定和调整用人单位缴费比例。个人不缴纳生育保险费。

山东省各市缴纳生育保险费的费率没有统一，大部分企业按上年度在职职工工资总额的 1%缴纳生育保险费，机关事业单位按上年度工资总额的 0.2%～0.4%缴纳；与职工基本医疗保险合并费率，统一征缴。

按照上述规定，实施生育保险范围内的所有用人单位都应及时向医疗保险经办机构申报、登记，按时足额缴纳生育保险费。

由此可见，生育保险基金主要是机关、事业单位、企业、社会团体等用人单位通过单位缴纳生育保险费筹集的，职工个人不缴费。其中，机关、事业单位的缴费主要来自财政拨款；企业缴费的生育保险费列入企业成本。以此来负担所有生育女职工的生育待遇，以保障妇女平等就业权利。

第四节　享受生育保险待遇条件

享受生育保险待遇是有条件的，并不是所有生育或者为生育而中断工作的女职工都可以享受生育保险待遇。用人单位必须按国家和当地有关规定，参加了生育保险，并按规定的缴费基数和比例缴纳了生育保险费，且符合国家生育政策或实施生育手术，其女职工才能按规定享受生育保险待遇。

一、用人单位参加生育保险

用人单位必须参加生育保险，按规定缴纳生育保险费。这是其女职工享受生育保险待遇的前提和条件，也是用人单位应尽的法定义务。只有尽了义务，才能取得享受的权利。这是权利和义务的对等。

二、用人单位连续缴费满 1 年

用人单位必须按规定缴纳生育保险费满 1 年，并且是连续缴纳生育保险费满 1 年，而不是累计缴纳生育保险费满 1 年。1 年中间不得间断，必须连续。

---

① 有关职工基本医疗保险费的缴费基数、职工养老保险费的缴费基数可分别详见本书第七章第三节“职工医疗保险缴纳”、第十章第三节“职工养老保险费缴纳”的有关内容。

三、生育符合生育政策

享受生育保险待遇必须符合国家生育政策。特别是在以前国家只允许一对夫妻生1胎，后来又放开生育政策，允许一对夫妻生育2胎的情况下，享受生育保险待遇，必须符合国家的政策规定。

2021年5月31日，中共中央政治局召开会议实施一对夫妻可以生育三个子女的政策及配套支持措施。2021年8月20日，全国人大常委会会议表决通过了关于修改人口与计划生育法的决定。修改后的人口计生法规定，国家提倡适龄婚育、优生优育，一对夫妻可以生育三个子女。违反上述政策规定，则不能享受生育保险待遇。

第五节　生育保险待遇

女职工生育保险待遇，直接关系到女职工生育或者为生育而中断工作期间的基本生活能否得到保障，也关系到其子女能否健康成长。《社会保险法》第五十四条规定："用人单位已经缴纳生育保险费的，其职工享受生育保险待遇；职工未就业配偶按照国家规定享受生育医疗费用待遇。所需资金从生育保险基金中支付。生育保险待遇包括生育医疗费用和生育津贴。"可见，生育保险待遇只有生育医疗费用和生育津贴两项。

一、生育医疗费用

生育医疗费用是保障女职工怀孕、分娩、流产期间的基本医疗保健需要而应支付的费用。女职工生育、流产发生的医疗费用，主要有生育的医疗费用、计划生育的医疗费用和法律、法规规定的其他项目费用。

（一）生育的医疗费用

生育医疗费用主要包括生育妇女在妊娠期、分娩期、产褥期内，因生育所发生的检查费、接生费、手术费、住院费、药费等医疗费用；生育出院后，因生育引起疾病的医疗费，也由生育保险基金支付。

1.检查费

检查费是指生育妇女围产期保健过程中，定期到医疗机构进行身体检查的相关费用。检查费大致可分为全身检查、产科检查、化验检查以及特殊检查四部分。

（1）全身检查：全身检查主要有发育和营养状态、身高、体重、血压检查，心、肺、肝、脾以及脊柱和乳房检查。

（2）产科检查：产科检查主要有腹部检查、骨盆测量、阴道检查。

（3）化验检查：化验检查主要有血常规、血型、尿常规、尿糖，必要时做肝、肾功能检查。

（4）特殊检查：特殊检查主要是根据情况做超声波检查、羊水检查、胎盘功能检查等。

2.接生费

接生费主要是指生育妇女分娩时，医生或助产人员协助产妇娩出新生儿过程中所发生的费用，即医生以及助产人员提供的医疗服务的费用。大部分产妇为自然分娩，这是接生过程中最为简单的一种,也是费用最低的一种。也有一部分产妇由于各种原因不能靠自己的力量分娩,需要医务人员手术助产才能娩出胎儿。

无论是自然分娩,还是医务人员手术助产分娩,其发生的费用均由生育保险基金支付。

3.手术费

手术费主要是指分娩过程中的剖宫产术费用。当产妇自身条件不适宜自己娩出胎儿时,必须靠医务人员进行手术,帮助产妇完成分娩过程。这一过程中所发生的费用由生育保险基金支付。

4.住院费

住院费是指产妇在分娩期间住院所发生的费用,包括床位费、取暖费等。床位费按照国家物价监督管理部门规定的普通床位收费标准支付。但是,母婴同室以及高标准病房所付费用,不属于生育保险基金支付的范畴。

5.药费

药费是指生育妇女从怀孕至分娩后出院,医生根据产妇需要给予的药物护理、治疗所发生的费用。但是,在生育期间超出规定的医疗服务费和药费,包括产妇私自到药店购药以及购买滋补和营养品所发生的费用,则不属于生育保险基金支付的范围。

(二)计划生育的医疗费用

计划生育的医疗费用,是指职工响应国家计划生育号召,因实行计划生育需要,实施避孕、节育手术所发生的费用。其主要有放置或取出子宫内节育器、人工流产术、引产术、绝育及复通手术所发生的医疗费用。

(三)法律、法规规定的其他项目费用

法律、法规规定的其他项目费用主要是一项开放性、兜底性的规定。随着人们生活水平的提高、生育保险事业的发展和人口政策的变化,国家还会出台一系列的生育保险的政策措施,为此将会发生新的生育保险费用。保护生育妇女身体健康,其费用必将在生育保险基金中支付。

上述发生的生育医疗费用,按照山东省生育保险的规定,原则上实行定额补助的办法结算。

二、未就业配偶生育医疗费待遇

男职工配偶未就业生育的,按照国家政策规定,应享受生育医疗费用补助待遇。《社会保险法》第五十四条规定:"职工未就业配偶按照国家规定享受生育医疗费用待遇。"根据山东省人力资源和社会保障厅、山东省财政厅下发的《关于调整省直机关事业单位参保人员生育保障待遇有关问题的通知》(鲁人社字〔2016〕313 号)的规定:"男职工无工作的配偶符合计划生育政策生育的,按照女职工因怀孕、生育发生的医疗检查费、接生费、手术费、住院医疗费的 50%标准支付生育补助。"

参加生育保险的职工未就业配偶生育的,按照国家规定享受生育医疗费用待遇,所需资金从生育保险基金中支付。这是对现行生育保险制度的一个突破,进一步完善了我国

生育保险制度，

三、生育津贴

生育津贴是指在女职工因生育和为生育而离开工作岗位，不再从事工作以至于收入中断期间，由国家及时定期给予的物质帮助，以维持和保障妇女及其婴儿的正常生活。为此，国家规定应发放女职工的生育津贴。

《社会保险法》第五十六条规定："职工有下列情形之一的，可以按照国家规定享受生育津贴。（一）女职工生育享受产假；（二）享受计划生育手术休假；（三）法律、法规规定的其他情形。"

生育津贴按职工所在单位上年度职工月平均工资计发。

《山东省企业职工生育保险规定》第十三条也作了同样的明确规定。

（一）产假

女职工享受产假是我国法定的制度。

产假是指职业女性在分娩前后的一定时间内所享受的带薪假期，其目的在于维持、恢复和增进生育女职工的身体健康、工作能力及其料理个人生活的能力，并使婴儿得到母亲的精心照顾和哺育。

女职工生育或流产，用人单位应按有关规定给予产假。《女职工劳动保护特别规定》（国务院令第 619 号）第七条规定："女职工生育享受 98 天产假，其中产前可以休假15 天；难产的，增加产假 15 天；生育多胞胎的，每多生育 1 个婴儿，增加产假 15 天。女职工怀孕不满 4 个月流产的，享受 15 天产假；怀孕满 4 个月流产的，享受 42 天产假。"

有的地方规定，可给予男职工一定期限的护理假期，一般为 7～10 天。

《女职工劳动保护特别规定》（国务院令第 619 号）第八条规定："女职工产假期间的生育津贴，对已经参加生育保险的，按照用人单位上年度职工月平均工资的标准由生育保险基金支付；对未参加生育保险的，按照女职工产假前工资的标准由用人单位支付。"

这样就把生育津贴的支付标准划分为两种情形、两个标准、两个支付渠道：

1.两种情形

（1）已经参加生育保险的用人单位职工。

（2）未参加生育保险的用人单位职工。

2.两个标准

（1）生育津贴按照用人单位上年度职工月平均工资的标准支付。

（2）生育津贴按照女职工产假前工资的标准支付。

3.两个支付渠道

（1）生育津贴由生育保险基金支付。

（2）生育津贴由用人单位支付。

上述两种状况，不应同时存在，也不可能允许长期存在。社会必将消除未参加生育保险的现象。

生育保险是由国家法律确定的，是强制实施的一项社会保险制度。按规定参加生育保险，缴纳生育保险费，是每个用人单位应尽的义务。在我国行政区域内，绝不允许有不参加生育保险的用人单位。所有用人单位，包括国家机关、企事业单位、社会团体等用人单位，都必须参加生育保险，并按规定缴纳生育保险费。

生育保险待遇费用统一按照用人单位上年度职工月平均工资的标准由生育保险基金支付是必然的，也是法定的。

（二）计划生育手术休假

计划生育手术，是指公民为实行计划生育而采取的避孕、节育和补救措施。公民在进行计划生育手术时，身心不可避免地会受到不同程度的损害，有的还可能因为操作不当而引起手术并发症，理应得到国家的经济奖励和补偿。对于公民实行计划生育手术所享受的国家规定的休假，国家并没有一个正式的关于计划生育手术术后休假的强制性规定。《人口与计划生育法》[①]第二十三条仅规定了国家对实行计划生育的夫妻，按照规定给予奖励，并没有明确具体的奖励措施。

目前，有的地方对计划生育手术术后休假作出了明确规定。2021 年 7 月，广东省人民政府第 153 次常务会议通过的《广东省职工生育保险规定》第十六条第三款规定："职工享受计划生育手术休假：取出宫内节育器的，计 1 天；放置宫内节育器的，计 2 天；施行输卵管结扎的，计 21 天；施行输精管结扎的，计 7 天；施行输卵管或者输精管复通手术的，计 14 天。同时存在两种以上计划生育手术情形，或者同时存在生育和计划生育手术情形的，合并计算享受生育津贴的假期天数。"

（三）法律、法规规定的其他情形

随着社会的进步和社会保障立法的发展，除了女职工生育享受产假、计划生育手术休假两种情形外，今后可能会出现新的享受生育津贴的情形。同时，不同地区经济社会发展水平、人口结构差别较大，在符合国家统一规定的前提下，各地可以依据本地区经济、社会、资源、环境实际情况以及人口发展状况确定生育津贴的具体支付范围。如有的地区规定，允许女职工生育后，给予男职工一定假期，以照顾生育后的妻子，假期工资照发。

四、生育优惠政策

生育不仅仅是一个家庭的事情，更是社会的事情、国家的大事。人口的状况是关系到中华民族发展的大事情。我国高度重视人口问题，根据国家人口发展变化形势，作出逐步调整完善生育政策、促进人口长期均衡发展的重大决定。

自进入 21 世纪以来，我国人口老龄化状况不断加剧。为缓解老龄化对社会、经济和家庭所带来的影响，近年来，国家采取一系列措施，相继出台了多项生育优惠政策，积极鼓励生育三孩。在 2024 年的政府工作报告中，就明确要求，健全生育支持政策，优化生育假期制度……减轻家庭生育、养育、教育负担。

---

① 《中华人民共和国人口与计划生育法》（简称《人口与计划生育法》），于 2001 年 12 月 29 日由第九届全国人民代表大会常务委员会第二十五次会议通过。2015 年 12 月 27 日，第十二届全国人民代表大会常务委员会第十八次会议修正。2021 年 8 月，十三届全国人大常委会第三十次会议通过了关于修改人口与计划生育法的决定。

2021年6月，中共中央、国务院印发了《关于优化生育政策 促进人口长期均衡发展的决定》，明确要求实施三孩生育政策及配套支持措施，推出了出生医学证明、儿童预防接种、户口登记、医保参保、社保卡申领等“出生一件事”联办制度，降低生育、养育、教育成本，完善生育休假与生育保险制度。随后，2022年7月，国家卫生健康委、国家医保局等17部门印发了《关于进一步完善和落实积极生育支持措施的指导意见》(国卫人口发〔2022〕26号)，统一规范并制定了完善生育保险生育津贴支付政策，强化生育保险对参保女职工生育医疗费用、生育津贴待遇等的保障作用，要求未就业妇女通过参加城乡居民基本医疗保险享受生育医疗待遇，逐步将适宜的分娩镇痛和辅助生殖技术项目按程序纳入医疗保险基金的支付范围。

2023年6月，国家医疗保障局印发了《辅助生殖类医疗服务价格项目立项指南(试行)》，将各地原本五花八门的辅助生殖类项目分类整合为12项。截至目前，国家医疗保障局已指导21个省市对照立项指南整合辅助生殖类项目，其中20个省市将定价方式由市场调节价改为政府指导价，进一步规范了辅助生殖类医疗服务项目价格。目前，我国已有山东、北京等部分省市将辅助生殖纳入医疗保险报销，解决有生育意愿家庭“不能生、不敢生”的长期困扰。

2023年6月，广东省医疗保障局等17部门联合发布了《关于进一步完善和落实积极生育支持措施的实施意见》，提出了稳妥有序实施一对夫妻生育三个子女政策及配套支持措施，不断深化优生优育及妇女儿童健康服务，完善托育、财政、税收、保险、教育、住房、就业等方面的生育支持措施，加快构建积极生育支持政策体系；推出了18项重要举措，包括优化生育全程服务、提升儿童健康服务能力、强化生殖健康服务、提高婴幼儿家庭照护能力、构建新型婚育文化等；涉及高质量产科建设、居家婴幼儿照护服务供给、增加公办幼儿园学位供给等，加大了鼓励生育优惠政策力度。

2024年2月，山东省医疗保障局制定出台了辅助生殖类医疗服务项目价格和医保医疗保险基金支付政策，印发了《部分医疗服务项目价格及医保支付政策的通知》(鲁医保发〔2024〕3号)，要求公立医疗机构提供辅助生殖医疗服务，主要采取“服务项目＋专用耗材”分开计价的收费方式，按照“产出导向”的基本原则，规范整合现行辅助生殖类医疗服务价格项目，设立、修订、停用部分医疗服务价格项目，定价形式由市场调节价调整为政府指导价，大大降低了辅助生殖类医疗服务项目价格；并将取卵术、胚胎培养、胚胎移植等12项医疗服务项目纳入医保基金支付范围，规定治疗性辅助生殖费用支付待遇参照各统筹区门诊慢特病政策执行，基本医疗保险基金报销后，个人负担的合规医疗费用纳入职工大额医疗费补助或居民大病保险等支付生育优惠政策，减轻了参保生育者的经济负担。

近几年来，山东省在制定全省优生优育政策措施的同时，各市也相继出台了支持生育的优惠政策。2023年1月，济南市发布了优化生育政策，按照生育政策，2023年1月1日以后，本市户籍出生的二孩、三孩家庭，每孩每月发放600元育儿补贴，对其中的最低生活保障、特困供养人员及领取失业保险金期间的生育妇女，每月加发200元育儿生活补贴，直至孩子3周岁。青岛市多措并举，综合施策，打出了一组组合拳，制定出台多项政策，鼓励生育。2023年11月，青岛市印发了关于《优化生育政策 促进人口长期均衡发展实施方案的通知》，明确了在支持生育方面的主要任务，完善生育、养育、教育服务体系，直击育龄人口“痛点”，努力解除生育者后顾之忧。住房保障方面，在青岛市缴存住房公积金的多子女家庭，购买本市首套自住住房时，按政策予以优惠；无自有住房的多子女家庭，可按实际房租支出提取住房公积金。在教育方面，实施“十四五”学前教育发展提升行动，普惠性幼儿园覆盖率保持在90%以上；落实义务教育免试入学政策，推动集团化办学、新校高位发展、初中强校提质。在医疗方面，落实出生缺陷三级防治措施，推广婚前医学检查、孕前优生健康检查“一站式”服务；加强医疗机构新生儿科、儿科和儿童保健科建设；开展0～6岁儿童残疾筛查和视力、听力、心理健康、口腔保健等服务；城乡居民医保参保人员住院分娩医疗费医保支付标准提高到3000元。在保障劳动就业合法权益方面，依法监督用人单位对孕期、产期、哺乳期女职工给予特殊劳动保护，履行社保缴费义务；为因生育中断就业的女性提供再就业培训服务；支持脱产照护婴幼儿的父母重返工作岗位，提供就业指导、职业技能培训等服务。

此外，大力支持普惠托育服务，对二孩、三孩家庭给予优惠和支持，也是青岛市生育新政中的重要内容。青岛市对按照政府普惠指导价招收3岁以下婴幼儿的托育服务机构，依据实际收托数量，对二孩、三孩保育费分别给予每人每月不少于500元、600元补助，其中机构和托育家庭各补助50%。相对于社会化抚养方案，青岛市将补贴直接发放到家庭，对生育的鼓励作用更大、效果更明显。

第七章

职工医疗保险

医疗保险是保障和改善民生，促进人民福祉的基本制度保障，是治国安邦大计。它直接关系到人民群众的生命安全和身心健康，是民生问题，涉及每个人的切身利益。自我国建立和实施医疗保险制度以来，医疗保险在保障人们身体健康，提高健康水平，改善群众生活等方面发挥了重要作用。目前，我国已建成了适应社会主义市场经济发展要求的，覆盖全民、城乡统筹、保障适度、可持续的多层次医疗保障体系。其中，职工基本医疗保险是最核心、最重要、最完善的一项医疗保障制度。

第一节　职工医疗保险制度建立发展

我国职工医疗保险制度始建于20世纪50年代。改革开放以来，我国对医疗保险制度进行了一系列的改革探索完善。1998年12月，《国务院关于建立城镇职工基本医疗保险制度的决定》(国发〔1998〕44号)发布。随着我国经济体制改革的不断深入，职工基本医疗保险制度逐步完善。目前，我国已建立起了适应社会主义市场经济发展需要的较为完善的职工基本医疗保险制度。

一、职工医疗保险制度建立

我国的职工基本医疗保险制度始建于新中国成立之初。1951年2月，当时的政务院发布了《中华人民共和国劳动保险条例》，其中对职工基本医疗保险的内容作出了明确规定。这表明在我国的全民所有制工厂、矿场、铁路、航运、邮电、交通、基建、地质、商业、外贸、粮食、供销合作、金融民航、石油、水产、国营农牧场、森林等产业和相关部门的职工中建立了职工医疗保险制度。城镇集体所有制企业职工参照执行。工人与职员患病或非因工负伤，在该企业医疗所、医院、特约医院或特约中西医师处医治时，其所需诊疗费、手术费、住院费及普通药费均由企业行政方面或资方负担；贵重药费、住院的膳费及就医路费由本人负担，如本人经济状况确有困难，则由劳动保险基金酌情予以补助。国有企业职工享受由企业福利费开支的医疗保险待遇。此后，原劳动部又颁布了《劳动保险条例实施细则修正草案》等相关法规政策，使新中国的企业职工基本医疗保险制度逐步建立和发展起来，并且这一制度得到了长期运行。

1952年，当时的政务院颁布了《关于全国各级人民政府、党派、团体及所属单位的国家工作人员实行公费医疗预防的指标》，从此在我国的各级人民政府、党派、团体及所属单位的国家工作人员中建立了公费医疗制度。

截止到20世纪70年代末，公费、企业职工基本医疗保险制度覆盖了全国75%以上的城镇职工及离退休人员，享受职工基本医疗保险的人群达到了1.14亿人，享受公费医疗的人群达到2300万人①。

二、职工医疗保险制度改革探索

20世纪80年代，我国经济体制改革的重点逐步由农村转移到了城市。在城市体制改革中，深化企业改革、增强企业活力，是当时整个城市改革的中心环节。因此，企业改革，特别是国有大中型企业改革，减轻均衡国有企业负担提到了议事日程。一些地区从20世纪80年代开始，不断地进行城镇职工基本医疗保险制度改革探索。

（一）进行医疗服务约束机制探索

20世纪80年代中期以前，我国企业职工医疗保险制度改革侧重于控制职工个人医疗行为，实行医疗费用与职工个人利益适当挂钩的办法，多采取定额包干、按比例分担等办法，以期建立对医疗服务需求方的费用约束机制。但在实行定额包干中，给老年职工及多病、长病职工的诊治和生活都带来了较大困难和后顾之忧，职工反应强烈。此后逐步采取了“按比例负担”的做法，一般是职工个人负担医疗费用的10%～20%。由于职工注意节约，费用意识有所增强，对职工个人的医疗行为具有一定的约束力，在一定程度上抑制了医疗服务的过度需求。

从1987年起，北京、四川等地区的部分行业和市县，先后实行职工大病医疗费用社会统筹和退休人员医疗费用社会统筹。为缓解大病就医难这一当时最为突出的矛盾发挥了积极的作用。在总结各地实行大病医疗费用社会统筹经验的基础上，1992年9月，劳动部制定出台了《关于试行职工大病医疗费用社会统筹的意见的通知》（劳险字〔1992〕25号），决定在国营企业、县以上城镇集体所有制企业的在职职工和离退休职工中，试行职工大病医疗费用社会统筹。此后，各地相继开展了不同范围的大病医疗费用社会统筹工作。

医疗保险制度改革的发展，使人们越来越认识到，要控制医疗费用过快增长，单纯着眼于约束职工个人的医疗消费行为是不够的，必须同时对医疗机构的医疗服务行为给予有效约束。为此，1989年3月，国务院批转的《国家体改委1989年经济体制改革要点》，确定在丹东、四平、黄石、株洲等市进行医疗保险制度改革试点。同时在深圳、海南等地进行社会保障制度综合改革试点，由此正式拉开了我国医疗体制改革试点序幕。这四个城市，除继续推进对医疗服务需求方约束机制的改革外，还加强了对医院的医疗费用控制的改革。一是改革医疗费用支付方式；二是制定基本药品目录和公费医疗用药报销目录；三是明确了政府、用人单位、医院等三方负担医疗费用的经济责任。

这些措施和办法使医疗保障的社会化程度有所提高，企业之间互助共济、分担风险的能力有所增强，对控制医疗费用过快增长、缓解财政经费紧张和企业之间医疗费用负担畸轻畸重的现象起到了一定作用。

---

① 参见胡晓义.走向和谐：中国社会保障发展60年.北京：中国劳动社会保障出版社，2009：188.

(二)城镇职工基本医疗保险制度改革试点

1993年11月,十四届三中全会通过的《中共中央关于建立社会主义市场经济体制若干问题的决定》,对职工基本医疗保险制度改革提出明确的要求,改革目标是建立"城镇职工养老和医疗保险金由单位和个人共同负担,实行社会统筹与个人账户相结合"的城镇职工基本医疗保险制度。

按照中共中央的决定,1994年4月,在总结各地经验和借鉴国外有益经验的基础上,国家体改委、劳动部等4部委制定下发了《关于职工医疗制度改革的试点意见》(体改分〔1994〕51号),明确了职工医疗保险制度改革的目标是建立社会统筹医疗基金与个人医疗账户相结合的医疗保险制度,并使之逐步覆盖到时城镇所有劳动者。其试点的主要内容如下:

(1)规定了职工医疗保险费用的筹集方。职工医疗保险费用由用人单位和职工共同缴纳;职工医疗保险制度改革实行属地原则,所有的企事业单位都必须参加所在地的医疗保险制度改革,执行当地统一的缴费标准。

(2)建立社会统筹医疗基金与职工个人医疗账户相结合的制度。

(3)建立对职工个人医疗费用的制约机制。医疗费用首先从个人账户中支付,个人账户不足时,再由职工自付;按年度计算,职工在个人账户之外自付的医疗费,超过本人年工资收入的5%以上部分,由社会统筹医疗基金支付,但个人仍要负担一定比例。

(4)加强对医疗单位的有效制约,改善医疗服务。职工到定点的几个医院就医,允许患者持处方到医院外购药;要制定医疗诊治技术规范和合理的、分档次的医疗收费标准并定期修订;要制定医疗保险基本药品报销目录和检查、治疗的费用控制标准并定期修订。超出规定的医疗服务和用药,医疗保险机构不负责支付。

1994年,经国务院批准,首先在江苏省镇江市、江西省九江市进行"医疗保险统筹基金+个人账户"为基本模式的城镇职工基本医疗保险制度改革试点(简称"两江"试点),从1994年12月开始实施。

通过"两江"试点,证明建立城镇职工基本医疗保险制度的方向是正确的、基本上是可行的。在此试点基础上,1996年国务院决定进一步扩大"两江试点"的范围。在全国29个省、自治区和直辖市再挑选一部分具备条件的城市进行医疗保险制度改革试点。1996年4月,在江苏省镇江市召开了"全国职工医疗保障制度改革扩大试点工作会议";同年5月,国务院办公厅转发了国家体改委、劳动部等4部委《关于职工医疗保障制度改革扩大试点的意见》。该意见进一步完善了我国职工基本医疗保险制度改革的目标、基本原则、待遇保障项目和主要内容等。

三、职工医疗保险制度完善确定

尽管我国职工基本医疗保险制度改革试点取得了较好的成绩,但从总体上看,改革仍不适应建立社会主义市场经济体制和国有企业改革的要求,更不适应保障职工基本医疗的需要。这就要求进一步加快医疗保险制度改革的步伐,研究制定改革的总体方案,在全国建立完善城镇职工基本医疗保险制度。

1998年11月，国务院召开了全国职工医疗保险制度改革工作会议，研究部署了在全国范围内全面推进职工医疗保险制度改革的工作。同年12月，《国务院关于建立城镇职工医疗保险制度的决定》(国发〔1998〕44号)发布，要求在全国范围内建立覆盖全体城镇职工、社会统筹和个人账户相结合的基本医疗保险制度，从而确定了我国现行的职工基本医疗保险制度的基本框架和主要政策。其主要内容是城镇职工基本医疗保险制度覆盖城镇所有用人单位，包括企业、机关、事业单位、社会团体、民办非企业单位及其职工，都要参加基本医疗保险。建立医疗费用合理筹措机制，基本医疗保险费由用人单位和职工共同缴纳。实行“统账结合”的制度模式。制定医疗服务标准和基本药品目录，实行定点医院和定点药店管理。

2010年10月，国家主席令第35号颁布了《社会保险法》，专设了“第三章　基本医疗保险”，明确了参加职工基本医疗保险的范围、医疗保险基金筹集、医疗保险待遇项目和标准等职工基本医疗保险制度的内容。从而使我国的职工基本医疗保险制度走向了法治化的轨道。

《社会保险法》的实施以及制定出台的贯彻落实《社会保险法》的规定以及有关职工基本医疗保险的政策文件，进一步完善了我国职工基本医疗保险制度，从而确定并形成了我国现行的职工基本医疗保险政策。

第二节　职工医疗保险覆盖范围

职工医疗保险覆盖范围的大小受制于诸多因素，既应积极寻求扩大参保范围的途径，同时也应当有步骤、分阶段，并通过不同层次的保障方式来实现人人享有医疗保障。职工医疗保险的覆盖范围，《国务院关于建立城镇职工基本医疗保险制度的决定》(国发〔1998〕44号)有明确规定，城镇所有用人单位，包括企业(国有企业、集体企业、外商投资企业、私营企业等)、机关、事业单位、社会团体、民办非企业单位及其职工，都要参加基本医疗保险。乡镇企业及其职工、城镇个体经济组织业主及其从业人员是否参加基本医疗保险，由各省、自治区、直辖市人民政府决定。这就在原则上界定了职工医疗保险的参保范围。在这一范围内的所有用人单位及其职工必须参加职工医疗保险，按规定的缴费基数和缴费标准缴纳基本医疗保险费。

一、参加职工医疗保险范围

《国务院关于建立城镇职工基本医疗保险制度的决定》(国发〔1998〕44号)已明确规定了城镇所有用人单位，包括企业、机关、事业单位、社会团体、民办非企业单位及其职工，都要参加基本医疗保险。这里的企业，既包括国有企业、集体企业，也包括外商投资企业、私营企业等，机关、事业单位、社会团体、民办非企业单位及其职工，也必须参加基本医疗保险。这就是说，必须参加城镇职工基本医疗保险的单位和职工，既包括机关、事业单位，也包括城镇各类企业；既包括国有经济单位，也包括非国有经济单位；既包括效益好的企业，也包括困难企业。

上述用人单位及其职工是必须参加职工医疗保险的范围，是强制性的、必须的。

基本医疗保险原则上以市地为统筹单位，实行属地管理原则，不搞行业统筹。

二、选择参加职工医疗保险人群

当时，对于乡镇企业及其职工、城镇个体经济组织业主及其从业人员是否参加基本医疗保险，国家没有统一纳入职工医疗保险范围内，明确由各省、自治区直辖市人民政府确定。这主要是考虑到对这部分人群管理的状况和医疗保险本身的特殊性。

山东省《建立城镇职工基本医疗保险制度实施方案的通知》(鲁政发〔1999〕94 号)也没有统一规定明确，仅要求具备条件的乡镇企业和城镇个体经济组织业主及其从业人员可逐步纳入职工基本医疗保险范围。

随着我国经济体制改革的进一步深化和产业结构的调整，乡镇企业改制转型，特别是民营经济等非公有制经济不断发展壮大，个体经济异军突起，非正规等灵活就业人员①逐步增加，这部分就业人群的医疗保障问题日益突出。为解决灵活就业人员的医疗保障问题，2003 年 5 月，原劳动和社会保障部办公厅发布了《关于城镇灵活就业人员参加基本医疗保险的指导意见》(劳社厅发〔2003〕10 号)，规定已与用人单位建立明确劳动关系的灵活就业人员，按照用人单位参加职工基本医疗保险的方法缴费参保；其他灵活就业人员，以个人身份缴费参保。

《社会保险法》第二十三条第二款规定：“无雇工的个体工商户、未在用人单位参加职工基本医疗保险的非全日制从业人员以及其他灵活就业人员可以参加职工基本医疗保险，由个人按照国家规定缴纳基本医疗保险费。”

在这里，《社会保险法》对无雇工的个体工商户、未在用人单位参加职工基本医疗保险的非全日制从业人员以及其他灵活就业人员参加职工基本医疗保险的问题未作强制要求，规定“可以参加职工基本医疗保险，由个人按照国家规定缴纳基本医疗保险费”。但在实际工作，为了扩大职工医疗保险覆盖面，提高参保率，将所有与用人单位签订劳动合同的职工、无雇工的个体工商户、未在用人单位参加职工基本医疗保险的非全日制从业人员以及其他灵活就业人员全部纳入了职工基本医疗保险范围，要求其参加职工医疗保险，按照规定缴纳基本医疗保险费。

由于很多无雇工的个体工商户、灵活就业人员等人群，具有工作地点不确定、工作时间不固定、收入不稳定等状况，几乎都选择性地参加医疗保险。其中，缴纳职工医疗保险费有保障的灵活就业人员，往往选择参加职工医疗保险；按职工医疗保险缴费困难的人员，常常选择参加居民医疗保险。

山东省将灵活就业人员纳入了职工基本医疗保险范围内，并针对灵活就业的特点，制定出台了灵活就业人员参保缴费政策。

---

① 灵活就业人员是指以灵活就业方式实现就业的人员。灵活就业方式多种多样，主要有四种形式：一是非正规部门就业，即劳动标准、生产组织管理及劳动关系运作等均达不到一般企业标准的用工和就业形式。二是自雇型就业，有个体经营和合伙经营两种类型。三是自主就业，如自由职业者、自由撰稿人、个体演员、模特、独立的中介服务工作者等。四是临时就业，如家庭小时工、街头小贩、其他类型的打零工者。

目前,基本医疗保险制度是我国所有社会保险项目中覆盖范围最广的一项社会保险制度。

第三节　职工医疗保险费缴纳

职工基本医疗保险费缴纳标准或比例,全国、全省都没有统一的具体明确的规定,仅作了原则性的要求。《国务院关于建立城镇职工基本医疗保险制度的决定》(国发〔1998〕44 号)第二条第二款明确规定:“用人单位缴费率应控制在职工工资总额的 6%左右,职工缴费率一般为本人工资收入的 2%。”随着社会经济发展和客观情况的变化,特别是面对复杂严峻的国内外形势和新冠疫情的影响,在我国经济下行压力持续增大的情况下,用人单位和职工医疗保险缴纳费率和缴费时间可作相应调整。

一、职工医疗保险缴费基数

基本医疗保险费由用人单位和职工共同缴纳。基本医疗保险费的缴费基数是职工工资总额[①],即用人单位以本单位职工工资总额为缴费基数,职工以本人工资收入为缴费基数,按统筹地区规定的比例和时间缴纳基本医疗保险费。

1.用人单位缴费基数

《社会保险法》第二十三条仅规定了:“由用人单位和职工按照国家规定共同缴纳基本医疗保险费。”在此,并没有明确医疗保险费缴费基数。但早在 1998 年 12 月,《国务院关于建立城镇职工医疗保险制度的决定》(国发〔1998〕44 号)就明确规定:“用人单位缴费率应控制在职工工资总额的 6%左右,职工缴费率一般为本人工资收入的 2%。”这就明确了职工医疗保险的缴费基数,用人单位为“职工工资”,职工为“本人工资收入”。

2006 年 11 月,就缴费基数问题,原劳动保障部社保中心专门下发了《关于规范社会保险缴费基数有关问题的通知》(劳社险中心函〔2006〕60 号),明确规定参保单位缴纳基本医疗保险、失业保险、生育保险费的基数为职工工资总额,基本医疗保险、失业保险职工个人缴费基数为本人工资。同时明确为便于征缴,可以以上一年度个人月平均工资为缴费基数。

2.职工个人缴费基数

按照上述规定,基本医疗保险职工个人缴费基数为本人工资收入。在实际工作中,职工缴纳基本医疗保险费是以上年度职工本人月平均工资为基数,并没有明确规定职工个人缴纳基本医疗保险费有上下限的规定,即职工本人上年度工资总额低于上年度所在统筹地区在岗平均工资 60%的,按 60%计算缴费基数;高于上年度统筹地区参加单位在岗平均工资的 300%的,其缴费基数按 300%确定。

2021 年 12 月,山东省医疗保障局等 3 厅局下发了《关于进一步规范基本医疗保险参保缴费与待遇支付有关问题的通知》(鲁医疗保险发〔2021〕54 号),要求规范职工缴费基

---

① 有关职工工资总额的概念及构成,可详见本书第十章第三节“职工养老保险费缴纳”部分的内容。

数“封顶保底线”执行时间。明确规定每年省人力资源和社会保障厅会同省医疗保障局下发全省全口径城镇单位就业人员平均工资公告后，各统筹地区自公告之日的次月起，统一按公告的平均工资调整基本医疗保险缴费基数“封顶保底线”；公告之日的当月及公告当月前继续按上一年度公布的平均工资执行基本医疗保险缴费基数“封顶保底线”。

在实际工作中，一些统筹地区社会保险经办部门，为了整合经办资源，实行社会保险费的统一征收和统一稽核，将医疗保险的用人单位和职工个人缴费基数，统一为用人单位和职工个人缴纳基本养老保险费的基数。这种做法方便了参保企业和参保人员，有利于提高工作效率。

3.灵活就业人员缴费基数

灵活就业人员可以参加职工基本医疗保险，由个人按照国家规定缴纳基本医疗保险费。灵活就业人员参加职工基本医疗保险要坚持权利与义务对应、缴费水平与待遇水平相挂钩的原则，在参保政策与管理办法上，既要与城镇职工基本医疗保险制度相衔接，又要适应灵活就业人员的特点。从统筹基金起步的地区，可参照当地基本医疗保险建立统筹基金的缴费水平确定。

2003 年 5 月，劳动保障部下发了《关于城镇灵活就业人员参加基本医疗保险的指导意见》(劳社厅发〔2003〕10 号)，要求各地重视灵活就业人员的医疗保障问题，积极将灵活就业人员纳入基本医疗保险制度范围。规定灵活就业人员参加基本医疗保险的缴费率原则上按照当地的缴费率确定。缴费基数可参照当地上一年职工年平均工资核定。灵活就业人员缴纳的医疗保险费纳入统筹地区基本医疗保险基金统一管理。

在实际工作中，各地根据灵活就业人员的就业特点，对参加职工医疗保险的灵活就业人员，按照降低缴费费率单建统筹基金的办法执行，明确不建立个人账户，按全口径城镇单位就业人员平均工资的 60%设定医疗保险缴费基数，减轻灵活就业人员的缴费负担。

二、职工医疗保险缴费比例

缴纳职工基本医疗保险费的比例，国家没有统一规定一个标准，即便是各省的范围内也没有统一。《国务院关于建立城镇职工基本医疗保险制度的决定》(国发〔1998〕44 号)第二条第三款规定：“用人单位缴费率应控制在职工工资总额的 6%左右，职工缴费率一般为本人工资收入的 2%。”随着经济发展和工资收入提高，用人单位和职工缴费率可作相应的调整。

根据上述规定，《山东省建立城镇职工基本医疗保险制度实施方案》(鲁政发〔1999〕94 号)要求，确定基本医疗保险缴费率，要切实考虑财政和企业的实际负担能力，也要考虑各地所能承担的基本医疗保险责任，使基本医疗保险与当地经济发展水平相适应。用人单位缴费率，可按统筹地区前 3 年财政和企业实际医疗费支出占职工工资总额的比例测算。各地应根据实际测算情况合理确定用人单位缴费率。用人单位缴费率测算在 6%以内的，应按实际测算结果确定，不能攀比。对部分医疗消费水平较高、缴费比例确需超过 6%的，要从严控制。职工缴费率为本人工资收入的 2%。

按照上述原则，2007 年 9 月，山东省启动省直管企业，包括自收自支和企业化管理事业单位的职工基本医疗保险时，对职工基本医疗保险费的缴纳标准作了如下规定："用人单位以本单位上年度职工工资总额为缴费基数，按8%的比例缴纳基本医疗保险费，职工以上年度本人月平均工资为基数，按2%的比例缴纳基本医疗保险费。"

2019年10月，山东省人民政府办公厅发布的《全面推进生育保险和职工基本医疗保险合并实施方案》(鲁政办发〔2019〕27号)规定，按照用人单位参加生育保险和职工基本医疗保险的缴费比例之和确定新的用人单位职工基本医疗保险缴费比例。但在实际工作中，生育保险缴费比例和职工基本医疗保险缴费比例仍然是分开明确的，并执行将用人单位生育保险的缴费比例和职工基本医疗保险缴费比例合并统称为职工基本医疗保险缴费比例。例如：2019年11月，山东省医疗保障局下发的《关于省直生育保险和职工基本医疗保险合并实施有关问题的通知》(鲁医保发2019)27号)规定，用人单位自2019年12月起，按上年度在职职工工资总额的1%缴纳生育保险费；省直管机关事业单位(含自收自支和企业化管理事业单位)继续按上年度单位在职职工工资总额的0.3%缴纳生育保险费。

2021年9月，山东省医疗保障局、山东省财政厅下发了《关于建立医疗保障待遇清单的实施意见》(鲁医保发〔2021〕43号)，明确规定职工基本医疗保险单位缴费率(不含生育保险)按职工工资总额的6%左右，不超过8%；职工个人缴费率为本人工资收入的2%。

基本医疗保险缴费费率的确定，既考虑到了财政和企业的实际承受能力，也考虑到了各地所能承担的基本医疗保险责任，使基本医疗保险与当地经济发展水平相适应。

2020年12月，山东省下发的《中共山东省委、山东省人民政府贯彻落实〈中共中央、国务院关于深化医疗保障制度改革的意见〉的实施意见》(鲁发〔2020〕18号)明确要求，统一全省职工基本医疗保险基准费率制度，做实参保缴费基数。这为将来统一全省基本医疗保险缴费费率提供了根本遵循。

医疗保险缴费基数、缴费费率明确后，如何缴纳医疗保险费？最近，国家作出了新的规定。2022年7月，国家税务总局、财政部等5部委下发了《关于印发〈统一社会保险费征收模式实施方案〉的通知》(税总社保发〔2022〕56号)，明确规定，从2022年起，用3年时间稳妥有序实现用人单位和个人自行向税务部门申报社会保险费，具体时间为：

(1)2022年，实现城乡居民自行向税务部门缴纳社会保险费，启动用人单位及灵活就业人员"统模式"[①]各项准备工作，选择部分省份开展模拟和试点。

(2)2023年，全国70%省份完成用人单位及灵活就业人员"统模式"任务。要求进一步健全社会保险费征管制度，规范申报缴费工作，优化社会保险费信息系统。

(3)2024年，全面完成"统模式"任务。实现税费数据一体化管理和应用，基本建成优质便民、系统完备的社会保险费征管制度体系。

---

① 统模式是指建立企业职工基本养老保险全国统筹制度，统一社会保险费征收模式。这种统模式的特点是参保单位或参保人员根据社会保险费缴费基数和缴费比例或标准，在规定的时间内自行向税务部门申报缴纳社会保险费。

第四节 参保缴费医疗保险待遇对应衔接

参保人员只有按规定履行了缴费义务，才有权利享受医疗保险待遇，但并不是只要按规定履行了缴费义务，就能享受医疗保险待遇。参保单位和职工按规定缴纳了职工医疗保险费后，其职工也要按规定享受医疗保险待遇，做到职工参保缴费和享受医疗保险待遇的有效衔接。

2021年12月，山东省医疗保障局、山东省财政厅等3厅局下了《关于进一步规范基本医疗保险参保缴费与待遇支付有关问题的通知》(鲁医疗保险发〔2021〕54号)，进一步规范明确了职工基本医疗保险参保缴费与医疗保险待遇衔接政策。

一、无等待期医疗保险待遇

用人单位应当按照国家规定依法为职工和单位办理职工基本医疗保险参保登记手续，参保职工自单位和个人缴费的次月起，按规定享受职工基本医疗保险待遇。

无雇工的个体工商户、未在用人单位参加职工基本医疗保险的非全日制从业人员以及其他灵活就业人员，参加职工基本医疗保险的，不受参保地、户籍地的限制，自参保缴费的次月起享受职工基本医疗保险待遇。

二、中断参保地缴费医疗保险待遇

用人单位和职工参保医疗保险，但有中断缴费情形的，应按下列规定享受职工医疗保险待遇：

(1)参保单位因故中断缴纳基本医疗保险费的，自中断缴费的次月起暂停支付其职工的基本医疗保险待遇。

(2)参保单位从补齐欠费和滞纳金的次月起，恢复其职工的基本医疗保险待遇。

补缴中断缴费期间费用的，只计算基本医疗保险缴费年限，欠费期间发生的医疗费用不纳入医疗保险统筹基金支付。

(3)灵活就业人员中断缴费超过3个月的，设置3个月的待遇享受等待期。3个月的待遇享受等待期包括缴费的当月。

三、异地就业医疗保险待遇

随着经济的发展，参保人员跨医疗保险统筹地区就业的流动性，无论是规模，还是频率都不断地扩大增加，就业地的变化必然引起参保地不断的变动，随之医保关系转移接续频繁发生，并且已经成为一种常态，这就要求及时转移接续其医保关系。

1.3个月内新就业地接续医保关系、医保待遇

参保职工在山东省行政区域内跨统筹地区就业，其基本医疗保险待遇享受至转出地缴费之月底。参保职工自转出地办理减员当月起，3个月内在新就业地参保缴费接续基本医疗保险关系，并补缴中断缴费期间费用的，自参保缴费的当月起享受职工医疗保险待

遇，转入地医疗保险经办机构应按规定支付其补缴医保费期间发生的医疗费用。

2.3 个月外新就业地接续医保关系、医保待遇

参保职工在山东省行政区域内跨统筹地区就业，在新就业地参保缴费，并转移接续基本医疗保险关系超过 3 个月的，自参保缴费的次月起享受职工基本医疗保险待遇。补缴中断缴费期间费用的，只能计算基本医疗保险缴费年限，欠费期间发生的医疗费用不纳入医疗保险统筹基金支付。

第五节　医疗保险统筹基金和个人账户

我国职工基本医疗保险实行的是基本医疗保险社会统筹基金与个人账户相结合的医疗保险制度。这就要求要建立基本医疗保险统筹基金和个人账户，也决定了基本医疗保险基金由两部分构成，一部分是社会统筹基本医疗基金，另一部分是职工个人账户医疗保险基金。按照国家规定，统筹基金与个人账户基金要划定各自的支付范围，分别核算，不得互相挤占。这就明确要求统筹基金与个人账户要独立记账，分别核算，单独管理，分别支付。统筹基金和个人账户基金分别用于不同医疗费用的医疗保险待遇支出。

一、个人账户额形成

2021 年 4 月，国务院办公厅下发了《关于建立健全职工基本医疗保险门诊共济保障机制的指导意见》(国办发〔2021〕14 号)，明确要求，坚持协同联动，完善门诊保障机制与改进个人账户制度同步推进、逐步转换。要求改进个人账户计入办法，在职职工个人账户由个人缴纳的基本医疗保险费计入，计入标准原则上控制在本人参保缴费基数的 2%，单位缴纳的基本医疗保险费全部计入统筹基金；退休人员个人账户原则上由统筹基金按定额划入，划入额度逐步调整到统筹地区根据该意见实施改革当年基本养老平均水平的 2%左右。并同时规定，各省要在 2021 年 12 月底前出台实施办法，指导各统筹地区推进落实，可设置 3 年左右的过渡期，逐步实现改革目标。调整统筹基金和个人账户结构后，增加的统筹基金主要用于门诊共济保障，提高参保人员门诊待遇。

根据上述文件的要求，2021 年 12 月，山东省人民政府办公厅下发了《关于印发山东省建立健全职工基本医疗门诊共济保障机制实施方案的通知》(鲁政办发〔2021〕22 号)，具体明确了调减统筹基金划入个人账户的比例和时间结点：

(1)2022 年年底前，将单位缴纳的基本医疗保险费计入在职职工个人账户部分调减到现行标准的 50%；退休人员个人账户计入政策保持不变。

(2)2024 年 1 月起，在职职工单位缴纳的基本医疗保险费不再划入个人账户，全部计入统筹基金；退休人员个人账户由统筹基金按定额划入，70 周岁以下退休人员，划入额度统一调整为统筹地区 2023 年度基本养老金平均水平的 2%，70 周岁及以上退休人员，划入额度统一调整为统筹地区 2023 年度基本养老金平均水平的 2.5%。

(3)在职转退休的职工，从次月起个人账户按退休人员标准划入。

职工个人账户的本金和利息归个人所有，可以结转使用或继承。

统筹基金划入职工个人账户金额调减后，所增加的统筹基金主要用于建立健全职工门诊统筹机制，将职工门诊医疗费用纳入统筹基金报销范围，并且提高参保人员医疗保障待遇水平。要求2022年年底前，山东省行政区域内，要全面建立覆盖职工医疗保险参保人员的普通门诊统筹制度，公平普惠保障人民群众基本门诊医疗需求，科学设定职工普通门诊待遇支付政策。

2022年年底以前，用人单位缴纳的基本医疗保险费，大部分统筹地区是按在职职工年龄定额划入个人账户的。年龄不同，划入的额度也不相同。年龄越大，划入个人账户的金额越多。年龄不满35周岁的、35周岁及以上不满45周岁的、45周岁及以上不满55周岁的、55周岁及以上的等四个档次，每人每月划入个人账户的金额为70元至300元不等。统筹地区不同，划入的定额也不相同。但自2023年1月起，山东省调减至按现行标准划入个人账户的50%。现行标准是指按上述规定划入个人账户的标准金额，在此基础上调减50%。

我国是按照社会统筹与个人账户相结合的模式，建立起了职工基本医疗保险制度的；并且个人账户在保障职工就医购药等方面发挥了重要的作用。但在《社会保险法》“第三章　基本医疗保险”中只字未提及个人账户的问题。主要是原因是，通过我国建立实施“社会统筹与个人账户相结合”模式的职工基本医疗保险制度，其个人账户存在的问题日渐显现，如个人账户共济功能发挥不充分，个人账户资金沉淀过多，使用效率不高，管理比较复杂，监督存在较多困难和障碍等，不确定的因素太多。因此，在《社会保险法》的有关规定中，并没有涉及职工医疗保险个人账户的规定，这为以后进一步深化医疗保险个人账户改革留下了空间和余地。这次不再将医疗保险统筹基金划入职工个人账户，职工个人账户资金全部由职工个人缴纳的医疗保险费形成，应该说是《社会保险法》给我国职工个人账户改革所留下的空间。

二、医疗保险待遇支付标准

划分统筹基金和职工个人账户基金的支付范围首先要确定医疗保险待遇支付标准。医疗保险待遇支付是基本医疗保险制度保障参保人员权益、实现医疗保险目的的关键环节。目前，医疗保险待遇支付标准主要涉及三个方面的内容：①起付标准；②统筹基金支付比例；③最高支付限额，即封顶线标准。

由于我国各地经济发展水平不同，医疗服务提供能力和医疗消费水平等差距很大，国家对统筹基金支付的起付标准、支付比例和最高支付限额等没有具体明确的统一数值[①]，只作了原则性规定，具体待遇给付标准由统筹地区人民政府按照以收定支、略有结余的原则，结合本地实际确定。

统筹基金的具体起付标准、最高支付限额，以及在起付标准以上、最高支付限额以下医疗费用的个人负担比例，由统筹地区根据以收定支、收支平衡的原则确定。但随着医疗

---

① 1998年12月，国务院下发的《国务院关于建立城镇职工基本医疗保险制度的决定》(国发〔1998〕44号)规定：“起付标准原则上控制在当地职工年平均工资的10%左右，最高支付限额原则上控制在当地职工年平均工资的4倍左右。”后来，随着经济社会的发展，各省或各统筹地区，根据当地实际作出了新规定。

保险制度的不断深化改革，特别是医疗保险基金省级统筹和医疗保障待遇清单的实施，统筹基金的具体起付标准、最高支付限额，以及在起付标准以上、最高支付限额以下医疗费用的个人负担比例将会在更大范围内统一。

（一）起付标准

统筹基金的起付标准是指一个医疗年度内，在统筹基本医疗保险基金支付前，先由个人账户支付或由个人自付的医疗费用额度，也就是通常所说的进入统筹基金支付的“门槛”。

在设定统筹基金起付标准时，要综合考虑三方面的因素：

(1)考虑当地统筹基金的支付能力，保证收支平衡。

(2)考虑个人的负担能力，起付标准定得过高，享受人群很少，个人账户支付范围过大，个人负担过重，而统筹基金结余过多，就失去了社会共济的意义。

(3)区别不同统账结合方式，一般按费用或病种划分统账支付范围的，可以年度累计发生费用设定统筹基金起付标准，职工在一个年度内，累计达到一定费用，就可以进行统筹基金支付。

《国务院关于建立城镇职工基本医疗保险制度的决定》(国发〔1998〕44 号)规定，医疗保险统筹基金的起付标准，原则上控制在当地职工年平均工资的 10%左右。

统筹基金支付起付标准又分为门诊统筹基金支付起付标准和职工住院统筹基金支付起付标准。随着我国医疗保险制度改革的不断深化和职工工资构成结构的变化，对统筹基金的起付标准的依据和内容作了调整。按照现行政策[①]规定，2022 年，山东省全面建立职工普通门诊统筹制度，职工普通门诊起付标准控制在全省上年度全口径城镇单位就业人员年平均工资的 2%以内，职工基本医疗保险住院起付标准原则不高于全省上年度全口径城镇单位就业人员年平均工资的 3%。

（二）统筹基金支付比例

医疗保险统筹基金主要支付统筹基金起付标准以上、最高支付限额以下的职工医疗费用，个人也要负担一定比例，个人负担比例由统筹地区根据以收定支、收支平衡、略有结余的原则确定。在实际工作中，个人负担比例与就诊医院的级(类)别相关，就诊的医院级别越高，个人负担比例越高。例如，在一级(类)医院住院的，在职人员个人支付 20%，统筹基金支付 80%；退休人员个人支付 15%，统筹基金 85%。在二级(类)医院住院的，在职人员个人支付 25%，统筹基金支付 75%；退休人员个人支付 20%，统筹基金支付 80%。在三级(类)医院住院的，在职人员个人支付 30%，统筹基金支付 70%；退休人员个人支付 25%，统筹基金支付 75%。总之，基本医疗保险统筹基金按照规定比例负担起付标准以上、最高支付限额以下的医疗费用，其他医疗费用从个人账户中支付或由个人自付。

随着医疗保险制度改革的不断深化和职工医疗保险水平的不断提高，起付标准以上、

① 现行政策是指 2021 年 9 月，山东省医疗保障局、山东省财政厅下发的《关于建设医疗保障待遇清单制度的实施意见》(鲁医保发〔2021〕43 号)文件所规定的政策。

最高支付限额以下的政策范围内的医疗费用，统筹基金支付的比例也出现变化。目前，山东省住院职工基本医疗保险基金支付比例平均已达到80%，其中支付一级及以下医疗机构的费用不低于85%；门诊职工医疗保险基金支付比例平均不低于60%。

（三）最高支付限额

统筹基金的最高支付限额，即统筹基金支付封顶线，是指一个医疗年度内，基本医疗保险统筹基金所能支付的最高医疗待遇费用额度。

基本医疗保险统筹基金的最高支付限额，一般是根据大额医疗费用人群分布情况测算确定。1997年全国职工平均工资的4倍，大致为2.6万元。那是根据全国40多个城市的抽样调查，绝大多数患病职工的年医疗费用都在3万元以内，超过3万元的，只占就医人群的0.4%以下。所以，当时《国务院关于建立城镇职工基本医疗保险制度的决定》（国发〔1998〕44号）规定的统筹基金最高支付限额控制在当地职工平均工资的4倍左右。随着经济社会发展水平不断提高，也应当相应提高职工医疗保障水平。目前，山东省职工住院基本医疗保险叠加职工大额医疗费用补助最高支付限额达到全省职工年平均工资的8倍左右。2023年底，职工医疗保险个人账户改革到位，逐步提高职工普通门诊最高支付限额。

门诊慢特病职工医疗保险待遇可参照住院管理和费用支付标准规定。恶性肿瘤门诊放化疗、尿毒症透析、器官移植术后抗排异治疗、重性精神患者药物维持治疗、耐多药结核、广泛耐结核、日间手术等，参照住院管理和支付。要实现门诊慢特病病种、纳入标准和待遇政策统一。

起付标准、最高支付限额等医疗保待遇的医疗年度是按自然年度计算的。门诊待遇、住院待遇分别制定其起付标准、最高支付限额。

根据山东省医疗保障局、山东省财政厅《关于建立医疗保障待遇清单制度的实施意见》（鲁医疗保险发〔2021〕43号）的规定，各市要在国家、省规定范围内，制定本市职工医疗保险政策范围内住院和门诊费用起付标准、支付比例和最高支付限额。

三、个人账户支付

按照规定，职工个人医疗基金的账户资金可以用于以下医疗费用的支付：

（1）门诊慢特病统筹费用外的由个人承担的门诊医疗费用支付。

（2）门诊、住院统筹基金起付标准以下的医疗费用，从个人账户中支付或由个人自付。

（3）医疗保险统筹基金支付统筹基金起付标准以上、最高支付限额以下的医疗费用，应由个人负担一定比例医疗费用。此费用从个人账户中支付。

（4）超过统筹基金最高支付限额的医疗费用，可以从个人账户中支付，也可以通过商业医疗保险等途径解决。

（5）定点药店购药费用支付。

（6）家庭共济支付。

2019年12月，山东省医疗保障局、山东省财政厅下发了《关于规范完善职工医疗保险个人账户支付有关问题的通知》（鲁医疗保险发〔2019〕110号），适度调整职工医疗保险个人账户支付范围，对职工个人账户的资金支付范围和用途作了进一步的扩大和规范，明确指出，职工医疗保险个人账户除可用于职工本人的门诊消费、药店消费及医疗保险统筹基金报销后需个人负担的费用外，可用于支付：①近亲属[①]参加居民基本医疗保险的个人缴费部分；②近亲属参加长期护理保险的个人缴费部分；③经基本医疗保险报销后按规定需个人负担的费用；④经大病保险报销后按规定需个人负担的费用；⑤经长期护理保险报销后按规定需个人负担的费用；⑥本人健康检查及在定点零售药店购买药品；⑦近亲属健康检查及在定点零售药店购买药品。

2021 年 12 月，山东省《建立健全职工基本医疗保险门诊共济保障机制实施方案》(鲁政办发〔2021〕22 号)，进一步规范了职工个人账户使用范围，明确规定，个人账户资金主要用于支付参保人员在定点医药机构发生的政策范围内自付费用。可用于支付：①参保人员本人及其配偶、父母、子女在定点医疗机构就医发生的由个人负担的医疗费用；②参保人员本人及其配偶、父母、子女在定点零售药店购买药品、医疗器械、医用耗材发生的由个人负担的费用；③参保人员配偶、父母、子女参加居民基本医疗保险、长期护理保险、政府指导的普惠型商业医疗保险等的个人缴费。

职工医疗保险个人账户基金除因跨统筹地区关系转移[②]、异地安置、出国定居、职工死亡等情况外，不能随意提现或变相提取现金。

个人账户的医保基金不得用于公共卫生费用、体育健身或养生保健消费等不属于基本医疗保险保障范围的支出。

第六节　医疗保险关系转移接续

参加职工基本医疗保险的人员，达到法定退休年龄时累计缴纳基本医疗保险费的年限要达到国家规定的缴费年限，退休后才能享受职工基本医疗保险待遇。因此，参保人员在不同医疗保险统筹区就业时，形成的新的医疗保险关系必须转移接续起来，从而确定职工累计缴费年限。

职工医疗保险关系转移是指参加职工基本医疗保险的参保人员因跨医疗保险统筹地区就业、户籍或常住地变动的，按规定应办理转移、接续基本医疗保险关系手续。转移接续的内容主要有：①个人医疗保险信息记录的传递；②职工医疗保险个人账户资金的转移；③医疗保险待遇衔接。

一、转移接续职工医疗保险关系对象范围

参保人员跨统筹地区流动的，不得重复参加医疗保险，也不得重复享受医疗保险待遇，应按规定办理基本医疗保险关系转移接续。

属单位职工的，医疗保险参保人员可由用人单位为其申请办理医疗保关系转移接续

① 这里的近亲属是指配偶、子女，本人的父母、配偶的父母。

② 按照国家医保局下发的《基本医疗保险关系转移接续暂行办法》(医保办发〔2021〕43 号)规定，医保关系转移的，若个人账户有余额，也应办理个人账户余额划转手续。

手续;灵活就业人员由个人申请办理。

1.职工医疗保险制度内转移接续

职工医疗保险参保人员跨统筹地区就业,转出地①已中止参保,在转入地②按规定参加职工医疗保险的,应申请转移接续。

2.职工医疗保险跨制度转移接续

职工医疗保险参保人员跨统筹地区流动,转出地已中止参保,在转入地按规定参加居民医疗保险的,可申请转移接续。

居民医疗保险参保人员跨统筹地区流动,转出地已中止参保,在转入地按规定参加职工医疗保险的,可申请转移接续。

已办理退休手续的退休人员,则不属于转移接续医疗保险关系范围内的人员,不得再办理转移接续医疗保险关系手续。

二、职工医疗保险关系转移接续待遇衔接

职工按规定转移接续医疗保险关系后,需就医的,面临着如何享受医疗保险待遇的问题。这就涉及职工医疗保险待遇的衔接。

1.职工医疗保险制度内转移接续待遇衔接

(1)参保职工在山东省省内跨统筹地区转移接续基本医疗保险关系的,基本医疗保险待遇享受至转出地缴费之月底。

(2)办理转移接续的职工医疗保险参保人员,在转移接续前中断缴费 3 个月(含)以内的,可按转入地规定办理职工基本医疗保险费补缴手续,补缴后不设待遇享受等待期,缴费当月即可在转入地按规定享受待遇,中断期间的待遇可按规定追溯享受。

(3)办理转移接续的职工医疗保险参保人员,在转移接续前中断缴费 3 个月以上的,自在转入地参保缴费的次月起享受职工基本医疗保险待遇;补缴中断缴费期间费用的,只计算基本医疗保险缴费年限,欠费期间发生的医疗费用不纳入医疗保险统筹基金支付。

(4)灵活就业人员在山东省省内跨统筹地区转移接续基本医疗保险关系的,按照上述规定执行。

2.跨制度转移接续医疗保险关系待遇衔接

(1)参保人员已连续 2 年(含 2 年)以上参加基本医疗保险的,因就业等个人状态变化在职工医疗保险和居民医疗保险间切换参保关系的,且中断缴费 3 个月(含)以内的,可按转入地规定办理基本医疗保险费补缴手续,补缴后不设待遇享受等待期,缴费当月即可在转入地按规定享受待遇,中断期间的待遇可按规定追溯享受。

(2)参保人员已连续 2 年(含 2 年)以上参加基本医疗保险的,因就业等个人状态变化在职工医疗保险和居民医疗保险间切换参保关系的,且中断缴费 3 个月以上的,设置 3 个月的等待期,自参保缴费的次月起享受职工基本医疗保险待遇;补缴中断缴费期间费用的,只计

① 转出地是指参保人员医疗保险关系转移接续前,其基本医疗保险关系所在地。

② 转入地是指参保人员基本医疗保险关系拟转入接续起来的所在地。

算基本医疗保险缴费年限，欠费期间发生的医疗费用不纳入医疗保险统筹基金支付。

参加职工基本医疗保险的个人，基本医疗保险关系转移接续时，其基本医疗保险缴费年限累计计算。达到法定退休年龄时，享受退休人员基本医疗保险待遇的缴费年限按照当地规定执行。

职工医疗保险关系转入地不得将办理职工医疗保险退休人员待遇与在当地按月领取基本养老金绑定。

在转入地完成接续前，转出地应保存参保人员信息，暂停其基本医疗保险关系，并为其依规参保缴费和享受待遇提供便利。转移接续完成后，转出地参保关系自动终止。

三、职工医疗保险关系转移接续办理

2021 年 12 月，国家医疗保障局下发了《基本医疗保险关系转移接续暂行办法》（见医保办发〔2021〕43 号文件），对职工医疗保险关系办理转移接续手续作了明确规定。

1.转移接续申请

参保人员或用人单位提交基本医疗保险关系转移申请，可通过全国统一的医疗保险信息平台（以下简称医疗保险信息平台）直接提交申请，也可通过线下方式在转入地或转出地经办机构窗口申请。

转移接续申请实行统一的校验规则前置，在申请时转入地和转出地校验是否符合转移接续条件，若不符合条件则不予受理转移接续申请，并及时告知申请人原因；符合条件的，则予以受理。

转出地的校验规则主要为是否已中止参保，转入地的校验规则主要为是否已按规定参加转入地基本医疗保险。

校验规则涉及事项应逐步实现网上办理、一站式联办。

2.转出地办理转出手续

参保人员转移接续申请成功受理后，转出地医疗保险经办机构 10 个工作日内完成基本医疗保险关系转出，生成“参保人员基本医疗保险信息表”，核对无误后，将带有电子签章的“信息表”同步上传到医疗保险信息平台，经医疗保险信息平台传送至转入地经办机构；若个人账户有余额，办理个人账户余额划转手续。

3.转入地办理转入手续

转入地医疗保险经办机构收到转出地上传的“信息表”后，核对相关信息，并在 5 个工作日内将“信息表”同步至本地医疗保险信息平台，完成基本医疗保险关系转入。

转入地经办机构收到转出地经办机构划转的个人账户余额后，与业务档案匹配，并核对个人账户转移金额，核对无误后可将个人账户金额计入参保人员的个人账户。

4.随时查询转移接续进度

参保人员或用人单位可通过医疗保险信息平台，随时查询医疗保险转移接续手续办理进度。

第七节 职工医疗保险待遇

基本医疗保险待遇是医疗保险制度的核心内容，也是广大职工最为关注的问题。医疗保险待遇的高低，直接关系到参保人员的切身利益。由于我国各地经济发展水平不同，医疗保障能力和医疗消费水平等也不同，地区间差距很大。国家没有统一规定医疗保险待遇项目和保障水平，由统筹地区按照以收定支、略有结余的原则确定。

一、定点医疗服务

国家对基本医疗保险实行定点医疗机构和定点药店管理，制定定点医疗机构和定点药店的资格审定办法。医疗保险经办机构要根据中西医并举，基层、专科和综合医疗机构兼顾，方便职工就医的原则，确定定点医疗机构和定点药店，并同定点医疗机构和定点药店签订服务协议①，明确各自的责任、权利和义务。在确定定点医疗机构和定点药店时，要引进竞争机制，职工可选择若干定点医疗机构就医、购药，也可持处方在若干定点药店购药。

从内容上讲，社会保险经办机构与定点医疗机构和定点药店签订的服务协议一般包括服务人群、服务范围、服务质量、医疗费用结算办法、医疗费用支付标准以及医疗费用审核等。从格式上讲，一般包括甲乙方的确定、合同的有效期、甲方权利义务、乙方权利义务、变更终止合同的办法、争议处理途径与方式、双方法定代表人签名并加盖公章、合同签订日期等。

1.定点医疗机构

基本医疗保险定点医疗机构是指经统筹地区社会保险行政部门审查获得定点医疗机构资格，并经社会保险经办机构确定且与之签订有关协议的，为统筹地区城镇职工基本医疗保险参保人员提供医疗服务并承担相应责任的医疗机构。

医疗消费市场具有很强的供方垄断性，由于供需双方信息的不对称，供方存在着利用自己对医学知识及医疗服务资源的垄断而谋取私利的可能性；而个人作为患者，因为缺乏有关医学知识，对自己的病情基本上没有发言权。因此，基本医疗保险必须实行定点管理才能引进竞争机制，促进医疗机构公平竞争，规范医疗服务行为，降低成本，提高服务质量和效率。

参保人员在确定定点医疗机构时，门诊定点医疗机构和住院定点医疗机构的规定是不同的。

2.定点药店

定点零售药店是指经统筹地区社会保险行政部门审查获得定点零售药店资格，并经社会保险经办机构具体确定且与之签订有关协议和发给定点零售药店标牌的，为城镇职

---

① “服务协议”，是指社会保险经办机构与定点医疗机构和定点药店签订的合同。通过签订服务本协议，实现社会保险经办机构对定点医疗机构和定点药店的管理。

工基本医疗保险参保人员提供处方外配服务，并承担相应责任的零售药店。

长期以来，由于医疗机构实行的是财政补助与医疗服务收费、药品批零差价收入相结合的经济补偿政策，药品收入成为医疗机构收入的主要来源，“以药养医”现象严重。在这种利益驱动下，直接导致了药品费用的快速上涨，增加了国家、企业和个人的经济负担，造成了巨大的浪费。为了改变这种状况，国务院规定基本医疗保险实行定点零售药店管理。这样规定，一方面是为了满足广大职工就医、购药的需要，扩大职工就医时的选择权利，不仅允许职工在选择的定点医疗机构就医、购药，而且也可持处方到定点药店购药；另一方面是为了打破医药不分的垄断局面，在医疗机构和药店之间引入竞争机制，从而建立药品流通的竞争机制，以提高药品质量和改善服务态度，引导合理诊治、合理用药，并合理控制医疗费用的增长。

参保人员到定点零售药店购药时，必须持定点医疗机构医生开具的处方，而且处方上有医师签名和盖有定点医疗机构专用章。这样规定，有利于保证参保人员在自主选择定点药店购药时，能安全、有效地使用药品，也有利于杜绝药品销售中“以物代药”等不规范行为，避免基本医疗保险基金的流失，以及分清定点医疗机构和定点零售药店在药事事故中的责任。

二、门诊医疗保险待遇

参保人员在确定门诊定点医疗机构时，只能在定点医疗机构范围内选择 4 家门诊定点医疗机构，不限中医或西医。4 家门诊定点医疗机构原则上一年内不变。需要调整门诊定点医疗机构的，原则上在下一年度按照就医顺序重新默认所规定的门诊定点医疗机构。

属于专科疾病的，可到定点专科医院门诊自行选择就医。

目前，我国建立了多层次的医疗保障制度，不同层级的医疗保障制度正发挥着越来越重要的作用。其中，参保职工门诊（含急诊、急诊留院观察）医疗费用，可按不同费用标准段，由基本医疗保险统筹基金、大额医疗费用和补充医疗保险共同负担，分别给予补助。

基本医疗保险统筹基金支付参保人员门诊医疗费用，设立了起付标准和最高支付限额，即封顶线。一个医疗年度内起付标准以下的费用由个人账户支付或个人自付。起付标准以上、最高支付限额以下的政策范围内的医疗费用由医疗保险统筹基金按规定比例支付。对在职人员和退休人员、不同级的定点医疗机构，医保统筹基金起付标准是不同的。

医保统筹基金支付门诊起付标准和最高支付限额一般是按定额标准确定的。例如：山东省省直门诊医保起付标准为 1500 元，最高支付限额为 7000 元。起付标准以下部分由个人账户资金支付或由个人资金支付。起付标准以上、最高支付限额以下符合医保规定的费用部分，由基本医疗保险统筹基金按比例支付。一般支付三级定点医疗机构退休人员的比例要高于在职职工的比例 5 个百分点，平均支付比例为 75％～80％；支付二级及以下定点医疗机构的退休人员比例高于在职职工的比例 5 个百分点，平均为 80％～85％。

一个医疗年度内，统筹基金支付门诊费用若超过最高支付限额的费用，大额医疗费用可给予一定的补助资金。补助标准原则上不会超过最高限额的50%,一般都设有最高补助限额。

参加了机关事业单位补充医疗保险的,一个医疗年度内发生的符合基本医疗保险支付范围的门诊医疗费用个人负担部分,可由补充医疗保险资金再给予一定比例的补助。一般补充医疗保险补助标准为个人负担符合医疗保险规定医疗费用的80%左右。有的统筹地区规定,对其中符合基本医疗保险支付范围的乙类药品、高值耗材、大型检查由个人首先自付部分,再由补充医疗保险资金给予70%左右的补助。

用人单位建立职工补充医疗保险的,按照用人单位补充医疗保险规定的标准给予个人负担政策范围内医疗费用一定比例的医疗补助。

2021年12月,山东省下发了《建立健全职工基本医疗保险门诊共济保障机制实施方案》(鲁政办发〔2021〕22号),进一步完善了职工普通门诊统筹保障机制,逐步将多发病、常见病的普通门诊费用纳入统筹基金支付范围。该方案要求科学设定职工医保门诊统筹基金年度起付标准、支付比例和最高支付限额。2022年年底前要全面建立覆盖职工医保全体参保人员的普通门诊统筹制度,公平普惠保障人民群众基本门诊医疗需求,并做好与门诊慢特病和住院待遇支付政策的衔接。明确起付标准实行当年度累计计算,不高于全省全口径城镇单位就业人员平均工资(以下简称全省职工年平均工资)的2%,不同级别的医疗机构设置差异化的起付标准。政策范围内的医疗费用,医保统筹基金支付比例,在职职工不低于50%,退休人员按照平均高于在职职工5个百分点确定;对不同级别的定点医疗机构,可设置差异化的支付比例,适当向基层医疗机构倾斜,支付比例差异不低于10个百分点。年度最高支付限额原则上控制在全省职工年平均工资的5%左右。随着医保基金可承受能力的增强,逐步提高保障水平。

三、住院医疗保险待遇

住院医保待遇是职工医疗保险的主要待遇。住院医疗保险待遇主要涉及就医定点医疗机构、医保统筹基金起付线标准、医保费用报销比例、医保统筹基金最高支付限额等医保待遇规定。

参保人员住院要选择在统筹地区定点的医疗机构住院就医。否则,不予报销医疗费用。住院就医不受定点医疗机构数量的限制,可在定点范围内所有综合医院、专科医院根据病情自主选择医院住院看病。

参保人员住院报销费用由基本医疗保险、大额医疗费用和补充医疗保险共同负担,按不同费用段,分别给予不同数额的补助。

按照山东省医疗保障局、财政厅《关于建立医疗保障待遇清单制度的实施意见》(鲁医保发〔2021〕43号)①规定,以《山东省医疗保障待遇清单(2020年版)》规定的基本医疗保险筹资标准、起付标准、支付比例、最高支付限额的基准为参照,2022年底前各统筹地区

---

① 山东省医疗保障局、财政厅《关于建立医疗保障待遇清单制度的实施意见》(鲁医保发〔2021〕43号),颁布了《山东省医疗保障待遇清单(2020版)》,决定对医疗保险基本制度、基本政策框架、基金支付范围、基金不予支付范围等实行清单制度。

实现待遇基本均衡。2023年底前,省域内筹资和待遇的规定,参保人员住院发生的符合规定的医疗费用,基本医疗保险统筹基金按规定的比例支付起付标准和最高支付限额之间的部分费用。起付标准以上、最高支付限额以下的政策范围内的费用,职工基本医疗保险基金支付比例平均达到80%,其中,一级及以下医疗机构支付比例不低于85%。

一个医疗年度内,基本统筹基金支付住院费用设有最高限额。最高支付限额以上的部分,大额医疗费用补助资金给予一定比例的补助,其叠加职工大额医疗费用补助最高支付限额达到全省上年度全口径城镇单位就业人员年平均工资①的8倍左右。

参加了机关事业单位补充医疗保险的,或企业建立职工补充医疗保险的,一个医疗年度内发生的符合基本医疗保险支付范围的医疗住院费用起付标准以上的个人负担部分,由补充医疗保险资金再给予一定的比例的补助。机关、事业单位和建立补充医疗保险的企业的补助比例是不同的。机关、事业单位补充医疗保险补助比例为80%~90%。需要说明的是,只有建立补充医疗保险的用人单位职工,其个人承担的医疗费用才可按医疗费用的一定比例给予医疗补助。按规定,机关、事业单位应建立补充医疗保险。国家鼓励有条件的企业,根据其生产经营状况,为企业职工建立补充医疗保险。有关补充医疗保险医疗补助规定,可详见本章第九节“部分群体医疗保险”的内容。

四、门诊慢特病医疗保险待遇

就整体来说,门诊慢特病医保待遇主要涉及门诊慢特病病种、病种数量、待遇水平高低或门诊慢特病报销比例多少以及门诊慢特病认定办理程序等内容。

目前,有关门诊慢特病病种的范围,国家没有统一明确,甚至名称也不一致。不同的统筹地区有不同的门诊慢特病病种范围,但基本上都将高血压、糖尿病、尿毒症透析、恶性肿瘤(含白血病)、器官移植术后抗排异治疗、精神病等病种纳入了门诊慢特病病种范围。

2021年9月,山东省医疗保障局、山东省财政厅下发的《山东省医疗保障待遇清单(2020年版)》明确要求,推进门诊慢特病病种、纳入标准和待遇政策统一。恶性肿瘤门诊放化疗、尿毒症透析、器官移植术后抗排异治疗、重性精神患者药物维持治疗、耐多药结核、广泛耐药结核、日间手术等,参照住院管理和标准支付医疗保险统筹基金。

按规定,只有属于治疗门诊慢特病的药品、与门诊慢特病直接相关的检查和治疗项目等,才能享受门诊慢特病待遇;其他与门诊慢特病无关的药品、与门诊慢特病非直接相关的检查和治疗项目等,按普通门诊待遇规定办理。

门诊慢特病不设起付标准,一个医疗年度内,按一次住院管理和医疗费用结算,但与住院医疗费用单独核算,分开管理。

2021年12月,山东省下发了《关于印发山东省建立健全职工基本医疗保险门诊共济保障机制实施方案的通知》(鲁政办发〔2021〕22号)。该方案进一步规范完善了职工门诊慢特病病种和医保政策。要求2022年年底前,制定山东省统一的门诊慢特病基本病种目录,统一基本病种名称和认定标准,将部分治疗周期长、健康损害大、费用负担重的疾病统

---

① 根据省统计部门提供的相关数据,经测算,2021年度山东省全口径城镇单位就业人员平均工资为79597元。

一纳入门诊慢特病病种范围，并进行动态调整。对于国家医保谈判药品中临床必需、费用较高、替代性不强、适于门诊治疗，且未纳入本地门诊慢特病范围的部分品种，可探索建立药品单独支付政策。根据基金承受能力和普通门诊保障水平，通过门诊保障机制转换，对部分慢特病病种实现由病种保障向费用保障过渡。对日间手术和日间病房等，参照住院医保待遇结算。

从 2022 年 4 月 1 日起，山西省将门诊慢特病病种统一为 45 种。

五、异地就医[①]医疗保险待遇

在市场经济体制下，人员流动自由度增大、工作区域范围不断扩大，在参保地参保缴费，在异地生病就医看病成为常态化，这就使参保职工异地就医形式多样化、异地就医人群广泛化、异地就医区域扩大化。为方便参保人员异地就医，让参保人员异地就医更顺心、更省事、更便捷，2021 年 10 月，山东省医疗保障局、山东省财政厅下发了《关于调整我省参保人员异地就医政策有关问题的通知》(鲁医疗保险发〔2021〕46 号)。该通知进一步整合了异地就医人员的类别，将异地就医人员整合为两类人员：异地长期居住人员、临时外出就医人员，并简化了异地就医经办程序，相应调整了医疗保险政策。该通知自 2022 年1 月 1 日起执行。

参保人员异地就医时，仍执行参保地医疗保险政策。

(一)异地长期居住人员医疗保险待遇

异地长期居住人员一般是指职工在参保地以外的统筹地区居住、生活、工作在 6 个月以上的人员。

按照上述定义和标准，将异地安置退休人员、常驻异地工作人员、长期异地居住人员、外出务工农民、外来就业创业等人员，统一整合简化为“异地长期居住人员”。

“异地长期居住人员”异地就医备案至少 6 个月。未满 6 个月是不允许变动的。通过提交备案就医地户籍证明、居住证或单位工作证明等材料，申请将长期异地就医备案变更回参保地的，享受与参保地同等的医保待遇；未提供上述有关证明材料，单纯采用个人承诺方式备案的，在参保地就医按“临时外出就医人员”医保待遇政策执行。异地备案满 6 个月后，可变更回参保地。

办理备案手续后，可在长期居住地就医，一次备案长期有效。

异地长期居住人员异地备案不要求提供户籍证明、居住证等证明材料，实行承诺备案制。个人承诺异地居住、生活、工作 6 个月以上。

自办理异地长期居住备案手续日起，一般在次月开始将打入个人账户的资金打入该账户的金融区。

(二)临时外出就医人员医疗保险待遇

临时外出就医人员是与异地长期居住就医人员相对的一个概念或一类异地就医人

---

① 异地就医是指参保人在其参保统筹地区以外的国内医疗保险统筹地区(不含香港、澳门、台湾地区)发生的就医看病行为。

员，区别在于在参保地以外的统筹地区居住、生活时间的长短问题。

临时外出就医人员一般是指职工在参保地以外的统筹地区临时居住、生活、工作，并且时间不超过6个月的人员。根据这一概念和标准，将转诊转院人员，自行外出就医人员，因出差、探亲、旅游等临时在外就医人员，统一整合简化为“临时外出就医人员”。

临时外出人员异地就医备案时间由自己确定，一次备案最长为3个月，次数不限，可多次备案。临时外出就医备案不影响在参保地就医看病。

临时外出人员备案不再提供转诊转院证明或在外就医急诊证明等证明材料，并且自2022年1月1日起，山东省区域内跨市“临时外出就医人员”住院、普通门诊、门诊慢特病就医一律取消备案手续，就医费用直接联网结算。

省内跨市“临时外出就医人员”就医医疗费用，首先自付比例由原来各市规定的不超过40%，统一调减为不超过10%；其中，普通门诊、门诊慢特病省内跨市首付比例为5%，跨省就医首付比例为10%。

可多渠道进行异地就医备案。无论异地长期居住人员异地就医，还是临时外出人员异地就医，均可在参保地医疗保险服务大厅窗口、基层医疗保险工作站办理备案；也可通过参保医疗保险官方网站、国家医疗保险服务平台APP、鲁医疗保险小程序（在支付宝、微信中搜索）网上办、掌上办，以及可通过各医疗保险部门公布的服务电话、传真等多种渠道办理异地就医备案手续。

调整门诊统筹（含普通门诊和门诊慢特病）异地就医政策。凡建立职工、居民门诊统筹政策的统筹地区，参保人员在山东省内跨统筹地区、跨省异地就医的，不受签约基层医疗机构范围和等级限制，均可享受门诊统筹待遇，并实现联网结算。异地报销金额与参保地报销金额合并计算，不超过当年度门诊统筹报销额度。

取消异地就医定点医疗机构数量限制。异地就医直接备案到就医地，不再备案到具体医疗机构，参保人可在备案的就医地所有联网的普通门诊和住院定点医疗机构中自主选择就医，并实现直接结算。取消参保人门诊慢特病省内跨市异地就医定点医疗机构数量限制，门诊慢特病跨省联网结算备案的定点医疗机构数量，按国家规定执行。

2022年6月，国家医疗保障局、财政部下发了《关于进一步做好基本医疗保险跨省异地就医直接结算工作的通知》（医保发〔2022〕22号）[①]，统一了住院、普通门诊和门诊慢特病费用跨省直接结算政策，明确了跨省直接结算时原则上均执行“就医地目录、参保地政策”，确定了“先备案、选定点、持码卡就医”异地就医管理服务流程。将异地就医备案人员范围拓展到跨省急诊抢救人员和非急诊且未转诊人员，并支持参保人员在备案地和参保地双向享受待遇，把急诊抢救费用、住院期间院外检查治疗购药费用和符合就医地管理规定的无第三方责任外伤费用纳入跨省异地就医直接结算范围，允许参保人员在出院结算前补办异地就医备案并享受跨省直接结算服务。

对已实现联网结算的异地就医定点医疗机构，应当持卡（码）联网结算。没有实现联网

① 国家医保局、财政部下发的《关于进一步做好基本医疗保险跨省异地就医直接结算工作的通知》（医保发〔2022〕22号），颁布了《基本医疗保险异地就医直接结算规程》。该规程自2023年1月1日实施，由国家医疗保障局负责解释。

结算的异地就医费用，或因结算网络系统、就诊凭证等故障导致无法直接结算的，可由异地就医人员自付或垫支医疗费用，待就医后回参保医疗保险经办机构手工报销有关就医费用。

六、急诊抢救医疗保险待遇

急诊是医疗机构为急性病患者进行紧急治疗的门诊。抢救是在紧急危险情况下的迅速救护。

与一般病情治疗相比，急诊、抢救的特点是变化急骤、时间性强、随机性大、病谱广泛、多科交叉、涉及面广，而且急危重患者的诊治风险大、社会责任重。在定点医疗机构发生的符合基本医疗保险药品目录、诊疗项目、医疗服务设施标准的急诊、抢救的医疗费用，应当由基本医疗保险基金按照国家规定支付。除此之外，对急诊、抢救的医疗费用也有一定的特殊的规定。主要表现在两个方面：

1.适当放宽用药范围

根据《基本医疗保险用药范围管理暂行办法》（国家医疗保障局令第1号）[①]规定："进行急救、抢救期间所需药品的使用可适当放宽范围。"该办法第二十三条明确规定："参保人使用《药品目录》内药品发生的费用，符合以下条件的，可由基本医疗保险基金支付。"其中之一是"由符合规定的定点医药机构提供的，但急救、抢救的除外"。也就是说，急救、抢救用药，不仅仅由符合规定的定点医药机构提供，只要急救、抢救需要，无论什么渠道提供的用药，都可以由基本医疗保险基金支付。

2.放宽就医医院范围

急症就医原则不受定点门诊医疗机构范围的限制。根据国务院规定，基本医疗保险实行定点医疗机构和定点药店管理，只有在定点医疗机构治疗发生的医疗费用，基本医疗保险基金才予以支付，在非定点医疗机构治疗发生的医疗费用，基本医疗保险基金不予支付。但是，参保人员患危重病时，可在就近医院进行急诊、抢救治疗。也就是说，在非定点医疗机构发生的急救、抢救的医疗费用，也可以按照规定从基本医疗保险基金中支付。但是，为了加强医疗服务管理，控制医疗费用，有的地方规定了一些限制条件。例如，有的地方规定，在非定点医疗机构紧急救治的，病情稳定后应当及时转往定点医疗机构治疗。也有的地方规定，参保人员因急诊、抢救在就近非定点医院就诊住院的，应及时凭急诊病历及相关材料到当地社会保险经办机构办理登记手续，待治疗终结后，经社会保险经办机构审核，符合政策规定的给予报销；未办理登记手续的，基本医疗保险基金不予支付。

第八节 医疗保险基金支出目录

在我国，是通过制定基本医疗保险药品目录、诊疗项目、医疗服务设施标准、耗材目录及相应的管理办法，来确定基本医疗保险的服务范围和标准。只有符合基本医疗保险的

---

① 《基本医疗保险用药范围管理暂行办法》（国家医疗保障局令第1号）是2020年7月30日，由国家医疗保障局颁布的。该暂行办法自2020年9月1日起施行。

服务范围和标准的医疗费用,医疗保险基金才能支付。否则,不予支付。《社会保险法》第二十八条规定:"符合基本医疗保险药品目录、诊疗项目、医疗服务设施标准以及急诊、抢救的医疗费用,按照国家规定从基本医疗保险基金中支付。"

这就明确了医疗保险基金的支付范围。医疗保险基金的支出,必须符合国家制定的基本医疗保险药品目录、诊疗项目、医疗服务设施标准和医用耗材标准等规定。

一、药品目录

我国对医疗保险用药是通过制定《基本医疗保险药品目录》进行规范管理的。《基本医疗保险用药管理暂行办法》(国家医疗保障局令第1号)第三条明确规定:"基本医疗保险用药范围通过制定《基本医疗保险药品目录》进行管理,符合《药品目录》的药品费用,按照国家规定由基本医疗保险基金支付。"

《药品目录》是用来规范限制基本医疗保险用药范围的。医疗保险药品目录由国家医疗保障局、人力资源社会保障部统一制定发布,每年组织更新,地方无权进行调整。现行医疗保险药品目录是《国家基本医疗保险、工伤保险和生育保险药品目录(2022年版)》,所列药品共2967种,其中西药1586种,中成药1381种。另外,基金可支付的中药饮片为892种。

凡纳入《药品目录》的药品,应是临床必需、安全有效、价格合理、使用方便、市场能够保证供应的药品,包括西药、中成药(含民族药)、中药饮片(含民族药)三部分,由国家在全国范围内组织临床医学、药学专家评审制定。

《药品目录》中的西药和中成药在《国家基本药物目录》的基础上遴选,并分"甲类药品"目录和"乙类药品"目录。基本医疗保险基金支付药品费用时,是区分甲类、乙类药品的。

"甲类药品"目录的药品是临床治疗必需,使用广泛,疗效好,在同类药品中价格低的药品。

"乙类药品"目录的药品是可供临床治疗选择使用,疗效确切,在同类药品中,比"甲类药品"价格或治疗费用略高的药品。谈判药品全部为乙类。

"甲类药品"目录由国家统一制定,各地不得调整。"乙类药品"目录由国家制定,各省、自治区、直辖市可根据当地经济水平、医疗需求和用药习惯,适当进行调整,增加和减少的品种数之和不得超过国家制定的"乙类药品"目录总数的15%。

(一)《药品目录》范围内药品费用支付

属于《药品目录》范围内的药品所发生的费用,医疗保险统筹基金按以下原则支付:

(1)使用甲类药品发生的费用,按基本医疗保险的规定支付。

(2)使用乙类药品发生的费用,先由参保人员个人自付一定比例费用,其中部分限定适用范围的药品个人负担比例要高一些,然后再按照基本医疗保险的有关规定支付。医院自制西药制剂个人先自付一定比例的费用、中药制剂个人先自付一定比例的费用后,再按照基本医疗保险有关规定支付。

(3)系统内第四代头孢菌素、β内酰胺酶抑制药物及复方青霉素制剂、三唑类抗菌药物、营养治疗药物、生物反应调节药物、中成药中的肿瘤辅助药物等个人自付一定的比例费用。

(4)药品目录中备注标有“△”的药品,门诊就医使用时,个人先自付一定比例费用后,再按基本医疗保险有关规定支付。

(5)药品目录中符合基本医疗保险支付范围的中药免煎颗粒,门诊和住院就医使用时,个人先自付一定比例费用后,再按基本医疗保险有关规定支付。中药膏方制剂不纳入基本医疗保险支付范围。

(6)定点医疗机构应按照中药方剂配伍组成开具中草药处方,单味中药处方不予结算。

(二)医疗保险统筹基金不予支付项目

以下药品费用,医疗保险统筹基金不予支付:

(1)参保人员使用超出《药品目录》范围外的西药和中成药所发生的费用,基本医疗保险基金不予支付。

(2)《药品目录》中所列基本医疗保险基金不予支付的中药饮片目录,药品目录内规定自费的中药饮片所发生的费用,基本医疗保险基金不予支付。

(3)不能纳入基本医疗保险用药范围的药品:①主要起营养滋补作用的药品;②部分可以入药的动物及动物脏器,干(水)果类;③用中药材和中药饮片泡制的各类酒制剂;④各类药品中果味制剂、口服泡腾剂;⑤血液制品、蛋白类制品(特殊适应与急救、抢救除外);⑥国家和省规定的基本医疗保险基金不予支付的其他药品。

二、诊疗项目目录

我国通过制定基本医疗保险诊疗项目的范围和目录,来管理基本医疗保险诊疗项目。

基本医疗保险诊疗项目是指符合下列条件的各种医疗技术劳务项目和采用医疗仪器、设备与医用材料进行的诊断、治疗项目:

(1)临床诊疗必需,安全有效,费用适宜的诊疗项目。

(2)由价格主管部门制定了收费标准的诊疗项目。

(3)由定点医疗机构为参保人员提供的医疗服务范围内的诊疗项目。

医疗保险诊疗项目目录采用准入法,按照基金全部支付、部分支付和不予支付划分类别:

(1)甲类:临床诊疗必需、安全有效、费用适宜。无个人自付比例,统一按照基本医疗保险报销比例支付。

(2)乙类:可供临床诊疗选择使用,效果确定,但容易发生滥用或费用昂贵,需适当控制使用的项目。扣除一定的自付比例之后,再按基本医疗保险报销比例给予支付。

(3)丙类:非临床诊疗必需,效果不确定,属于特需医疗服务的诊疗项目。基本医疗保险基金不予支付,费用完全由参保人员个人负担。

(一)诊疗项目内费用

(1)对目录范围内单价在200元以内的诊疗项目,按基本医疗保险政策有关规定执行，超过 200 元以上的，个人先负担 10%，再按基本医疗保险有关规定支付。

(2)在符合转诊条件下，采用网络远程会诊发生的费用，个人先负担 20%，再按基本医疗保险有关规定支付。

(3)普通病房床位费和门(急)诊简易床位费，按物价部门规定的收费标准进行支付；监护病房(CCU、ICU)和层流病房床位费个人先负担 20%，再按基本医疗保险有关规定支付。

(4)采用微创技术治疗、细胞免疫技术治疗、干细胞移植技术治疗、氩氦靶向治疗、立体定向放射治疗(γ刀、X 刀、质子刀)、人工肝支持系统治疗的项目及其他新技术、新方法等治疗项目，单次治疗费超过 5000 元的，个人先自付 20%治疗费后再按基本医疗保险有关规定支付。

(二)不予支付诊疗项目

下列诊疗项目，医疗保险统筹基金不予支付：

1.服务项目类

挂号费、院外会诊费、会诊医务人员的差旅费、病历工本费、复印费、出诊费、检查治疗加急费、点名手术附加费、优质优价费、自请特别护士费、特约上门服务费、请专家诊治费等特需医疗服务费。

2.非疾病治疗项目类

(1)各类美容、健美项目以及非功能性整容、矫形手术及生理缺陷的检查、治疗费用，以及个人使用矫形、健美器具的费用：①治疗粉刺、雀斑、痤疮疤痕、色素沉着、黑斑；②治疗口吃、打鼾；③治疗兔唇、鞍鼻；④对眼、斜视矫治，单眼皮改双眼皮；⑤脱痣、穿耳、平疣、治腋臭；⑥护肤、面膜、倒膜；⑦冷烫睫毛、文眉、文眼线、洗眉、修眉、祛黑头、脱毛、植发、染发；⑧洁牙，牙列不齐矫治，义齿修复(包括桩冠、套冠、全口义齿、局部义齿)，种植牙，色斑牙治疗，镶牙；⑨验光配眼镜，装配假眼、假发、假肢、助听器、助行器、各种治疗鞋；⑩各种家用治疗仪器的费用，各种减肥、增胖、增高项目的一切费用。

(2)预防、保健项目：①各种健康体检、婚前检查、出境体检等费用；②各类预防的费用，包括预防服药、预防注射、疾病普查普治、社会调查、疾病跟踪、随访的各种费用。

(3)各种非治疗性咨询、鉴定费用：①心理咨询(精神病医疗咨询除外)费、营养咨询费、婚育咨询费、性咨询费、健康咨询费；②气功费、食疗费、体疗费、各种保健按摩费；③中风预测、健康预测、疾病预测等各种预测费；④人体信息诊断仪检查费、药浴费；⑤司法医疗鉴定、医疗事故鉴定、劳动医疗鉴定费用。

3.诊疗设备及医用材料类

(1)应用正电子发射断层扫描装置(PET)、超高速 CT、眼科准分子激光治疗仪。

(2)各种自用的保健、按摩、检查和治疗器械：①磁疗胸罩、磁疗裤、磁疗褥、磁疗背心、磁疗鞋、磁疗项链等；②降压手表、药枕、药垫等；③各种牵引带、拐杖等；④皮(钢)背心、腰围、护颈等；⑤胃托、护膝带、提睾带等；⑥肾托、子宫托、阴囊托、人工肛袋。

(3)本省物价部门规定不可单独收费的一次性医用材料。

4.治疗项目类

(1)各类器官或组织移植的器官源或组织源。

(2)除心脏、肝脏、肺、肾脏、角膜、皮肤、血管、骨、骨髓移植外的其他器官或组织移植。

参保人员为亲属或他人无偿提供组织器官供体者,其发生的手术、检查治疗等符合医疗保险支付范围的费用(不含器官组织源费用、器官组织源贮存费用)纳入基本医疗保险支付范围。

(3)近视眼矫形术。

(4)音乐疗法,保健性的营养疗法。

(5)戒烟、戒毒治疗,各种教学科研和临床验证的一切费用。

5.其他

(1)各种不育(孕)症、性功能障碍的检查、治疗费用,避孕药器及用具费用。

(2)为各类会议提供医疗服务的医药费。

(3)用于环境卫生、防暑降温、预防保健的药品费用。

(4)不属于《山东省医疗机构收费项目及收费标准》范围内的诊疗项目。

三、医疗服务设施目录

基本医疗保险医疗服务设施是指由定点医疗机构提供的,参保人员在接受诊断、治疗和护理过程中必需的生活服务设施。患者在门(急)诊和住院治疗期间,不仅需要用药、诊疗等医疗技术服务,也需要一些与诊断、治疗和护理密切相关的生活服务设施,如住院期间使用的病床等。

基本医疗保险医疗服务设施费用主要包括住院床位费及门(急)诊留观床位费。住院床位费和门(急)诊留观床位费主要包括三类费用:一是属于病房基本配置的日常生活用品,如床、床垫、床头柜、椅子、蚊帐、被套、床单、热水瓶、洗脸盆(桶)等的费用。二是院内运输用品,如担架、推车等的费用。三是水、电等费用。对这些费用,基本医疗保险基金不另行支付,定点医疗机构也不得再向参保人员单独收费。

基本医疗保险基金不予支付的生活服务项目和服务设施费用,包括五大类:一是就(转)诊交通费、急救车费。二是空调费、电视费、电话费、婴儿保温箱费、食品保温箱费、电炉费、电冰箱费及损坏公物赔偿费。三是陪护费、护工费、洗理费、门诊煎药费。四是膳食费。五是文娱活动费以及其他特需生活服务费用。

由于各地生活环境差异很大,有的医疗服务设施项目在某些地方可能不是必要的,但在另一些地方则是必要的,如取暖费在北方寒冷地区就属必要。对这类医疗服务设施项目是否纳入基本医疗保险基金支付范围,各统筹区可以结合本地经济发展水平和基本医疗保险基金承受能力自行规定。

基本医疗保险住院床位费支付标准,由各统筹地区劳动保障行政部门按照本省物价部门规定的普通住院病房床位费标准确定。基本医疗保险门(急)诊留观床位费支付标准按本省物价部门规定的收费标准确定,但不得超过基本医疗保险住院床位费支付标准。参保人员的实际床位费标准低于基本医疗保险住院床位费支付标准的,以实际床位费标准按基本医疗保险的规定支付;高于基本医疗保险住院床位费支付标准的,在支付标准以内的费用,按基本医疗保险的规定支付,超出部分由参保人员自付。

四、医用耗材目录

国家统一对医疗保险药品、诊疗项目和医疗服务设施标准等三大领域实行目录管理外,也将对医用耗材进行统一的管理。目前,暂由各省市区对医疗保险医用耗材实行目录管理。

基本医疗保险医用耗材(简称医用耗材),是指经医疗器械主管部门注册或备案,获得国务院医疗保障行政部门医用耗材编码的医用耗材。医用耗材支付包括医疗保险支付范围和医疗保险支付标准。

医用耗材医疗保险支付实行准入管理。国家医疗保障局负责建立健全全国统一的医用耗材医疗保险准入管理制度。制定医疗保险医用耗材编码规则、耗材通用名分类标准、评价规则及指标体系、医疗保险准入流程、医疗保险支付标准的确定规则等。

(一)医疗保险基金支付医疗耗材条件

参保人使用《基本医疗保险医用耗材目录》(后文简称《耗材目录》)内医用耗材发生的费用,同时符合以下条件的,可由基本医疗保险基金支付:

(1)以疾病诊断或治疗为目的,符合《耗材目录》限定的支付范围。

(2)符合在医疗器械主管部门注册或备案的适用范围。

(3)由定点医疗机构具有相应资质的医务人员开具。急救、抢救可放宽至定点医疗机构以外。

(4)法律、法规、规章规定的其他条件。

医疗保险经办机构对支付范围内医用耗材,根据国家和省级医疗保险行政管理部门确定的支付标准及支付比例进行支付。

(二)医疗保险统筹基金不予支付

目录内的医用耗材,有以下情形之一的,医疗保险基金不予支付。

(1)非疾病诊疗项目使用的。

(2)各种科研性、临床验证性等应由第三方支付费用的。

(3)超出合理使用范围的。

(4)其他不符合基本医疗保险支付范围规定的。

2022 年 6 月 8 日,国家医疗保障局公布了《基本医疗保险医用耗材管理暂行办法(征求意见稿)》。《暂行办法》提出要制定国家统一的《基本医疗保险医用耗材目录》,对医疗保险医用耗材进行定期更新,动态调整。列入该目录内的耗材按规定纳入医疗保险基金支付范围。

从上述规定中可以看出,定点医疗机构为参保人员提供的药品、诊疗项目、医疗服务设施、耗材等医疗用品,只有在国家规定的目录范围内,才能由医保统筹基金支付。否则,不予支付。因此,定点医疗机构为参保人员提供医疗保险范围外的药品、诊病项目、服务设施、医用耗材等的，用前应征得参保人员或家属的同意并签字后，方可提供使用。

五、医疗保险统筹基金不予支付项目费用

没有纳入基本医疗保险基金支付范围的医疗项目费用，医疗保险基金不予支付。根据《社会保险法》第三十条的规定，下列医疗费用不纳入基本医疗保险基金支付范围：

（一）应当从工伤保险基金中支付的医疗费用

工伤保险基金是社会保险基金的一个组成部分，是国家为实施工伤保险制度，通过法定程序建立起来并用于特定目的的资金。由用人单位缴纳的工伤保险费，用于《工伤保险条例》规定的工伤保险待遇、劳动能力鉴定以及法律、法规规定的用于工伤保险的其他费用的支付。"应当从工伤保险基金中支付的"医疗费用不能纳入基本医疗保险基金的支付范围。

（二）应当由第三人负担的医疗费用

《民法通则》第一百一十九条规定："侵害公民身体造成伤害的，应当赔偿医疗费、因误工减少的收入、残废者生活补助费等费用；造成死亡的，并应当支付丧葬费、死者生前扶养的人必要的生活费等费用。"为了使这一规定更加具有操作性，《最高人民法院关于审理人身损害赔偿案件适用法律若干问题的解释》（法释〔2003〕20号）第十七条规定："受害人遭受人身损害，因就医治疗支出的各项费用以及因误工减少的收入，包括医疗费、误工费、护理费、交通费、住宿费、住院伙食补助费、必要的营养费，赔偿义务人应当予以赔偿。受害人因伤致残的，其因增加生活上需要所支出的必要费用以及因丧失劳动能力导致的收入损失，包括残疾赔偿金、残疾辅助器具费、被扶养人生活费，以及因康复护理、继续治疗实际发生的必要的康复费、护理费、后续治疗费，赔偿义务人也应当予以赔偿。"

按照上述规定，参保人员由于第三人的原因发生人身伤害而产生的医疗费用，应当由第三人承担。特别是对于故意伤害等犯罪行为，更不能由基本医疗保险基金代其承担责任。因此，应当由第三人负担的医疗费用，不纳入基本医疗保险基金的支付范围。这样规定，有利于明确责任，维护基金安全。

（三）应当由公共卫生负担的医疗费用

公共卫生服务主要通过政府筹资，向城乡居民均等化提供。基本医疗服务由政府、社会和个人三方合理分担费用。政府应全面加强公共卫生服务体系建设；建立健全疾病预防控制、健康教育、妇幼保健、精神卫生、应急救治、采供血、卫生监督和计划生育等专业公共卫生服务网络，完善以基层医疗卫生服务网络为基础的医疗服务体系的公共卫生服务功能；建立分工明确、信息互通、资源共享、协调互动的公共卫生服务体系，提高公共卫生服务和突发公共卫生事件应急处置能力，促进城乡居民逐步享有均等化的基本公共卫生服务；确定公共卫生服务范围，明确国家基本公共卫生服务项目，逐步增加服务内容。鼓励地方政府根据当地经济发展水平和突出的公共卫生问题，在中央规定服务项目的基础上增加公共卫生服务内容。

各级政府要根据实现基本公共卫生服务逐步均等化的目标，完善政府对公共卫生的

投入机制，逐步增加公共卫生投入。基本公共卫生服务按项目为城乡居民免费提供，经费标准按单位服务综合成本核定，所需经费由政府预算安排。参保人员使用且符合公共卫生支付范围的，基本医疗保险、工伤保险和生育保险基金不予支付；不符合公共卫生支付范围的，基本医疗保险、工伤保险和生育保险基金按规定支付。

（四）在境外就医的医疗费用

境外就医是指参保人在中国内地以外的地区发生的就医行为，包括在台湾、香港、澳门地区的就医行为和在其他国家、地区的就医行为。为保证有限的基本医疗保险基金发挥最大的效用，必须加强对医疗服务的管理，明确基本医疗保险基金支出范围和标准，基本医疗保险基金只能支付住院和门（急）诊治疗过程中必要的医疗费用。与国内医疗服务相比，发达国家和地区的医疗费用一般会比国内高很多，而且国内的社会保险经办机构无法掌握境外医疗机构的治疗手段和费用支出，因此，在境外就医的医疗费用一般不纳入基本医疗保险基金的支付范围。

此外，从公平性的角度讲，到境外就医的一般都是高收入群体，如果由基本医疗保险基金支付境外就医的医疗费用，就会出现“穷帮富”的现象，这与基本医疗保险制度的基本原则相违背。所以，在实际工作中，在境外就医的医疗费用一般是通过商业保险的途径予以解决，即由商业保险公司按照保险合同的规定支付，或者由个人支付。

（五）在非本人定点医疗机构就医（急诊除外）所发生的医疗费用

前面讲过，国家对基本医疗保险的医疗机构实行定点管理，并同定点医疗机构签订了服务协议。协议规定了定点医疗机构的服务人群、服务范围、服务质量、医疗费用结算办法、医疗费用支付标准以及医疗费用审核等项目和标准。并明确双方的责任、权利和义务。未纳入定点范围的医疗机构则不受上述协议项目和标准的制约，其参保人员在非本人定点医疗就医所发生的医疗费用，医保统筹基金也不予支付，但急诊、抢救等特殊情况下所发生的医疗费用除外。

（六）不符合基本医疗保险用药范围、诊疗项目范围、医疗服务设施范围和支付标准的医疗费用

我国医疗保险基金支付参保人员就医看病的药品、诊疗项目、医疗服务设施和医用耗材是通过制定国家目录管理的。也就是说，医疗保险基金支付参保人员就医的医疗费用，必须是在国家规定目录范围之内的用药费用、诊疗项目费用和医疗服务设施费用和耗材费用。超出了国家规定的目录范围的项目费用，医疗保险基金不予支付。

（七）其他按照国家和省规定，不属于支付范围的费用

这条规定是开放性的、兜底性的规定。随着社会经济的发展和人们生活水平的提高，还将会出现其他的不符合医疗保险待遇支付范围的医疗支付和医疗服务项目。凡不符合规定的，均不得在医疗保险统筹基金中支付。

第九节 部分群体医疗保险待遇

1998年12月,《国务院关于建立城镇职工基本医疗保险制度的决定》(国发〔1998〕44号)发布,在认真总结近年来各地医疗保险制度改革试点经验的基础上,决定在全国范围内进行城镇职工医疗保险制度改革。医疗保险制度改革后,对部分群体的医疗保险待遇产生了很大的影响,为了不使这些群体因医疗保险制度改革而降低医疗保险待遇水平,国家要求妥善解决部分特殊群体的医疗待遇问题。

一、离休人员、老红军医疗保险待遇

离休人员、老红军为中华人民共和国的成立立下了汗马功劳,是建国功臣;中华人民共和国成立后,他们又为社会主义建设作出了贡献。目前,他们年事已高,大多数人疾病缠身,并且随着时间的推移,健在的离休人员、老红军会越来少。因此,必须保障他们的医疗保险待遇。

按照国家的规定,离休人员、老红军的医疗保险不变,医疗费用仍按原资金渠道解决。支付确有困难的,由同级人民政府帮助解决。

二、残疾退役军人[①]医疗保险待遇

二等乙级以上革命伤残军人,是在为保卫国防安全,参加抗灾抢险和社会主义建设中负伤的军人。他们生活不能自理或基本不能自理,解决他们的生活和医疗保障问题是政府必须承担的责任,确保他们的医疗保险待遇,充分体现了党和政府的关心关怀。

2022年1月5日,退役军人事务部、国家医疗保障局等6部委下发了《残疾退役军人医疗保障办法》(退役军人部发〔2022〕3号),规定一级至六级残疾退役军人按照属地原则参加职工基本医疗保险。残疾退役军人在按规定享受基本医疗保障待遇的基础上,享受优抚对象医疗补助。保证残疾退役军人现有医疗待遇不降低。

三、退休人员医疗保险待遇

我国《社会保险法》第二十七条规定:“参加职工基本医疗保险的个人,达到法定退休年龄时,累计缴费达到国家规定年限的,退休后不再缴纳基本医疗保险费,按照国家规定享受基本医疗保险待遇;未达到国家规定年限的,可以缴费至国家规定年限。”这就明确规定了退休人员退休后可以享受国家医疗保险待遇,但同时也规定了退休人员享受医疗保险待遇的条件。

(一)退休人员享受基本医疗保险待遇条件

根据《社会保险法》的规定,退休人员按照国家规定享受基本医疗保险待遇,需要满足

---

① 一至六级残疾军人相当于原二等乙级以上革命伤残军人,残情界定分别为完全或基本丧失劳动能力和部分丧失劳动能力。二等乙级以上革命伤残军人,这是2005年7月以前的称呼,现在已经改称一至六级残疾军人了。原来二等乙级以上革命伤残军人,按规定享受公费医疗待遇。

以下三个条件，即参加职工基本医疗保险、达到法定退休年龄[①]、累计缴费达到国家规定年限。

1.参加职工基本医疗保险

退休人员退休前，其所在的用人单位和其本人必须按规定参加职工基本医疗保险，并按规定及时足额缴纳职工医疗保险费。

灵活就业人员也必须参加职工基本医疗保险，并按规定缴纳医疗保险费。

2.达到法定退休年龄

我国退休方式主要包括法定退休和达到一定条件自愿退休两种，但都应达到法定退休年龄。

(1)法定退休，是指达到国家规定的退休年龄(即男年满60周岁、女年满55周岁)或者经鉴定，完全丧失工作能力的参保人员，应当退休。

(2)自愿退休，是指未达到法定退休年龄，但符合一定条件时，本人自愿提出申请，经批准，可以提前退休。主要有两种情形：一是工作年限满30年的；二是距国家规定的退休年龄不足5年，且工作年限满20年的。

3.累计缴费达到国家规定年限

这里所说的“累计缴费达到国家规定年限”，是指职工缴纳基本医疗保险费的累计缴费年限，要达到国家规定的最低缴费年限，既包括职工在中断缴费前后的缴费年限，也包括个人在不同统筹地区的缴费年限；既包括实际缴费年限，也包括视同缴费年限。但不包括参加城乡居民基本医疗保险的缴费年限。

医疗保险缴费年限是确定职工退休后能否享受退休医疗保险待遇的前置条件之一。不足缴费年限的，按规定，职工退休后是不能享受医疗保险待遇的；或将医疗保险费缴至国家规定的缴费年限。因此，缴费年限对职工退休后享受医疗保险待遇具有非常重要的意义。这就涉及职工退休前，职工缴纳基本医疗保险费累计缴费年限的问题和如何确定职工累计缴纳职工基本医疗保险缴费年限的问题。

职工基本医疗保险累计缴费年限是指实行职工基本医疗保险制度后，职工和用人单位按规定实际缴纳基本医疗保险费年限和职工基本医疗保险制度实施前视同缴费年限之和，即基本医疗保险累计缴费年限，既包括职工个人的实际缴费年限，也包括职工个人的视同缴费年限。

(1)实际缴费年限。实际缴费年限，顾名思义，就是实际缴纳职工医疗保险费的年限。它是指职工基本医疗保险制度实行后，用人单位和职工个人共同足额缴纳基本医疗保险费的年限。实际缴费年限从当地规定实施职工基本医疗保险制度之日起，按规定，向当地医疗保险经办机构或税务部门实际缴纳职工医疗保险费的时间。职工基本医疗保险制度实施后，用人单位或职工没有参加基本医疗保险，即仍由用人单位内部统筹或用人单位欠缴医疗保险费的时间不得计算为职工实际缴费年限。

从全国范围来看，1999年初，我国开始启动建立职工基本医疗保险制度工作，要求

---

① 有关退休年龄的规定，可详见第十章第六节“一、达到退休年龄”有关部分内容。

1999年底基本完成。1998年12月,《国务院关于建立城镇职工基本医疗保险制度的决定》(国发〔1998〕44号)发布,明确要求建立城镇职工基本医疗保险制度工作从1999初开始启动,1999年基本完成。也就是说,在全国范围,国家没有统一一个具体时间节点启动实施职工基本医疗保险制度,并且仅要求全国在1999年内基本完成。

1999年8月,根据《国务院关于建立城镇职工基本医疗保险制度的决定》(国发〔1998〕44号),山东省人民政府下发了《山东省建立建立城镇职工基本医疗保险制度实施方案》(鲁政发〔1999〕94号),要求各市制定城镇职工基本医疗保险制度的实施方案,要于10月底前报省政府,经审批后,力争年底前全部启动。

从山东省的规定来看,山东省并没有要求各市启动职工基本医疗保险制度时间的一致性。但当地一旦确定了建立实施职工基本医疗保险制度的具体时间节点,用人单位和职工就应该从该时间节点起,参加职工医疗保险,并按规定缴纳职工医疗保险费。否则,到实际缴纳职工基本医疗保险费的时间止这段时间,不应计算为职工实际缴费年限,也不得认定为视同缴费年限。

从当地确定建立基本职工医疗保险制度那一时刻起,职工就不应该再有视同缴费年限情形了。

(2)视同缴费年限。视同缴费年限是指职工基本医疗保险制度实行前,养老保险实际缴费年限与养老保险视同缴纳年限①之和。也就是说,医疗保险视同缴费年限是指在当地没有建立实施职工基本医疗保险制度实施以前,按规定可以计算为连续工龄或工作年限的时间。

2003年11月,山东省下发了《关于完善城镇医疗保障体系有关问题的通知》(鲁政发〔2003〕108号),明确规定,符合国家和省有关规定的连续工龄或工作年限,经劳动保障行政部门认定,视同基本医疗保险缴费年限。当地实施基本医疗保险制度前已按国家和省规定退休的人员,单位按规定参保的,享受基本医疗保险待遇不受最低缴费年限限制。可见,当地实施基本医疗保险制度以前的,按规定可计算为连续工龄或工作年限的时间,均可视同职工医疗保险缴费年限。

职工视同医疗保险缴费年限和其实际缴费年限合并相加,确定为职工缴纳医疗保险费的年限。累计缴费达到规定要求的,职工退休后,可按规定享受退休人员医疗保险待遇。不足缴费年限的,则不能享受退休人员医疗保险待遇,或必须由用人单位和本人按规定一次性补缴至规定的缴费年限。

《社会保险法》要求参加职工基本医疗保险的个人,达到法定退休年龄时累计缴费达到国家规定年限的,退休后按照国家规定享受基本医疗保险待遇。但在国家层面,并没有具体明确累计缴费年限是多少为"国家规定年限"。《国务院关于建立城镇职工基本医疗保险制度的决定》(国发〔1998〕44号)没有规定退休人员需要缴费达到一定年限,才可以享受基本医疗保险待遇。但在实践中,由于退休人员不再缴纳基本医疗保险费,其个人账

---

① 养老保险视同缴费年限是指职工养老保险制度实行前,按国家规定可计算的连续工龄或工作年限。我国养老保险制度是按照社会统筹与个人账户相结合的原则建立实行的。

户资金从统筹基金划拨,其医疗保险待遇由统筹基金支付,这就给医疗保险基金支出带来了压力。为了达到统筹基金收支平衡,保持医疗保险制度可持续发展,切实保障退休人员的医疗保险待遇水平,各统筹地区都对退休人员享受医疗保险待遇的最低缴费年限作了限制,一般为20～30年。从实际效果来看,这确实起到了促进参保人员继续参保缴费的目的,也维护了制度的公平性。在总结各地实践经验的基础上,《社会保险法》仅原则性规定了缴费“累计达到国家规定年限的,退休后不再缴纳基本医疗保险费,按照国家规定享受基本医疗保险待遇”,具体达到多少累计缴费年限,由医疗保险各统筹地区结合本地实际情况,特别是根据医疗保险基金承受能力而确定。

2021年9月,山东省医疗保障局、山东省财政厅下发了《关于建立医疗保障待遇清单制度的实施意见》(鲁医保发〔2021〕43号),明确规定参保职工享受退休人员医疗保险待遇的累计缴费年限最低为男职工30年、女职工25年。未达到规定的统筹地区,2025年底前过渡到位。随后又规定,达到法定退休年龄、未达到职工基本医疗保险最低缴费年限的,可按规定一次性缴费后,享受退休人员基本医疗保险待遇;也可继续按月缴费至最低缴费年限,期间按在职人员享受基本医疗保险待遇。

在实际工作中,有些企业或行业系统,特别是驻当地的中央、省属企业行业等,并没有按照当地规定的时间节点参加职工基本医疗保险,缴纳职工医疗保险费,而仍实行企业内部职工医疗费用报销制度,或坚持系统内统筹职工医疗保险费用。在此种情况下,如果当地劳动保障或医疗保险部门认可其职工工龄①或企业系统内的医疗保险费用统筹时间;或核算一下,自当地医疗保险制度改革启动以来,按规定,用人单位应缴纳的医疗保险费,扣除这期间的职工发生的应由医疗保险基金支付的医疗费用,再加上预留用人单位现有退休人员或在一定时间内即将出现退休人员,因不缴费或缴费时间短,增加医疗保险基金负担而由医疗保险基金承担的支出数额,一次性清算结清后,是可以将其医疗保险制度改革启动实施以来的职工工龄,认定为职工医疗保险缴费年限的。否则,不得认同其医疗保险缴费年限。

前面说了,这里所讲的“职工累计缴费年限”不包括缴纳城乡居民医疗保险费的年限。但有的地方,将参加城乡居民基本医疗保险的缴费年限,按一定比例折算成职工基本医疗保险缴费年限。其折算后的年限是可以计为职工缴纳基本医疗保险费年限的。山东省东营市明确规定,自2013年之后,参加居民基本医疗保险,缴纳居民基本医疗保险费的,每缴满5年,可折算成1年职工缴纳基本医疗保险的缴费年限。

(二)退休人员基本医疗保险待遇主要内容

根据《国务院关于建立城镇职工基本医疗保险制度的决定》(国发〔1998〕44号)规定,退休人员参加基本医疗保险,个人不缴纳基本医疗保险费。对退休人员个人账户的记入金额和个人负担医疗费的比例给予适当照顾。

上述规定表明,退休人员享有比在职职工更为优惠的基本医疗保险待遇。这样规定的主要考虑是,退休人员在以前的工作期间,已经为社会作出了贡献,而且退休职工一般

---

① 有关职工工龄的认定可详见第十章第七节“职工工龄”部分的内容。

患病较多，是需要社会照顾的弱势人群；再加上退休后收入较低，特别是职工基本医疗保险制度建立时退休的职工，没有足够的用于医疗支出的积累，医疗负担较重。对退休人员的优惠体现在三个方面：

1.退休人员个人不缴纳基本医疗保险费

退休人员按照国家规定享受基本医疗保险待遇；而在职职工享受基本医疗保险待遇的前提条件是用人单位和个人均按规定缴纳了基本医疗保险费。

2.为退休人员建立基本医疗保险个人账户

建立退休人员个人账户的资金从统筹基金中划拨，且总的个人账户记入水平不得低于职工个人账户水平。

3.对退休人员个人负担医疗费用的比例给予照顾

一般来说，退休人员基本医疗保险基金的起付标准要低于在职职工。个人负担医疗费的比例也要适当低于在职职工个人负担的比例。

四、国家公务员医疗保险待遇

国家公务员和参照国家公务员管理的事业单位的职工，在参加基本医疗保险的基础上，国家允许参加补充医疗保险，享受医疗补助政策。2005 年 5 月，《国务院办公厅转发劳动保障部财政部关于实行国家公务员医疗补助意见的通知》(国办发〔2000〕37 号)决定在城镇职工基本医疗保险制度基础上，建立国家公务员补充医疗保险制度。这是保持国家公务员队伍稳定、廉洁，保证政府高效运行的重要措施。

(一)补充医疗保险基金筹集

2018 年 7 月，山东省人力资源保障厅、财政厅下发了《关于调整省级直管单位医疗保险有关政策的通知》(鲁人社字〔2018〕243 号)，决定适当降低机关事业单位补充医疗保险筹资比例，从 2019 年 1 月起，补充医疗保险缴费比例由 4%降低为 3%。

(二)补充医疗保障范围

(1)符合《国家公务员暂行条例》和《国家公务员制度实施方案》规定的国家行政机关工作人员和退休人员。

(2)经人事部或省、自治区、直辖市人民政府批准，列入依照国家公务员制度管理的事业单位的工作人员和退休人员。

(3)经中共中央组织部或省、自治区、直辖市党委批准，列入参照国家公务员制度管理的党群机关，人大、政协机关，各民主党派和工商联机关以及列入参照国家公务员管理的其他单位机关工作人员和退休人员。

(4)审判机关、检察机关的工作人员和退休人员。

(三)医疗补助费支付

我国医疗保险制度改革后，国家建立了公务员补充医疗保障制度。用于公务员在一个医疗年度内发生的符合基本医疗保险支付范围的医疗费用门诊、住院、门诊慢特病等个人负担的医疗费用，可由补充医疗保险资金再给予一定比例的补助，一般补助数额在个人负担医疗费用的80%左右。对其中符合基本医疗保险支付范围的乙类药品、高值耗材、大型检查等项目，个人首先自付一部分，再由补充医疗保险给予一定比例的补助。

（四）事业单位工作人员、退休人员的医疗补助

原享受公费医疗待遇的事业单位工作人员、退休人员，可参照国家公务员医疗补助办法，实行医疗补助。其所需医疗补助资金，仍按原资金来源渠道筹措，需要财政补助的，由同级财政在核定事业单位财政拨款时给予安排；对少数资金确有困难的事业单位，由同级财政区别不同情况给予适当补助。

五、企业补充医疗保险待遇

企业补充医疗保险是企业在参加城镇基本医疗保险的基础上，国家给予的一项政策鼓励，是由企业自主举办或参加的一种补充性医疗保险形式。

国家鼓励企业建立补充医疗保险制度，以保证企业职工医疗保险待遇水平不降低。《国务院关于建立城镇职工基本医疗保险制度的决定》（国发〔1998〕44号）明确规定："为了不降低一些特定行业职工现有的医疗保险待遇水平，在参加职工基本医疗保险的基础上，作为过渡措施，允许建立企业补充医疗保险。"

（一）企业补充医疗保险资金筹集

企业医疗保险资金的筹集主要由企业筹集。按照国务院的规定，企业补充医疗保险费在工资总额4%以内的部分，从职工福利费中列支；福利费不足列支的部分，经同级财政部门核准后可列入企业成本。

（二）企业补充医疗保险管理

企业补充医疗保险由企业自行管理，但补充医疗保险办法要与职工基本医疗保险制度相衔接。

企业补充医疗保险资金由企业或行业集中使用和管理，要独立核算，单独建账，单独管理，专款专用。

财政部门和医疗保障部门要加强对企业补充医疗保险资金管理的监督和财务监管，防止挪用资金等违规行为。

（三）补充医疗保险基金支付

企业补充医疗保险基金主要用于企业按规定参加职工基本医疗保险，对城镇职工基本医疗保险制度支付的待遇以外，由职工个人负担的医药费用的适当补助，减轻参保职工的医疗费负担。企业补充医疗保险基金不得划入基本医疗保险个人账户，也不得另行建立个人账户或变相用于职工其他方面的开支。

第十节　职工大病保险

近年来，随着我国基本医疗保险制度的建立和完善，人民群众看病就医有了基本保障，进一步增进了人民福祉。但由于我国基本医疗保险制度是保障劳动者患病的基本医

疗费用，人民群众对大病[1]医疗费用负担仍然比较沉重。为此，国家建立了大病保险制度[2]。这对减轻人民群众大病医疗费用负担，解决因病致贫、因病返贫问题；对建立健全多层次医疗保障体系，推进全民医疗保险制度建设，提高基本医疗保障水平和质量，促进社会公平正义具有非常重要的意义。

职工大病保险实行全省统筹，统一筹资标准、统一支付政策、统一经办流程，委托商业保险机构承办。

一、大病保险委托承办

职工大病保险和城乡居民大病保险都是由政府采取向商业保险机构购买大病保险的方式，委托商业保险公司承办的。

2016 年 12 月，山东省下发了《关于建立职工大病保险制度的意见》(鲁政办发〔2016〕55 号)。该意见明确指出，职工大病保险业务原则上通过政府招标选定商业保险机构承办，各市从省招标确定的商业保险机构中具体选定职工大病保险承办机构，并签订承办合同，合同期限原则上不低于 3 年。2020 年 11 月，山东省医疗保障局、山东省财政厅、银保监会山东省监管局等 6 部门下发了《关于进一步完善我省大病保险制度的通知》(鲁医疗保险发〔2020〕73 号)，规定 2021 年起不再对职工、居民大病保险承办商业保险机构资格进行全省统一招标，由各市按照法律、法规、依程序组织招标，选定承办商业保险机构。要求原则上，职工、居民大病保险可以两个险种合并招标 1 家商业保险机构，也可以分险种分别各招标 1 家商业保险机构承办。要求依托医疗保险信息系统，做好基本医疗保险和职工大病保险费用的结算衔接工作，与承办职工大病保险的商业保险机构进行必要的信息共享，实行一并即时结算。

职工大病保险制度的建立晚于城乡居民大病保险。所以说，职工大病保险的管理和运作模式，借鉴了城乡居民大病保险的一些做法和经验。

首先，是在城乡居民基本医疗保险基础上建立了居民大病保险。2012 年8 月，国家发展改革委、卫生部、保监会等 6 部委下发了《关于开展城乡居民大病保险工作的指导意见》(发改社会〔2012〕2605 号)。2014 年 3 月，山东省根据上述指导意见，下发了《关于开展居民大病保险工作的意见》(鲁政办发〔2014〕13 号)，决定在山东省行政区域内建立实施居民大病保险制度。国家发改委等 6 部委的指导意见、山东省的意见均明确规定了大病保险采取委托商业保险公司承办模式。

1.采取向商业保险机构购买大病保险的方式

政府卫生、医疗保障、财政、发展改革等部门制定大病保险的筹资、报销范围、最低补

---

① 大病有不同的界定标准。大病保险的大病是指以发生高额医疗费用作为界定标准。当因病个人自付部分在一个时期内超过了一定额度，就可能导致家庭灾难性医疗支出，出现因病致贫、因病返贫状况，这个病就认为是大病。肿瘤是大病，可能一个普通的慢性病，一次性费用不太高，但一年累计的费用就很高了，就认为它达到了大病标准。

② 大病保险制度，是在基本医疗保障的基础上，对大病患者发生的高额医疗费用给予进一步保障的一项制度性安排，可进一步放大保障效用，是基本医疗保障制度的拓展和延伸，是对基本医疗保障的有益补充。2017 年 1 月 1 日起，山东省建立起与基本医疗保险、大额医疗费用补助、补充医疗保险、医疗救助等制度紧密衔接的职工大病保险制度，形成规范运作、可持续发展的长效保障机制，增强职工医疗保障的公平性，提升大病保险运行效率、服务水平和质量。

偿比例,以及就医、结算管理等基本政策,并通过政府招标选定承办大病保险的商业保险机构。招标内容主要包括具体补偿比例、盈亏率、配备的承办和管理力量等。

符合基本准入条件的商业保险机构自愿参加投标,中标后以保险合同形式承办大病保险,承担经营风险,自负盈亏。商业保险机构承办大病保险的保费收入,按现行规定免征营业税。已开展城乡居民大病保障、补充保险等的地区,要逐步完善机制,做好衔接。

2.规范大病保险招标投标与合同管理

坚持公开、公平、公正和诚实信用的原则,医疗保障部门要建立健全招标机制,规范招标程序。商业保险机构要依法投标。招标人应与中标商业保险机构签署保险合同,明确双方的责任、权利和义务,合作期限原则上不低于3年。

遵循收支平衡、保本微利的原则,合理控制商业保险机构盈利率,建立起以保障水平和参保(合)人满意度为核心的考核办法。

为有利于大病保险长期稳定运行,切实保障参保(合)人实际受益水平,可以在合同中对超额结余及政策性亏损建立相应动态调整机制。

要求各地不断完善合同内容,探索制定全省(区、市)统一的合同范本。因违反合同约定,或发生其他严重损害参保(合)人权益的情况,合同双方可以提前终止或解除合作,并依法追究责任。

3.严格商业保险机构基本准入条件

承办大病保险的商业保险机构必须同时具备以下基本条件:①符合保监会规定的经营健康保险的必备条件;②在中国境内经营健康保险专项业务5年以上,具有良好市场信誉;③具备完善的服务网络和较强的医疗保险专业能力;④配备医学等专业背景的专职工作人员;⑤商业保险机构总部同意分支机构参与当地大病保险业务,并提供业务、财务、信息技术等支持;⑥能够实现大病保险业务单独核算。

4.不断提升大病保险管理服务能力和水平

商业保险机构应规范资金管理,承办大病保险获得的保费实行单独核算,确保资金安全,保证偿付能力。加强与城乡居民医疗保险经办服务的衔接,提供"一站式"即时结算服务,确保群众方便、及时享受大病保险待遇。

经城乡居民医疗保险经办机构授权,商业保险机构可依托城乡居民医疗保险信息系统,进行必要的信息交换和数据共享,以完善服务流程,简化报销手续。发挥商业保险机构全国网络等优势,为参保(合)人提供异地结算等服务。与基本医疗保险协同推进支付方式改革,按照诊疗规范和临床路径,规范医疗行为,控制医疗费用。

商业保险机构要切实加强管理,控制风险,降低管理成本,提升服务效率,加快结算速度,依规及时、合理向医疗机构支付医疗费用。鼓励商业保险机构在承办好大病保险业务的基础上,提供多样化的健康保险产品。

职工大病保险建立后,其大病保险常常参照居民大病保险的管理模式,委托商业保险公司承办。医疗保障部门要建立职工大病保险盈亏动态调整机制,遵循收支平衡、保本微利的原则,合理控制商业保险机构盈利率。

二、大病保险资金筹集

大病保险资金是职工大病保险的物质基础和条件。因此，筹集大病保险资金成为建立职工大病保险制度的关键。职工大病保险资金筹集的方式方法，全国没有统一的渠道和标准，各统筹地区不尽一致。

山东省《关于建立职工大病保险制度的意见》(鲁政办发〔2016〕55 号)规定，自 2017 年 1 月1 日起，启动实施职工大病保险制度。职工大病保险资金原则上从职工基本医疗保险统筹基金中划拨。职工基本医疗保险统筹基金结余不足的市，也可通过大额医疗费用补助资金、补充医疗保险资金等途径筹集。

山东省每年职工大病保险的筹资标准，根据各市职工患大病发生的高额医疗费用情况、基本医疗保险筹资能力和支付水平等因素测算确定。2017 年，全省职工大病保险按照每人每年 20 元标准进行筹集。目前，山东省筹集仍执行这一标准。

有的统筹地区规定，由用人单位和职工个人共同缴纳大病保险费用的方式来筹集大病保险资金。北京市规定：

(1)单位(不含外商投资企业)以上年度本市职工平均工资的 6%，按单位在职职工人数按月缴纳大病医疗统筹费。

(2)职工按上年度本市职工月平均工资的 1%，按月缴纳大病医疗保险费，由单位代扣代缴。

(3)外商投资企业以上年度全市职工月平均工资的 2.5%，按企业中方在职职工人数按月缴纳大病医疗统筹费。职工和退休人员个人以上年度全市职工月平均工资的 1%，按月缴纳大病医疗统筹费。

(4)企业职工月平均工资低于全市职工月平均工资 10%以上时，以全市职工月平均工资的 90%为基数。

(5)用人单位必须在每月 30 日前，按月足额缴纳大病医疗保险费，不得间断。

三、大病保险待遇

大病保险保障的对象，国家没有统一的规定。实施大病保险的统筹地区，基本明确了凡是参加了职工基本医疗保险，每年按规定缴纳大病保险费用的或从参加医疗保险的用人单位缴纳的医疗保险统筹基金中按人头定额划转的，在其职工患大病发生高额医疗费用的情况下，经过基本医疗保险统筹基金报销补偿后，需个人负担的合规费用给予保障。

高额医疗费用，可以个人年度累计负担的合规医疗费用超过当地统计部门公布的上一年度人均可支配收入为判定标准。

患病参保劳动者支付医疗费用超过基本医疗保险基金最高支付限额是确定大病的依据。职工大病保险采取按医疗费用额度补偿的办法，对参保人员患重大疾病发生的合规医疗费用[①]，给予一定补偿。

职工大病保险的医疗年度按自然年度计算。

大病保险合规医疗费用的支出要符合基本医疗保险药品目录、诊疗项目目录、医用耗材目录和医疗服务设施范围目录。医疗保障部门组织专家评审提出候选药品品种，与药品供应商进行谈判协商，明确供应价格、赠送药品、服务内容、配送办法等内容，与相关供应商签订协议后，纳入职工大病保险资金支付范围，严格适应证和临床使用规范，并根据药品价格、用量和基金使用情况制定药品的大病保险资金支付标准。对通过药品质量一致性评价或质量差异较小的药品，原则上按照通用名确定支付标准；对暂未通过药品质量一致性评价或质量差异较大的药品，可以按照商品名分别制定支付标准。

2014 年 3 月，山东省将患儿童白血病、儿童先天性心脏病、终末期肾病、乳腺癌、宫颈癌、重性精神疾病、艾滋病机会性感染、耐多药肺结核、血友病、慢性粒细胞白血病、唇腭裂、肺癌、食道癌、胃癌、Ⅰ型糖尿病、甲亢、急性心肌梗死、脑梗死、结肠癌、直肠癌等 20 类重大疾病发生的医疗费用纳入了居民大病保险。但同时明确，自 2015 年起，居民大病保险不再执行 20 类重大疾病补偿政策，统一按医疗费用额度进行补偿。

根据山东省《关于建立职工大病保险制度的意见》（鲁政办发〔2016〕55 号）的规定，山东省以统计部门公布的上一年度城镇职工年平均工资的一定比例为依据，确定职工大病保险的起付标准，对参保人员年度累计负担的合规医疗费用超过起付标准以上的部分按比例进行补偿。

(1)2017 年，起付标准为 2 万元。

(2)起付标准以上的部分，给予 60%的补偿。

(3)一个医疗年度内，职工大病保险资金每人最高给予 20 万元的补偿。

建立合规医疗费用动态调整机制，根据大病保险资金收支情况、基本医疗保险目录调整情况以及参保人员负担情况等，逐步调整合规医疗费用范围，适时对职工大病保险补偿标准进行完善。

2020 年 11 月，山东省医疗保障局等 6 部门下发了《关于进一步完善大病保险制度的通知》（鲁医疗保险发〔2020〕73 号）。要求提高参保人员重特大疾病医疗保障水平，健全山东省大病保险制度。

1.调整大病保险合规费用范围

继续保留大病保险原有药品，适当增加群众急需的特殊疗效药品，通过谈判将治疗戈谢病、庞贝氏病和法布雷病等三种罕见病特殊疗效药品纳入大病保险保障范围，由省医疗保障局会同有关部门组织专家评审确定具体药品品种，与药品供应商进行价格谈判、签订协议。上述药品继续实行定点医疗机构和定点零售药店双渠道供药和管理。要求各市可根据职工大病保险资金支撑能力，将参保职工政策范围内住院个人负担费用（含职工大额医疗费用补助最高支付限额以上的符合医疗保险规定的费用）合理纳入职工大病保险支

① 合规医疗费用是指患病参保职工实际发生的符合基本医疗保险药品目录、诊疗项目目录、高值医用耗材目录、医疗服务设施目录范围的住院、门诊等医疗费用。

付范围。

2.完善医疗保险支付政策

根据大病保险药品价格、用量和基金使用情况制定大病保险资金支付政策。对大病保险原有特殊疗效药品支付政策调整为，起付标准2万元，起付标准以上的部分支付80%，一个医疗年度内每人最高支付40万元。对治疗戈谢病、庞贝氏病和法布雷病等三种罕见病必需的特殊疗效药品费用制定单独的支付政策，单独列支付费用，起付标准为2万元，2万元～40万元的部分支付80%，40万元(含)以上的部分支付85%，一个医疗年度内每人最高支付90万元。

纳入职工大病保险的政策范围内住院个人负担费用，按统筹地区上年度全口径城镇单位就业人员平均工资的30%左右确定起付线，并由统筹地区确定支付比例和最高支付限额。

山东省已建立健全了多层次的医疗保障体系，纳入职工医疗保险范围内的参保职工政策范围内的住院(含门诊大病)费用经职工基本医疗保险、大额医疗费用补助、补充医疗保险支付后，仍由个人负担的费用，并达到起付标准的，大病保险要承担一部分合规医疗费用。

北京市规定，参加城镇职工基本医疗的参保人员，年度内发生的超过基本医疗保险最高支付限额(4万元)以上的医疗费用(不含应自付费用)，按下列规定报销：①0～4万元以下，报销85%；②4万元～8万元以下，报销90%；③8万元及以上报销95%。

每一个年度内，最高支付限额为人民币15万元。

第十一节 就医结算报销程序

参保职工患病就医看病是医疗保险制度的重要内容，实现病有所医是医疗保险制度改革的出发和落脚点。为此，国家对职工患病就医作了明确的规定，确保患病参保人员看得起病、看得好病，并且就医看病更顺心、更省事、更便捷。

2022年6月，国家医保局、财政部下发了《关于进一步做好基本医疗保险跨省异地就医直接结算工作的通知》(医保发〔2022〕22号)，颁布了《基本医疗保险跨省异地就医直接结算经办规程》，明确了参保人员异地就医看病结算报销程序。

一、异地就医备案

在参保地就医的参保人员，无须进行“先备案”，看病时，直接到定点医疗机构就医即可。只有异地就医才需要备案。

到异地就医参保人员要先在参保地备案。无论是长期异地居住人员，还是临时外出就医人员，凡参保人员异地就医的，首先要在参保地进行异地就医备案。

现在异地就医备案非常便捷。异地就医备案不再要求提供任何申报材料，如转诊转院证明、急诊证明、户籍证明、居住证等材料，全面取消，实行承诺备案制。备案途径多渠道、多方式，可通过国务院客户端小程序、国家医保服务平台APP或“国家异地就医备案”微信小程序、微信或支付宝中的“鲁医保”、单位网办系统、医疗经办服务大厅等多种方式方法完成异地就医备案。

异地就医备案不再要求备案到具体医院，并取消了定点医疗机构数量的限制，可直接备案到就医地市或直辖市。

自2022年1月1日起，在山东省行政区域内，全面取消了省内异地临时外出就医人员的备案手续。

二、定点医疗机构就医

我国医疗保险对参保人员就医实行定点医疗机构管理。参保人员就医必须在医保部门确定的定点医疗机构范围内看病就医（急诊、抢救除外）。

按规定，参保人员门诊就医可在定点范围内选择一定数量的医疗机构，不限中医、西医。原则上一个医疗年度内不变。需要调整门诊定点医疗机构的，原则上在下一年度，按照就医顺序重新选择医疗机构。

住院就医没有定点医疗机构数量的限制。

急症就医根据病情，可就近就医，没有是否为定点医疗机构的规定，更没有定点数量的规定。

三、患者看病就医

参保人员在门诊就医的，直接持社会保障卡，或医保电子凭证进行挂号、就医，就医结束后，刷卡记账，仅支付应由个人承担医疗费用。

参保人需要住院治疗，要经过门诊医生的同意，认为病情确需住院治疗时，参保人员持社会保障卡或医保电子凭证办理住院手续。患者在住院期间所发生的就医医疗费用，全部计算为住院医疗费用。出院时，仅结算应由个人负担的医疗费用部分。

住院期间不能在门诊就医取药。

医疗保险医疗年度为公历自然年度。住院患者需要跨医疗年度治疗、结算的，以住院入院日期为时间节点计算医保待遇。

参保人在定点医疗机构就医实行双向转诊制度，在不同级别的定点医疗机构就医，个人自付比例是不同的，即越是在级别高的定点医疗机构就医，职工自付的比例越高；越是在级别低的定点医疗机构就医，职工自付比例越低。鼓励参保人首选基层定点医疗机构。

四、“双通道”[①]药店就医购药

参保人员在试点医疗机构住院期间，由医师开具“双通道”药品外配处方，并在“双通道”试点药店购药发生的费用，计入其当次住院费用，并按规定享受待遇。

对纳入“双通道”管理的药品，在定点医疗机构和定点零售药店施行统一的支付政策。

① “双通道”是指通过定点医疗机构和定点零售药店两个渠道，满足谈判药品供应保障、临床使用等方面的合理需求，并同步纳入医保支付的机制。

五、就医费用结算报销(见图 7-1)

参保人员在就医看病时,只有在定点医院就医,医疗保险统筹基金才能按规定的比例支付报销。

目前,在全国范围内,几乎所有的定点医疗机构都实行了联网结算。参保人无论是异地就医,还是在参保地就医,就医结束后,仅支付应按规定由个人负担的医疗费用,无须垫付医疗费用后,再在参保地医疗保险经办机构报销。

参保人通过“双通道”支付给定点药店的药品费用,参保人付清个人负担部分外,其余费用由医保经办机构与定点医药机构按规定进行结算。

除了急诊和急救外,职工在非定点医疗机构发生的费用不列入职工基本医疗保险报销范围。

对确实因特殊原因,无法实现联网结算的参保人员的就医医疗费用,可以患者个人先支付医疗费用后,再在参保地医疗保险经办机构手工报销。

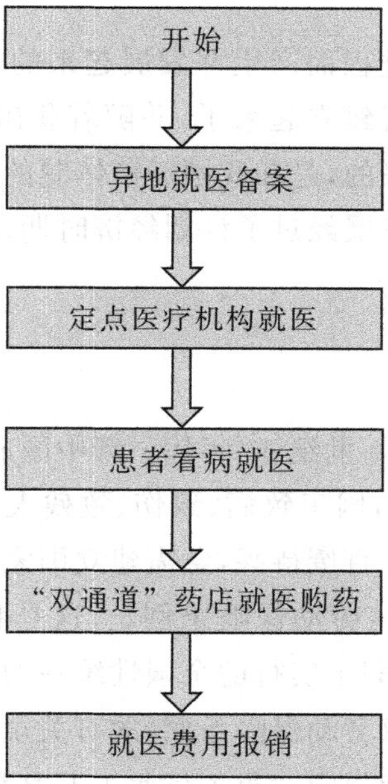

图 7-1 就医结算报销流程图

第八章

工伤保险

工伤保险制度[①]是世界上最早产生以及最早进行国家立法，也是最成熟的一项社会保险，是我国社会保障体系的重要组成部分。建立健全工伤保险制度，对保障因工作遭受事故伤害或者患职业病的职工获得医疗救治和经济补偿，促进工伤预防和职业康复，分散用人单位的工伤风险，促进用人单位的安全生产和维护社会稳定都起着非常重要的作用。

第一节　工伤保险制度建立完善

工伤保险是伴随工业化的进程而产生并发展起来的，是工业化社会的产物。我国工伤保险制度在新中国成立之初就建立起来了，并随着我国经济体制改革和社会主义市场经济不断建立和完善而发展起来的，是和我国经济体制的发展相一致的。

我国工伤保险制度建立和发展经过了计划经济时期、经济转型时期、完善定型时期等三个阶段。

一、工伤保险制度建立

我国工伤保险制度始建于20世纪50年代。新中国成立初期，我国面临着经济落后，生产萎缩，失业和通货膨胀严重，因工致病、致伤、致残人群庞大等一系列社会问题，以及生产条件恶劣等生产安全问题。百废待兴，急需建立国家统一的社会保障制度。

1951年2月，政务院颁布了《劳动保险条例》。这是我国第一部包括工伤、死亡遗属等社会保险在内的，对城镇企业职工实行的全国性统一的社会保险法规，是社会保险制度在我国开始实施的起点。目前，《劳动保险条例》的有关规定仍然有效。

《劳动保险条例》第一条明确规定："为了保护工人职员的健康，减轻其生活中的困难，特依据目前经济条件[②]，制定本条例。"该条例第三章第十二条对因工负伤、残废待遇的情形作出了明确规定。工人与职员因工负伤，应在该企业医疗所、医院或特约医院医治。如该企业医疗所、医院或特约医院无法治疗时，应由该企业行政方面或资方转送其他医院医治。其全部诊疗费、药费、住院费、住院时的膳费与就医路费，均由企业行政方面或资方负

① 工伤保险是国家通过立法建立的，用社会统筹的方式建立基金，对在生产、工作过程中负伤致残、患职业病丧失劳动能力的劳动者，以及对职工因工死亡后无生活来源的遗属提供物质帮助的一项社会保险制度。

② 目前经济条件，是指1951年的我国当时的经济条件。1951年，我国正处于经济恢复和发展时期，土地改革正在进行，合理地调整工商业，但没有变革生产资料所有制。到1952年底，国民经济得到恢复和发展，为国家开展有计划的经济建设准备了条件。

担。在医疗期间，工资照发。工人与职员因工负伤确定为残废时，由劳动保险基金按月付给因工残废抚恤费或因工残废补助费。同时，该条例第十四条分别对工人与职员因工死亡，或者工人与职员因工负伤致成残废完全丧失劳动力，退职后死亡的丧葬费、供养直系亲属抚恤费的标准和金额作出了规定。

1952 年、1953 年和 1955 年又三次对《劳动保险条例》进行了修改和完善，进一步扩大了覆盖范围，提高了工伤保险待遇水平。

随着我国工业生产的发展，职业病伤害开始凸现。1957 年 2 月，卫生部制定和颁布了《职业病范围和职业病患者自理办法的规定》，确定了将严重危害工人、职员健康，严重影响生产、职业性危害比较明显的职业中毒、尘肺病等 14 种与职业活动有关的疾病正式纳入职业病范围，同时首次将职业病列入工伤保险的保障范畴。

可以说，自 1949 年 10 月至 1957 年年底，主要是制定全国统一的社会保障基本制度，进行基本立法。这一时期，我国的工伤保险待遇项目主要是依据 1953 年修正公布的《劳动保险条例》及其后来国家制定出台了一系列单行法规规章，主要包括工伤医疗待遇、伤残待遇、职业病待遇、职业康复待遇以及因工死亡待遇等项目。

“文化大革命”时期，我国国民经济发展遭到严重破坏，给国家带来了深重的灾难。劳动保险体系建设也未能幸免。《劳动保险条例》被诬蔑为修正主义的条例横遭批判。工伤保险制度由实质上的“国家保险”退化为“企业保险”。劳动保险管理机构被削弱或撤销。劳动保险费用统筹制度被迫中止。工伤保险制度处于停滞状态，甚至出现倒退现象。

1978 年 12 月党的十一届三中以后，我国进入了以经济建设为中心的新的历史时期，劳动保险制度得到了恢复。1980 年 3 月，国家劳动总局、全国总工会颁布了《关于整顿与加强劳动保险工作的通知》，要求建立劳动鉴定委员会，确定病、伤职工的休假、复工、定残工作；加强对因工死亡职工遗属的管理工作，明确了因工负伤治疗与疗养期间的有关费用；进一步扩大了职业病的范围，保障了这一时期工伤职工及其家属的基本生活，分散了工伤风险，促进了经济建设和发展。

二、工伤保险制度改革探索

20 世纪 80 年代中期，我国经济体制改革进入了以城市改革为重点、以搞活企业为中心的新的发展时期。企业成为生产经营的主体，自主经营、自负盈亏，相对独立的商品生产者和经营者。随着经济体制改革的深入和经济市场化程度的提高，企业之间工伤费用负担不均衡的矛盾日益突出。同时，随着劳动力正常流动和企业产权变动频率的增加，一部分伤残和患职业病的职工，因工作单位变动，原所享受的工伤待遇是由原单位支付，还是由调入单位支付，往往争论不休，难以落实，致使伤残职工权益受损。加之经济发展，工业化进程加快，企业伤亡事故率及职业病发生率明显上升，职业安全形势严峻，事故多发与工伤保险制度滞后的矛盾，直接影响着企业制度改革和社会稳定。

随着我国社会主义市场经济体制改革的不断深入和社会保障体系的逐步建立，工伤保险制度的改革也被提上了日程。

1988 年，劳动部主持制定了社会保险制度改革方案，初步形成了工伤保险制度改革框架，提出了工伤保险制度改革的主要内容。一是建立工伤保险基金，逐步实行社会化管理。工伤保险基金按照“以支定收，留有储备”的原则，根据不同行业的不同事故率确定企业缴费率，并随着企业工伤事故实际发生情况定期调整。二是调整和完善工伤保险待遇项目和标准。由原来只向重度伤残职工发给退休金，改为向所有因工致残职工依据伤残等级发给定期抚恤金和一次性补助金；适当提高丧葬补助金和供养亲属抚恤金标准，同时增加一次性抚恤制度；建立工伤保险待遇调整机制。三是加强和规范工伤保险管理。对工伤认定条件、劳动能力鉴定标准以及工伤待遇支付等环节作出了规范。

1991 年，全国人大七届四次会议批准的《国民经济和社会发展十年规划和第八个五年计划纲要》提出，要努力改革工伤保险制度。1993 年，党的十四届三中全会通过的《中共中央关于建立社会主义市场经济体制若干问题的决定》提出，要在我国“普遍建立企业工伤保险制度”。

1994 年 7 月，第八届全国人民代表大会常务委员会第八次会议通过了《劳动法》。《劳动法》专设了“第九章　社会保险和福利”，明确提出国家发展社会保险事业，建立社会保险制度，设立社会保险基金，使劳动者在年老、患病、工伤、失业、生育等情况下获得帮助和补偿；并在因工伤残或者患职业病的情形下，依法享受社会保险待遇；劳动者死亡后，其遗属依法享受遗属津贴。

1996 年 3 月，国家技术监督局颁布了《职工工伤与职业病致残程度鉴定》(GB/T 16180—1996)，将 102 种疾病列入职业病范围，从制度上为进一步维护职工权益提供了保障。

1996 年 8 月，劳动部在总结多年工伤保险改革试点经验和借鉴国外成熟做法的基础上，颁布了《企业职工工伤保险试行办法》(劳部发〔1996〕266 号)，并决定从 1996 年 10 月 1 日起试行。这一规章对改革后的工伤保险制度作了统一规定，对沿用至 20 世纪 90 年代初的企业自我保险的工伤保险制度进行了根本性改革。一是实行工伤保险基金社会统筹，变“企业保险”为社会保险。二是扩大了工伤保险的覆盖范围，把覆盖面扩大到各类企业及全体职工。三是建立了工伤保险差别费率机制，根据各行业工伤事故风险和职业危害程度，规定了不同的费率标准，并根据不同企业工伤事故发生率和职业安全情况，实行浮动费率。四是规范了工伤保险待遇项目和待遇标准。五是统一规范了工伤认定和劳动能力鉴定的标准和程序，首次提出了建立工伤预防、工伤康复和工伤补偿相结合的工伤保险制度体系的要求。

新的工伤保险制度着重强调了工伤保险要把工伤预防、工伤康复和工伤补偿结合起来的思路，进一步明确了我国工伤保险制度的任务和框架，使工伤保险制度改革进入了全面实施阶段，为工伤保险事业的发展注入了新的活力，取得了明显的改革成效。

三、工伤保险制度完善定型

进入 21 世纪以来，随着我国市场经济的深化改革，工业化、城镇化快速发展，大量农民向城镇转移就业，就业制度发生了很大的变化。原有的工伤保险制度适用范围窄，已不适应社会主义市场经济的要求。按照社会保险的普遍性原则，社会组织的各类劳动者都应当参加工伤保险。原劳动部颁布的《企业职工工伤保险试行办法》等部颁规章已难以适应实际需要。由此，国家应通过强有力的法律手段，将更多的职业人群纳入工伤保险范围，保障劳动者的工伤保险权益。

2003 年，根据我国改革的实际情况，借鉴国外成功经验，同时针对《企业职工工伤保险试行办法》中存在的问题，对工伤保险制度进行了进一步的完善和补充。同年 4 月，温家宝总理签署了第 375 号国务院令，公布了《工伤保险条例》，并于 2004 年 1 月 1 日起实施。《工伤保险条例》进一步明确和规范了工伤保险制度的适用范围，确定了只要与用人单位建立了劳动关系的劳动者，无论何种用工形式、何种用工期限，都应获得工伤保险制度的保障。

《工伤保险条例》的颁布，使广大职工的合法权益得到切实有效的维护，分散了用人单位风险，减轻了用人单位负担。这是我国工伤保险制度建设进程中具有里程碑式意义的大事，标志着我国的工伤保险制度步入了法治化轨道，我国的工伤保险制度改革也因此进入一个崭新的发展阶段，意味着适应我国社会主义市场经济的新型工伤保险制度初步形成。

2010 年 10 月，第十一届全国人大会常委会第十七次会议通过了《社会保险法》，并明确从 2011 年 1 月 1 日起实施。《社会保险法》是中国特色社会主义法律体系中起支架作用的重要法律，是一部着力保障和改善民生的法律。2018 年 12 月，全国人大常委会根据当时我国经济形势和社会发展状况，又进行了修改。《社会保险法》专设了“第四章 工伤保险”，对工伤保险的覆盖范围、缴费基数、实行不同的差别费率、工伤范围、工伤认定、工伤待遇、单位应支付的费用、工伤待遇的终止等作出了明确规定，使我国的工伤保险制度在法治化道路建设上又迈进了一步。

《社会保险法》颁布后，2010 年 12 月，国务院作出了《关于修改〈工伤保险条例〉的决定》(国务院令第 586 号)。修改后的《工伤保险条例》是贯彻落实《社会保险法》的重要内容，是完善工伤保险制度的重大举措。2011 年 7 月，山东省人民政府又根据新修订的《工伤保险条例》，结合山东实际，提出了贯彻意见，下发了《山东省贯彻〈工伤保险条例〉实施办法》(鲁政发〔2011〕25 号)，对《工伤保险条例》赋予各省、直辖市、自治区人民政府的权限进行了具体化、明细化，使《条例》更具有操作性、实用性、指导性。

《社会保险法》与贯彻《社会保险法》的配套政策文件，以及根据《社会保险法》新修改的《工伤保险条例》与配套的政策文件共同构成了我国现行的工伤保险制度。从而形成了我国社会主义市场经济体制的新型的工伤保险制度，进一步完善了我国工伤保险制度的法律、法规体系。

第二节 工伤保险实施范围

《社会保险法》颁布后，国家对《工伤保险条例》作了进一步修改完善，扩大了工伤保险的覆盖范围，明确了只要不是《公务员法》管理的机关及其公务员、参照公务员法管理的各类事业单位，其他事业单位、企业、社会团体，以及民办非企业单位、基金会、律师事务所、会计事务所等各类经济组织全部纳入工伤保险范覆盖围。对没有纳入的用人单位,《工伤保险条例》也明确了劳动者在生产、工作过程中负伤致残,患职业病丧失劳动能力以及因工死亡后无生活来源遗属物质生活的保障问题。

一、工伤保险参保范围

对参加工伤保险的范围,《工伤保险条例》作了明确规定。该条例第二条规定:"中华人民共和国境内的企业、事业单位、社会团体、民办非企业单位、基金会、律师事务所、会计师事务所等组织和有雇工的个体工商户(以下称用人单位)应当依照本条例规定参加工伤保险,为本单位全部职工或者雇工(以下称职工)缴纳工伤保险费。"

这就界定了工伤保险的实施范围。

这里所说的企业,包括中华人民共和国境内的各类企业,主要有合资、独资、国有、私营、全民所有制、集体所有制、股份制、有限责任等企业。

这里所说的事业单位、社会团体是指非参照国家公务员进行管理的事业单位、社会团体。

民办非企业单位是指企业事业单位、社会团体和其他社会力量以及公民个人利用非国有资产举办的,从事非营利性社会服务活动的社会组织。

基金会是指利用自然人、法人或者其他组织捐赠的财产,以从事公益事业为目的,按照本条例的规定成立的非营利性法人。基金会分为面向公众募捐的基金会和不得面向公众募捐的基金会。公募基金会按照募捐的地域范围,分为全国性公募基金会和地方性公募基金会。根据《基金会管理条例》规定,基金会必须在民政部门登记方能合法运作,就其性质而言,是一种民间非营利组织。此处所说基金会多指慈善基金会。

个体工商户是指在法律允许的范围内,依法经核准登记,从事工商经营活动的自然人或者家庭。单个自然人申请个体经营,应当是16周岁以上有劳动能力的自然人。家庭申请个体经营,作为户主的个人应该有经营能力,其他家庭成员不一定都有经营能力。

在这里,有雇工的个体工商户应参加工伤保险,为雇工缴纳工伤保险费。无雇工的个体工商户不应参加工伤保险。

新兴的快递业企业,也纳入了工伤保险参保范围。

由此可见,凡中华人民共和国行政区域内非参照公务员管理的事业单位、企业、社会团体、民办非企业单位、基金会、律师事务所、会计师事务所等组织和有雇工的个体工商户都应按规定参加工伤保险,为其职工和雇工缴纳工伤保险费。其职工和雇工遭受事故伤害或者患职业病的均享受工伤保险待遇。

二、未纳入工伤保险范围单位

国家在规定了参加工伤保险的范围的同时,也明确了暂不不参加工伤保险的用人单位。《工伤保险条例》第六十五条规定:"公务员和参照公务员法管理的事业单位、社会团体的工作人员因工作遭受事故伤害或者患职业病的,由所在单位支付费用。具体办法由国务院社会保险行政部门会同国务院财政部门规定。"也就是说,国家机关和依照或者参照国家公务员制度进行管理的事业单位、社会团体是不按照《工伤保险条例》的规定参加工伤保险的,因工作遭受事故伤害或者患职业病的,由所在单位支付费用。具体办法由国务院社会保险行政部门会同国务院财政部门规定。

随着社会保险制度改革的不断深入和社会的进步,机关以及参照公务员管理的事业单位、社会团体也参加了工伤保险,按规定缴纳工伤保险费,只是缴纳工伤保险费的标准是不同的。2017 年 4 月,山东省人力资源社会保障厅、财政厅下发了《关于印发省属驻济机关事业单位工作人员参加工伤保险有关问题的通知》(鲁人社规〔2017〕10 号)。该通知规定,省属驻济南机关事业单位依法参加工伤保险,为其在职职工缴纳工伤保险费。工伤保险费根据以支定收、收支平衡的原则确定缴费费率,并根据用人单位工伤发生率、使用工伤保险基金等情况对费率进行浮动。用人单位以本单位职工工资总额为基数,按 0.2%的费率缴纳工伤保险费。职工个人不缴纳工伤保险费。

第三节　工伤保险缴费

工伤保险基金的筹集渠道由用人单位缴纳的工伤费、工伤保险基金的利息和依法纳入工伤保险基金的其他资金渠道构成的。可见,用人单位缴纳的工伤费是工伤保险基金的主要来源。个人不缴纳工伤保险费。工伤保险是根据以支定收、收支平衡的原则来确定工伤保险费费率的。缴纳工伤保险费主要涉及缴纳工伤保险费的缴费基数和缴费费率。

一、工伤保险缴费基数

用人单位缴纳工伤保险费的缴费基数为用人单位职工工资总额。《工伤保险条例》第十条规定:“用人单位应当按时缴纳工伤保险费。用人单位缴纳工伤保险费的数额为本单位职工工资总额乘以单位缴费费率之积。对难以按照工资总额缴纳工伤保险费的行业,其缴纳工伤保险费的具体方式,由国务院社会保险行政部门规定。”

这里所指的工资总额,是指用人单位直接支付给本单位全部职工的劳动报酬总额①。

对难以按照工资总额缴纳工伤保险费的有关行业,如建筑行业,可按建设项目工程总造价确定其缴费基数;如快递行业,可按上年度全省全口径城镇单位就业人员月平均工资来确定其缴费基数。

二、工伤保险费率

工伤保险费是根据以支定收、收支平衡的原则确定费率的。国家根据不同行业的工伤程度确定行业工伤保险的差别费率,并根据工伤保险费的使用、工伤发生率等情况在每个行业内确定若干费率档次,实行费率差别浮动机制。行业差别费率及行业内费率档次由国务院社会保险行政部门制定。

---

① 有关职工工资总额的内容,可详见第十章第三节“四、工资总额”“五、未列入工资总额项目”的内容。

统筹地区经办机构根据用人单位工伤保险费使用、工伤发生率等情况，适用所属行业内相应的费率档次确定单位缴费费率。

可见，用人单位缴纳工伤保险费不实行统一费率，而是实行行业差别费率和用人单位浮动费率相结合的工伤保险费率。不同的行业，工伤风险有很大差别，工伤保险费率在实现社会共济的同时，与用人单位所属行业挂钩，形成行业差别费率，使工伤保险缴费更为公平。在实行行业差别费率的基础上，建立单位缴费浮动机制。也就是说，国家根据不同行业的工伤风险程度，确定行业的差别费率，并根据本行业内企业间工伤保险费使用、工伤发生的差异程度等情况确定若干费率档次。

对难以按照或者难以确定工资总额缴纳工伤保险费的行业企业，国家制定了部分行业企业工伤保险费缴纳办法。这些行业企业主要有建筑、服务、矿山等行业中的建筑施工企业、小型服务企业、小型矿山企业等。按照《工伤保险条例》的规定，这些行业企业难以按其职工工资总额为基数，确定其缴纳工伤保险费的数额。

2010 年 12 月，人力资源社会保障部制定了《部分行业企业工伤保险费缴纳办法》（人力资源社会保障部令第 10 号），明确了建筑施工企业可以实行以建筑施工项目为单位，按照项目工程总造价的一定比例计算缴纳工伤保险费；商贸、餐饮、住宿、美容美发、洗浴以及文体娱乐等小型服务业企业以及有雇工的个体工商户，可以按照营业面积的大小核定应参保人数，按照所在统筹地区上一年度职工月平均工资的一定比例和相应的费率计算缴纳工伤保险费，也可以按照营业额的一定比例计算缴纳工伤保险费；小型矿山企业可以按照总产量、吨矿工资含量和相应的费率计算缴纳工伤保险费。

2015 年 7 月，人力资源社会保障部、财政部下发《关于调整工伤保险费率政策的通知》（人社部发〔2015〕71 号），自 2015 年 10 月 1 日起，调整工伤保险费率政策。按照《国民经济行业分类》（GB/T 4754—2011）对行业的划分，根据不同行业的工伤风险程度，由低到高，依次将行业工伤风险类别划分为一类至八类（见表 8-1）。不同工伤风险类别的行业执行不同的工伤保险行业基准费率。各行业工伤风险类别对应的全国工伤保险行业基准费率为，一类至八类分别控制在该行业用人单位职工工资总额的 0.2%、0.4%、0.7%、0.9%、1.1%、1.3%、1.6%、1.9%左右。

新兴的快递行业，按照二类行业基准费率 0.4%确定。

通过费率浮动的办法确定每个行业内的费率档次。一类行业分为三个档次，即在基准费率的基础上，可向上浮动至 120%、150%；二类至八类行业分为五个档次，即在基准费率的基础上，可分别向上浮动至 120%、150%或向下浮动至 80%、50%。并要求各统筹地区人力资源社会保障部门会同财政部门，按照以支定收、收支平衡的原则，合理确定本地区工伤保险行业基准费率具体标准，报统筹地区人民政府批准后实施。基准费率的具体标准可根据统筹地区经济产业结构变动、工伤保险费使用等情况适时调整。根据用人单位工伤保险费使用、工伤发生率、职业病危害程度等因素，确定其工伤保险费率，并可依据上述因素变化情况，每一至三年确定其在所属行业不同费率档次间是否浮动。对符合浮动条件的用人单位，每次可上下浮动一档或两档。统筹地区工伤保险最低费率不低于本地区一类风险行业基准费率。

表 8-1 工伤保险行业风险分类表

行业类别	行业名称
一	软件和信息技术服务业，货币金融服务，资本市场服务，保险业，其他金融业，科技推广和应用服务业，社会工作，广播、电视、电影和影视录音制作业，中国共产党机关，国家机构，人民政协、民主党派，社会保障，群众团体、社会团体和其他成员组织，基层群众自治组织，国际组织
二	批发业，零售业，仓储业，邮政业，住宿业，餐饮业，电信、广播电视和卫星传输服务，互联网和相关服务，房地产业，租赁业，商务服务业，研究和试验发展，专业技术服务业，居民服务业，其他服务业，教育，卫生，新闻和出版业，文化艺术业
三	农副食品加工业，食品制造业，酒、饮料和精制茶制造业，烟草制品业，纺织业，木材加工和木、竹、藤、棕、草制品业，文教、工美、体育和娱乐用品制造业，计算机、通信和其他电子设备制造业，仪器仪表制造业，其他制造业，水的生产和供应业，机动车、电子产品和日用产品修理业，水利管理业，生态保护和环境治理业，公共设施管理业，娱乐业
四	农业，畜牧业，农、林、牧、渔服务业，纺织服装、服饰业，皮革、毛皮、羽毛及其制品和制鞋业，印刷和记录媒介复制业，医药制造业，化学纤维制造业，橡胶和塑料制品业，金属制品业，通用设备制造业，专用设备制造业，汽车制造业，铁路、船舶、航空航天和其他运输设备制造业，电气机械和器材制造业，废弃资源综合利用业，金属制品、机械和设备修理业，电力、热力生产和供应业，燃气生产和供应业，铁路运输业，航空运输业，管道运输业，体育业
五	林业，开采辅助活动，家具制造业，造纸和纸制品业，建筑安装业，建筑装饰和其他建筑业，道路运输业，水上运输业，装卸搬运和运输代理业
六	渔业，化学原料和化学制品制造业，非金属矿物制品业，黑色金属冶炼和压延加工业，有色金属冶炼和压延加工业，房屋建筑业，土木工程建筑业
七	石油和天然气开采业，其他采矿业，石油加工、炼焦和核燃料加工业
八	煤炭开采和洗选业，黑色金属矿采选业，有色金属矿采选业，非金属矿采选业

2018 年 1 月，人力资源社会保障部、交通运输部等 6 部委局下发了《关于铁路、公路、水运、水利、能源、机场工程建设项目参加工伤保险工作的通知》（人社部发〔2018〕3 号），明确要求加大力度将在各类工程建设项目中流动就业的农民工纳入工伤保险保障范围。依法合理确定缴费比例，建筑施工企业相对固定的职工，应按用人单位参加工伤保险。不能按用人单位参加工伤保险的职工，特别是短期雇佣的农民工，应按项目优先参加工伤保险，一般应由施工项目总承包单位或项目标段合同承建单位，按照劳动雇佣关系一次性代缴本项目工伤保险费，覆盖项目使用的所有职工，包括专业承包单位、劳务分包单位使用的农民工。各类工程建设项目可以项目或标段为单位，按照项目或标段的建筑安装工程费（或工程合同价）的一定比例参保缴费。对人工成本占比较低的工程建设项目，可按照

人工成本乘以工伤保险行业基准费率的方式计算工伤保险费。对于难以确定直接人工成本的工程建设项目,可参照本地区社会平均工资确定缴费基数。各统筹地区要按照"以支定收、收支平衡"原则,根据当地工伤保险基金的运行情况,科学合理确定费率。同时,注重发挥浮动费率作用,低保费起步,逐步实现收支平衡并进一步加强督查和定期通报工作。

2019年4月,国务院办公厅下发了《关于印发降低社会保险费率综合方案的通知》(国办发〔2019〕13号),规定自2019年5月1日起,延长阶段性降低工伤保险费率的期限至2020年4月30日,工伤保险基金累计结余可支付月数在18～23个月的统筹地区可以现行费率为基础下调20%,累计结余可支付月数在24个月以上的统筹地区可以现行费率为基础下调50%。后来这一降费政策又延长至2024年年底。

费率确定后,用人单位应按规定的缴费基数和比例及时足额缴纳工伤保险费。职工个人不缴纳工伤保险费。用人单位缴纳工伤保险费的数额为本单位职工工资总额乘以本单位缴费费率之积。

跨地区、生产流动性较大的行业,可以采取相对集中的方式异地参加统筹地区的工伤保险。

总之,工伤保险费是由用人单位缴纳的。用人单位应当按照社会保险经办机构确定的费率缴纳工伤保险费。职工应当参加工伤保险,但不缴纳工伤保险费。

第四节　工伤认定

工伤[①]认定,也称认定工伤,是劳动保障行政部门根据国家法律、法规和政策的规定,确定职工受伤或患职业病是否是因工造成的事实行为。准确、及时地进行工伤认定,是职工享受工伤保险待遇的前提条件。如何认定工伤,《工伤保险条例》和《山东省贯彻〈工伤保险条例〉实施办法》都作了明确的规定。

一、工伤范围

工伤范围是指在什么区域内或多大区域内、什么情况下发生的事故或伤害,有可能属于工伤。工伤范围是工伤认定的前提条件,一般由法律直接规定。我国《工伤保险条例》对工伤范围采取列举式立法模式,通过肯定性列举和否定性列举相结合的方式,明确我国《工伤保险条例》拟规范的工伤范围。

1.工作原因

按照国际劳工公约,工伤是指职工"由于工作直接或间接引起的事故"所受到的伤害。《社会保险法》第三十六条规定:"职工因工作原因受到事故伤害或者患职业病,且经工伤认定的,享受工伤保险待遇。"可见,职工受到的伤害是否属于工伤,其核心因素是是否"因工作原因"。也就是说,由于工作直接或间接的原因而引起的伤害应属于工伤范围。

① 工伤是指劳动者在工作中所发生的意外事故伤害和职业病伤害以及因上述情况造成的死亡。

一是职工在工作过程中,直接因从事工作而受到伤害。

二是职工虽未工作,但由于用人单位的设施和设备不完善、劳动条件或劳动环境不良、管理不善等原因,造成职工伤害。

三是职工受用人单位指派,外出期间受到伤害。

《社会保险法》将"工作原因"作为确认工伤的核心因素。这是我国工伤保险立法明确规定的。对"因工作原因"的具体情形,《工伤保险条例》第十四条、第十五条作了明确规定。因"工作原因"也应包括职业病。

2.事故伤害

事故伤害是指由于工作原因直接或间接造成的伤害和急性中毒事故。

按照伤害程度划分,事故伤害可分为轻伤事故、重伤事故和死亡事故。

3.职业病

职业病是指职工在职业活动中,因接触粉尘、放射性物质和其他有毒有害物质等因素而引起的疾病。其特征是在有毒有害的环境下工作所患的疾病。

职业病包括尘肺病、职业性放射性疾病、职业中毒、物理因素所致职业病等 10 类、132 种疾病。

二、工作认定情形

工伤认定范围是指根据国有关法律规定,对劳动者因工负伤或患职业病,是否符合工伤认定条件和标准作出明确的界定。符合条件的,则属于工伤认定的范围。根据《工伤保险条例》的规定,应当认定为工伤的情形分为两种:一种是应当认定工伤的情形,另一种是视同工伤的情形。

(一)认定工伤的情形

《工伤保险条例》第十四条规定:"职工有下列情形之一的,应当认定为工伤:(一)在工作时间和工作场所内,因工作原因受到事故伤害的;(二)工作时间前后在工作场所内,从事与工作有关的预备性或者收尾性工作受到事故伤害的;(三)在工作时间和工作场所内,因履行工作职责受到暴力等意外伤害的;(四)患职业病的;(五)因工外出期间,由于工作原因受到伤害或者发生事故下落不明的;(六)在上下班途中,受到非本人主要责任的交通事故或者城市轨道交通、客运轮渡、火车事故伤害的;(七)法律、行政法规规定应当认定为工伤的其他情形。"

(二)视同工伤的情形

《工伤保险条例》在明确规定了应认定工伤的情形同时,又明确规定了视同工伤的情形。该条例第十五条规定:"职工有下列情形之一的,应视同工伤:(一)在工作时间和工作岗位,突发疾病死亡或者在 48 小时之内经抢救无效死亡的;(二)在抢险救灾等维护国家利益、公共利益活动中受到伤害的;(三)职工原在军队服役,因战、因公负伤致残,已取得革命伤残军人证,到用人单位后旧伤复发的。"

认定为工伤和视同工伤的,应按照《工伤保险条例》的规定,享受相应的工伤保险待遇。

(三)不得认定工伤或不得视同工伤的情形

《工伤保险条例》在规定了应认定工伤情形和视同工伤情形后，又进一步明确规定了不得认定工伤的情形和不得视同工伤的情形。根据《工伤保险条例》第十六条的规定："职工符合认定为工伤的情形或者符合视同工伤的情形，但有下列情形之一的，不得认定为工伤或者不得视同工伤：(一)故意犯罪的；(二)醉酒或者吸毒的；(三)自残或者自杀的。"

由此可见，劳动者受到身体身心伤害，是否认定为工伤，最终应将"工作原因"作为确定工伤的核心因素。由于工作直接或者间接因素引起的伤害都应认定为工伤。

三、工伤认定程序

劳动者在工作中所发生的意外事故伤害和职业病伤害以及因此造成的死亡的，是否属于工伤的范围，必须要进行工伤认定。只有经过认定，而且被认定为工伤的，才能根据伤残等级依法享受相应的工伤保险待遇。工伤认定必须依照法律规定的程序进行。

(一)第一步：提出工伤认定申请

提出工伤认定申请的法定主体必须是用人单位，或工伤职工，或工伤职工的直系亲属，或工会组织。

职工发生事故伤害或者按照《职业病防治法》规定被诊断、鉴定为职业病，所在单位应当自事故伤害发生之日或者被诊断、鉴定为职业病之日起 30 日内，向统筹地区社会保险行政部门提出工伤认定申请。遇有特殊情况，经报社会保险行政部门同意，申请时限可以适当延长。

用人单位未按前款规定提出工伤认定申请的，工伤职工或者其近亲属、工会组织在事故伤害发生之日或者被诊断、鉴定为职业病之日起 1 年内，可以直接向用人单位所在地统筹地区社会保险行政部门提出工伤认定申请。

用人单位未在本条第一款规定的时限内提交工伤认定申请，在此期间发生符合本条例规定的工伤待遇等有关费用由该用人单位负担。

提出工伤认定申请应当提交下列材料：

(1)工伤认定申请表。工伤认定申请表应当包括事故发生的时间、地点、原因以及职工伤害程度等基本情况。

(2)与用人单位存在劳动关系(包括事实劳动关系)的证明材料。

(3)医疗诊断证明或职业病诊断证明书(或者职业病诊断鉴定书)。

(二)第二步：社会保险行政部门受理并进行审核、调查核实

社会保险行政部门受理工伤认定申请后，要根据法律、法规和国家政策规定，对报送的工伤申请材料进行认真审核。

工伤认定申请人提供材料不完整的，社会保险行政部门应当一次性书面告知工伤认定申请人需要补正的全部材料。申请人按照书面告知要求补正材料后，社会保险行政部门应当受理。

社会保险行政部门根据审核需要，可以对事故伤害进行调查核实，确定职工受伤或患

病是因工造成的，还是非因工造成的。用人单位、职工、工会组织、医疗机构以及有关部门应当予以协助。职业病诊断和诊断争议的鉴定，依照职业病防治法的有关规定执行。对依法取得职业病诊断证明书或者职业病诊断鉴定书的，社会保险行政部门不再进行调查核实。

职工或者其近亲属认为是工伤，用人单位不认为是工伤的，由用人单位承担举证责任。

（三）第三步：作出认定决定

社会保险行政部门应当自受理工伤认定申请之日起60日内作出工伤认定的决定，并书面通知申请工伤认定的职工或者其近亲属和该职工所在单位。

社会保险行政部门对受理的事实清楚、权利义务明确的工伤认定申请，应当在15日内作出工伤认定的决定。

作出工伤认定决定需要以司法机关或者有关行政主管部门的结论为依据的，在司法机关或者有关行政主管部门尚未作出结论期间，作出工伤认定决定的时限中止。

社会保险行政部门工作人员与工伤认定申请人有利害关系的，应当回避。

第五节 劳动能力鉴定

劳动能力鉴定是指劳动鉴定委员会组织专家，依据国家劳动能力鉴定标准，对劳动功能障碍程度和生活自理障碍程度的等级鉴定。

职工发生工伤，经治疗，伤情相对稳定后存在残疾、影响劳动能力的，应当进行劳动能力鉴定。劳动能力鉴定结论是工伤职工享受工伤保险待遇的依据。因此，劳动能力鉴定关系到职工切身利益，必须准确、合理地确定职工工伤伤残等级，切实保障工伤职工的合法权益。

一、劳动能力鉴定等级标准

劳动能力伤残等级是确定工伤职工享受工伤保险待遇的依据，必须按照国家制定的工伤与职业病致残程度鉴定标准，对因工负伤或者患职业病的职工伤残后丧失劳动能力的程度和护理依赖程度进行等级鉴定。根据《工伤保险条例》的规定："劳动功能障碍分为十个伤残等级，最重的为一级，最轻的为十级。生活自理障碍分为三个等级：生活完全不能自理、生活大部分不能自理和生活部分不能自理。"并明确了劳动能力鉴定标准。

（一）工伤致残程度的判定依据

1.器官缺损

器官缺损指工伤的直接后果往往是器官缺损和器官切除，肢体的缺失等，如颅骨缺损，即使无功能障碍，亦属致残。但职业病不一定有器官缺损。

2.功能障碍

功能障碍指工伤后功能障碍的程度与器官缺损的部位及严重程度有关，职业病所致的器官功能障碍和疾病的严重程度相关。为判定功能障碍的性质和程度，应有相应的定义及分级基准，所以在鉴定标准附录 A、B、C 中以一些伤残类别的定义所造成功能障碍的分级判定标准，作了详细交代及说明。

3.医疗依赖

医疗依赖指伤、病残后，于医疗期满时仍然不能脱离医疗者。如外伤后癫痫不能脱离抗痫剂，外伤后糖尿病不能脱离胰岛素治疗者。

4.护理依赖

护理依赖指伤、病残后因生活不能自理，需要依赖他人护理者。生活自理范围主要包括下列五项：①进食；②翻身；③大小便；④穿衣、洗漱；⑤自我移动。

生活自理障碍分三级：

(1)生活完全不能自理。生活完全不能自理指进食、翻身、大小便、穿衣洗漱、自我移动等上述五项均不能自理。

(2)生活大部分不能自理。生活大部分不能自理是指进食、翻身、大小便、穿衣洗漱、自我移动等上述五项中三项不能自理。

(3)生活部分不能自理。生活部分不能自理是指进食、翻身、大小便、穿衣洗漱、自我移动等上述五项中一项不能自理。

5.心理障碍

心理障碍是指一些特殊残情在器官缺损或者功能障碍的基础上，虽不造成医疗依赖，但却导致心理障碍或者减损伤残者的生活质量，在评定残情时，应适当考虑这些后果。

总之，职工工伤与职业病致残程度的分级，需根据器官缺损、功能障碍、医疗依赖及护理依赖的程度等主要依据进行综合评定，不能单纯依据任何一项作出判定。目前，新的鉴定标准尚未制定出台，在新的劳动能力鉴定标准未颁布以前，各地是按原国家技术监督局 1996 年颁布的《职工工伤与职业病致残程度鉴定》(GB/T 16180—1996)确定的。

(二)工伤与职业病致残程度分级

1996 年 3 月 14 日，为了加强安全生产，维护国家整体利益，保护职工合法权益，适应工伤保险制度改革，国家技术监督局发布了《职工工伤与职业病致残程度鉴定》(GB/T 16180—1996)标准。这是工伤鉴定的国家标准。该鉴定标准根据器官损伤、功能障碍、医疗依赖和护理依赖四个方面，将工伤、职业病伤残程度分解为五个门类，划分为十个等级、469 个条目。按照临床医学分科和各学科间相互关联的原则，该标准将工伤、职业病伤残程度的判定划分为：①神经内科、神经外科、精神科门；②骨科、整形外科、烧伤科门；③眼科、耳鼻喉科、口腔科门；④普外科、胸外科、泌尿生殖科门；⑤职业病内科门。

伤残程度，从一级到十级，由重到轻排列，最重为一级，最轻为十级。十级具体伤残程度为：

一级：器官缺失或功能完全丧失，其他器官不能代偿，存在特殊医疗依赖，生活完全或大部分不能自理。

二级：器官严重缺损或畸形，有严重功能障碍或并发症，存在特殊医疗依赖，或生活大部分不能自理。

三级：器官严重缺损或畸形，有严重功能障碍或并发症，存在特殊医疗依赖，或生活部分不能自理。

四级：器官严重缺损或畸形，有严重功能障碍或并发症，存在特殊医疗依赖，生活可以自理。

五级：器官大部分缺损或明显畸形，有较重功能障碍或并发症，存在一般医疗依赖，生活能自理。

六级：器官大部分缺损或明显畸形，有中等功能障碍或并发症，存在一般医疗依赖，生活能自理。

七级：器官大部分缺损或畸形，有轻度功能障碍或并发症，存在一般医疗依赖，生活能自理。

八级：器官部分缺损，形态异常，轻度功能障碍，有医疗依赖，生活能自理。

九级：器官部分缺损，形态异常，轻度功能障碍，无医疗依赖，生活能自理。

十级：器官部分缺损，形态异常，无功能障碍，无医疗依赖，生活能自理。

该鉴定标准为工伤、职业病患者于国家社会保险法规所规定医疗期满后，进行医学技术鉴定的准则和依据。符合上述评残标准一级至四级为全部丧失劳动能力；五级至六级为大部分丧失劳动能力；七级至十级为部分丧失劳动能力。

二、劳动能力鉴定程序

劳动能力鉴定是通过对劳动者从事体力工作的能力的鉴定，确定其劳动能力丧失的程度。对劳动者劳动能力的鉴定是一项复杂而困难的工作，它涉及医学、伦理学等有关知识，并依照国家的有关政策性规定，是在明确的鉴定标准的基础上，综合分析被鉴定人的病情后作出的定性结果。

劳动能力鉴定对保障工伤职工切身利益至关重要，国家对此制定了严格的鉴定程序。劳动能力鉴定必须按规定的程序进行，做到客观、公正、实事求是。

（一）第一步：提出劳动能力鉴定申请

劳动能力鉴定由用人单位、工伤职工或者其直系亲属向设区的市级劳动能力鉴定委员会提出劳动能力鉴定申请，并提供工伤认定和职工工伤医疗的有关资料。

（二）第二步：组成专家组，提出鉴定意见

设区的市级劳动能力鉴定委员会收到劳动能力鉴定申请后，应当从其建立的医疗卫生专家库中随机抽取 3 名或者 5 名相关专家，组成专家组，对工伤职工伤残情况进行鉴定，并提出鉴定意见。

（三）第三步：作出鉴定结论

设区的市级劳动能力鉴定委员会根据专家组的鉴定意见，应当自收到劳动能力鉴定申请之日起 60 日内，作出劳动能力鉴定结论。必要时，作出劳动能力鉴定结论的期限可以延长 30 日。劳动能力鉴定结论应当及时送达申请鉴定的单位和个人。

劳动能力鉴定委员会组成人员或者参加鉴定的专家与当事人有利害关系的，应当

回避。

(四)第四步:最终鉴定结论

申请鉴定的单位或者个人对鉴定委员会作出的鉴定结论不服的,可以在收到该鉴定结论之日起 15 日内,向省、自治区、直辖市劳动能力鉴定委员会提出再次鉴定申请。省、自治区、直辖市劳动能力鉴定委员会作出的劳动能力鉴定结论为最终结论。

自劳动能力鉴定结论作出之日起 1 年后,工伤职工或者其直系亲属、所在单位或者经办机构认为工伤伤残情况发生变化的,可以申请劳动能力复查鉴定。

第六节　工伤保险待遇

工伤保险待遇是指被认定为工伤的劳动者、工伤死亡劳动者亲属依法应当享受的工伤赔偿项目和赔偿标准。职工因工作遭受事故伤害或者患职业病进行治疗,享受工伤保险医疗待遇。《工伤保险条例》对工伤保险待遇作出了全面的规定,包括工伤医疗待遇、工伤伤残待遇和死亡待遇等项目。

应参加而未参加工伤保险期间,用人单位职工发生工伤的,由该用人单位按照《工伤保险条例》规定的工伤保险待遇项目和标准支付费用。

一、工伤医疗待遇内容

工伤医疗待遇是指工伤职工进行治疗所享受的医疗待遇,是工伤职工的一项基本待遇。职工因工伤遭受事故伤害或者患职业病进行治疗,首先享受工伤医疗待遇。工伤医疗待遇主要包括三项:

(一)治疗工伤所需费用

治疗工伤所需的挂号费、医疗康复费、药费、住院费等费用,符合工伤保险诊疗项目目录、工伤保险药品目录、工伤保险住院服务标准的,从工伤保险基金中支付。

治疗工伤所需费用,包括在当地治疗工伤所需费用,也包括在外地治疗工伤所需费用。

(二)住院伙食补助

工伤职工治疗工伤需要住院的,从工伤保险基金中支付一定标准的住院伙食补助费。按照《工伤保险条例》的规定,工伤职工需要住院治疗工伤的,按因公出差伙食补助标准的 70%发给住院伙食补助费。住院伙食补助费,从工伤保险基金中支付。

根据《工伤保险条例》的规定,2023 年 3 月,山东省社会保险事业中心下发了《关于明确 2023 年山东省工伤职工住院伙食补助费标准的通知》(鲁社保函〔2023〕8 号),核定山东省职工住院治疗工伤的住院伙食补助费标准为每人每天 27.38 元,按住院期间的实际天数计算。该标准自 2023 年 1 月 1 日起实施。

(三)外地住院交通食宿费

工伤职工治疗工伤到统筹地区以外就医的交通食宿费,同住院伙食补助费一样,按照《工伤保险条例》的规定,经医疗机构出具证明,报社会保险经办机构同意,工伤职工到统筹地区以外就医治疗的，所需交通、食宿费用由所在单位按照因公出差标准从工伤保险基金中支出。

按照规定，山东省异地就医的医院外伙食补助费标准按职工住院治疗工伤期间的伙食补助费标准执行，限支付 2 天。

工伤职工治疗非工伤引发的疾病，不享受工伤医疗待遇，按照基本医疗保险办法处理。

职工治疗工伤应当在签订服务协议的医疗机构就医。如果情况紧急，不能到签订服务协议的医疗机构就医的，也可以先到就近的医疗机构急救。

二、停工留薪待遇

职工因工作遭受事故伤害或者患职业病需要暂停工作，接受工伤医疗的，在停工留薪期间，原工资福利待遇不变，由所在单位按月支付。

停工留薪期一般不超过 12 个月。伤情严重或者情况特殊，经设区的市级劳动能力鉴定委员会确认，可以适当延长，但延长不得超过 12 个月。工伤职工在停工留薪期满后仍需治疗的，继续享受工伤医疗待遇。

生活不能自理的工伤职工在停工留薪期需要护理的，由所在单位负责。

工伤职工评定伤残等级后，停发原待遇，按照有关规定享受伤残待遇。

三、辅助器具配置待遇

工伤职工伤残后，因日常生活或者就业需要，经劳动能力鉴定委员会确认，需要配置辅助器具的，可以安装假肢、矫形器、假眼、假牙或配置轮椅等辅助器具，所需费用按照国家规定的标准从工伤保险基金中支付。

伤残辅助器具应当按照国内普及性标准报销费用。

四、伤残待遇

工伤职工停工留薪期满，经劳动能力鉴定委员会鉴定评定伤残等级后，开始享受伤残待遇。伤残待遇按评定伤残等级享受。

（一）一级至四级伤残待遇

职工因工致残被鉴定为一级至四级伤残的，保留劳动关系，退出工作岗位，享受以下待遇：

(1)从工伤保险基金按伤残等级支付一次性伤残补助金，标准为：一级伤残为 27 个月的本人工资，二级伤残为 25 个月的本人工资，三级伤残为 23 个月的本人工资，四级伤残为 21 个月的本人工资。

(2)从工伤保险基金按月支付伤残津贴，标准为：一级伤残为本人工资的 90%，二级伤残为本人工资的 85%，三级伤残为本人工资的 80%，四级伤残为本人工资的 75%。伤残津贴实际金额低于当地最低工资标准的，由工伤保险基金补足差额。

(3)工伤职工达到退休年龄并办理退休手续后，停发伤残津贴，按照国家有关规定享受基本养老保险待遇。基本养老保险待遇低于伤残津贴的，由工伤保险基金补足差额。

职工因工致残被鉴定为一级至四级伤残的，由用人单位和职工个人以伤残津贴为基数，缴纳基本医疗保险费。

（二）五级、六级伤残待遇

职工因工致残被鉴定为五级、六级伤残的，享受以下待遇：

(1)从工伤保险基金按伤残等级支付一次性伤残补助金，标准为：五级伤残为18个月的本人工资，六级伤残为16个月的本人工资。

(2)保留与用人单位的劳动关系，由用人单位安排适当工作。难以安排工作的，由用人单位按月发给伤残津贴，标准为：五级伤残为本人工资的70%，六级伤残为本人工资的60%，并由用人单位按照规定为其缴纳应缴纳的各项社会保险费。伤残津贴实际金额低于当地最低工资标准的，由用人单位补足差额。

(3)经工伤职工本人提出，该职工可以与用人单位解除或者终止劳动关系，由工伤保险基金支付一次性工伤医疗补助金，由用人单位支付一次性伤残就业补助金。一次性工伤医疗补助金和一次性伤残就业补助金的标准，各省、自治区、直辖市是不同的。山东省规定，以其解除或终止劳动合同时统筹地区上年度职工月平均工资为基数，一次性工伤医疗补助金标准：五级为22个月、六级为18个月；一次性伤残就业补助金标准：五级为36个月的，六级为30个月。

（三）七级至十级伤残待遇

职工因工致残被鉴定为七级至十级伤残的，享受以下待遇：

(1)从工伤保险基金按伤残等级支付一次性伤残补助金，标准为：七级伤残为13个月的本人工资，八级伤残为11个月的本人工资，九级伤残为9个月的本人工资，十级伤残为7个月的本人工资。

(2)劳动合同、聘用合同期满终止，或者职工本人提出解除劳动合同、聘用合同的，由工伤保险基金支付一次性工伤医疗补助金，由用人单位支付一次性伤残就业补助金。一次性工伤医疗补助金和一次性伤残就业补助金的具体标准，由各省、自治区、直辖市人民政府制定。山东省的标准是以其解除或终止劳动合同时统筹地区上年度职工月平均工资为基数，一次性工伤医疗补助金的标准为：七级13个月，八级10个月，九级7个月，十级4个月；一次性伤残就业补助金标准为：七级20个月，八级16个月，九级12个月，十级8个月。同时规定，距法定退休年龄不足5年的，每减少1年，一次性伤残就业补助金递减20%；不足1年的按一次性伤残就业补助金全额的10%支付。

职工被确诊为职业病的，一次性工伤医疗补助金在上述标准基础上加发50%。

达到法定退休年龄或者按规定办理了退休手续的，不支付一次性工伤医疗补助金和一次性伤残就业补助金。

山东省一次性工伤医疗补助金和一次性伤残就业补助金标准如表8-2所示。

表 8-2 山东省一次性工伤医疗补助金和一次性伤残就业补助金标准 单位：月

等级	基数	一次性工伤医疗补助金	一次性伤残就业补助金
五级	上年度职工月平均工资	22	36
六级		18	30
七级		13	20
八级		10	16
九级		7	12
十级		4	8

五、生活护理待遇

工伤职工已经评定伤残等级并经劳动能力鉴定委员会确认需要生活护理的，从工伤保险基金按月支付生活护理费。

生活护理费按照生活完全不能自理、生活大部分不能自理或者生活部分不能自理三个不同等级支付，其标准分别为：

(1)生活完全不能自理的生活护理费标准为工伤保险统筹地区上年度职工月平均工资的 50%。

(2)生活大部分不能自理的生活护理费标准为工伤保险统筹地区上年度职工月平均工资的 40%。

(3)生活部分不能自理的生活护理费标准为工伤保险统筹地区上年度职工月平均工资的 30%。

六、康复待遇

工伤职工经抢救治疗病情基本稳定的，工伤职工到签订服务协议的医疗机构进行工伤康复，符合规定的，所需费用从工伤保险基金支付。

七、因工死亡待遇

职工因工死亡，其因工死亡待遇有：丧葬补助金、供养亲属抚恤金和一次性工亡补助金。《工伤保险条例》第三十九明确规定：“职工因工死亡，其近亲属按照下列规定从工伤保险基金领取丧葬补助金、供养亲属抚恤金和一次性工亡补助金。”

(一)丧葬补助金

丧葬补助金标准为 6 个月的统筹地区上年度职工月平均工资。

这里的上年度职工月平均工资是工伤保险统筹地区的上年度职工月平均工资。目前，全国大部分省、自治区、直辖市的工伤保险为市地级统筹，是设区的市级全市职工月平均工资。

(二)供养亲属抚恤金

供养亲属抚恤金是按照职工本人工资的下列比例发给由因工死亡职工生前提供主要

生活来源、无劳动能力的亲属，标准为：供养配偶的，为生前职工本人工资的每月40%；供养其他亲属的，每人每月为30%；供养孤寡老人或者孤儿的，每人每月在上述标准的基础上增加10%。

核定的各供养亲属的抚恤金之和不应高于因工死亡职工生前的工资。

2003年9月，劳动和社会保障部颁发了《因工死亡职工供养亲属范围规定》（劳动保障部令第18号）。该规定对死亡工伤职工供养亲属的具体范围作了全面明确。

因工死亡职工供养亲属，是指该职工的配偶、子女、父母、祖父母、外祖父母、孙子女、外孙子女、兄弟姐妹。所称子女，包括婚生子女、非婚生子女、养子女和有抚养关系的继子女，其中，婚生子女、非婚生子女包括遗腹子女；所称父母，包括生父母、养父母和有抚养关系的继父母；所称兄弟姐妹，包括同父母的兄弟姐妹、同父异母或者同母异父的兄弟姐妹、养兄弟姐妹、有抚养关系的继兄弟姐妹。

上述所称人员，依靠因工死亡职工生前提供主要生活来源，并有下列情形之一的，可按规定申请供养亲属抚恤金：①完全丧失劳动能力的；②工亡职工配偶男年满60周岁、女年满55周岁的；③工亡职工父亲年满60周岁、母亲年满55周岁的；④工亡职工子女未满18周岁的；⑤工亡职工父母均已死亡，其祖父、外祖父年满60周岁，祖母、外祖母年满55周岁的；⑥工亡职工子女已经死亡或完全丧失劳动能力，其孙子女、外孙子女未满18周岁的；⑦工亡职工父母均已死亡或完全丧失劳动能力，其兄弟姐妹未满18周岁的。

领取抚恤金的人员，在被判刑收监执行期间，停止享受抚恤金待遇。刑满释放仍符合领取抚恤金资格的，按规定的标准享受抚恤金。

该规定同时明确了领取抚恤金人员有下列情形之一的，停止享受抚恤金待遇：①年满18周岁且未完全丧失劳动能力的；②就业或参军的；③工亡职工配偶再婚的；④被他人或组织收养的；⑤死亡的。

（三）一次性工亡补助金

一次性工亡补助金的标准为上一年度全国城镇居民人均可支配收入的20倍。

工亡补助金的标准是以上一年度全国城镇居民人均可支配收入来计算的。城镇居民人均可支配收入是指居民家庭全部现金收入中能用于安排家庭日常生活的那部分收入。全国城镇居民可支配收入是由国家统计局定期公布的。2020年，全国城镇居民人均可支配收入为43834元，比上年名义增长3.5%；扣除价格因素，实际增长1.2%。

伤残职工在停工留薪期内因工伤导致死亡的，其近亲属可享受丧葬补助金待遇；一级至四级伤残职工在停工留薪期满后死亡的，其近亲属可享受丧葬补助金和供养亲属抚恤金的待遇。

职工因工外出期间发生事故或者在抢险救灾中下落不明的，从事故发生当月起3个月内照发工资，从第4个月起停发工资，由工伤保险基金向其供养亲属按月支付供养亲属抚恤金。生活有困难的，可以预支一次性工亡补助金的50%。职工被人民法院宣告死亡的，按照职工因工死亡的规定享受因工死亡待遇。

八、其他情形下工伤保险待遇

用人单位分立、合并、转让的，承继单位应当承担原用人单位的工伤保险责任；原用人单位已经参加工伤保险的，承继单位应当到当地经办机构办理工伤保险变更登记。用人单位实行承包经营的，工伤保险责任由职工劳动关系所在单位承担。

职工被借调期间受到工伤事故伤害的，由原用人单位承担工伤保险责任，但原用人单位与借调单位可以约定补偿办法。

职工被派遣出境工作，依据前往国家或者地区的法律应当参加当地工伤保险的，参加当地工伤保险，其国内工伤保险关系中止；不能参加当地工伤保险的，其国内工伤保险关系不中止。

企业破产的，在破产清算时依法拨付应当由单位支付的工伤保险待遇费用。

职工再次发生工伤，根据规定应当享受伤残津贴的，按照新认定的伤残等级享受伤残津贴待遇。

第七节　职业病

职业病[①]是劳动者在有毒有害的环境下工作所患的疾病。所以，《工伤保险条例》第十四条规定，职工患职业病的，应当认定为工伤。

当下，我国的职业病病种繁多，病因比较复杂，危害因素分布十分广泛，职业病发病形势严峻。劳动者一旦患上职业病，往往会丧失劳动能力，甚至致残致死，这将严重侵害劳动者的身心健康。《职业病防治法》[②]第五十七条规定：“职业病病人的诊疗、康复费用，伤残以及丧失劳动能力的职业病病人的社会保障，按照国家有关工伤保险的规定执行。经认定，劳动者患有职业病的，应享受国家职业病待遇。”

一、职业病范围

在确定职业病范围前，我们先看看，构成职业病的条件。根据《职业病防治法》等有关规定，构成职业病必须具备以下四个条件。

(1)患病主体是企业、事业单位或个体经济组织的劳动者。

(2)必须是在从事职业活动的过程中或在工伤环境下产生的。

(3)必须是因接触粉尘、放射性物质和其他有毒、有害物质等职业病危害因素引起的。

(4)必须是国家公布的职业病分类和目录所列的范围内。

---

① 职业病是指企业、事业单位和个体经济组织的劳动者在职业活动中，因接触粉尘、放射性物质和其他有毒、有害物质等因素而引起的疾病。

② 《中华人民共和国职业病防治法》(简称《职业病防治法》)在2001年10月由第九届全国人民代表大会常务委员会第二十四次会议通过。2011年12月，第十一届全国人民代表大会常务委员会第二十四次会议修改。2016年7月，第十二次全国人民代表大会常务委员会第二十一次会议修正。2017年11月，第十二届全国人民代表大会常务委员会第三十次会议修正。2018年12月，第十三届全国人民代表大会常务委员会第七次会议修正。

上述四个条件缺一不可。否则,不得认定为职业病。

由于职业病危害因素的种类很多,导致职业病范围很广,不可能把所有的职业病都纳入职业病的范围内。目前,我国职业病的范围是根据国家颁布的《职业病分类和目录》来确定的。工伤保险范围内的职业病是国家认定的法定职业病。

现行的《职业病分类和目录》,是根据2013年12月,国家卫生计生委、人力资源社会保障部等4部门联合印发的《职业病分类和目录》(国卫疾控发〔2013〕48号)确定的,共将职业病分为10大类,共132种职业病。

二、职业病确认

职业病诊断与鉴定工作应当按照《职业病防治法》《职业病诊断与鉴定管理办法》《职业病分类和目录》和国家职业病诊断标准进行,遵循科学、公正、及时、便捷的原则,并符合职业病诊断与鉴定程序。2021年1月,国家卫生健康委员会下发了《职业病诊断与鉴定管理办法》(国家卫生健康委员会令第6号),明确了职业病诊断与鉴定的原则、用人单位的义务、诊断办法和程序、鉴定办法和程序、监督管理、法律责任等问题。

(一)职业病诊断

劳动者可以在用人单位所在地、本人户籍所在地或者经常居住地的职业病诊断机构进行职业病诊断。劳动者应当填写《职业病诊断就诊登记表》,并提供本人掌握的职业病诊断有关资料。用人单位应提供下列材料:①劳动者职业史和职业病危害接触史(包括在岗时间、工种、岗位、接触的职业病危害因素名称等);②劳动者职业健康检查结果;③工作场所职业病危害因素检测结果;④职业性放射性疾病诊断还需要个人剂量监测档案等资料。

材料齐全的,职业病诊断机构应当在收齐材料之日起30日内作出诊断结论。职业病诊断应依据劳动者的职业史、职业病危害接触史和工作场所职业病危害因素情况、临床表现以及辅助检查结果等,进行综合分析。没有证据否定职业病危害因素与患者临床表现之间的必然联系的,应当诊断为职业病。

若劳动者对用人单位提供的工作场所职业病危害因素检测结果等资料有异议,或者因劳动者的用人单位解散、破产,无用人单位提供上述资料的,职业病诊断机构应当依法提请用人单位所在地卫生健康主管部门进行调查。卫生健康主管部门应当自接到申请之日起30日内对存在异议的资料或者工作场所职业病危害因素情况作出判定。

职业病诊断机构作出职业病诊断结论后,应当出具职业病诊断证明书。职业病诊断证明书应当由参与诊断的取得职业病诊断资格的执业医师签署。职业病诊断机构应当对职业病诊断医师签署的职业病诊断证明书进行审核,确认诊断的依据与结论符合有关法律、法规、标准的要求,并在职业病诊断证明书上盖章。

职业病诊断证明书一式五份,劳动者一份,用人单位所在地县级卫生健康主管部门一份,用人单位两份,诊断机构存档一份。职业病诊断证明书应当于出具之日起15日内由职业病诊断机构送达劳动者、用人单位及用人单位所在地县级卫生健康主管部门,并应当建立职业病诊断档案并永久保存。

（二）职业病鉴定

职业病鉴定是当事人对医疗卫生机构职业病诊断有异议时，在收到职业病诊断证明书后，向作出职业病诊断的医疗卫生诊断机构所在地的卫生健康行政部门申请确认职业病的一种行为情形。职业病鉴定实行两级鉴定制，设区的市级职业病诊断鉴定委员会负责职业病诊断争议的首次鉴定。省级鉴定为最终鉴定。职业病鉴定应遵循国家规定的程序进行。

1.第一步：提出鉴定申请

当事人对职业病诊断机构作出的职业病诊断有异议的，可以在接到职业病诊断证明书之日起 30 内，向作出诊断的职业病诊断机构所在地设区的市级卫生健康主管部门申请鉴定。当事人申请职业病诊断鉴定时，应当提供以下资料：①职业病诊断鉴定申请书；②职业病诊断证明书；③职业病诊断病历记录；④鉴定委员会要求提供的其他材料。

职业病诊断争议由设区的市级以上地方卫生健康主管部门，根据当事人的申请组织职业病诊断鉴定委员会进行鉴定。

2.第二步：受理审核

职业病鉴定办事机构应当自收到申请资料之日起 5 个工作日内完成资料审核，对资料齐全的发给受理通知书；资料不全的，应当当场或者在 5 个工作日内一次性告知当事人补充。资料补充齐全的，应当受理申请。

职业病鉴定办事机构收到当事人鉴定申请之后，根据需要可以向原职业病诊断机构或者组织首次鉴定的办事机构调阅有关的诊断、鉴定资料。原职业病诊断机构或者组织首次鉴定的办事机构应当在接到通知之日起 10 日内提交。

3.第三步：首次鉴定并作出结论

职业病鉴定办事机构应当在受理鉴定申请之日起 40 日内组织鉴定，形成鉴定结论，并出具职业病诊断鉴定书。根据职业病诊断鉴定工作需要，职业病鉴定办事机构可以向有关单位调取与职业病诊断、鉴定有关的资料，有关单位应当如实、及时提供。

鉴定委员会应当听取当事人的陈述和申辩，必要时可以组织进行医学检查，医学检查应当在 30 日内完成。

需要了解被鉴定人的工作场所职业病危害因素情况时，职业病鉴定办事机构根据鉴定委员会的意见可以组织对工作场所进行现场调查，或者依法提请卫生健康主管部门组织现场调查。现场调查应当在 30 日内完成。

鉴定委员会应当认真审阅鉴定资料，依照有关规定和职业病诊断标准，经充分合议后，根据专业知识独立进行鉴定。在事实清楚的基础上，遵循客观、公正的原则，进行综合分析，作出鉴定结论，并制作职业病诊断鉴定书。

职业病诊断鉴定书应当包括以下内容：①劳动者、用人单位的基本信息及鉴定事由；②鉴定结论及其依据，鉴定为职业病的，应当注明职业病名称、程度（期别）；③鉴定时间。

诊断鉴定书加盖职业病鉴定委员会印章。

首次鉴定的职业病诊断鉴定书一式五份，劳动者、用人单位、用人单位所在地市级卫生健康主管部门、原诊断机构各一份，职业病鉴定办事机构存档一份；省级鉴定的职业病诊断鉴定书一式六份，劳动者、用人单位、用人单位所在地省级卫生健康主管部门、原诊断机构、首次职业病鉴定办事机构各一份，省级职业病鉴定办事机构存档一份。

职业病鉴定办事机构出具职业病诊断鉴定书后，应当于出具之日起10日内送达当事人，并在出具职业病诊断鉴定书后的10日内将职业病诊断鉴定书等有关信息告知原职业病诊断机构或者首次职业病鉴定办事机构，并通过职业病及健康危害因素监测信息系统报告职业病鉴定相关信息。

职业病鉴定结论与职业病诊断结论或者首次职业病鉴定结论不一致的，职业病鉴定办事机构应当在出具职业病诊断鉴定书后10日内向相关卫生健康主管部门报告。

设区的市级卫生行政部门组织的职业病诊断鉴定委员会负责职业病诊断争议的首次鉴定。

4.第四步：申请再鉴定

当事人对设区的市级职业病诊断鉴定委员会的鉴定结论不服的，在接到职业病诊断鉴定书之日起15日内，可以向原鉴定机构所在地省级卫生行政部门申请再鉴定。

省级职业病诊断鉴定委员会的鉴定为最终鉴定。

三、职业病待遇

职业病待遇是指患有职业病的劳动者按照国家的有关规定而享受到的各种待遇。职业病待遇主要包括根据职业病的病情轻重，分别给予治疗、调动工作、疗养以及脱产休养等。对于职工在患病期间的工资待遇和劳保福利待遇，国家也作了相应的规定，以保证职业病患者的正常生活，使其早日恢复健康。

医疗卫生机构发现疑似职业病患者时，应当告知劳动者本人并及时通知用人单位，使职业病患者能够依法享受国家规定的职业病待遇。

(1)用人单位应当及时安排对疑似职业病患者进行诊断；在疑似职业病患者诊断或者医学观察期间，不得解除或者终止与其订立的劳动合同。

疑似职业病患者在诊断、医学观察期间的费用，由用人单位承担。

(2)职业病患者的诊疗、康复费用，伤残以及丧失劳动能力的职业病患者的社会保障，按照国家有关工伤保险的规定执行。

(3)职业病患者除依法享有工伤保险外，依照有关民事法律，尚有获得赔偿的权利的，有权向用人单位提出赔偿要求。

(4)用人单位应当按照国家有关规定，安排职业病患者进行治疗、康复和定期检查。对不适宜继续从事原工作的职业病患者，应当调离原岗位，并妥善安置。对从事接触职业病危害作业的劳动者，应当给予适当岗位津贴。

(5)职业病患者变动工作单位，其依法享有的待遇不变。用人单位在发生分立、合并、解散、破产等情形时，应当对从事接触职业病危害作业的劳动者进行健康检查，并按照国家有关规定妥善安置职业病患者。

(6)劳动者被诊断患有职业病，但用人单位没有依法参加工伤保险的，其医疗和生活保障由该用人单位承担。

(7)用人单位已经不存在或者无法确认劳动关系的职业病患者,可以向地方人民政府民政部门申请医疗救助和生活等方面的救助。

国家应制定政策,采取措施,确保能够使职业病患者获得及时的医疗救治。政府职业卫生监督管理部门依照职业病防治法律、法规、国家职业卫生标准和卫生要求,依据职责划分,对职业病防治工作进行监督检查。用人单位违反国家有关规定,未及时尽到用人单位的职责,使患职业病劳动者的身体身心健康受到严重侵害的,要依法承担法律责任。

第八节 工伤保险基金先行支付

2010 年 10 月,《社会保险法》确定了在我国建立实施工伤保险基金先行支付制度。该制度自 2011 年 7 月 1 日起实施。自工伤保险基金先行支付制度建立实施十多年以来,对于保障工伤职工的基本劳动权益、降低工伤劳动者维权成本具有重大意义,也是国家履行社会保障职能的具体体现,充分发挥了工伤保险基金的作用,维护了社会稳定。

一、用人单位不支付时先行支付

劳动者所在的单位未参加工伤保险,发生工伤事故的,本应由用人单位支付劳动者的工伤保险待遇,但由于种种原因,用人单位或逃避责任,或生产经营严重亏损等情况,不支付、少支付或后支付劳动者工伤保险费用的,在这种情形下,工伤保险基金予以先行支付,确保劳动者的身体健康和合法权益。对此,《社会保险法》第四十一条规定:“职工所在用人单位未依法缴纳工伤保险费,发生工伤事故的,由用人单位支付工伤保险待遇。用人单位不支付的,从工伤保险基金中先行支付。从工伤保险基金中先行支付的工伤保险待遇应当由用人单位偿还。用人单位不偿还的,社会保险经办机构可以依照本法第六十三条①的规定追偿。”

(一)用人单位未缴纳工伤保险费是一种违法行为

用人单位应参加工伤保险,按规定缴纳工伤保险费。这是用人单位应尽的义务,是法律强制实施的。《工伤保险条例》第二条规定:“中华人民共和国境内的企业、事业单位、社会团体、民办非企业单位、基金会、律师事务所、会计师事务所等组织和有雇工的个体工商户应当依照本条例规定参加工伤保险,为本单位全部职工或者雇工缴纳工伤保险费。中华人民共和国境内的企业、事业单位、社会团体、民办非企业单位、基金会、律师事务所、会计师事务所等组织的职工和个体工商户的雇工,均有依照本条例的规定享受工伤保险待遇的权利。”可见,工伤保险实施范围内的用人单位都应该参加工伤保险,按规定缴纳工伤

① 《社会保险法》第六十三条:“用人单位未按时足额缴纳社会保险费的,由社会保险费征收机构责令其限期缴纳或者补足。用人单位逾期仍未缴纳或者补足社会保险费的,社会保险费征收机构可以向银行和其他金融机构查询其存款账户;并可以申请县级以上有关行政部门作出划拨社会保险费的决定,书面通知其开户银行或者其他金融机构划拨社会保险费。用人单位账户余额少于应当缴纳的社会保险费的,社会保险费征收机构可以要求该用人单位提供担保,签订延期缴费协议。用人单位未足额缴纳社会保险费且未提供担保的,社会保险费征收机构可以申请人民法院扣押、查封、拍卖其价值相当于应当缴纳社会保险费的财产,以拍卖所得抵缴社会保险费。”

保险费。否则,是一种违法行为。法律应强制用人单位缴纳工伤保险费,维护工伤劳动者的合法权益。

《社会保险法》第三十三条规定:"职工应当参加工伤保险,由用人单位缴纳工伤保险费,职工不缴纳工伤保险费。"对不按规定缴纳工伤保险费的,法律也作出了明确强制措施。《社会保险法》第八十六条规定:"用人单位未按时足额缴纳社会保险费的,由社会保险费征收机构责令限期缴纳或者补足,并自欠缴之日起,按日加收万分之五的滞纳金;逾期仍不缴纳的,由有关行政部门处欠缴数额一倍以上三倍以下的罚款。"

(二)用人单位未缴纳工伤保险费时应承担工伤保险责任

用人单位缴纳工伤保险费,是国家以法律的形式规定的,具有强制性。凡是纳入工伤保险范围的用人单位,应当参加工伤保险,按照规定按时、足额缴纳工伤保险费,以保证基金的支付能力,保障工伤职工及时获得医疗救治和经济补偿。用人单位必须按照法律的规定履行缴费义务,否则,就是一种违法行为,要依法承担相应的法律责任。

在实际工作中,有不少用人单位应当参加工伤保险而未参加,应当缴纳工伤保险费而未缴纳。用人单位不参加工伤保险、未依法缴纳工伤保险费,并不影响职工的工伤保险权益。目前,按照《工伤保险条例》的规定,用人单位应当参加工伤保险而未参加的,其职工发生工伤后,由该用人单位按照国家规定的工伤保险待遇项目和标准支付费用。如果用人单位不支付工伤保险待遇,工伤职工就难以及时得到医疗救治和经济补偿,还要通过劳动争议仲裁和诉讼程序维护自己的合法权利。《社会保险法》明确规定了用人单位未缴纳工伤保险费的,应承担工伤保险法律责任。

(三)用人单位不支付工伤保险待遇,由工伤保险基金先行支付

《社会保险法》明确规定用人单位不支付工伤保险待遇,由工伤保险基金先行支付,指在工伤事故发生后,未缴纳工伤保险费的用人单位不向工伤职工支付工伤保险待遇时,由工伤保险基金先行支付。

工伤保险基金的先行支付属于垫付款项性质,用人单位应当偿还。否则,社会保险经办机构有权向用人单位追偿。对既未缴纳工伤保险费又不承担工伤保险责任的用人单位的工伤职工,由工伤保险基金先行支付工伤保险待遇,客观上讲是与社会保险"权利与义务对等"原则有所冲突的。但如果不建立工伤保险基金先行支付制度,不少受到工伤伤害的职工,特别是农民工,不能及时得到医疗救治,伤情恶化,继而危及生命,也会影响社会的稳定。用人单位不履行缴纳工伤保险费的义务,其不利后果不能由工伤职工承担。因此,在用人单位既未缴纳工伤保险费又不支付工伤保险待遇的情况下,由工伤保险基金先行向工伤职工支付相应待遇,是确保工伤职工获得及时医疗救治的有效办法,也体现了社会保险制度的人性化、共济性。可以说,工伤保险基金先行支付充分体现了以人为本的发展理念。

(四)用人单位不偿还工伤保险基金先行支付的工伤保险待遇,社会保险经办机构应依法追偿

从保护工伤职工利益出发,用人单位未依法缴纳工伤保险费,该单位职工的工伤保险

权益并不受影响。如果发生工伤事故,用人单位不支付工伤保险待遇的,可从工伤保险基金中先行支付。但由工伤保险基金先行支付工伤保险待遇,并不意味着工伤保险责任的转移,仍要由用人单位承担,并偿还工伤保险基金先行支付的款项。用人单位不偿还工伤保险基金先行支付的工伤保险待遇的,社会保险经办机构有权追偿,具体方式可以按照《社会保险法》第六十三条的规定执行。

《社会保险法》赋予社会保险经办机构追偿权,是维护工伤保险法律严肃性、保证工伤保险基金安全的重要手段。尽管法律赋予了社会保险经办机构一定的强制权力和强制手段,但操作起来仍需更加细化。这也是防止一些用人单位在发生重大工伤事故后,恶意逃避工伤保险责任所应采取的必要措施。当然,强化政府监督检查社会保险法律、法规执行情况的责任,杜绝发生用人单位不参加、不缴纳社会保险费的现象,才是今后各级社会保险行政部门的首要职责。

二、第三人不支付时先行支付

发生工伤事故的原因是由第三人造成的,按规定,工伤保险费用应由第三人承担。但第三人拒绝支付的,在这种情况下,工伤保险基金应先行支付。《社会保险法》第四十二条规定:"由于第三人的原因造成工伤,第三人不支付工伤医疗费用或者无法确定第三人的,由工伤保险基金先行支付。工伤保险基金先行支付后,有权向第三人追偿。"

(一)由于第三人的原因造成工伤,工伤医疗费用原则上应由第三人承担

工伤保险所称的第三人,是指除工伤职工本人、用人单位以外的其他人员。《侵权责任法》第三十七条第二款规定:"因第三人的行为造成他人损害的,由第三人承担侵权责任。"

1.第三人侵权责任

《最高人民法院关于审理人身损害赔偿案件适用法律若干问题的解释》(法释〔2003〕20号)第十二条规定:"因用人单位以外的第三人侵权造成劳动者人身损害,赔偿权利人请求第三人承担民事赔偿责任的,人民法院应予支持。"因此,第三人侵权造成工伤的,侵权人应当依法承担赔偿责任。在目前的工伤保险争议中,第三人侵权的情形包括发生在上下班途中的机动车事故伤害、外出工作期间的意外伤害以及在工作场所内因第三方提供的产品质量缺陷造成工伤等。那么,交通事故肇事者、意外事件致害人以及产品提供者等应当承担第三人侵权责任。具体民事赔偿责任包括:

(1)受害人遭受人身损害,因就医治疗支出的各项费用以及因误工减少的收入,包括医疗费、误工费、护理费、交通费、住宿费、住院伙食补助费、必要的营养费,赔偿义务人应当予以赔偿。

(2)受害人因伤致残的,其因增加生活上需要所支出的必要费用以及因丧失劳动能力导致的收入损失,包括残疾赔偿金、残疾辅助器具费、被扶养人生活费,以及因康复护理、继续治疗实际发生的必要的康复费护理费、后续治疗费,赔偿义务人也应当予以赔偿。

(3)受害人死亡的,赔偿义务人除应当根据抢救治疗情况赔偿以上第一项规定的相关

费用外，还应当赔偿丧葬费、被扶养人生活费、死亡补偿费以及受害人亲属办理丧葬事宜支出的交通费、住宿费和误工损失等其他合理费用。

(4)受害人或者死者近亲属遭受精神损害，赔偿权利人向人民法院请求赔偿精神损害抚慰金的，依据《最高人民法院关于确定民事侵权精神损害赔偿责任若干问题的解释》(法释〔2001〕7 号)予以确定。

2.工伤医疗费用

由于第三人的原因造成工伤后，工伤职工的工伤医疗费用应当由第三人支付。

这里所说的工伤医疗费用，包括因就医治疗支出的各项费用，以及因康复护理、继续治疗实际发生的必要的康复费、护理费、后续治疗费，第三人也应当予以赔偿。具体在工伤保险制度下，则是指工伤职工治疗工伤所花费的诊疗、用药、住院服务费用，且应当符合工伤保险诊疗项目目录、工伤保险药品目录、工伤保险住院服务标准。

在第三人已经依法支付工伤医疗费用的情况下，工伤保险基金不应当再次支付工伤医疗费用。

(二)第三人不支付工伤医疗费用的，由工伤保险基金先行支付

1.先行支付条件

由于第三人的原因造成工伤，工伤保险基金不应当承担工伤医疗费用。但造成工伤的第三人不支付工伤医疗费用时，为了确保工伤职工能够及时得到救治，需由工伤保险基金先行支付工伤医疗费用。

所谓不支付，是指工伤职工受到伤害后急需治疗，第三人拒绝支付或者没有经济能力支付工伤医疗费用。

在上述情况下，即由于第三人的原因造成工伤，但第三人拒绝支付工伤医疗费用，由工伤保险基金先行支付工伤医疗费用。如此规定，表明基于第三人原因造成的工伤，侵权赔偿主体应当是第三人。但在第三人拒绝承担责任的情况下，为保障工伤职工的权益，使其及时得到医疗救治，规定由工伤保险基金先行支付工伤医疗费用。

2.先行支付性质

工伤保险基金先行支付工伤医疗费用，并不意味着工伤医疗费用支付主体的改变，该义务的法定履行主体仍是第三人。由于第三人的原因造成工伤，工伤保险基金本不应承担工伤医疗费用，而应由第三人承担，即第三人有义务帮助工伤职工治疗工伤，支付所产生的医疗费用。工伤保险基金的先行支付属于垫付性质，应当依法向第三人追偿，即工伤职工向第三人主张赔偿的请求权转给工伤保险基金。换言之，赔偿请求权转给管理工伤保险基金的经办机构，后者就可以向第三人主张这一债权。工伤保险基金追偿额的范围，以其先行支付的工伤医疗费用额度为限。

3.追偿问题

第三人的原因造成工伤的，工伤保险基金除了先行支付工伤医疗费用外，对于支付的其他费用能否向第三人追偿，《社会保险法》没有规定。

三、无法确定第三人先行支付

发生工伤事故，在不能确定第三人的情况下，为保障工伤职工的权益，使其及时得到医疗救治，规定由工伤保险基金先行支付工伤医疗费用。如此规定，表明不能因无法确定第三人而延误工伤职工的工伤治疗。这是为保障工伤职工的合法权益，使其及时得到医疗救治，《社会保险法》规定由工伤保险基金先行支付工伤医疗费用。

非用人单位原因造成职工工伤，造成工伤的责任主体不能确定，或者是否由于第三人的原因造成工伤尚未确认，无法明确工伤医疗费用的承担者。在第三人无法确定时，由工伤保险基金先行支付工伤医疗费用。待第三人确定后，社会保险经办机构再行使追偿权。

第九节 停止享受工伤保险待遇情形

发生工伤的职工享受工伤保险待遇是其合法权利。这种权利是与一定的条件和义务相对应。当丧失了享受工伤保险待遇条件或不履行义务时，就失去了相应的权利。这也正是社会保险制度中权利与义务对等原则的具体体现。根据《社会保险法》第四十三条规定，工伤职工有下列情形之一的，停止享受工伤保险待遇。

一、丧失享受待遇条件

工伤保险制度保护的对象是工伤职工特定人群，旨在保障工伤职工遭受意外伤害或者患职业病丧失或者部分丧失劳动能力时的医疗救治和经济补偿。如果工伤职工在享受工伤保险待遇期间情况发生变化，不再具备享受工伤保险待遇的条件，如劳动能力得以完全恢复而无须工伤保险制度提供保障时，就应当停发工伤保险待遇。

此外，工亡职工的亲属在某些情形下，也将丧失享受有关待遇的条件，如享受抚恤金的工亡职工的子女达到一定年龄或者就业后，丧失享受遗属抚恤待遇的条件；亲属死亡的，丧失享受遗属抚恤待遇的条件，等等。

在实际工作中，丧失享受待遇条件的情况比较普遍的，随时随地都会发生变化。但如何及时、准确掌握、捕捉到这方面的信息，是社会保险经办机构面对的一大难题，需要做大量的、细致的工作。

二、拒不接受劳动能力鉴定

劳动能力鉴定结论是确定不同程度工伤的补偿、合理调换工作岗位和恢复工作等的科学依据。因此，劳动能力鉴定是伤残职工享受不同等级工伤保险待遇的前提，工伤职工经治疗，伤情相对稳定后存在残疾、影响劳动能力的，只有经过劳动能力鉴定，才能享受相应级别的工伤保险待遇。换言之，劳动能力不同程度的丧失，使劳动者可能因此不能从事原本适合的正常职业，甚至造成不能再从事任何工作的结果，也有可能恢复劳动能力，继续从事适合他的职业或者工作。而这一切都必须通过劳动能力鉴定加以确定。如果工伤职工没有正当理由，拒不接受劳动能力鉴定，一方面工伤保险待遇无法确定，另一方面也表明这些工伤职工并不愿意接受工伤保险制度提供的帮助。有鉴于此，就不应当再享受工伤保险待遇。

根据《工伤保险条例》规定，劳动能力鉴定包括初次鉴定、再次鉴定和复查鉴定。在这三个环节中，工伤职工都应当依照法律、法规规定进行劳动能力鉴定，而不能拒绝。

(1)初次鉴定：职工发生工伤，经治疗伤情相对稳定后存在残疾、影响劳动能力的，应当进行劳动能力鉴定。

(2)再次鉴定：申请鉴定的单位或个人对设区的市级劳动能力鉴定委员会作出的鉴定结论不服的，可以在收到该鉴定结论之日起 15 日内向省、自治区、直辖市劳动能力鉴定委员会提出再次鉴定申请。如果用人单位申请再次鉴定，则工伤职工应当按照省、自治区、直辖市劳动能力鉴定委员会的安排进行再次鉴定。

(3)复查鉴定：自劳动能力鉴定结论作出之日起 1 年后，工伤职工或其直系亲属、所在单位或者经办机构认为伤残情况发生变化的，可以申请劳动能力复查鉴定。如果用人单位或者社会保险经办机构申请复查鉴定，则工伤职工应当按照劳动能力鉴定委员会的安排进行复查鉴定。

实践中，拒绝接受劳动能力鉴定的情形一般比较少。因为工伤职工经过劳动能力鉴定之后，就表明其伤残等级和相应的工伤待遇得到了确定。工伤职工在此后的医学治疗和康复过程中，除非个人认为伤残程度加重，否则不会主动提出再次进行劳动能力鉴定。只有在社会保险经办机构从加强基金管理、减少基金支出的角度出发，认为工伤职工的伤残经过后续康复性治疗已有好转，劳动能力逐步恢复，伤残等级有所下降时，才会要求工伤职工进行劳动能力鉴定。在这种情况下，如果工伤职工拒绝，也应当停止其继续享受工伤保险待遇。

三、拒绝治疗

提供医疗救治，帮助工伤职工恢复劳动能力、重返社会，是工伤保险制度的重要目的之一。因此，职工遭受工伤事故或者患职业病后，既有享受工伤医疗待遇的权利，也有积极配合医疗救治的义务。如果无正当理由拒绝治疗，就有悖于关于促进职业康复的宗旨。国家规定拒绝治疗的，不得继续享受工伤保险待遇，就是为了促进工伤职工积极医治，尽可能地恢复其劳动能力，提高工伤职工的生活质量，而不是一味地消极依靠社会救助。

实践中，在职业康复过程中，工伤职工拒绝接受工伤康复治疗的情况也不是很常见。相反，目前我国各地开展职业康复工作还不够普遍。职工发生工伤进行劳动能力鉴定后，往往就只是享受相应的工伤保险待遇，而没有将工伤职业康复作为一项重要内容而引起高度重视。

第九章

失业保险

我国是社会主义市场经济国家，在市场经济条件下，不可避免地会产生失业。因此，失业已经成为市场经济体制下一种正常的客观经济现象。为保证失业人员在失业期间的基本生活需要，进一步促进其实现就业，稳定社会，我国建立实施了失业保险制度①。失业保险既是社会保险的重要组成部分，又是劳动就业体系的重要内容，是我国劳动力市场形成的必要条件。建立实施失业保险制度，对促进我国劳动力市场的形成发展，进一步完善我国社会主义市场经济体制具有重要的现实意义。

第一节 失业保险制度建立发展

失业保险制度的建立和发展是与一定时期的社会经济体制联系在一起的，是我国经济体制改革，特别是我国劳动就业制度改革的必然要求。有它存在的物质基础条件，并且随着社会的进步和经济体制改革的进一步深化，特别是社会主义市场经济体制的建立，失业保险制度不断得到完善和发展。

自 1986 年 10 月，我国建立失业保险制度至今，其发展经历了三个阶段，即失业保险制度初创阶段、失业保险制度调整阶段、失业保险制度完善阶段。

一、失业保险制度初创阶段

我国失业保险制度的初创阶段，即失业保险制度发展的第一阶段，时间是 1986 年 10 月到 1993 年 4 月。这一阶段是确立我国失业保险制度基本框架的阶段，也是初步发挥作用的阶段。

1984 年起，我国经济体制改革的中心由农村转移到了城市。在城市经济体制改革中，深化企业改革，增强企业活力，特别是国有大中型企业的活力，是当时整个经济体制改革的中心环节。为此，国务院决定对劳动就业制度进行重大改革，保证企业的用工自主权，在国有企业（当时称“国营企业”）推行劳动合同制度，同时允许国有企业辞退违纪职工。同时，随着经济体制改革的不断深化，国家决定对一些因经营管理不善，造成严重亏损，不能清偿到期债务的企业实行破产。《企业破产法（试行）》准备实施。1986 年7 月，《国务院关于发布改革劳动制度四个规定的通知》（国发〔1986〕77 号）下发，要求四个规定

① 失业保险是由国家法律确定的，是通过建立失业保险基金的办法，对非因本人意愿中断就业而失去工资收入的劳动者，提供一定时期基本生活需要及其就业服务的一项社会保险制度。

从 1986 年 10 月 1 日起实施。其中四个规定之一就有《国营企业职工待业保险[①]暂行规定》。以此为标志，在我国国有企业建立和实施了失业保险制度。以后，随着我国经济体制改革的不断深化，特别是社会主义市场经济体制目标的确立，当时建立的失业保险制度已经不适应新的经济体制改革的要求，特别是国有企业改革的要求。到 1993 年年初，失业保险制度已走过了它的初创阶段。

在初创阶段，我国失业保险制度属于刚刚起步阶段，一些规章制度，特别是一些配套制度还很不完善。失业保险制度实施范围窄，仅限于国有企业和国家机关、事业单位、社会团体中的合同制工人，享受失业保险待遇的人数有限，实际发挥的作用有一定的局限性。

二、失业保险制度调整阶段

失业保险制度调整阶段，即失业保险制度发展的第二阶段，时间是 1993 年 4 月～1998 年 12 月。这是我国失业保险制度进一步调整的阶段，也是其作用进一步发挥的时期。

1992 年初，邓小平同志在武昌、深圳、珠海、上海等地发表了重要的谈话（称“南方谈话”）。邓小平同志的南方谈话，进一步总结了十一届三中全会以来我党的基本实践和基本经验，提出和回答了一系列重大的理论问题和政策问题，清除了束缚生产力发展的一切障碍。谈话要点始终贯串着一个十分重要的思想，就是努力使经济发展得更快一点。邓小平同志南方谈话后，人们的思想更加解放，我国经济体制改革发展的进程进一步加快。

同年 10 月份，中国共产党第十四次全国代表大会在北京召开。党的十四大为经济体制改革，特别是国有企业改革指明了进一步的方向，为进一步解放思想，把握有利时机，加快改革开放和现代化建设的步伐，大力发展非公有经济创造了一个良好的政策环境。

1992 年，我国改革的重点是转换国有企业的经营机制，把企业推向市场，使企业逐步成为自主经营、自负盈亏、面向市场的经济实体。1992 年 7 月，国务院颁布了《全民所有制工业企业转换经营机制条例》（国务院令第 103 号），给予国有企业在劳动、工资、人事等 14 项企业自主权，其中就有企业用人自主权。

为了贯彻党的十四大确定的我国经济和社会发展的目标，配合企业各项改革措施的实施，在认真总结失业保险制度建立和实施 6 年以来工作实践经验的基础上，1993 年 4 月，国务院颁布了《国有企业职工待业保险规定》（国务院第 110 号令），对原有的国有企业职工失业保险制度作了部分调整。

这一阶段虽然进一步扩大了失业保险覆盖范围，但仍局限于国有企业。这与建立社会主义市场经济体制、深化国有企业改革和建立现代企业制度的要求相比，还存在一定的差距，适用范围窄，待遇水平低的矛盾并没有得到很好的解决。

---

① 当时称“待业保险”，十四届三中全会以后，始称“失业保险”。因为在计划经济体制下，我国是不存在“失业”的，只有“待业”。当时“待业”是有特定含义的，是指到达就业年龄并有就业愿望的青年，因没有正式职业，等待政府安排就业的一定阶段上的一种社会现象。

三、失业保险制度完善阶段

失业保险制度完善阶段，也称失业保险制度发展的第三阶段，时间是1999年1月至今。这一阶段是我国失业保险制度走向基本完善的阶段，也是失业保险工作走向法治化和规范化的时期。

1997年9月，中国共产党第十五次全国代表大会在北京召开。大会进一步明确了以公有制为主体、多种所有制经济共同发展，是我国社会主义初级阶段的一项基本经济制度，要求加快推进国有企业改革，进一步实施鼓励兼并、规范破产、下岗分流、减员增效和再就业工程，形成企业优胜劣汰机制和劳动力合理流动机制。同时要求积极推进各项配套改革，进一步建立社会保障体系，并提出了完善失业保险和社会救济制度，提供最基本的社会保障的要求。

1998年3月，国家决定在劳动部的基础上成立国家劳动和社会保障部，统一管理全国的劳动和社会保障工作。新成立的国家劳动和社会保障部加快了制定失业保险行政法规的进程，积极推进失业保险制度法治化建设。1999年1月，国务院颁布了《失业保险条例》，对失业保险的覆盖范围、基金筹集比例、待遇标准、享受条件、基金支出、管理监督等方面进行了重大改革，标志着我国失业保险制度建设进入了一个新的发展阶段。

2010年10月，国家公布了《社会保险法》。该法自2011年7月1日起实施。《社会保险法》专设了"第五章　失业保险"，对失业保险的参保范围、享受失业保险待遇的条件、领取失业保险金期限、失业保险金标准、失业保险待遇项目、终止失业保险待遇情形等作了全面规定，为失业保险长远发展提供了法律保障。

2022年4月，人力资源社会保障部、财政部、国家税务总局下发了《关于加快推进失业保险省级统筹有关工作的通知》（人社部发〔2022〕20号），明确要求2023年底前，实现以失业保险政策全省统一为核心，以基金省级统收统支为基础，以基金预算管理为约束，以经办服务管理和信息系统为依托，以基金监督为保障，均衡省内基金负担、增强互助共济能力、保障政策有序实施的省级统筹制度。

《社会保险法》、国务院《失业保险条例》及其配套的政策文件，确定了我国现行失业保险制度。

第二节　失业保险覆盖范围

《失业保险条例》第二条明确规定："城镇企业事业单位、城镇企业事业单位职工依照本条例的规定，缴纳失业保险费。本条所称城镇企业，是指国有企业、城镇集体企业、外商投资企业、城镇私营企业以及其他城镇企业。"第三十二条同时指出："省、自治区、直辖市人民政府根据当地实际情况，可以决定本条例适用于本行政区域内的社会团体及其专职人员、民办非企业单位及其职工、有雇工的城镇个体工商户及其雇工。"

上述规定，明确了失业保险的实施范围和由各省、自治区、直辖市人民政府根据当地实际情况，决定本行政区域内的社会团体及其专职人员、民办非企业单位及其职工、有雇工的城镇个体工商户及其雇工是否参加失业保险。但未提及国家机关及其公务员。

一、参加失业保险范围

山东省在贯彻国务院《失业保险条例》时，将山东省行政区域内的社会团体及其专职人员、民办非企业单位及其职工、有雇工的城镇个体工商户及其雇工统统纳入了失业保险实施范围。

按照国务院《失业保险条例》和《山东省失业保险规定》的要求，山东省行政区域内的下列单位及职工应参加失业保险，按规定缴纳失业保险费：

1.城镇企业及其职工，有雇工的城镇个体工商户及其雇工

这里的城镇企业及其职工是指山东省行政区域内的所有企业及职工，包括国有企业、城镇集体企业、外商投资企业、城镇私营企业、台港澳投资企业和联营企业、股份制企业及其职工。

山东省行政区域内的所有有雇工的城镇个体工商户及其雇工也纳入了失业保险实施范围内，也必须按规定参加失业保险，缴纳失业保险费。

2.国家机关和参照公务员制度管理的机关中的工勤人员

在国家机关中，主要是指国家机关和参照公务员制度管理的机关中的工勤人员按规定应该参加失业保险，并按规定缴纳失业保险费。

对于国家机关中的公务员以及参照国家机关公务员制度管理的事业单位的职工，按照《公务员法》的规定享受辞退补贴。

3.事业单位及其职工

事业单位是指国家为了社会公益目的，由国家机关举办或者其他组织利用国有资产举办的，从事教育、科技、文化、卫生等活动的社会服务组织，是介于政府部门与社会组织之间的社会服务性的组织。事业单位一般是国家设置的带有一定公益性质的机构，但不属于政府机构，其工作人员与公务员是不同的。根据国家事业单位分类改革精神，事业单位分为公益一类事业单位、公益二类事业单位。

纳入失业保险实施范围的事业单位及其职工是指参照公务员制度管理的事业单位及其职工以外的所有事业单位及其职工。这些事业单位及其职工应该按照规定参加失业保险，并缴纳失业保险费。

4.社会团体及其专职人员，民办非企业单位及其职工

社会团体是指中国公民自愿组成，为实现会员的共同意愿，按照其章程开展活动的非营利性的社会组织。社会团体专职人员是指社会团体设立的常设机构的工作人员，而不是指参加社会团体的会员。国家对社会团体已实行了登记管理。

民办非企业是指企业事业单位、社会团体和其他社会力量以及公民个人利用非国有资产举办的，从事非营利性社会服务活动的社会组织。民办非企业单位即原来的民办事业单位，包括民办的学校、民办的医院、民办的科研机构等。

5.驻鲁部队所属机关、事业单位中的无军籍职工

驻鲁部队所属机关、事业单位中的无军籍职工主要是指列入军队队列编制员额的职工和不列入军队队列编制员额的职员、工人(含合同制)以及聘用的其他职工(不含离退休人员)。

按照人事部、劳动和社会保障部、中国人民解放军总后勤部《关于军队后勤保障社会化改革中人事和劳动保障工作有关问题的通知》(〔2000〕后司字第332号)的规定,军队机关事业单位职工,从2000年7月1日起,按国家规定参加当地失业保险,缴纳失业保险费,享受失业保险待遇。其中,"军队机关事业单位职工"是指军队机关事业单位中无军籍的所有职工,即部队所属机关、事业单位中的无军籍职工。

山东省规定,本省行政区域内用人单位和职工失业保险参保地原则上应与职工养老保险参保地保持一致。

二、未列入失业保险参保范围单位

《失业保险条例》只规定了城镇企业事业单位、城镇企业事业单位职工依照本条例的规定,缴纳失业保险费。同时明确"社会团体及其专职人员、民办非企业单位及其职工、有雇工的城镇个体工商户及其雇工"是否纳入失业保险实施范围内,由各省、自治区、直辖市人民政府根据当地实际情况决定。在这里,《失业保险条例》没有涉及国家机关和公务员以及参照公务员管理的事业单位及其工作人员。

山东省在贯彻《失业保险条例》时,虽然涉及了国家机关,但《山东省失业保险规定》第二条在明确失业保险实施范围时,仅明确了国家机关和参照公务员制度管理的机关中的工勤人员。

从上述规定中可以看出,失业保险的覆盖范围没有涉及国家机关、国家机关的公务员,以及参照公务员管理的其他机关和事业单位及其工作人员。也就是说《失业保险条例》没有将国家机关及国家机关的公务员,以及参照公务员管理的其他机关、事业单位及其工作人员纳入失业保险实施范围。换句话说,国家机关和参照公务员制度管理的机关中的公务员不参加失业保险。

《公务员法》第八十三条明确规定:"公务员依法参加社会保险,按照国家规定享受保险待遇。"这里的"依法",就失业保险来说,应该是指《公务员法》。对于在国家机关辞退的公务员是否享受"失业保险待遇"问题,《公务员法》第九十条规定:"被辞退的公务员,可以领取辞退费或者根据国家有关规定享受失业保险。"可以看出,被国家机关辞退的公务员,被辞退后的待遇可有两种选择方式:一是领取辞退费;二是享受失业保险。但目前情况下,国家层面并没有将国家机关及其公务员纳入失业保险实施范围。因此,目前,被国家机关辞退的公务员只能按规定领取辞退费。

在我国,国家机关主要包括党委机关、立法机关、行政机关、审判机关、检察机关等五大机关,其编制内的正式工作人员属于国家公务员。

参照公务员管理的事业单位工作人员,实行公务员身份认定,工资待遇、社会保险待遇与公务员相同,考核、任免也由公务员管理部门负责。参公事业单位可以分为三类,分

别是行政类参公事业单位、行政执法类参公事业单位、群团类参公事业单位。参公事业单位还承担相关法律、法规授予的公共事务管理职能。

机关中的事业编制只用于工勤人员，其工勤人员不属于参照公务员管理的人员。单位和工勤人员应按规定参加失业保险，并缴纳失业保险费，其被辞退后，按规定享受失业保险待遇。

第三节　失业保险费缴纳

失业保险实施范围内的参保单位及其职工必须按规定的缴费基数和缴费比例缴纳失业保险费。这是每个参保单位和职工应尽的义务和责任。

在实际工作中，国家规定的失业保险基金缴费基数基本没有变化，一直是单位和个人的工资总额，但缴费比例不断下调。最初，《失业保险条例》规定，城镇企业事业单位按照本单位工资总额的2%缴纳失业保险费，城镇企业、事业单位职工按照本人工资的1%缴纳失业保险费，总计缴费比例为3%。但近几年，我国经济下行压力进一步加大，特别是新冠肺炎疫情期间，企业经营遇到了较大困难。为减轻企业负担，保持就业形势的稳定，减少用人单位推向社会的职工数量，国家和山东省多次作出了阶段性降低失业保险费缴费费率的规定。2017年3月，山东省人力资源社会保障厅、山东省财政厅下发了《关于阶段性降低失业保险费率有关问题的通知》（鲁人社发〔2017〕8号），规定自2017年1月1日起，山东省阶段性降低失业保险费，缴费比例降至1%，其中单位费率降至0.7%，个人费率降至0.3%，降低费率期限执行到2018年4月30日。后又多次下发文件，将这一规定的期限延长至2024年底，预计这一降费政策将继续执行一段时间①。

一、用人单位缴纳失业保险费标准

用人单位按照本单位工资总额的一定比例缴纳失业保险费。根据当前我国经济形势和企业生产经营状况，我国实行阶段性降低失业保险费率政策。目前，参保单位失业保险缴费率为0.7%。

为了便于操作，在实际工作中，山东省规定参保单位按其职工个人缴费工资之和确定单位缴费基数，现行阶段，单位缴费费率为0.7%。

二、职工个人缴纳失业保险费标准

参保单位的职工以本人工资额为缴费基数，根据阶段性降低失业保险费率政策，现阶

---

① 2023年3月29日，人力资源社会保障部、财政部、国家税务总局下发了《关于阶段性降低失业保险、工伤保险费率有关问题的通知》（人社部发〔2023〕19号），决定“自2023年5月1日起，继续实施阶段性降低失业保险费率至1%的政策，实施期限延长至2024年底”。2023年4月，山东省在贯彻人社部〔2023〕19号文件时，也明确规定了这一期限。但在这之前的2022年12月，山东省人力资源社会保障厅等5厅局下发的《关于进一步统一失业保险有关政策的通知》（鲁人社发〔2022〕25号）中，并没有明确规定1%的失业保险费率执行的截止日期。

段，职工个人按其工资的0.3%缴纳失业保险费。职工个人缴纳的失业保险费由参保单位代扣代缴。

参保单位职工个人缴费基数上下限以全省上年度全口径城镇单位就业人员平均工资的300%和60%核定。

目前，我国实行阶段性降低失业保险费率政策。阶段性降低失业保险费率政策期满后，按照国家规定的失业保险费率标准执行。

参保单位必须及时足额缴纳失业保险费。否则，逾期不缴或不足额缴纳的，由社会保险费征收机构责令限期缴纳或者补足，并自欠缴之日起，按日加收万分之五的滞纳金；逾期仍不缴纳的，由有关行政部门处欠缴数额一倍以上三倍以下的罚款。

参保单位及其职工个人应当以货币形式全额缴纳失业保险费。失业保险费不得减免。

国务院《失业保险条例》和《山东省失业保险规定》颁布后，才真正建立起了失业保险基金由国家、用人单位和职工三方共同负担的筹集机制。

第四节　享受失业保险待遇条件

并非所有的失业人员都可以领取失业保险金或享受失业保险待遇。失业人员享受失业保险待遇必须具备一定的资格和条件。根据《社会保险法》第四十五条的规定，失业人员符合下列条件的，可享受失业保险待遇。

一、参加失业保险且缴费满1年

失业人员失业前，原所在单位和失业前个人按规定参加失业保险，并且按规定的缴费基数和缴费比例，累计缴纳失业保险费时间必须满1年。这是享受失业保险待遇的硬条件。

累计缴纳失业保险费时间必须满1年，是指在上次享受失业保险待遇后，再次就业，并继续参加失业保险，按规定缴纳失业费再次累计缴费满1年。原来已依据累计缴费时间确定的领取失业保险金期限的累计缴费时间除外，原来确定失业保险金领取期限时的累计缴费年限不得重复计算。

累计缴费时间不满1年，失业后不得领取失业保险金。如果是未参加工作的失业人员，由于其没有履行过缴费义务，即使处于失业状态，也不符合享受失业保险待遇的条件，不能领取失业保险金。

二、非因本人意愿中断就业

非因本人意愿中断就业是指非自愿性失业、非本人原因中断就业的情形。

非自愿性失业，因为此类失业现象的发生责任不在失业人员本人，而是由于与失业人员本人无关的原因造成的，如企业因经营管理不善而破产，致使企业全体职工失业；劳动合同到期，用人单位不再与劳动者续签新的劳动合同，劳动者又未找到新的工作等。对于这类失业人员，国家应当为其提供失业保险待遇，失业者也有权享受失业保险待遇。自愿失业的责任全在失业人员本人，或是出于为获取更体面的工作岗位而暂时失业的现象，理应由个人负责，国家没必要给自愿失业人员提供失业保险待遇。因此，《失业保险条例》将自愿离职而失业的人员排除在享受失业保险待遇的范围之外。

根据失业保险规定，非因本人意愿中断就业的情形是有具体明确规定的，包括下列情况：

(一)终止劳动合同的

终止劳动合同是指劳动合同所确定的劳动权利和义务自然失效，双方不再履行。《劳动法》第二十三条规定："劳动合同期满或者当事人约定的劳动合同终止条件出现，劳动合同即行终止。"

在这里，《劳动法》对劳动合同的终止仅规定了两种情况：一是劳动合同期限届满，合同即告终止。这主要是针对有固定期限的劳动合同和以完成一定工作为期限的劳动合同。二是当事人约定的合同终止条件出现，劳动合同即告终止。这种情况既适用于有固定期限和以完成一定工作为期限的劳动合同，也同时适用于无固定期限的劳动合同，属于约定终止。但后来出台的《劳动合同法》，对劳动合同终止的情形作了更详细、具体的明确。《劳动合同法》第四十四条规定："有下列情形之一的，劳动合同终止：(一)劳动合同期满的；(二)劳动者开始依法享受基本养老保险待遇的；(三)劳动者死亡，或者被人民法院宣告死亡或者宣告失踪的；(四)用人单位被依法宣告破产的；(五)用人单位被吊销营业执照、责令关闭、撤销或者用人单位决定提前解散的；(六)法律、行政法规规定的其他情形。"

《劳动合同法》第四十五条同时规定："劳动合同期满，本法第四十二条①规定情形之一的，劳动合同应当续延至相应的情形消失时终止。但是，本法第四十二条第二项规定丧失或者部分丧失劳动能力劳动者的劳动合同的终止，按照国家有关工伤保险的规定执行。"

(二)被用人单位解除劳动合同的

这主要是指由用人单位与劳动者解除劳动合同的情形。对此，《劳动合同法》第三十九条、第四十条、第十一条作了具体的规定。但在实际操作中，不仅仅是被用人单位解除劳动合同者可以享受失业保险待遇。由劳动者与用人单位解除劳动合同的，也可以享受失业保险待遇。

有关用人单位和劳动者解除劳动合同的内容，可详见第五章第一节"劳动合同解除"部分。

(三)被用人单位开除、除名和辞退的

被用人单位开除、除名和辞退的职工，原指依据《职工奖惩条例》《国有企业辞退违纪

---

① 《劳动合同法》第四十二条参见本书第121页。

职工暂行规定》等规定，对严重违反用人单位劳动纪律和规章制度的劳动者所作出的一种惩处。

2008年1月，国务院发布《国务院关于废止部分行政法规的决定》，其中就有《企业职工奖惩条例》等。《职工奖惩条例》《国有企业辞退违纪职工暂行规定》被废止后，有关规定被《劳动法》《劳动合同法》的有关规定所代替。对严重违反用人单位劳动纪律和规章制度的劳动者，符合原来被用人单位开除、除名和辞退职工的情形，可按《劳动法》《劳动合同法》的有关规定中止解除劳动合同。

(四)根据《劳动法》第三十二条第二[①]、三款[②]与用人单位解除劳动合同的

劳动者遇到用人单位以暴力、威胁或者非法限制人身自由的手段强迫劳动者劳动和用人单位未按照劳动合同约定支付劳动报酬或者提供劳动条件的，不仅用人单位严重侵害了劳动者的合法权益，还严重损害了劳动者的身体健康和人身自由，劳动者的基本生活将无法保证。劳动者不得不与用人单位解除劳动合同。对此，《劳动法》作出了明确的规定，由劳动者与用人单位解除劳动合同。

(五)法律、法规规定的其他情形

这是一条开放性、兜底性的条款，是为与以后制定和出台的法律、法规衔接而作出的。

三、已办理失业登记并有求职要求

办理失业登记是失业人员享受失业保险待遇的必经程序，目的是掌握失业人员的基本情况，确认其资格。失业登记是失业人员进入申领失业保险金程序的重要标志。

失业人员享受失业保险待遇，还须有求职要求。这是考虑到失业保险的一个重要功能是促进失业人员再就业。要求申领失业保险金的失业人员积极寻找工作，可以使其在得到基本生活保障的同时，获得必要的就业服务，争取尽快实现再就业，从根本上解决失业问题。在认定失业人员是否有求职要求时，应以其是否在职业介绍机构进行登记求职，并应以参加求职活动为标志。

《社会保险法》这样规定，主要是为了促进失业人员积极寻找工作，克服单纯依赖失业保险金的思想，激励失业人员积极主动地利用各种就业机会和就业服务，不断提高自身素质，增加就业竞争能力。

按照上述规定要求，单位职工因被判刑监外执行或者被行政拘留、用人单位又与其解除劳动合同的，其原职工是可以享受失业保险待遇的；职工被判刑收监执行，可以在其刑满释放后申领失业保险金，并同时享受其他失业保险待遇。享受失业保险待遇的日期应自办理失业求职登记之日起计算。

---

① 《劳动法》第三十二条第二款："用人单位以暴力、威胁或者非法限制人身自由的手段强迫劳动的。"

② 《劳动法》第三十二条第三款："用人单位未按照劳动合同约定支付劳动报酬或者提供劳动条件的。"

第五节 失业保险待遇

失业保险待遇是对符合领取失业保险金条件的失业人员，在领取失业保险金期间失去工资收入的一项经济性的补偿。按照国务院《失业保险条例》《山东省失业保险规定》的要求，目前，山东省失业保险待遇主要有：

一、失业保险金

失业保险金是失业人员的主要失业保险待遇。

《失业保险条例》第十八条明确规定："失业保险金的标准，按照低于当地最低工资标准、高于城市居民最低生活保障标准的水平，由省、自治区、直辖市人民政府确定。"山东省人民政府在贯彻落实国务院《失业保险条例》时，要求失业保险金的标准按照上述原则，由设区的市人民政府提出，经省劳动保障部门审核后，报省人民政府批准执行。

按照《失业保险条例》确定的原则，经过多年探索总结，2017 年 9 月，人力资源社会保障部、财政部下发了《关于调整失业保险金标准的指导意见》(人社部发〔2017〕71 号)，明确要求"随着经济社会的发展，适当提高失业保障水平，分步实施，循序渐进，逐步将失业保险金标准提高到最低工资标准的 90%"。

2018 年，山东省对原来计发失业保险金标准的依据和办法进行了调整完善。同年 12 月，山东省人力资源社会保障厅、山东省财政厅下发了《山东省关于建立失业保险金标准与最低工资标准挂钩联动机制的通知》(鲁人社发〔2018〕60 号)。该通知规定，从 2018 年起，各地失业保险金标准与当地最低工资标准挂钩联动，并从 11 月起，失业保险金标准调整为当地最低工资标准的 70%；2019 年，调整为当地新的最低工资标准的 80%；从 2020 年起，调整为当地新的最低工资标准的 90%，并保持 90%的比例。

按照上述规定，山东省失业保险金的标准为当地最低工资标准的 90%。

2023 年 10 月，山东省人民政府下发了《关于公布全省最低工资标准的通知》(鲁政字〔2023〕172 号)，再次对全省各县(市、区)最低工资标准进行了调整。明确了调整后全省各县(市、区)月最低工资标准仍分为 3 个档次，分别为 2200 元、2010 元、1820 元。该最低工资标准从 2023 年 10 月 1 日起执行。按照规定，相应的全省各县(市、区)月失业保险金标准也要分为 3 个档次，按当地最低工资标准的 90%计算，对应的失业保险金标准分别是 1980 元、1809 元、1638 元。该失业保险金标准也应从 2023 年 10 月 1 日起执行(见表 9-1)。

表 9-1 山东省各县(市、区)最低工资标准和失业保险金标准表(2023) 单位:元

县(市、区)	月最低工资标准	月失业保险金标准
济南市:历下区、市中区、槐荫区、天桥区、历城区 青岛市:市南区、市北区、黄岛区、崂山区、李沧区、城阳区、即墨区 淄博市:淄川区、张店区、临淄区 东营市所辖县(区) 烟台市:芝罘区、福山区、牟平区、莱山区、蓬莱区、龙口市、莱州市、招远市 潍坊市:潍城区、寒亭区、坊子区、奎文区、诸城市、寿光市 威海市所辖市(区)	2200 元	1980 元
济南市:长清区、章丘区、济阳区、莱芜区、钢城区、平阴县、商河县 青岛市:胶州市、平度市、莱西市 淄博市:博山区、周村区、桓台县 枣庄市:市中区、薛城区、滕州市 烟台市:莱阳市、栖霞市、海阳市 潍坊市:青州市、安丘市、高密市、昌邑市、临朐县、昌乐县 济宁市:任城区、兖州区、曲阜市、邹城市、微山县 泰安市:泰山区、新泰市、肥城市 日照市所辖县(区) 临沂市:兰山区、罗庄区、河东区 滨州市:滨城区、邹平市、博兴县	2010 元	1809 元
淄博市:高青县、沂源县 枣庄市:峰城区、台儿庄区、山亭区 济宁市:鱼台县、金乡县、嘉祥县、汶上县、泗水县、梁山县 泰安市:岱岳区、宁阳县、东平县 临沂市:沂南县、郯城县、沂水县、兰陵县、费县、平邑县、莒南县、蒙阴县、临沭县 德州市所辖县(市、区) 聊城市所辖县(市、区) 滨州市:沾化区、惠民县、阳信县、无棣县 菏泽市所辖县(区)	1820 元	1638 元

二、医疗保险待遇

《社会保险法》对失业人员在领取失业保险金期间的医疗保险待遇进行了重大调整。将原来“失业人员在领取失业保险金期间患病就医的,可以按照规定向社会保险经办机构申请领取医疗补助金”的做法,调整为“失业人员在领取失业保险金期间,参加职工基本医疗保险,享受基本医疗保险待遇”,“失业人员应缴纳的基本医疗保险费从失业保险基金中支付,个人不缴纳基本医疗保险费”。

根据上述规定，2011年6月，人力资源社会保障部、财政部下发了《关于领取失业保险金人员参加职工基本医疗保险有关问题的通知》（人社部发〔2011〕77号），明确要求，领取失业保险金的失业人员应按规定参加其失业前失业保险参保地的职工医疗保险，由参保地失业保险经办机构统一办理职工医保参保缴费手续。应缴纳的基本医疗保险费从失业保险基金中支付，个人不缴费。领取失业保险金人员参加职工基本医疗保险的缴费基数，按全省上年度全口径城镇单位就业人员平均工资的60%执行，缴费比例按照失业保险金发放地所属职工基本医疗保险统筹地区的政策执行。

失业保险经办机构为领取失业保险金人员缴纳基本医疗保险费的期限与领取失业保险金的期限相一致。如出现失业保险金审核通过时，已超出职工基本医疗保险费当月缴纳时间的情形，由失业保险经办机构为领取失业保险金人员办理补缴，不收取滞纳金，补缴期间正常享受职工基本医疗保险待遇①。

三、生育保险待遇

女性失业人员在领取失业保险金期间，在享受医疗保险待遇的同时，也享受生育保险待遇。2017年1月，国务院办公厅下发了《关于印发生育保险和职工基本医疗保险合并实施试点方案的通知》（国办发〔2017〕6号）。在试点基础上，2019年3月，国务院办公厅又下发了《关于全面推进生育保险和职工基本医疗保险合并实施的意见》（国办发〔2019〕10号），规定用人单位按照参加生育保险和职工基本医疗保险的缴费比例之和确定新的用人单位职工基本医疗保险费率，个人不缴纳生育保险费。山东省在贯彻国务院办公厅这一意见时②，决定各统筹地区于2019年12月底前，用人单位实现按照参加生育保险和职工基本医疗保险的缴费比例之和，确定新的用人单位职工基本医疗保险缴费比例。

根据上述要求，按照失业保险规定，失业保险在为领取失业保险金期间的失业人员缴纳医疗保险费的同时，也一并缴纳了生育保险费，其女性失业人员在领取失业保险金期间，可享受生育保险待遇③。同时又规定，男性失业人员在领取失业保险金期间，其未就业配偶生育且未享受生育医疗费待遇的，按照当地职工生育医疗费标准的50%享受生育医疗费待遇。

四、职业培训补贴

失业保险制度除了具有保障失业人员基本生活的功能外，还有促进失业人员再就业的功能。按照国家和山东省规定，失业保险基金可以用于失业人员领取失业保险金期间接受职业培训、职业介绍的补贴。补贴的目的是为了帮助失业人员提高就业竞争能力，促进他们尽快实现再就业。为此，《山东省失业保险规定》作出了明确的规定。

《山东省失业保险规定》第二十四条明确规定："失业人员在领取失业保险金期间，参

---

① 有关医疗保险待遇的规定，可详见本书第七章"职工医疗保险"的有关内容。

② 山东省在贯彻国务院办公厅这一意见时，省政府办公厅专门下发了文件。2019年10月24日，山东省人民政府办公厅下发了《关于印发山东省全面推进生育保险和职工基本医疗保险合并实施方案的通知》（鲁政办发〔2019〕27号）。

③ 生育保险待遇的项目和标准可详见本书第六章"生育保险"的有关内容。

加依法设立的职业培训机构组织的职业培训的，可以享受失业人员职业培训补贴(含职业技能鉴定考核费用)。”劳动保障行政部门可以根据社会就业需求和失业人员本人意愿，采取公开招标的方式确定职业培训机构，组织失业人员参加职业培训。对培训合格的，社会保险经办机构可以将失业人员的职业培训补贴直接拨付给有关职业培训机构；不合格的，由职业培训机构负责继续培训。劳动保障行政部门没有条件组织培训的，失业人员可以经劳动保障行政部门同意后，到依法设立的职业培训机构进行培训；培训合格后，持失业登记证、职业培训收费报销凭证向当地社会保险经办机构申请职业培训补贴。

失业人员在一个领取失业保险金期间，可享受职业培训补贴的标准最高不得超过1500元。

五、职业介绍补贴

失业人员应积极寻找工作，实现就业。只有实现了再就业，并通过就业获得劳动报酬，才能从根本上解决失业人员的基本生活问题。通过职业介绍机构介绍是实现就业的有效渠道之一。

《山东省失业保险规定》第二十五条明确规定：“失业人员在领取失业保险金期间，参加依法设立的职业介绍机构组织的职业介绍的，可以享受失业人员职业介绍补贴，并要求公益性职业介绍机构免费为失业人员介绍职业；对失业人员通过非公益性职业介绍机构介绍职业的，其享受职业介绍补贴由失业人员持失业登记证、职业介绍收费报销凭证，向当地社会保险经办机构申请。”

失业人员在一个领取失业保险金期间，可享受的职业介绍补贴的标准最高不得超过200元。

六、丧葬补助金和抚恤金

《失业保险条例》明确规定的失业保险基金支出中，其中之一就有领取失业保险金期间死亡的失业人员的丧葬补助金和其供养的配偶、直系亲属的抚恤金。《山东省失业保险规定》第二十二条规定：“除因违法犯罪死亡的外，失业人员在领取失业保险金期间死亡的，其配偶、直系亲属可以持本人身份证明、与死亡失业人员关系证明、死亡人员的失业登记证明、死亡证明向当地社会保险经办机构申请丧葬补助金和其供养的配偶、直系亲属的抚恤金。对符合规定的按照当地有关在职职工的规定，一次性发放丧葬补助金和抚恤金。”

失业人员在领取失业保险金期间死亡的(除因违法犯罪死亡的外)，按每人1000元的标准，定额发给死亡丧葬补助金。丧葬费补助金包干使用，节约归家属。

有关失业人员供养直系亲属的范围和条件，可参照在职职工供养直系亲属的范围和条件执行。原因是在确定失业人员失业保险金标准时，并没有考虑失业人员供养直系亲属的因素，失业保险金仅仅满足失业人员本人的基本生活需要。如果失业人员确有需要供养的直系亲属，仅仅依靠失业保险金根本无法保证和供养直系亲属的基本生活。

关于在职职工死亡后，其供养的配偶、直系亲属的抚恤金问题。1993年7月29日，山东省劳动局、山东省财政厅、山东省总工会下发了《关于调整国有企业因工与非因工死亡职工供养直系亲属生活困难补助标准的通知》(鲁劳发〔1993〕343 号)。该通知第一条规定:“职工死亡后,有直系亲属的,发给一次性抚恤金或救济费。其标准为:(一)职工因工死亡的,发给 20 个月全省上年度月平均工资的抚恤金。(二)职工因病或非因工死亡的,发给 10 个月全省上年度月平均工资的救济费。”

根据《山东省失业保险规定》的要求,失业人员在领取失业保险金期间死亡的(除因违法犯罪死亡的外),有供养配偶、直系亲属的,因工死亡的,应一次性发给 20 个月全省上年度月平均工资的抚恤金;因病或非因工死亡的,应一次性发给 10 个月全省上年度月平均工资的抚恤金。

七、临时价格补贴

山东省是率先在全国建立和实施物价上涨与提高困难群众生活补贴和保障标准联动机制的省份。2014 年 3 月,山东省就将领取失业保险金的失业人员纳入了发放价格临时补贴的范围。2016 年 9 月,山东省物价局、山东省发展改革委、山东省财政厅等 7 厅局下发了《关于贯彻发改价格规〔2016〕1835 号文件完善社会救助和保障标准与物价上涨挂钩联动机制的通知》(鲁价综发〔2016〕107 号),进一步完善了社会救助和保障标准与物价上涨挂钩联动机制,规定对领取失业保险金人员发放的价格临时补贴资金从失业保险基金列支,并明确了补贴的条件、补贴的办法和补贴的标准。要求满足以下列条件之一的,均应启动联动机制,发放价格临时补贴:①低收入居民基本生活费用价格指数(SCPI)单月同比涨幅达到 5%;②居民消费价格指数(CPI)中的食品价格单月同比涨幅达到 6%。

价格临时补贴采取“按月计算、按月发放”的办法,其发放方式、标准为:领取失业保险金人员的价格临时补贴标准=当地月失业保险金标准×月低收入居民基本生活费用价格指数同比涨幅。

测算结果不足 10 元的按 10 元计算。

从上述规定中可以看出,启动发放失业人员临时价格补贴是有条件的,当条件消失或未出现时,是不能发放临时价格补贴的,即当低收入居民基本生活费用价格指数(SCPI)和居民消费价格指数(CPI)中的食品价格单月同比涨幅均未达到启动标准时,中止联动机制,停止发放价格临时补贴。

上述山东省规定的文件,执行有效期是到 2020 年 9 月 26 日。但山东省文件是贯彻国家发展改革委、民政部、财政部等 5 部委《关于进一步完善社会救助和保障标准与物价上涨挂钩联动机制的通知》(发改价格规〔2016〕1835 号)精神下发的。但在国家发展改革委等 5 部委《关于进一步完善社会救助和保障标准与物价上涨挂钩联动机制的通知》(发改价格规〔2016〕1835 号)中,并没有明确文件执行的起止日期。也就是说,当满足启动发放失业人员临时价格补贴条件时,国家和山东省应继续发放失业人员临时价格补贴。

第六节　失业保险金领取期限

失业人员领取失业保险金是有一定期限的，而不是无限期的。这有利于促进失业人员尽快寻找工作，实现再就业。领取失业保险金的期限，是根据失业人员失业前，其所在用人单位和本人按规定累计缴纳失业保险费的年限确定的。

一、领取失业保险金期限最长12个月

《社会保险法》第四十六条明确规定："失业人员失业前用人单位和本人累计缴费满一年不足五年的，领取失业保险金的期限最长为十二个月。"如果用人单位和本人累计缴费满1年和累计缴费时间满2年、3年、4年等，领取失业保险金的期限都按12个月计发，显然是不合理的。因此，山东省在贯彻《社会保险法》时，对失业人员失业前用人单位和本人累计缴费满1年和不足5年的，领取失业保险金的期限最长为12个月进行了细化。

2022年12月，山东省人力资源社会保障厅、财政厅等5厅局下发了《关于进一步统一失业保险有关政策的通知》(鲁人社〔2022〕25号)，其中统一了全省范围内失业人员领取失业保险金的期限，特别是失业人员失业前用人单位和本人累计缴费满1年不足5年的，领取失业保险金的期限，明确细化了不同累计缴费时间，其领取失业保险金的期限也应不同。其规定用人单位和职工个人按规定参加失业保险，并且累计缴纳失业保险费时间满1年不满5年的，每满1年核定3个月的失业保险金，领取失业保险金期限最长为12个月。

二、领取失业保险金期限最长18个月

用人单位和职工个人按规定参加失业保险，并且累计缴纳失业保险费时间满5年不满10年的，领取失业保险金的期限最长为18个月。

在实际工作中，各统筹区一般都按最长为18个月发放失业保险金，累计缴纳失业保险费时间满5年不满10年之间不等的缴费年限，失业人员领取失业保险金期限的长短没有再分段计算。

三、领取失业保险金期限最长24个月

用人单位和职工个人按规定参加失业保险，累计缴纳失业保险费时间满10年以上的，领取失业保险金的期限最长为24个月。也就是说，用人单位和职工个人按规定参加失业保险，累计缴纳失业保险费时间满10年以上的，无论满10年以上多少年限，其领取失业保险金的期限最长都为24个月。仅对临近法定退休年龄的失业人员，其领取失业保险金的期限有所放宽。

需要特别说明的是，这里只规定了根据用人单位和职工个人的累计缴费年限，明确了最长领取失业保险金的期限。领取失业保险金的月数低于最长期限的，只要不低于上个档次的最长期限，都应该说是符合规定的。不能简单理解为累计缴费时间达到上述要求的失业人员都能领取最长期限的失业保险金。

我国幅员辽阔，各地情况千差万别，社会经济发展水平存在较大差异。在这种情况下，《社会保险法》并没有将享受失业保险金的期限和缴费年限划分得太具体，这给各地结合本地区实际情况，确定具体领取失业保险金的期限留有可操作的空间。正是基于这一考虑，《社会保险法》没有将享受待遇的期限与缴费年限的关系划分得很细，而只是作了原则性规定，即规定领取失业保险金应达到最低基本缴费年限，也就是失业前累计缴费满1年。同时，根据不同的累计缴费年限，规定了领取失业保险金的最长期限。在具体操作中，各地可以在同一档次内，根据失业人员缴费时间的长短，相应拉开其领取失业保险金期限的差距。特别是领取失业保险金的期限最长为18个月、24个月的，根据累计缴费时间，可以再细分。如规定累计缴纳失业保险费时间每满1年的，每满1年可增加几个月的失业保险金，最长为18个月、24个月等。

对再次失业的失业人员领取失业保险金限期，《社会保险法》第四十六条规定："重新就业后，再次失业的，缴费时间重新计算，领取失业保险金的期限与前次失业应当领取而尚未领取的失业保险金的期限合并计算，最长不超过二十四个月。"

按照职工失业前的用人单位和个人累计缴费时间，确定失业人员应享受失业保险待遇的期限，可以保障那些失业前多次转换工作岗位的参保人员的合法权益，而又不会因转移工作岗位使其应领取失业保险金的期限受到损失。这样，有利于促进劳动力的合理流动，促进规定范围内的单位和职工积极参加失业保险。

四、临近法定退休年龄领取失业保险金期限

临近法定退休年龄的仍处于失业状态的失业人员，由于年龄偏大，实现再就业非常困难。因此，国家在失业保险金待遇期限上作出了特殊规定，明确要求，自2019年12月起，领取失业保险金期满仍未就业且距离法定退休年龄不足1年的失业人员，可由失业保险待遇发放地继续发放失业保险待遇至法定退休年龄。

失业人员在领取失业保险金期间或期满后，基本生活仍无保障的，可享受城市居民最低生活保障待遇。

第七节　失业保险关系转移

我国失业保险待遇是依据失业人员失业前，用人单位和职工个人按规定累计缴纳失业保险费的时间确定的，其标准是失业保险金领取地的标准。累计缴费时间越长，享受失业保险待遇的期限就越长。没有参加失业保险，无累计缴费记录的失业人员不得享受失业保险待遇。这充分体现了劳动者权利与义务的对等。因此，跨不同失业保险统筹地区实现就业的劳动者，其失业保险关系必须转移接续，有效衔接。这样，劳动者在新的就业地参加失业保险失业后，才能更好地享受其失业保险待遇，切实保障劳动者的合法权益。

2019年9月，人力资源社会保障部等3部委下发了《关于失业保险基金省级统筹的指导意见》（人社部发〔2019〕95号），明确要求各省力争在2023年底前全面实现失业保险省级统筹。2022年11月，山东省人民政府下发了《关于失业保险省级统筹的实施意见》

(鲁政字〔2022〕230 号),明确了自 2023 年 1 月 1 日起,按照“收支两条线”规定,失业保险基金省级统一集中管理,全额缴拨,统收统支。失业保险基金实行全省统筹后,在山东省行政区域内失业人员到户籍地领取失业保险金或参保职工流动就业的,则不需要转移接续失业保险关系。但失业人员在省内有多个失业保险参保关系和有效缴费记录的,失业保险最后参保地或户籍地的失业保险经办机构可会同省内其他参保地失业保险经办机构,查验失业人员在省内不同参保地的缴费情况,合并计算有效缴费记录,核定失业保险金领取期限,按发放地失业保险待遇标准发放。

一、用人单位失业保险关系转移

参保单位失业保险关系转移问题主要涉及参保单位及其职工失业保险关系衔接的问题。按照《失业保险条例》的规定,参保单位及其职工的失业保险应实行属地管理。“属地”应是指参保单位所在地的失业保险统筹地区。因此,参保单位及其职工应参加单位所在地的失业保险。也就是说参保单位和个人在直辖市的应参加所在直辖市失业保险基金统筹;在设区市的应参加设区市的失业保险基金统筹;在非设区的市可参加所在县市区的失业保险基金统筹。在这种情况下,参保单位成建制跨统筹地区转移或者职工个人跨统筹地区流动,其失业保险关系应随之转移。在失业保险统筹地区内转移的,则不需要转移失业保险关系。为此,《失业保险条例》第二十二条明确规定:“城镇企业事业单位成建制跨统筹地区转移,失业人员跨统筹地区流动的,失业保险关系随之转迁。”

为了更进一步明确和细化参保单位转移问题,2002 年 3 月 19 日,劳动和社会保障部办公厅专门下发了《关于单位成建制跨统筹地区转移和职工在职期间跨统筹地区转换工作单位时失业保险关系转迁有关问题的通知》(劳社厅函〔2002〕117 号),规定城镇企业、事业单位成建制跨统筹地区转移或者职工在职期间跨统筹地区转换工作单位的,失业保险关系应随之转迁。其中,跨省、自治区、直辖市的,其在转出前单位和职工个人缴纳的失业保险费不转移;在省、自治区跨统筹地区的,是否转移失业保险费由省级劳动保障行政部门确定。同时规定,转出地失业保险经办机构应为转出单位或职工开具失业保险关系转迁证明。转出单位或职工应在开具证明后 60 日内到转入地经办机构办理失业保险关系接续手续,并自在转出地停止缴纳失业保险费的当月起,按转入地经办机构核定的缴费基数缴纳失业保险费。转出前后的缴费时间合并计算。转入地经办机构应及时办理有关手续,并提供相应服务。

按照这一规定,用人单位成建制跨统筹地区转移的只转失业保险关系,不转移原已缴纳的失业保险费,但转出地失业保险经办机构要为转出单位开具失业保险关系转移证明,明确转出单位及其职工失业保险费按规定已缴至何年何月;有欠费的,原则上应在转出地补齐欠费后,再办理失业保险关系转移手续。由于客观原因,确实无法在转出地补缴失业保险费的,转出地失业保险经办机构在开具的转出证明上,应注明转出单位在哪个时期、按什么基数、多少比例,欠缴多少失业保险费。由转入地失业保险费征缴机构按规定征缴。

总之,用人单位和职工在迁入地和迁出地缴纳失业保险费的时间要接续起来,不得中断。这主要考虑到:无论是单位成建制转移,还是个人跨统筹地区流动的,在流动前已按规定缴纳了失业保险费,其单位职工失业后应该享受的失业保险待遇,不应因其跨统筹地区的转移或者流动而受到影响,其享受失业保险待遇的权利应该得到保障。参保单位或者个人跨统筹地区转移或者流动后,其原失业保险关系所在地的失业保险经办机构应当将其失业保险关系按规定转至迁入地,迁入地的失业保险经办机构应当及时接收,并办理转入接续手续。

二、职工失业保险关系转移

《社会保险法》第五十二条规定:"职工跨统筹地区就业的,其失业保险关系随本人转移,缴费年限累计计算。"这就明确了职工失业保险关系转移的原则。职工失业保险关系的转移包括两种情形:一种是职工跨失业保险统筹地区转移的;另一种是职工跨不同性质单位转移的。

(一)职工跨失业保险统筹地区转移

职工跨失业保险统筹地区失业保险关系的转移,包括省内跨统筹地区转移,也包括跨省转移,即从山东省转到外省或从外省转到山东省等。这种转移如同参保单位失业保险关系转移,只转关系不转资金,由转出地失业保险经办机构证明该职工所在单位及其本人缴纳失业保险费的情况即可。因此,《山东省失业保险规定》第二十八条第一款规定:"在职职工在省内跨统筹地区转迁的,其在迁出地缴纳失业保险费记录及失业保险关系随同转迁,缴纳的失业保险费不转移;职工在迁入地失业的,其在迁出地的缴费时间与迁入地的缴费时间合并计算,作为迁入地社会保险经办机构计算其享受失业保险金期限的缴费时间。"第三款规定:"职工、失业人员跨省转迁的,按国家有关规定执行。"人力资源社会保障部办公厅、财政部办公厅《关于畅通失业保险关系跨省转移接续的通知》(人社厅发〔2021〕85)关于职工跨省转移接续时明确指出,参保职工跨省就业的,失业保险关系应随之转迁,缴费年限累计计算。在这里,国家并没有规定,原在转出地缴纳的失业保险费随之如何转移、转移多少的问题,仅明确了缴费年限要累计计算。对该职工和其所在单位欠费的,单位和职工原则上应在迁出地补齐后再办理转移手续,并从迁入的次月起,按迁入地规定的标准向迁入地缴纳失业保险费。总之,缴费时间要连续起来,不得中断。

(二)职工跨不同性质单位转移

职工跨不同性质单位失业保险关系的转移,主要是指转出单位和转入单位按规定是否应参加或不应参加失业保险的问题。职工失业保险关系的转移应根据转出单位性质和转入单位性质的参保情况,分别按以下四种具体情形办理。

第一种情况,按规定,职工的转入单位和转出单位都不应纳入失业保险实施范围的。职工在这类单位之间转移,不存在失业保险关系转移的问题。例如,国家机关的公务员从一个国家机关转移到另一个国家机关,就不涉及失业保险关系转移的问题。按国家有关规定,目前,失业保险的实施范围还没有覆盖到国家机关及其公务员。国家机关公务员失业或被辞退后,应按《公务员法》及其有关规定,享受国家辞退生活补助。

第二种情况，按规定，职工的转入单位和转出单位都应纳入失业保险实施范围的。职工在这类单位之间转移，其失业保险关系的转移如同职工跨失业保险统筹地区转移一样，只转职工的失业保险关系，不转移已缴纳的失业保险费用，但失业保险缴费时间应连续累计起来，不得中断缴费时间。

第三种情况，职工由按规定不应纳入失业保险的实施范围（不包括按规定应纳入失业保险实施范围而未参加失业保险的单位），进入按规定应纳入失业保险实施范围的单位。这种情形的转移，职工应当在转入新单位领取工资的当月起，按规定的缴费基数和比例缴纳失业保险费，其原有的工作时间视同缴费年限。2001 年 9 月 20 日，劳动和社会保障部、财政部、人事部等 4 部委联合下发了《关于职工在机关事业单位与企业之间流动时社会保险关系处理意见的通知》（劳社部发〔2001〕13 号），明确规定："职工由机关进入企业、事业单位工作之月起，按规定参加失业保险，其原有的工作年限视同缴费年限。"

第四种情况，职工由按规定应纳入失业保险实施范围的单位（包括按规定应参加失业保险而未参加失业保险的单位），进入按规定不应纳入失业保险实施范围的单位。这种情形的转移，职工应自转入新单位的当月起，按规定不应参加失业保险，不再缴纳失业保险费。职工在原单位及其个人缴纳的失业保险费不转移，也不退还给本人。对此，劳动和社会保障部、财政部、人事部等 4 部委《关于职工在机关事业单位与企业之间流动时社会保险关系处理意见的通知》（劳社部发〔2001〕13 号）也有明确规定："职工由企业、事业单位进入机关工作后，原单位及个人缴纳的失业保险费不转移，其失业保障按《人事部关于印发〈国家公务员被辞退后有关问题的暂行办法〉的通知》（人发〔1996〕64 号）规定执行。"2001 年 12 月 29 日，山东省劳动和社会保障厅下发的《关于失业保险工作中若干具体政策问题的处理意见》（鲁劳社〔2001〕57 号）也作出了同样的规定："职工由企业、事业单位进入机关成为国家公务员，不再享受失业保险待遇，原单位及个人缴纳的失业保险费不转移，其失业保障按《人事部关于印发〈国家公务员被辞退后有关问题的暂行办法〉的通知》（人发〔1996〕64 号）及我省有关规定执行。"

国家公务员的失业保障问题，《公务员辞退规定》① 作出了明确规定："被辞退公务员已参加失业保险的，根据国家有关规定享受失业保险待遇；未参加失业保险的，领取辞退费。辞退费由接收人事档案的相关服务机构按月发放。原所在机关应当在人事档案转出后 15 个工作日内，将辞退费一次性拨付。相关服务机构发放确有困难的，由原所在机关按月发放。公务员被辞退前连续工作满 1 年以上的，自被辞退的次月起发放辞退费。辞退费发放标准为公务员被辞退时所任领导职务、职级对应的基本工资。辞退费发放期限根据被辞退公务员在机关的工作年限确定。工作年限不满 2 年的，按照 3 个月发放；满 2 年的，按照 4 个月发放；2 年以上的，每增加 1 年增发 1 个月，但最长不得超过 24 个月。"

按国家和山东省的规定，山东省行政区域内的国家机关及其公务员，包括参照国家机关及公务员制度执行的事业单位及其职工不应纳入失业保险实施范围外，其他的城镇单

---

① 2009 年 7 月 9 日，中共中央组织部部务会会议审议批准了《公务员辞退规定》，2009 年 7 月 24 日，中共中央组织部、人力资源社会保障部发布。2020 年 12 月 8 日，中共中央组织部部务会会议修订，2020 年 12 月 28 日，中共中央组织部发布。

位及其职工都应参加失业保险，依法缴纳失业保险费。具体应参加失业保险的单位及其职工和不应纳入失业保险范围的单位及其职工，可详见本章第二节“失业保险覆盖范围”的有关内容。

三、失业人员失业保险关系转移

职工及其所在单位应在所在地参加失业保险，按所在地规定的标准缴纳失业保险费。职工失业后，与其户籍地不在同一统筹地区，并选择回户籍地申领失业保险金的，以及失业人员异地转迁的等，都应转移失业保险关系。《山东省失业保险规定》第二十八条第三款规定：“职工、失业人员跨省转迁的，按国家有关规定执行。”

2021 年 11 月，人力资源社会保障部办公厅、财政部办公厅下发了《关于畅通失业保险关系跨省转移接续的通知》（人社厅发〔2021〕85 号），进一步明确了失业人员跨省转移接续失业保险关系的有关规定，畅通了失业保险待遇申领渠道。

（一）需办理失业保险关系转移接续的情形

1.在户籍地申领失业保险金的

参保失业人员符合领取失业保险金条件的，可以在最后参保地申领失业保险金及其他相关待遇，也可以选择回户籍地申领。选择户籍地申领失业保险金的，须办理失业保险关系转移。

失业保险待遇发放期间，不得中途变更发放地。

2.跨省重新就业并参保的

不符合领取失业保险金条件、符合领金条件但未申领，以及正在领金期间的参保失业人员，跨省重新就业并参保的，失业保险关系应随之转移至新的参保地。缴费年限累计计算。

（二）转移失业保险关系的内容

失业人员失业保险关系的转移主要包括两方面的内容：一是转移失业保险关系。将失业人员目前的失业保险情况转移至失业人员户口所在地失业保险经办机构，包括领完失业保险金的失业人员的失业保险关系。二是转移失业人员应享受的失业保险待遇资金。划转的失业保险待遇资金，包括按迁出地的标准应享受的失业保险金、领取失业保险金期间的基本医疗保险费、职业培训补贴、职业介绍补贴。

可见，失业人员在失业保险统筹范围内流动的，只转移失业保险关系，不转移失业保险待遇资金；跨失业保险统筹地区转移的，除转移失业人员失业保险关系外，还需按规定划转相应的失业保险待遇资金。但在转出地参保缴费不满 1 年的，只转移失业保险关系，不转移失业保险费用。

对失业人员失业保险关系的转移，山东省作了具体明确的规定。2000 年 12 月 25 日，山东省劳动和社会保障厅下发了《关于实施〈失业保险金申领发放办法〉有关问题的通知》（鲁劳社发〔2000〕345 号），第四条规定：“失业人员失业保险关系在山东省内跨统筹地区转移的，失业保险费用应随失业保险关系划转。需划转的失业保险费用包括失业保险金

（按迁出统筹地区的标准）、缴纳的基本医疗保险费和职业培训、职业介绍补贴。其中，基本医疗保险费和职业培训补贴、职业介绍补贴按失业人员应享受的失业保险金总额的一半计算。”失业人员失业保险关系需跨省、自治区、直辖市转移的，国家也作了同样的规定。《人力资源社会保障部办公厅 财政部办公厅关于畅通失业保险关系跨省转移接续的通知》（人社厅发〔2021〕85 号）明确规定：“失业保险关系跨省、自治区、直辖市转迁的，失业保险费用应随失业保险关系相应划转。需划转的失业保险费用包括失业保险金，领金期间基本医疗保险费，领金期间接受职业培训、职业介绍的补贴。其中，基本医疗保险费和职业培训、职业介绍补贴按参保失业人员应享受失业保险金总额的一半计算。转入地经办机构按照本统筹地区规定和标准，为参保失业人员核定失业保险金发放期限和各项失业保险待遇。转出地划转的失业保险费用，不足待遇支付部分由转入地失业保险基金支付，超出待遇支付部分并入转入地失业保险基金。”

失业人员失业保险关系的转移，不同于在职职工失业保险关系的转移，失业人员转移失业保险关系不仅将失业人员目前失业保险情况转移至迁入地失业保险经办机构，如失业保险缴费记录、失业保险关系等，而且还应转移失业人员应享受的失业保险待遇资金，包括尚未享受的失业保险待遇资金。失业人员失业保险关系转移后，应当按转入地失业保险的有关规定享受失业保险待遇，并由转入地提供相应的再就业服务。

四、失业保险关系转移接续流程

2021 年 11 月，《人力资源社会保障部办公厅 财政部办公厅关于畅通失业保险关系跨省转移接续的通知》（人社厅发〔2021〕85 号）就参保职工和参保失业人员跨省转移接续流程等问题作出了明确的规定。失业保险关系转移包括以下内容：姓名、社保卡号、就业失业状态、参保缴费记录（已核定失业保险金缴费记录和未核定失业保险金缴费记录）、应当领取而尚未领取的失业保险金记录、失业原因、失业保险待遇标准、基金转移金额、转入地和转出地经办机构信息及其他必要信息。

失业保险关系跨省转移接续，既可线下在失业保险经办大厅窗口进行办理，也可依托金保工程在线上进行办理，其流程规定为：

（1）参保职工或参保失业人员可先到转出地经办机构开具转移凭证，之后到转入地经办机构办理关系转入。

对符合条件的，转出地经办机构收到申请后应在 5 个工作日内办理转出，转入地经办机构收到转出地开具的失业保险关系转移接续联系函后，应在 5 个工作日内办理转入。对不符合条件的，要说明理由。

（2）参保职工或参保失业人员也可直接到转入地经办机构申请转移失业保险关系，转入地经办机构不得要求申请人再到转出地开具相关证明。

对符合条件的，转入地经办机构在收到申请后，应在 5 个工作日内受理并向转出地经办机构发出失业保险关系转移接续联系函，转出地收到联系函后，应在 5 个工作日内办理转出。对不符合条件的，要说明理由。

（3）转出地经办机构应在失业保险关系转出后的 1 个月内向转入地划转失业保险费用。

失业保险费用划转期间,不影响转入地经办机构按规定为参保失业人员发放失业保险待遇。转入地经办机构不得以费用未划转到位为由,拒发失业保险待遇。

(4)转出地经办机构将参保单位、参保职工和参保失业人员有关信息转出后,仍需保留信息备份,注明失业保险关系转入地信息和失业保险费用划转金额及明细。

第八节 失业保险待遇终止

失业人员享受失业保险待遇必须符合一定的资格条件,一旦失业人员失去了继续申领失业保险金的条件,失业保险经办机构就应该停止其享受失业保险待遇。

一般情况下,按照规定领取失业保险金期限已满的失业人员,不再享受失业保险待遇,失业保险经办机构应立即停发失业保险金,但对一些特殊情形,《社会保险法》《失业保险条例》《山东省失业保险规定》等都作了明确规定。失业人员在领取失业保险金期间有下列情形之一的,停止领取失业保险金,并同时停止享受其他失业保险待遇。

一、重新就业

失业保险待遇是用来保障失业人员失业期间的基本生活的。失业人员重新就业后已不再是失业人员,而成为就业人员,用人单位按规定应发放劳动报酬。这样,其基本生活已有了根本保障,不再需要失业保险保障,自然应停止其失业保险待遇。

二、应征服兵役

我国《宪法》第五十五条规定:“保卫祖国、抵抗侵略是中华人民共和国每一个公民的神圣职责。依照法律服兵役和参加民兵组织是中华人民共和国公民的光荣义务。”根据《兵役法》的规定:“中华人民共和国公民,不分民族、种族、职业、家庭出身、宗教信仰和教育程度,都有义务依照本法的规定服兵役。”失业人员只要按照《兵役法》规定的条件、程序应征入伍,就会成为一名军人,将根据《兵役法》和军事条令的规定享受权利、承担义务。与此相应地,其基本生活将纳入《兵役法》予以保障。因此,失业人员应征入伍后,不再享受失业保险待遇。

三、移居境外

这里所说的“移居境外”,是指失业人员到中华人民共和国境外定居,不包括那些因私短期出境探亲、访友的情形。

《社会保险法》、国务院《失业保险条例》《山东省失业保险规定》等法律、法规的实施区域范围应是中华人民共和国行政区域内。我国公民在领取失业保险金期间若移居境外,已超出了我国失业保险制度的地域管辖范围,应该停止享受失业保险待遇。

另外,失业人员移居境外定居,一般在境外具有一定的经济基础。而且,如果失业人员移居境外,社会保险经办机构也难以掌握其在境外的就业、生活等情况,从技术上讲,移居境外的失业人员也难以继续享受各种失业保险待遇。

四、享受基本养老保险待遇

根据职工养老保险有关规定，失业人员参加职工基本养老保险，并按规定缴纳养老保险费的，失业后，达到法定退休年龄时，可按规定享受职工基本养老保险待遇，其基本生活由养老保险金予以保障。在这种情况下，应当停止其享受失业保险待遇。

另外，享受养老保险待遇的失业人员已超过了法定劳动年龄，已经没有了再就业的资格。

五、判刑收监执行期间

失业人员享受失业保险待遇期间，触犯刑律构成犯罪的，或者违反有关行政法规给予行政处罚的，应根据对其处罚的结果确定是否停止其享受失业保险待遇。

对被判刑收监执行的，不存在基本生活问题的，应停止其享受失业保险待遇。对判缓刑或者其他行政处罚的，应当继续支付失业保险待遇。

六、无正当理由拒不接受当地政府部门介绍工作

失业人员尽快实现再就业，不仅可以从根本上解决失业人员的基本生活问题，也可以减轻失业保险基金支付的压力。

扩大就业门路、创造就业机会，尽可能地降低失业率，是政府的责任。为此，失业人员不得无正当理由拒不接受当地政府部门介绍工作。

一般来讲，无正当理由拒绝当地政府部门介绍的工作，应当是与失业人员的年龄、身体状况、受教育程度、工作经历、工作能力及求职意愿基本相符的工作。当地人民政府指定的部门或机构，可以是劳动保障部门所属的劳动就业服务机构，也可以是其他部门组织开办的劳动就业服务机构。失业人员可以根据自己的意愿在当地人民政府指定的部门或者机构范围内选择就业服务机构。无正当理由，拒不接受当地人民政府指定的部门或者机构介绍的工作的，可视为一种自愿性失业。按规定，自愿性失业的失业人员是不能享受失业保险待遇的。

七、法律、法规规定的其他情形

这是一条开放性、兜底性的条款。这主要是指上述情形中，没有包括的应停止享受失业保险待遇的其他情形。这是为与以后制定和出台的法律、法规相衔接而作出的。

建立失业保险制度的目的旨在保障失业人员失业期间的基本生活，并促进失业人员再就业。如果失业人员在享受失业保险待遇期间重新就业，或者在此期间其基本生活待遇可以通过其他途径和来源得到保障，就不必继续领取失业保险金及享受其他失业保险待遇。

第十章

职工养老保险

职工基本养老保险制度是国家通过立法，保障劳动者在达到法定退休年龄后，从政府或社会获得一定的经济补偿、物质帮助和服务，以保证其晚年基本生活的一项社会保险制度。它是社会保障制度①的重要组成部分，在社会保障体系中占据非常重要的地位，更是社会保险②的重要内容。特别是当前情况下，我国已经进入了老龄化社会，今后一个时期，老龄人口将持续快速增长，职工基本养老保险的压力将越来越大。这就需要进一步加大职工基本养老保险制度改革力度，逐步完善职工养老保险制度，实现老有所养，解除职工的后顾之忧，维护劳动者的合法权益。

第一节　职工养老保险制度建立发展

中华人民共和国成立初期，我国就建立了职工养老保险制度。改革开放以来，我国对职工基本养老保险制度进行了一系列的重大改革。目前，基本建立起了适应社会主义市场经济发展要求的职工基本养老保险制度，实现了职工基本养老保险制度“从无到有、从低到高”的发展里程，人人享有养老保障。

一、职工养老保险制度建立

新中国成立前夕，中国人民政治协商会议第一届全体会议通过的《共同纲领》③第二十三条明确要求，在企业“逐步实行劳动保险制度”。新中国成立后，当时的劳动部和中华全国总工会就着手起草以职工养老保险制度为主要内容的《劳动保险条例》。1951 年 2 月，当时的政务院正式颁布了《劳动保险条例》。随后，当时的劳动部等有关部门制定下发了《劳动保险条例实施细则(草案)》及其配套制度。

《劳动保险条例》的颁布实施，标志着我国初步建立起了企业职工养老保险制度。该条例对职工养老保险的实施范围、企业职工保险费的征集、支付和管理、保险的项目和标准，特别是对职工的退休条件和待遇等作了具体规定。其明确规定，职工退休条件为：一般职工，

---

① 社会保障制度主要内容由社会保险、社会福利、社会救济、社会优抚和安置等制度构成。

② 社会保险是指国家通过立法，多渠道筹集资金，对劳动者在因年老、失业、患病、工伤、生育而减少劳动收入时给予经济补偿，使他们能够享有基本生活保障的一项社会保障制度。其主要包括养老保险、医疗保险、失业保险、工伤保险、生育保险等 5 大险种，长期护理保险有望成为第 6 大险种。有的险种又分为职工社会保险、居民社会保险，机关事业单位社会保险、企业社会保险等。

③ 当时中国人民政治协商会议第一届全体会议通过的《共同纲领》起到临时宪法的作用。这就是说，新中国成立之初，国家就在企业职工“实行劳动保险制度”，确保职工退休后顾之忧，是我国《宪法》确定的。

男性年满60周岁，一般工龄25年，本企业工龄10年；女性年满50周岁，一般工龄20年，本企业工龄10年。一些特殊工种的退休年龄也都有具体的规定，如从事井下、高空、高温、有毒有害等工作的职工退休年龄等。职工养老保险金相当于本人工资的35%～60%。

随着国民经济的恢复，我国财政经济状况有了明显好转。为了适应大规模经济建设的需要，国家对《劳动保险条例》作了进一步修改。修订后的《劳动保险条例》，于1953年1月2日正式公布实施。新修订的条例，适当扩大了实施范围，放宽了退休条件，酌情提高了待遇标准。

1956年，根据国家财政经济的可能和国民经济发展的需要，又将《劳动保险条例》的实施范围扩大到商业、外贸、粮食、供销合作、金融、民航、石油、地质、水产、国营农牧场、造林11个产业和部门。

1958年2月，国务院又公布了《关于工人、职员退休处理的暂行规定》。

十年"文化大革命"，使我国的经济走到了几乎崩溃的边缘，职工养老保险制度遭到了严重的破坏，相当一部分符合退休条件的职工不能及时办理退休手续，退休费用社会统筹被取消，变成了"企业保险"。

二、职工养老保险制度改革

党的十一届三中全会以后，我国经济发展进入了一个新的发展时期。特别是1984年以后，我国的经济体制改革逐步由农村转移到了城市。企业改革，特别是国有企业改革提到议事日程。为适应经济体制改革的需要，要改革退休制度，实行社会保险。

1984年5月，劳动部会同国务院有关部门制定了《关于统筹全民所有制单位退休基金的报告》。与此同时，结合劳动制度改革，以地市县为统筹单位，首先在广东省江门市、东莞市，四川省自贡市，江苏省泰州市，以及辽宁省黑山县开始进行退休费用社会统筹试点。随后在全国逐步推开。同年，原劳动人事部、中国人民保险公司联合下发了《关于城镇集体企业建立养老保险制度的原则和管理问题的函》，确定由中国人民保险公司承办城镇集体所有制企业职工"法定养老保险"。此后，城镇集体所有制企业职工的养老保险纳入商业保险范围，在全国陆续开展了城镇集体所有制企业职工退休费用社会统筹。同时，经国务院批准，铁道、水电、邮电等部门实行了本系统的退休费用统筹。

1986年7月，《国务院关于发布改革劳动制度四个规定的通知》(国发〔1986〕77号)下发。该通知明确要求，国家对劳动合同制工人退休养老实行社会保险制度。退休养老基金的来源，由企业和劳动合同制工人缴纳。劳动合同制工人退休后，可享受退休养老保险待遇。养老保险待遇按月发给退休费，直至死亡。我国在劳动合同制工人中建立并实施了职工养老保险制度。

我国的养老保险制度改革，还经历了中央直属11大行业企业系统统筹阶段，时间为1986年11月～1998年9月。这期间，全国共有铁道部、交通部、邮电部、水利部、民航总局、煤炭部、有色金属厂业总公司、电力部、中国石油天然气总公司、中国工商银行、中国农业银行、中国银行、中国建设银行、交通银行、中国再保险集团、中国建筑工程总公司等11个行业16个部门的所属企业实行了基本养老保险行业统筹。

1991 年 6 月，国务院在总结了各地养老保险改革经验的基础上，下发了《国务院关于企业职工养老保险制度改革的决定》(〔国发 1991〕33 号)，从而确定了我国职工基本养老保险制度的主要框架。以此为标志，我国企业职工基本养老保险制度初步建立，我国的养老保险事业改革取得了重大的进展。

1993 年 11 月，党的十四届三中全会通过了《中共中央关于建立社会主义市场经济体制若干问题的决定》。该决定明确要求，重点完善企业养老保险制度，城镇职工养老费由单位和个人共同负担，实行社会统筹和个人账户相结合。1995 年 3 月，《国务院关于深化企业职工养老保险制度改革的通知》(国发〔1995〕6 号)发布，决定 2000 年年末，企业职工养老保险按照社会统筹与个人账户相结合的原则进行改革，并提出了两种养老保险实施办法模式，供各地选择试点。

三、职工养老保险制度统一完善

1997 年 7 月，国务院在总结各地职工基本养老保险改革试点经验的基础上，下发了《国务院关于建立统一的企业职工基本养老保险制度的决定》(国发〔1997〕26 号)，规定企业缴纳养老保险费的比例一般不得超过本企业工资总额的 20%，个人缴纳基本养老保险费的比例，从 1998 年起，每两年提高一个百分点，最终达到本人缴费工资的 8%；按照职工本人缴费工资额的 11%为职工建立基本养老保险个人账户，个人缴费全部记入个人账户，其余部分从企业缴费中划入；个人缴费年限累计满 15 年的退休后按月发给基本养老金。基本养老金由基础养老金和个人账户养老金两部分组成。其中，基础养老金月标准为省、自治区、直辖市上年度职工月平均工资的 20%，个人账户养老金为本人账户储存额除以 120；提出了中人和老人的概念，并规定了中人和老人的养老金计算办法。这为我国现行的职工基本养老保险确定了制度模式。

《国务院关于建立统一的企业职工基本养老保险制度的决定》(国发〔1997〕26 号)下发后，在全国范围内统一了基本养老保险制度，为行业统筹移交地方管理创造了条件。1998 年 3 月，国务院进行政府机构改革，成立劳动和社会保障部，实现了社会保障的统一管理。1998 年 8 月，《国务院关于实行企业职工基本养老保险省级统筹和行业统筹移交地方管理有关问题的通知》(国发〔1998〕28 号)发布，要求从 1998 年 9 月 1 日起，将铁道部、交通部等 11 个行业的基本养老保险行业统筹移交地方，并实行省级管理。行业统筹移交地方管理，对深化企业职工养老保险制度改革，建立统一的社会保障体系，发挥了十分重要的作用。

为进一步完善企业职工养老保险制度，2000 年 12 月，《国务院关于印发完善城镇社会保障体系试点方案的通知》(国发〔2000〕42 号)(下文简称《试点方案》)发布，并选择辽宁省作为试点，后又扩大到了黑龙江、吉林两省。《试点方案》明确规定企业缴费比例统一为工资总额的 20%，全部纳入社会统筹基金，职工缴费比例为个人缴费工资的 8%，全部记入个人账户，企业缴费不再向个人账户划拨；加强社会统筹基金和个人账户基金管理；进一步完善基本养老金计发办法。东北三省的社会保障体系试点的各项工作进展平稳，任务基本完成，取得了明显成效，为全国完善社会保障体系积累了宝贵的经验。

2005年12月,《国务院关于完善企业职工基本养老保险制度的决定》(国发〔2005〕38号)发布,对企业职工养老保险制度发展中出现的一些问题进行了改革和完善。

2010年10,我国颁布了《社会保险法》,决定从2011年7月施行。《社会保险法》全面规定了我国社会保险的项目、社会保险制度的基本方法和原则等,其中对职工养老保险的覆盖范围、制度模式、养老保险费缴费基数和比例、享受养老保险待遇条件、养老保险待遇计发、个人账户管理等养老保险主要内容作了全面的明确规范。随后,人力资源社会保障部又发布了《实施〈社会保险法〉若干规定》(部长令第13号),对其中的养老保险缴费年限不足15年的补缴方法、跨省流动就业养老保险费缴纳、个人账户养老金支取等内容进行了具体、细化。

2017年9月,人力资源社会保障部又下发了《关于进一步完善企业职工基本养老保险省级统筹制度的通知》(人社部发〔2017〕72号),明确了在基本养老保险制度、缴费政策、待遇政策、基金使用、基金预算和经办管理等实现"六统一"的基础上,积极创造条件,实现全省养老保险基金统收统支。

2020年2月14日,中央全面深化改革委员会第十二次会议审议通过了《企业职工基本养老保险全国统筹改革方案》,明确要求坚持公平统一、权责一致、循序渐进,推动养老保险全国统筹制度更加公平更可持续,全面建成覆盖全民、城乡统筹、权责清晰、保障适度、可持续的多层次社会保障体系。

2022年2月22日,人力资源社会保障部对外宣布,从2022年1月起,企业养老保险实行全国统筹,在全国范围内调剂使用基金。

2022年4月21日,国务院办公厅又发布了《关于推动个人养老金发展的意见》,进一步推进多层次、多支柱养老保险体系建设,促进我国养老保险制度更加可持续发展。

我国不断深化职工基本养老保险制度改革,目前,已基本建成了多层次的可持续的较为完善的职工养老保险制度。

第二节 职工养老保险实施范围

我国职工基本养老保险制度已将各类企业及其职工全部纳入了职工养老保险范围内。山东省在贯彻国家养老保险制度时,进一步扩大了范围,将更多的社会组织及其个人纳入了职工养老保险范围内。《山东省完善企业职工基本养老保险制度实施意见》(鲁政发〔2006〕92号)第三条明确规定,我省各类企业及其职工、民办非企业单位及其职工、城镇个体工商户及雇工和灵活就业人员都要按照规定参加企业职工基本养老保险。也就是说,在山东省行政区域内的上述用人单位及其职工、城镇个体工商户及雇工、灵活就业人员都应参加企业职工基本养老保险,按规定缴纳养老保险费。这就界定了山东省企业基本养老保险的实施范围。

一、职工养老保险覆盖范围

我国行政区域内的所有企业,包括国有企业、集体所有制企业、私营企业、联营企业、股份制企业、涉外企业(包括外商投资企业、中外合资企业及港、澳、台投资企业)等,无论企业隶属关系如何,也无论企业性质如何、经营规模如何,凡是以经营为目的,运用生产要素,从事商品生产、流通和服务活动,进行自主经营、自负盈亏,并依法设立的经济组织,都应纳入企业职工养老保险范围,参加企业职工养老保险,按规定缴纳养老保险费。

民办非企业是指企事业单位、社会团体和其他社会力量以及公民个人利用非国有资产举办的,从事非营利性社会服务活动的社会组织。民办非企业单位即原来的民办事业单位,包括民办的学校、医院、科研机构等。

《山东省完善企业职工基本养老保险制度实施意见》(鲁政发〔2006〕92 号)同时要求把非公有制企业、城镇个体工商户和灵活就业人员一并纳入职工养老保险范围内,并作为扩大职工养老保险覆盖范围的参保重点,在更大范围内维护劳动者的合法权益,强调要进一步落实国家和省关于社会保险补贴政策,帮助就业困难人员参保缴费。

二、未纳入职工养老保险范围单位

目前,我国公务员和参照公务员法管理的事业单位职工实行的是机关、事业单位养老保险制度,未将这部分单位及其工作人员纳入职工养老保险实施的范围内。

在我国,企业和机关、事业单位的性质不同,人员结构不同,在经济社会发展运行中的功能和发挥的作用不同。这种不同,也体现在养老保险制度上。

企业职工养老保险制度改革比较早。企业是市场经济的主体,早在 20 世纪 80 年代,我国就开始进行企业职工养老保险制度改革探索,不断完善相关政策措施,进一步深化改革。目前,已经形成了适应社会主义市场发展要求的、比较完善的企业职工基本养老保险制度。但机关事业单位的养老保险制度改革迟迟不到位。2011 年 7 月1 日起实施的《社会保险法》第十条第三款明确规定:“公务员和参照公务员法管理的工作人员养老保险的办法由国务院规定。”这就明确了公务员和参照公务员法管理的工作人员的养老保险问题未纳入《社会保险法》规定的职工基本养老保险范围内。

2015 年 1 月 3 日,《国务院关于机关事业单位工作人员养老保险制度改革的决定》(国发〔2015〕2 号)发布,并明确了自 2014 年 10 月 1 日起实施。该决定的改革范围为适用于公务员法单位、参照公务员法管理的机关(单位)、事业单位及其编制内的工作人员。这些人员实行社会统筹与个人账户相结合的基本养老保险制度。要求机关、事业单位在参加基本养老保险的基础上,应当为其工作人员建立职业年金制度。工作人员退休后,按月领取职业年金待遇。

按照上述规定,下列单位及其职工未纳入职工养老保险制度实施范围内:①按照《公务员法》管理的单位;②参照《公务员法》管理的单位,即参公单位;③事业单位。

需要指出的是,事业单位是指根据《中共中央、国务院关于分类推进事业单位改革的指导意见》(中发〔2011〕5 号)有关规定进行分类改革后的公益一类、二类事业单位。

上述单位的编制内的工作人员参加机关、事业单位的养老保险制度改革,而编制外的工作人员就应依法参加企业职工养老保险。对于编制管理不规范的单位,要先按照有关规定进行清理规范,待明确工作人员身份后再纳入相应的养老保险。

第三节 职工养老保险费缴纳

《社会保险法》明确规定:“职工应当参加基本养老保险,由用人单位和职工共同缴纳基本养老保险费。无雇工的个体工商户、未在用人单位参加基本养老保险的非全日制从业人员以及其他灵活就业人员可以参加职工基本养老保险,由个人缴纳基本养老保险费。”同时明确规定:“用人单位应当按照国家规定的本单位职工工资总额的比例缴纳基本养老保险费,记入基本养老保险统筹基金。职工应当按照国家规定的本人工资的比例缴纳基本养老保险费,记入个人账户。无雇工的个体工商户、未在用人单位参加基本养老保险的非全日制从业人员以及其他灵活就业人员参加基本养老保险的,应当按照国家规定缴纳基本养老保险费,分别记入基本养老保险统筹基金和个人账户。”

可见,用人单位应按照单位职工工资总额作为缴纳职工养老保险费的基数缴纳基本养老保险费,其职工应当按照国家规定的本人工资作为缴纳基本养老保险费的基数缴纳基本养老保险费。

这就涉及用人单位和职工个人缴费基数的问题,且用人单位和个人缴费基数是不同的。

一、职工养老保险缴费基数

职工缴纳养老保险费的缴费基数包括用人单位缴费基数和职工个人缴费基数。

(一)用人单位缴费基数

用人单位缴费基数以用人单位上年度工资总额为基础与个人缴费工资之和比较后确定。当用人单位职工工资总额大于个人缴费工资之和时,用人单位缴费基数就是职工工资总额;当用人单位工资总额小于或等于职工个人缴费工资之和时,以个人缴费工资之和作为用人单位缴费基数。

2019 年 11 月,山东省人民政府下发了《关于实行企业职工基本养老保险基金省级统收统支的意见》(鲁政字〔2019〕220 号),明确规定山东省各级社会保险经办机构将统一按个人缴费工资之和核定用人单位缴费工资。

(二)职工个人缴费基数

单位职工本人缴纳基本养老保险费的基数,原则上以上一年度本人月平均工资收入作为缴费工资基数①缴纳基本养老保险费。

对于职工个人缴纳养老保险费的上下限,山东省作出了新的规定。2019 年 4 月。山东省人民政府办公厅下发了《关于印发山东省降低社会保险费率综合实施方案的通知》(鲁政办发〔2019〕14 号)。该通知调整了社保缴费基数政策,规定自 2019 年 1 月 1 日起,以上年度全省城镇非私营单位就业人员平均工资和城镇私营单位就业人员平均工资加权计算的全口径城镇单位就业人员平均工资,核定社保个人缴费基数上下限,即当职工工资

---

① 缴费工资基数也称缴费基数或缴费工资。

收入低于上年度全省全口径平均工资60%时，按其60%作为基数；若高于上年度全省全口径平均工资300%，按其300%作为缴费工资基数。

无雇工的个体工商户、未在用人单位参加基本养老保险的非全日制从业人员[①]以及其他灵活就业人员参加企业职工基本养老保险的，可在全省全口径城镇单位就业人员平均工资的60%～300%选择适当的缴费基数。

全口径城镇单位就业人员平均工资，每年由省人力资源社会保障部门根据省统计部门提供的全省城镇非私营单位、私营单位平均就业人数和就业人员平均工资测算并公布。

有的地区执行的原口径平均工资低于全省全口径平均工资的，可在3年内[②]逐步过渡到位。

二、特殊情况下缴费基数

单位职工本人缴纳基本养老保险费的基数，原则上以上一年度本人月平均工资收入作为缴费工资基数，缴纳基本养老保险费。但对于没有上一年度本人月平均工资收入的特殊人员来说，应如何确定本人的缴费基数呢？这类特殊人员主要有：用人单位新招收的入职职工（含研究生、大中专毕业生以及调入职工等）；用人单位派出的长期脱产学习人员、经批准请长假的保留工资关系的职工；失业后再就业的职工等。

1.新招用人员缴费基数

对用人单位新招用的职工（包括研究生、大学生、大中专毕业生等），应以起薪当月工资收入作为缴费工资基数。从第二年起，按上一年实发工资的月平均工资作为缴费工资基数缴纳养老保险费。

2.长期在外人员缴费基数

对用人单位派出的长期脱产学习人员、经批准请长假的职工，仍保留工资关系的，以脱产或请假的上年月平均工资作为缴费工资基数。

单位派到境外、国外工作的职工，按本人出境（国）上年在本单位领取的月平均工资作为缴费工资基数；次年的缴费工资基数按上年本单位平均工资增长率进行调整。

3.失业后再就业职工缴费基数

失业后再就业的职工应以再就业起薪当月的工资收入作为缴费工资基数；从第二年起，按上一年实发工资的月平均工资作为缴费工资基数。

本人月平均工资低于当地职工平均工资60%的，按当地职工月平均工资的60%缴费；超过当地职工平均工资300%的，按当地职工月平均工资的300%缴费，超过部分不记入缴费工资基数，也不记入计发养老金的基数。

---

① 非全日制从业人员是指与用人单位依法订立非全日制劳动合同的劳动者。按照《社会保险法》的规定，未在用人单位参加社会保险的非全日制从业人员可以参加职工基本养老保险、基本医疗保险。这主要考虑到非全日制从业人员可能在同一单位就业时间很短，有的还与多个用人单位订立非全日制劳动合同。因此，这样的非全日制从业人员可以按自由职业者的身份参保。

② 3年内，应该是从2019年11月算起，到2022年11月。此规定是《山东省关于实行企业职工基本养老保险基金省级统收统支的意见》（鲁政字〔2019〕220号）提出的。该意见是自印发之日起施行，即2019年11月19日。

三、职工养老保险缴费比例

近几年来，国际环境更趋复杂严峻，国内疫情频发，我国经济遭受了严重的考验。面对经济下行压力，国家决定进一步优化营商环境，减轻企业负担，降低社会保险费率，包括职工养老保险费率。

2019 年 4 月，国务院办公厅下发了《关于印发降低社会保险费率综合方案的通知》（国办发〔2019〕13 号），明确要求自 2019 年 5 月 1 日起，降低城镇职工基本养老保险单位缴费比例，养老保险单位缴费比例高于 16%的，可降至 16%；目前低于 16%的，要研究提出过渡办法。随后，山东省人民政府办公厅下发了《关于印发山东省降低社会保险费率综合实施方案的通知》（鲁政办发〔2019〕14 号），规定自 2019 年 5 月 1 日起，降低城镇职工基本养老保险单位缴费比例。其中，企业养老保险单位缴费比例由 18%降至 16%。

职工个人缴费比例仍按个人缴费基数 8%的比例缴纳养老保险费，并记入个人账户。

四、工资总额

《社会保险法》规定，用人单位应当按照国家规定的本单位职工工资总额的比例缴纳基本养老保险费。这涉及了职工工资总额的内容。

工资总额是指各单位在一定时期内直接支付给本单位全部职工的劳动报酬总额。劳动报酬总额包括在岗职工工资总额、不在岗职工生活费、聘用留用的离退休人员的劳动报酬、外籍及港澳台方人员劳动报酬以及聘用其他从业人员的劳动报酬等。

工资总额一般由 6 部分组成，即计时工资、计件工资、奖金、津贴和补贴、加班加点工资、特殊情况下支付的工资等。有些补贴和福利是计入职工个人的工资总额的。

国家统计局《关于认真贯彻执行〈关于工资总额组成的规定〉的通知》（统制字〔1990〕1 号）对工资总额的计算作了明确解释，各单位支付给职工的劳动报酬以及其他根据有关规定支付的工资，不论是计入成本的还是不计入成本的，不论是按国家规定列入计征奖金税项目的还是未列入计征奖金税项目的，均应列入工资总额的计算范围。

2006 年 11 月，劳动和社会保障部社保中心下发了《关于规范社会保险费基数有关问题的通知》（劳社险中心函〔2006〕60 号）。该通知对缴费基数的核定依据、工资总额的计算口径、计算缴费基数的具体项目、统一缴费基数等问题都作了详细的规定。同时，对不列入缴费基数的项目也进行了具体明确。

（一）计时工资

计时工资是指按计时工资标准（包括地区生活费补贴）和工作时间支付给个人的劳动报酬。其包括：

（1）对已完成工作按计时工资标准支付的工资，即基本工资部分。

（2）新参加工作职工的见习工资（学徒的生活费）。

（3）根据国家法律、法规和政策规定，因病、工伤、产假、计划生育假、婚丧假、事假、探亲假、定期休假、停工学习、执行国家或社会义务等原因，按计时工资标准或计时工资标准的一定比例支付的工资。

(4)实行岗位技能工资制的单位支付给职工的技能工资及岗位(职务)工资。

(5)职工个人按规定比例缴纳的社会保险费、职工受处分期间的工资、浮动升级的工资等。

(6)机关工作人员的职务工资、级别工资、基础工资;工人的岗位工资、技术等级(职务)工资。

(二)计件工资

计件工资是指对已做工作,按计件单价支付的劳动报酬。其包括:

(1)实行超额累进计件、直接无限计件、限额计件、超定额计件等工资制,按人社部门或主管部门批准的定额和计件单价支付给个人的工资。

(2)按工作任务包干方法支付给个人的工资。

(3)按营业额提成或利润提成办法支付给个人的工资。

(三)奖金

奖金是指支付给职工的超额劳动报酬和增收节支的劳动报酬。其包括:

(1)生产(业务)奖:包括超产奖、质量奖、安全(无事故)奖、考核各项经济指标的综合奖、提前竣工奖、外轮速遣奖、年终奖(劳动分红)等。

(2)节约奖:包括各种动力、燃料、原材料等节约奖。

(3)劳动竞赛奖:包括发给劳动模范、先进个人的各种奖金。

(4)机关和事业单位各类人员的年终一次性奖金、机关工人的奖金、体育运动员的平时训练奖。

(5)其他奖金:包括从兼课酬金和业余医疗卫生服务收入提成中支付的奖金,运输系统的堵漏保收奖,学校教师的教学工作量超额酬金,从各项收入中以提成的名义发给职工的奖金等。

(四)津贴

津贴是指为了补偿职工特殊或额外的劳动消耗和因其他特殊原因支付给职工的报酬。其包括:

(1)补偿职工特殊或额外劳动消耗的津贴及岗位性津贴:包括高空津贴、井下津贴、流动施工津贴、高温作业临时补贴、艰苦气象台(站)津贴、微波站津贴、冷库低温津贴、邮电人员外勤津贴、夜班津贴、中班津贴、班(组)长津贴、环卫人员岗位津贴、广播电视天线工岗位津贴、盐业岗位津贴、废品回收人员岗位津贴、殡葬特殊行业津贴、城市社会福利事业岗位津贴、环境监测津贴、课时津贴、班主任津贴、科研辅助津贴、卫生临床津贴和防检津贴、农业技术推广服务津贴、护林津贴、林业技术推广服务津贴、野生动物保护工作津贴、水利防汛津贴、气象服务津贴、地震预测预防津贴、技术监督工作津贴、口岸鉴定检验津贴、环境污染监控津贴、社会服务津贴、特殊岗位津贴、会计岗位津贴、岗位津贴、野外津贴、水上作业津贴、艺术表演档次津贴、演出场次津贴、艺术人员工种补贴、运动队班(队)干部驻队津贴、教练员培训津贴、运动员成绩津贴、运动员突出贡献津贴、责任目标津贴、领导职务津贴、岗位目标管理津贴、专业技术职务津贴、专业技术岗位津贴、技术等级岗位津贴、技术工人岗位津贴、普通工人作业津贴及其他为特殊行业和苦脏累险等特殊岗位设立的津贴。

机关工作人员岗位津贴包括：公安干警值勤津贴、警衔津贴、交通民警保健津贴、海关工作人员岗位津贴、审计人员外勤工作补贴、税务人员的税务征收津贴（包括农业税收）、工商行政管理人员外勤津贴、人民法院干警岗位津贴、人民检察院干警岗位津贴、司法助理员岗位津贴、监察及纪检部门办案人员补贴、人民武装部工作人员津贴、监狱劳教所干警健康补贴等。

（2）保健性津贴：包括卫生防疫津贴、医疗卫生津贴、科技保健津贴、农业事业单位发放的有毒有害保健津贴以及其他行业职工的特殊保健津贴等。

（3）技术性津贴：包括特级教师津贴、科研课题津贴、研究生导师津贴、工人技师津贴、中药老药工技术津贴、特殊教育津贴、高级知识分子特殊津贴（政府特殊津贴）等。

（4）年功性津贴：包括工龄工资、工龄津贴、教龄津贴和护士护龄津贴等。

（5）地区津贴：包括艰苦边远地区津贴和地区附加津贴等。

（6）其他津贴：例如，支付给个人的伙食津贴（火车司机和乘务员的乘务津贴、航行和空勤人员伙食津贴、水产捕捞人员伙食津贴补贴、汽车司机行车津贴、体育运动员和教练员伙食补助费、少数民族伙食津贴、小伙食单位补贴、单位按月发放的伙食补贴、补助或提供的工作餐等）、上下班交通补贴、洗理卫生费、书报费、工种粮补贴、过节费、干部行车补贴、私车补贴等。

（五）补贴

补贴是指为了保证职工工资水平不受物价影响支付给职工的物价补贴。其包括副食品价格补贴，粮、油、蔬菜等价格补贴，煤价补贴，水电补贴，住房补贴，房改补贴等。

（六）加班加点工资

加班加点工资是指对法定节假日和休息日工作的职工，以及在标准工作时间以外延长工作时间的职工按规定支付的劳动报酬。

（七）其他工资

其他工资主要包括附加工资、保留工资以及调整工资补发的上年工资等。

（八）特殊项目构成的工资

特殊项目工资主要包括：

（1）发放给本单位职工的“技术交易奖酬金”。

（2）住房补贴或房改补贴。房改一次性补贴款，如补贴发放到个人，可自行支配的计入工资总额内；如补贴为专款专用存入专门的账户，不计入工资总额统计。

（3）单位发放的住房提租补贴、通信工具补助、住宅电话补助。

（4）单位给职工个人实报实销的职工个人家庭使用的固定电话话费、职工个人使用的手机费（不含因工作原因产生的通讯费，如不能明确区分公用、私用均计入工资总额）、职工个人购买的服装费（不包括工作服）等各种费用。

（5）为不休假的职工发放的现金或补贴。

(6)以下属单位的名义给本单位职工发放的现金或实物(无论是否计入本单位财务账目)。

(7)单位为职工缴纳的各种商业性保险。

(8)试行企业经营者年薪制的经营者,其工资正常发放部分和年终结算后补发的部分。

(9)商业部门实行的柜组承包,交通运输部门实行的车队承包、司机个人承包等,这部分人员一般只需定期上交一定的所得,其余部分归已。对这些人员的缴费基数原则上采取全部收入扣除各项(一定)费用支出后计算。

(10)使用劳务输出机构提供的劳务工,其人数和工资按照"谁发工资谁统计"的原则。如果劳务工的使用方不直接支付劳务工的工资,而是向劳务输出方支付劳务费,再由劳务输出方向劳务工支付工资,应由劳务输出方统计工资和人数;如果劳务工的使用方直接向劳务工支付工资,则应由劳务使用方组计工资和人数。

(11)企业销售人员、商业保险推销人员等实行特殊分配形式参保人员的缴费基数原则上由各地依据国家统计局有关规定根据实际情况确定。

可见,用人单位支付给职工的劳动报酬,不论其经费来源、支付形式、费用列支渠道、是否计入成本、是否国家计征所得税等,都应列入工资总额计算范围。

五、未列入工资总额项目

国家统计局在规定了应列入工资总额项目的同时,也规定了不应列入工资总额的项目。下列项目不计入工资总额,在计算缴费基数时应予剔除:

(1)根据国务院发布的有关规定发放的创造发明奖、国家星火奖、自然科学奖、科学技术进步奖和支付的合理化建议和技术改进奖,以及支付给运动员在重大体育比赛中的重奖。

(2)有关劳动保险和职工福利方面的费用。职工保险福利费用包括医疗卫生费、职工死亡丧葬费及抚恤费、职工生活困难补助、文体宣传费、集体福利事业设施费和集体福利事业补贴、探亲路费、计划生育补贴、冬季取暖补贴、防暑降温费、婴幼儿补贴(即托儿补助)、独生子女牛奶补贴、独生子女费、"六一"儿童节给职工的独生子女补贴、工作服洗补费、献血员营养补助及其他保险福利费。

(3)劳动保护的各种支出。劳动保护的各种支出主要包括工作服、手套等劳动保护用品,解毒剂、清凉饮料,以及按照国务院 1963 年 7 月 19 日劳动部等 7 单位规定的范围对接触有毒物质、矽尘作业、放射线作业和潜水、沉箱作业,高温作业等五类工种所享受的由劳动保护费开支的保健食品待遇。

(4)有关离休、退休、退职人员待遇的各项支出。

(5)支付给外单位人员的稿费、讲课费及其他专门工作报酬。

(6)出差补助、误餐补助,是指职工出差应购卧铺票实际改乘座席的减价提成归已部分;因实行住宿费包干,实际支出费用低于标准的差价归已部分。

(7)对自带工具、牲畜来企业工作的从业人员所支付的工具、牲畜等的补偿费用。

(8)实行租赁经营单位的承租人的风险性补偿收入。

(9)职工集资入股或购买企业债券后发给职工的股息分红、债券利息以及职工个人技术投入后的税前收益分配。

(10)劳动合同制职工解除劳动合同时由企业支付的医疗补助费、生活补助费以及一次性支付给职工的经济补偿金。

(11)劳务派遣单位收取用工单位支付的人员工资以外的手续费和管理费。

(12)支付给家庭工人的加工费和按加工订货办法支付给承包单位的发包费用。

(13)支付给参加企业劳动的在校学生的补贴。

(14)调动工作的旅费和安家费中净结余的现金。

(15)由单位缴纳的各项社会保险、住房公积金。

(16)支付给从保安公司招用的人员的补贴。

(17)按照国家政策为职工建立的企业年金和补充医疗保险,其中单位按政策规定比例缴纳部分。

第四节 职工养老保险个人账户

我国建立和实施职工基本养老保险制度以来,不断深化改革和调整,职工养老保险制度得到了进一步完善。目前,已形成了社会统筹与个人账户[①]相结合的、具有中国特色的职工基本养老保险制度。职工养老保险制度实施社会统筹与个人账户相结合的模式,把职工个人账户提到了基本养老保险制度中十分重要的位置。个人账户是职工在符合国家退休条件,并办理了退休手续后,领取基本养老保险金的重要依据,直接关系到每个职工和退休人员的切身利益。

一、个人账户建立

建立基本养老保险个人账户是我国养老保险制度改革的核心。该账户主要用于记录参保人员个人缴纳的基本养老保险费和从单位缴费中划转记入的基本养老保险费,比较直观地反映了职工工资水平的高低和个人对社会贡献的多少。这对提高劳动效率,调动企业和职工参加养老保险的积极性,加强养老保险基础管理和监督,促进社会保障体系建设发挥了十分重要的作用。

职工个人账户的建立由职工劳动关系所在单位到当地社会保险经办机构办理。各社会保险经办机构为已经参加基本养老保险的职工每人建立一个终身不变的个人账户。个人账户的建立时间,从各地按社会统筹与个人账户相结合的原则建立个人账户时开始;之后新参加工作的人员,从参加工作当月起建立个人账户。

个人账户的主要内容包括姓名、性别、社会保障号码、参加工作时间、视同缴费年限、

① 基本养老保险个人账户,简称个人账户,是按照社会统筹和个人账户想结合的原则,由社会保险经办机构按照国家技术监督局发布的《社会保障号码》(GB 11643—89)或居民身份证号码,为参加基本养老保险的人员建立的账户。该账户用于记录参保人员个人缴纳的基本养老保险费和从单位缴费中划转记入的基本养老保险费(从 2006 年 1 月 1 日起,不再从企业缴纳的养老保险费中划转),以及上述两部分的利息金额。

个人首次缴费时间、当地上年职工平均工资、个人当年缴费工资基数、缴费比例、当年(月)缴费金额、当年缴费月数、当年记账利息及个人账户储存额情况等。

建立职工个人账户,首先应确定一个个人账户的社会保障号码。社会保障号码是社会保险机构为已参加基本养老保险的职工建立的一个终生不变的号码,是我国公民参加社会保险、享受社会保险待遇、实现社会保险权益衔接的唯一标识,是公民拥有社会保障权益的重要标志。

社会保障号码要求全国唯一、终身不变、规则统一。《社会保险法》第五十八条第三款规定:“国家建立全国统一的个人社会保障号码。个人社会保障号码为公民身份证号码。”可见,社会保障号码和居民身份证号码是一致的。1990 年 4 月,国家技术监督局正式颁布了我国公民的《社会保障号码》(GB 11643—89)。

用人单位或个人在办理职工个人养老保险业务时,涉及社会保障号码的,应以个人的居民身份证号码为准。在社会保险系统里,社会保障号码标识不得修改,也无法修改。所以,用人单位或个人在办理社会保险业务时请务必注意这点。

二、个人账户额记入

《山东省企业职工基本养老保险社会统筹和个人账户相结合实施办法》(鲁政发〔1995〕98 号)规定,职工个人账户的基本养老保险费,按职工个人缴费工资的 11%记入,包括两部分,一是职工个人缴费的全部;二是从企业缴费中按个人缴费工资基数的一定比例划转记入的部分。但随着我国职工养老保险制度改革的不断深化完善和个人缴费比例的提高,企业划入的比例相应降低,直至个人账户的资金全部由职工个人缴费形成,企业缴纳的养老保险费不再划入。

(一)个人账户记录比例

1997 年 7 月下发的《国务院关于建立统一的企业职工基本养老保险制度的决定》(国发〔1997〕26 号),规定:“按本人缴费工资 11%的数额为职工建立养老保险个人账户,个人缴费部分全部记入个人账户,其余部分从企业缴费中划入。随着个人缴费比例的提高,企业划入的部分要逐步降至 3%。”

1998 年 8 月下发的《国务院关于实行企业职工基本养老保险省级统筹和行业统筹移交地方管理有关问题的通知》(国发〔1998〕28 号),明确规定从 1998 年 1 月 1 日起,统一按本人缴费工资 11%的数额调整或建立各行业统筹单位职工基本养老保险个人账户,移交前后的个人账户储存额合并计算。

2000 年 12 月,国务院又制定了《关于完善城镇社会保障体系的试点方案》,先行在辽宁省试点,缩小个人账户规模,个人账户从现在的相当于个人工资的 11%降到 8%,完全由个人缴费形成。

2005 年 12 月,《国务院关于完善企业职工基本养老保险制度的决定》(国发〔2005〕38 号)发布,为与做实个人账户相衔接,正式宣布缩小个人账户规模,决定从 2006 年 1 月 1 日起,个人账户的规模统一由本人缴费工资的 11%调整为 8%,全部由个人缴费形成,单位缴费不再划入个人账户。

(二)个人账户基金记账利率

个人账户基金从缴费到退休后支取长达数十年,通货膨胀的风险无法避免。通货膨胀会降低个人账户资金的购买力,造成个人账户资金的贬值,如果不能实现保值增值,个人账户资金的养老保障作用就会受到影响。

《国务院关于建立统一的企业职工基本养老保险制度的决定》(国发〔1997〕26 号)规定,基本养老保险基金结余额,除预留相当于 2 个月的支付费用外,应全部购买国家债券和存入专户,严格禁止投入其他金融和经营性事业。个人账户储存额,每年参考银行同期存款利率计算利息。《国务院关于完善企业职工基本养老保险制度的决定》(国发〔2005〕38 号)规定,国家制定个人账户基金管理和投资运营办法,实现保值增值。根据这一规定,基本养老保险个人账户做实后,其回报率应为投资回报率,而不再根据名义利率来计息。

做实个人账户后,个人账户资金的记账利率不得低于银行定期存款利率,即为个人账户保值增值规定了最低的记账利率。通常情况下,定期存款利率根据年限的不同利率也不一样,一般来说,存款期限越长,利率越高。应尽可能使个人账户对应较长期限的定期利率,以增进参保人员的收益。

养老保险基金个人账户基金利率由两部分组成,一是记账利率,二是银行零存整取利率。其中,记账利率原由各省、自治区、直辖市政府参考银行同期存款利率确定并每年公布一次,现改为由国家统一公布。利率的确定主要参考三个方面:①当地上一年度职工平均工资增长率;②银行的居民定期存款利率;③养老保险基金运营的实际收益。

当年的个人账户记入额,是按照银行居民零存整取存款利率计息。

基本养老保险个人账户资金主要用于退休后养老,不同于普通储蓄,国家决定暂免征收个人账户资金的利息税,充分体现了国家对社会保险事业的支持。

三、个人账户额支用

个人账户资金是职工工作期间为退休后养老积蓄的资金,是基本养老保险待遇的重要组成部分,储存额只能用于职工退休时养老金发放。因此,退休前个人账户资金不得提前支取。职工工作调动时,个人账户全部随同转移。职工或退休人员死亡的,个人账户中的个人缴费部分可以继承,企业缴费部分并入养老保险基金。

一般情况下,养老保险个人账户的支付条件是职工按国家规定办理了退休、退职手续。按照《国务院关于建立统一的企业职工基本养老保险制度的决定》(国发〔1997〕26 号),职工缴费年限满 15 年,符合国家规定退休年龄,享受基础养老金和个人账户养老金,个人账户养老金为个人账户累计储存额除以规定的计发月数,个人账户养老金从个人账户中支付,个人账户储存额已领取完毕时,转由社会统筹基金继续支付,直至死亡。

有下列情形之一的,个人账户额可进行一次性支取:

1.达到退休年龄但不符合退休条件人员个人账户额支取

根据山东省人民政府《关于印发〈山东省统一企业职工基本养老保险制度实施办法〉的通知》(鲁政发〔1997〕109 号)规定,达到退休年龄但不符合退休条件的人员,个人账户储存额一次性支付给本人,并按职工建立个人账户前的缴费年限,每满一年发给本人两个月的指数化月平均缴费工资的养老金、建立个人账户后的缴费年限每满一年发给所在市地上年度一个月的职工平均工资的养老金，一次付清。

2.未达到退休年龄，因病或非因工负伤完全丧失劳动能力，不符合享受定期养老保险待遇人员的账户额支取

原山东省劳动厅《关于贯彻省政府鲁政发〔1997〕109号文件有关问题的通知》（鲁劳发〔1998〕141号）规定，未达到国家规定的退休年龄，因病或非因工负伤完全丧失劳动能力的人员，不符合享受定期养老保险待遇的，其个人账户全部储存额一次性支付给本人，并按统账结合改革前的缴费年限（含视同缴费年限）每满一年发给本人两个月的指数化月平均缴费工资的养老金、改革后的缴费年限每满一年发给所在市地上年度1个月的职工平均工资的养老金，一次付清。

3.出国定居一次性账户额支取

根据《人力资源和社会保障部关于贯彻落实国务院办公厅转发城镇企业职工基本养老保险关系转移接续暂行办法的通知》（人社部发〔2009〕187号），对于参保人员出国定居或到香港、澳门、台湾地区定居的，应按国家有关规定办理终止基本养老保险关系手续，并全额退还个人账户储存额。

4.外派职工取得境外居民身份证后账户额支取

《劳动和社会保障部办公厅关于外派职工在境外工作期间取得当地居民身份证后社会保险关系处理问题的复函》（劳社厅函〔2001〕115号）规定，职工被本单位派到境外工作期间，合法取得当地永久性居民身份证后，职工所在单位应停止为其缴纳社会保险费，及时为其办理终止社会保险关系的手续；社会保险经办机构应当终止其社会保险关系，并根据职工的申请，对参加基本养老保险，且不符合领取基本养老金条件的，将其基本养老保险个人账户储存额退还本人。

职工被派到香港、澳门和台湾地区工作期间合法取得当地永久性居民身份证的，其社会保险关系参照上述办法办理。

5.继承账户额支取

个人账户资金是职工个人工作期间为退休后养老积蓄的资金具有强制储蓄性质，属于个人所有。因此，个人账户养老金余额可以继承。1997年，《国务院关于建立统一的企业职工基本养老保险制度的决定》（国发〔1997〕26号）规定，职工或退休人员死亡，个人账户中的个人缴费部分可以继承。这样规定是因为：在2006年1月1日以前，个人账户是以本人缴费工资11%建立的，其中除了职工本人缴费以外，还有从企业缴费中划转的一部分，而企业缴费不能继承。因此，职工在职期间死亡或退休人员死亡，其个人账户尚有余额的，余额中个人缴费本息可以由继承人继承，并一次性支取。

第五节　职工养老保险关系转移接续

市场经济条件下，劳动力流动成为常态，特别是全国统一的人力资源市场的形成，劳动者跨地区流动就业的规模不断扩大。劳动者在新的就业地参保缴费后，就会形成新的养老保险关系。这就要求不同就业地的养老保险关系必须转移接续起来，从根本上维护

劳动者的切身利益。

2009 年 12 月,《国务院办公厅关于转发人力资源社会保障部 财政部城镇企业职工基本养老保险关系转移接续暂行办法的通知》(国办发〔2009〕66 号)对职工养老保险关系转移接续的基本原则和主要政策进行了明确。随后,针对工作中存在的问题,2016 年 11 月,人社部又下发了《人力资源社会保障部关于城镇企业职工基本养老保险关系转移接续若干问题的通知》(人社部规〔2016〕5 号)等文件通知。

一、职工养老保险关系转移接续范围

参加城镇企业职工基本养老保险的所有人员,包括农民工,在跨统筹区就业时,应转移接续基本养老保险关系。但已经退休领取基本养老保险待遇的人员不再转移基本养老保险关系。

职工退休前,未实时转移基本养老保险关系的,可以补办其转移接续手续。

在同一个养老保险统筹范围内,其职工在新的就业地就业的,不需要办理养老保险关系转移接续手续。

城镇企业成建制跨省转移的,其职工应按规定转移接续养老保险关系。在省级政府主导下的规模以上企业成建制转移,可根据两省协商意见,转移接续其职工的养老保险关系。

二、职工养老保险关系转移接续条件

参保人员在不同地区就业,就会形成新的养老保险关系。原就业地和新就业地的基本养老保险关系必须转移接续,但不是所有在新就业地就业的参保人员都需要转移接续基本养老保险关系。参保人员流动就业,符合下列条件之一的,可以申请办理基本养老保险关系转移接续手续:

(一)男性不满 50 周岁、女性不满 40 周岁

凡是男性满 50 周岁、女性满 40 周岁以前,在新就业地就业参保缴费的,其基本养老保险关系应转移接续到新的就业地。

(二)返回户籍所在地就业参保

凡是返回户籍所在地就业的,不受年龄的限制,其基本养老保险关系应转入其所在的户籍所在地。

(三)经县级以上党委组织部门、人力资源社会保障行政部门批准调动

参保人员经县级以上党委组织部门、人力资源社会保障行政部门批准调动的,且与调入单位建立劳动关系,并缴纳基本养老保险费的,其基本养老保险关系转移接续不受年龄及户籍等条件的限制,应在调入地及时办理基本养老保险关系转移接续手续。

(四)达到待遇领取条件时,基本养老保险关系不在户籍所在地,且其他基本养老保险关系所在地累计缴费年限不满 10 年

按规定,职工达到退休年龄,办理退休手续,达到养老保险待遇领取条件时,基本养老保险关系不在户籍所在地,且其他基本养老保险关系所在地累计缴费年限都不满 10 年

的,按规定,其基本养老保险关系应转移至户籍所在地。

三、职工养老保险基金转移

参保人员跨统筹地区流动就业转移基本养老保险关系时,除转移个人账户储存额外,还需要转移用人单位缴纳的部分养老保险基金,以平衡养老保险统筹地区间的资金负担。

(一)个人账户储存资金(额)转移

参保人员跨统筹地区就业,需接续其基本养老保险关系时,必须转移其个人账户储存资金(额)。

1998 年 1 月 1 日之前已建立个人账户的,按个人缴费累计计算的个人账户的本息转移。转出地和转入地均保留原个人账户记录。

1998 年 1 月 1 日以后,按计入个人账户的全部储存额计算转移资金:

(1)1998 年 1 月 1 日至 2005 年 12 月 31 日期间,个人账户统一按 11%的标准计算转移金额。即个人账户记账比例高于 11%的部分不计算为转移资金,个人账户记录不予调整;低于 11%的,转出地按 11%计算转移资金,并相应调整个人账户记录。

(2)2006 年 1 月 1 日以后,统一按 8%的标准计算转移金额。即 2006 年 1 月 1 日之后个人账户记账比例高于 8%的部分不转移,个人账户记录不予调整;低于 8%的,转出地按 8%计算转移资金,并相应调整个人账户记录。

对当年职工个人缴纳职工养老保险费,只转本金,不转当年应记的利息。职工接续养老保险关系后,由转入地区统一对职工转入当年个人账户的资金记账额一并计息。

没有建立个人账户的无须转移。

(二)统筹基金转移

以本人 1998 年 1 月 1 日后,各年度实际缴费工资为基数,按 12%的总和转移,参保缴费不足 1 年的,按实际缴费月数计算转移资金。

计算方法为:先按本人各年度的缴费工资乘以 12%之后加总,再进行四舍五入,保留小数点后两位。

在转移统筹基金时,属于临时基本养老保险缴费账户的,单位缴费比例超过 12%的,按实际缴费比例计算转移金额;低于 12%的,按 12%计算转移金额。

以个人身份参加城镇企业职工基本养老保险的参保人员,在转移统筹基金时,除记入个人账户的部分外,缴费比例高于或低于 12%的,均按 12%的标准计算转移金额。转移时为临时基本养老保险缴费账户的,缴费比例高于 12%的,按实际缴费比例计算转移金额;低于 12%的,按 12%计算转移金额。

参保人员跨统筹地区流动就业转移的统筹基金,无论是一般账户,还是临时账户,均不计算利息。

四、职工养老保险待遇领取地确定

在整个职业生涯中,大多数参保人员会在不同职工养老保险统筹范围内流动就业和在不同统筹地区参加职工基本养老保险的,当达到领取基本养老保险待遇时,必须确定其养老保险待遇领取地,保证及时享受养老保险待遇,安度晚年。

职工办理退休手续时,应首先确定养老保险待遇领取地。确定养老保险待遇领取地应按照“户籍优先,从长从后”的先后顺序原则。

这里的“户籍”是指职工办理退休手续,达到养老保险待遇领取条件年龄时,那个年龄时间节点上其所在地的户籍。

这里的“优先”是遵循养老保险待遇领取地优先确定。

这里的“从长”是指确定退休职工养老保险待遇领取地时,要遵循累计缴纳养老保险费所在地缴费时间达到“长”10 年的时间。累计缴费时间超过 10 年的,按 10 年计算,而不是按参保缴费地哪个时间最长的计算。

这里的“从后”是指确定职工养老保险待遇领取地时,要遵循退休前最后一个职工参加职工养老保险统筹地的所在地,连同以前曾经在该地参保缴费时间计算累计达到 10 年的最后一个参保缴费地。

按照以上原则和明确的概念含义,跨养老保险统筹地区流动就业的参保人员,达到领取养老保险待遇条件时,按下列规定确定其待遇领取地:

(1)职工基本养老保险关系在户籍所在地的,由户籍所在地负责办理待遇领取手续,享受基本养老保险待遇。

(2)职工基本养老保险关系不在户籍所在地,而在其基本养老保险关系所在地累计缴费年限满 10 年的,在该地办理待遇领取手续,享受当地基本养老保险待遇。

这里强调的是职工在其基本养老保险关系所在地的累计缴费年限满 10 年,可能该职工在其基本养老保险关系所在地只有一次缴费时间段,也可能有 2 次缴费时间段、3 次缴费时间段,甚至更多次的缴费时间段,是将该职工在其基本养老保险关系所在地的所有缴费时间段累计相加,确定其在基本养老保险关系所在地的缴费时间。下同。

(3)职工基本养老保险关系不在户籍所在地,且在其基本养老保险关系所在地累计缴费年限不满 10 年的,将其基本养老保险关系转回上一个累计缴费年限满 10 年的原参保地办理待遇领取手续,享受基本养老保险待遇。

(4)职工基本养老保险关系不在户籍所在地,且在每个参保地的累计缴费年限均不满 10 年的,将其基本养老保险关系及相应资金归集到户籍所在地,由户籍所在地按规定办理待遇领取手续,享受基本养老保险待遇。

职工户籍所在地社会保险经办机构按规定为其办理待遇领取手续,这是职工户籍所在地社会保险经办机构的责任职责。其户籍所地社会保险经办机构不得以职工未在户籍地参保缴费为由,推脱不归集、不予办理待遇领取手续。

这里的缴费年限,既包括实际缴费年限,也包括视同缴费年限。在确定视同缴费年限归属地时,应按下列原则进行确定:

(1)参保人员曾经在机关事业单位和企业工作的视同缴费年限,应确定为当时养老保险统筹地的视同缴费年限。

(2)参保人员在多个统筹地都有视同缴费年限的,应分别确定为各统筹地的视同缴费年限。

五、临时账户建立

参保职工男性年满 50 周岁和女性年满 40 周岁跨养老保险统筹地区流动就业的，应在原参保地继续保留基本养老保险关系，同时在新参保地建立临时基本养老保险缴费账户，记录单位和个人全部缴费。

参保人员在建立临时基本养老保险缴费账户地，按照社会保险法等有关规定，缴纳建立临时基本养老保险缴费账户前应缴未缴的养老保险费的，其临时基本养老保险缴费账户性质不予改变。转移接续养老保险关系时，仍按照临时基本养老保险缴费账户的规定全额转移。

参保人员再次流动就业或在新参保地达到待遇领取条件时，将临时基本养老保险缴费账户中的全部缴费本息转移归集到原参保地或待遇领取地。

对于跨省转移，参保人员在 2010 年 1 月 1 日之前在非户籍所在地（以省为单位）就业参保、2010 年 1 月 1 日之后男性年满 50 周岁和女性年满 40 周岁的，参保人员在中断缴费期间男性年满 50 周岁和女性年满 40 周岁的，参保地不得将其基本养老保险关系调整为临时基本养老保险缴费账户。

男性年满 50 周岁和女性年满 40 周岁的人员，首次参保地为非户籍所在地的，参保地应为其建立临时基本养老保险缴费账户。

参保人员在建立临时基本养老保险缴费账户期间达到待遇领取条件时，原保留基本养老保险关系所在地负责将其临时基本养老保险缴费账户进行归集、归并。其中，只有临时基本养老保险缴费账户的，由户籍所在地负责归集归并，并在办理转入手续的同时进行参保信息登记。

参保人员在建立临时基本养老保险缴费账户期间迁入户籍的，从迁入的次月起将其临时基本养老保险缴费账户调整为基本养老保险关系。

六、多重养老保险关系处理

参保人员流动就业，同时在两地以上存续基本养老保险关系的，在办理转移接续基本养老保险关系时，应按照“先转后清”的原则，由转入地社会保险经办机构与本人协商确定，保留其中一个基本养老保险关系和个人账户，同期其他基本养老保险关系和个人账户予以清理，其个人账户储存额退还本人，相应的个人缴费年限不能重复计算。

2010 年 1 月 1 日后，即《国务院办公厅关于转发人力资源社会保障部财政部城镇企业职工基本养老保险关系转移接续暂行办法的通知》（国办发〔2009〕66 号）实施之后重复领取基本养老金的参保人员，由本人与社会保险经办机构协商确定，保留其中一个养老保险关系并继续领取待遇，其他的养老保险关系应予以清理，个人账户剩余部分一次性退还本人。重复领取的基本养老保险待遇应予退还。本人不予退还的，从其被清理的养老保险个人账户余额中抵扣。养老保险个人账户余额不足以抵扣重复领取的基本养老保险待遇的，从继续发放的基本养老金中按照一定比例逐月进行抵扣，直至重复领取的基本养老保险待遇全部退还。2010 年 1 月 1 日之前，已经领取的基本养老金不再进行清退。

参保人员重复领取职工基本养老保险待遇和城乡居民基本养老保险待遇的，社会保险经办机构应终止并解除其城乡居民基本养老保险关系，除政府补贴外的个人账户余额退还本人。重复领取的城乡居民基本养老保险基础养老金应予退还。本人不予退还的，由社会保险经办机构从其城乡居民基本养老保险个人账户余额或者其继续领取的职工基本养老保险待遇中抵扣。

参保人员在流动就业转移基本养老保险关系时，曾办理一次性预缴养老保险费的，先按规定比例计算转移金额；余额部分由转出地暂时保留封存，待本人达到待遇领取条件时再按有关规定处理。

七、欠费补缴

用人单位和职工应当按照《社会保险法》有关规定参加基本养老保险，依法申报，按时足额缴纳基本养老保险费。对于应保未保或应缴未缴养老保险费的，可补缴应保未保或应缴未缴期间的养老保险费，并且自欠缴养老保险费的次月 1 日起，按日加收万分之五的滞纳金。

1.用人单位与职工存续劳动（人事）关系期间应保未保或应缴未缴养老保险费的

此类情况可补缴应保未保或应缴未缴期间的养老保险费。到达法定退休年龄，已按规定办理退休手续并按月领取基本养老金的退休人员，原则上不再办理补缴。

用人单位和职工按照申报并经参保地社会保险经办机构核定的历年缴费基数和缴费比例补缴基本养老保险费。其中，缴费基数依据本人历年工资收入等因素核定；无法确定本人历年工资收入的，以参保所在市执行的历年养老保险缴费基数的 60%核定；缴费比例按参保地历年养老保险缴费比例执行。补缴完成前，欠费时段个人账户欠缴额不计息；补缴完成后，个人账户储存额开始计息。

对因年度就业人员平均工资公布较晚、养老保险制度改革资金清算、事业单位转企改制等非用人单位和职工原因补缴养老保险费的，不加收滞纳金。

2.欠费单位和职工补缴养老保险费的

此类情况应当由欠费单位向欠费单位参保地社会保险经办机构提出书面申请，并提供补缴人身份证明（身份证或户口簿）和原始档案、劳动合同、用工登记表、工资收入凭据等与补缴事由相对应的证明材料。一次性补缴超过 3 年的，应向补缴地提供由人民法院、审计部门、实施劳动监察的行政部门或劳动人事争议仲裁委员会等出具的，符合规定的法律文书。

相关法律文书是由人民法院、审计部门、实施劳动监察的行政部门或劳动人事争议仲裁委员会等部门在履行各自法定职责过程中形成且产生于一次性缴纳养老保险费之前，不得通过事后补办的方式开具。

3.补缴 2011 年 6 月 30 日前养老保险费

对单位或职工申请补缴 2011 年 6 月 30 日前养老保险费，即《社会保险法》实施前的应缴未缴欠缴养老保险费的，各地按原规定加收滞纳金或利息数额低于《社会保险法》规定按日加收万分之五的，可按就低原则执行。各欠费时段加收的滞纳金，不滚动重复计算。用人单位不得要求职工承担滞纳金。

4.补缴1995年1月1日前养老保险费

对单位或职工申请补缴1995年1月1日前，即《劳动法》施行前，企业原招用的计划内临时工等转招为劳动合同制工人的，在补缴转招前按规定计算为连续工龄期间的养老保险费时，凡符合当时规定[①]的招用临时工条件的，应予以补缴养老保险费。否则，可从1995年1月1日起按规定补缴。

5.妥善处理企业历史欠费问题

历史欠费主要是2019年12月31日前，企业所形成的欠缴职工的养老保险费，有以下两种情形：

(1)2019年12月31日前，企业拖欠养老保险费的，经县级以上人力资源社会保障行政部门批准后，可与社会保险经办机构签订协议，先行缴纳欠费本金及当期应缴数额，滞纳金可在协议期内适当延后缴纳，期限一般不超过两年。协议期内，已缴纳的欠费本金不再产生新的滞纳金。

(2)企业破产欠缴养老保险费的，应当按照规定在破产企业资产变现收入中予以清偿。资产变现清偿后仍有欠费的，对欠费无力清偿部分，在职工个人缴费和企业缴费中应划入职工个人账户部分(含利息)补足后，可由破产企业清算组持法院宣告破产裁定书、企业资产负债情况表等材料，向参保地社会保险经办机构申请核销欠缴的基本养老保险费。经参保地社会保险经办机构同意，市级人力资源社会保障部门审核、财政部门复核后报省级人力资源社会保障行政部门审核，财政部门复核后，经省人民政府批准后可以核销。社会保险经办机构要按规定做好记录，计算参保人员相应的缴费年限。

对于参保人员转移接续基本养老保险关系，存在以前本人欠缴基本养老保险费的，由本人向原基本养老保险关系所在地补缴个人欠费后，再办理基本养老保险关系转移接续手续；同时，原参保所在地社会保险经办机构负责转出，包括参保人员原欠缴年份的单位缴费部分。参保人员本人明确放弃补缴个人欠费的，需本人书面签字确认。本人不补缴个人欠费的，社会保险经办机构也应及时办理基本养老保险关系和基金转出的各项手续，其欠缴基本养老保险费的时间不计算缴费年限，个人欠费的时间不转移基金，之后不再办理补缴欠费。

参保人员(含建立临时基本养老保险缴费账户的人员)跨省流动就业申请开具参保缴费凭证时，转出地社会保险经办机构对有欠费记录的应履行告知义务，在参保人员补缴欠费或明确放弃补缴欠费后履行有关手续后，再开具参保缴费凭证。

不论参保人员是否补缴个人欠费，其单位欠费部分仍由转出地社会保险经办机构负

---

① 当时的规定是指《山东省〈全民所有制企业临时工管理暂行规定〉实施细则》(1990年10月22日，山东省人民政府令第10号)的规定。该实施细则现已废止。按当时的规定，全民所有制企业招用临时工只限于临时性、季节性的生产和工作。企业使用临时工应控制在上级下达的劳动工资计划之内，由所在地县级劳动行政主管部门从当地城镇待业人员中招用。确需从农业人口中招用时，应经市、地劳动行政主管部门批准。临时工的用工期限不得超过1年，并签订劳动合同。一次性临时工作任务，如工期超过一年必须继续使用的，应经原批准招用的劳动行政主管部门同意，并重新签订劳动合同等。

责清理。

跨统筹地区流动就业人员转移接续养老保险关系时，对于符合国家规定一次性缴纳养老保险费超过3年(含)的，转出地应向转入地提供人民法院、审计部门、实施劳动保障监察的行政部门或劳动争议仲裁委员会出具的具有法律效力证明一次性缴费期间存在劳动关系的相应文书。对于2016年11月28日之前，即《人力资源社会保障部关于城镇企业职工基本养老保险关系转移接续若干问题的通知》(人社部规〔2016〕5号)实施前发生的超过3年(含3年)的一次性缴纳养老保险费，转出地社会保险经办机构应当向转入地社会保险经办机构提供书面承诺书。

第六节 职工养老保险待遇领取条件

职工退休是指国家为达到一定劳动年龄或丧失劳动能力的老年职工所规定的一种离开现任工作岗位，安度晚年的一项社会保障制度。《社会保险法》第十六条规定："参加基本养老保险的个人，达到法定退休年龄时累计缴费满十五年的，按月领取基本养老金。参加基本养老保险的个人，达到法定退休年龄时累计缴费不足十五年的，可以缴费至满十五年，按月领取基本养老金。"这就界定了参加养老保险的职工，退休后按月领取养老保险金待遇的条件。只有同时满足这些条件，退休后才能按月领取基本养老保险金，享受养老保险待遇。

一、达到法定退休年龄

参保职工达到法定退休年龄，并且符合其他规定条件的，可办理退休手续，按月领取养老保险待遇。因此，达到法定退休年龄，是退休后领取基本养老金的至关重要的条件。在国家还没有作出统一延迟退休年龄[①]的规定前，目前，我国现行的法定退休年龄仍然是按照国发〔1978〕104号文件[②]及其有关规定执行的。

法定退休年龄可分为正常退休年龄、特殊工种退休年龄、因病退休年龄和政策性退休年龄等。

(一)正常退休年龄

正常退休年龄是指党政机关、群众团体、企业、事业单位的干部，男性年满60周岁，女性年满55周岁，参加革命工作年限满10年的，可以退休；全民所有制企业、事业单位和党政机关的工人，男性年满60周岁，女性年满50周岁，连续工龄满10年的应该退休。

从上述规定中可以看出，女干部和女工人正常退休年龄是不同的，但在企业，有时很

---

① 延迟退休年龄早已纳入了《十四五规划》，二十届三中全会《决定》明确要求"按照自愿、弹性原则，稳妥有序推进渐进式延迟法定退休年龄改革"。预计有关部门会在不久的将来公布具体的延迟退休年龄方案。届时，法定退休年龄将按新的规定执行。

② 国发〔1978〕104号文件是1978年6月发布的《国务院关于颁发〈国务院关于安置老弱病残干部的暂行办法〉和〈国务院关于工人退休、退职的暂行办法〉的通知》。其中在《国务院关于工人退休、退职的暂行办法》规定了职工退休年龄。

难确定哪些女职工属于女干部，哪些女职工属于女工人。是以身份确定女干部或女工人，还是以岗位确定女干部或女工人，不同的地区、不同的单位掌握是不一致的。若以岗位确定女干部或女工人，在一个单位，岗位的调整变动是非常正常的，也比较频繁。另外，在市场经济条件下，职工流动也是再正常不过的事了，工作调整，工作岗位也会随之变动。在整个职业生涯中，女职工的身份也会有所变化。这就进一步增加了女职工退休年龄的不确定性。对此，山东省明确规定，要按照岗位和身份相结合的办法确定企业女职工退休年龄的，具体为：

(1)原干部身份的女职工，退休前在工人岗位工作，达到50周岁时，在工人岗位连续工作已满5年的，其退休年龄按50周岁执行；达到50周岁时，在工人岗位连续工作不满5年的，退休年龄按55周岁执行。如达到55周岁之前，符合在工人岗位连续满5年这一条件时，也可根据本人申请，按其满5年时的实际年龄办理退休。

原干部身份的女职工，曾经在工人岗位工作，但退休前又回到管理岗位工作的，其退休年龄按55周岁执行。

(2)原工人身份的女职工，退休前在管理岗位连续工作满10年的，其退休年龄按55周岁执行；在管理岗位连续工作不满10年的，按50周岁执行。

原工人身份的女职工，曾经在管理岗位工作，但退休前又回到工人岗位工作的，其退休年龄按50周岁执行。

(3)原在国有和县以上集体企业工作期间，基本养老保险费缴费年限(含视同缴费年限)已满10年的女职工，与企业解除或终止劳动关系后，从事个体经营、自由职业及采取灵活方式就业，并继续缴纳基本养老保险费的，在办理退休时，如符合上述规定条件，可按照上述有关规定执行。其从事个体经营、自由职业及采取灵活方式就业期间，根据本人申请，可视同在工人岗位的时间。

(二)特殊工种退休年龄

全民所有制企业、事业单位和党政机关、群众团体的工人，从事井下、高空、高温、特别繁重体力劳动或者其他有害身体健康的工作，男性年满55周岁，女性年满45周岁，连续工龄满10年，并且从事的特殊工种的达到规定年限要求的，应该退休。

从事井下、高空、高温、特别繁重体力劳动或其他有害身体健康的工人，无论现在或过去从事这类工作，凡符合下列条件之一者，均可办理退休：①从事高空和特别繁重体力劳动工作累计满10年的；②从事井下、高温工作累计满9年的；③从事其他有害身体健康工作累计满8年的。

常年在海拔3500米以上高山、高原地区和常年在摄氏零度以下的冷库、生产车间等低温场所工作的工人退休时，可以参照从事井下、高温作业的工人的有关规定办理；常年在海拔4500米以上高山、高原地区工作的工人退休时，可以参照从事其他有害身体健康工作工人的规定办理。

职工过去从事符合规定的特殊工种，原始档案记载清楚，且从事特殊工种的年限累计已符合国家有关规定，退休前调离特殊工种岗位，但仍为企业工人或工作条件与工人相同的基层干部，可按特殊工种办理退休。

职工原在国有企业或集体企业工作且符合特殊工种退休的年限条件，与原单位解除劳动关系后，在从事非公有制经济或失业期间达到退休年龄的，亦可按特殊工种的规定办理退休。在原行业从事某特殊工种，调入新的行业后继续从事这一工种，但新的行业不作为特殊工种对待的，前后不能累加计算。

此规定也适用于工作条件与工人相同的基层干部。

（三）因病退休年龄

党政机关、群众团体、企业、事业单位的干部，男性年满50周岁，女性年满45周岁，参加革命工作年限满10年的，并经劳动鉴定委员会确定，完全丧失劳动能力的，应该退休。

（四）政策性退休年龄

政策性退休主要是国家根据当前和今后一个时期的我国经济运行状况，或服务于当时的国家宏观经济形势，而由国家作出的阶段性的特殊退休年龄规定。政策性退休年龄的时效性比较强，当经济形势发生变化或一个时期国家目标任务实现了，往往政策性退休年龄不再适用。我国有以下提前退休的政策规定：①国务院确定的“优化资本结构”试点城市国有企业职工；②非试点城市列入国家破产项目的破产企业职工；③有压锭任务的国有纺织企业职工；④资源枯竭，关闭破产的矿山职工；⑤中央所属军工、黄金矿关闭破产的企业职工；⑥由企业管理岗位转为工人岗位的女职工；⑦军转干部。

企业职工达到国家规定的正常退休年龄的，应及时办理退休手续。超过正常退休年龄而未办理退休手续的，仍以其达到国家规定的正常退休年龄的时间计发养老保险金。职工到达正常退休年龄或缓退年龄后，单位未及时申报退休的，其养老金从单位正式申报的次月起纳入社会统筹。

二、缴费年限至少满15年

缴费年限满15年，是说缴费年限至少满15年。缴费年限包括视同缴费年限[①]和实际缴费年限，两部分相加之和应确定为缴费年限。

现行基本养老保险制度建立以前，我国企业职工实行的是企业实施退休保障制度，个人不缴费，退休后由企业发放职工退休金。1991年，《国务院关于企业职工养老保险制度改革的决定》（国发〔1991〕33号）规定，基本养老保险基金由企业和职工共同缴纳。1995年，《国务院关于深化企业职工养老保险制度改革的通知》（国发〔1995〕6号）确立了基本养老保险缴费待遇与缴费年限和缴费工资挂钩的制度，同时明确了“实行个人缴费制度前，职工的连续工龄可视同缴费年限”。

《国务院关于建立统一的企业职工基本养老保险制度的决定》（国发〔1997〕26号）颁布后，规定个人缴费年限累计满15年的，退休后按月发给基本养老金；个人缴费累计不满15年的，退休后不享受基础养老保险金待遇，其个人账户储存额一次性支付给本人。这里说的缴费年限满15年，是指缴费年限至少满15年。

---

① 根据原劳动部办公厅印发的《职工基本养老保险个人账户管理暂行办法》（劳办发〔1997〕116号）规定，视同缴费年限是指参保职工实际缴费年限之前的，按照国家有关规定计算的连续工作年限。

按照国家规定，参加职工基本养老保险的个人达到法定退休年龄时，累计缴费不足15年的，可以延长缴费至满15年。对《社会保险法》实施前，即2011年7月1日前参加职工养老保险、延长缴费5年后仍不足15年的，可以一次性缴费至满15年。

参加职工基本养老保险的个人达到法定退休年龄后，累计缴费不足15年，包括延长缴费5年后，仍不足15年，又未一次性缴费至满15年的，可以申请转入户籍所在地居民社会养老保险，享受相应的养老保险待遇。对未转入居民社会养老保险的，个人可以书面申请终止职工基本养老保险关系。社会保险经办机构收到申请后，应当书面告知其转入居民社会养老保险的权利以及终止职工基本养老保险关系的后果，经本人书面确认后，终止其职工基本养老保险关系，并将个人账户储存额一次性支付给本人。

城镇个体工商户等自谋职业者以及采取各种灵活方式就业的人员，男性年满60周岁、女性年满55周岁时，累计缴费年限满15年的，可按规定领取基本养老金。但灵活就业人员已达到退休年龄，但缴费年限(含视同缴费年限)满10年不满15年的个体劳动者，非全日制工作的灵活就业人员，经本人申请，可继续缴费，直至缴费年限满15年，按其实际年龄办理退休。

原以个体工商户和城镇灵活就业人员身份参保缴费、退休前进入企业工作的女职工，在企业的累计缴费年限(含视同缴费年限，下同)满10年的，退休年龄按国家和省对企业女职工的规定(即50周岁)执行；不满10年的，退休年龄按城镇灵活就业人员的规定(即55周岁)执行。原以个体工商户和城镇灵活就业人员身份参保缴费、退休前进入企业工作的女职工，在企业的累计缴费年限(含视同缴费年限)不满10年的，退休年龄可按在企业的累计缴费年限(含视同缴费年限)达到满10年的当月起执行。

需要说明的是，规定最低缴费年限满15年，并不是说缴满15年就可以不缴费了。对职工来说，缴费是法律规定的强制性义务，只要在用人单位就业，就应当按照国家规定缴纳养老保险费。同时，个人享受基本养老金与个人缴费年限直接挂钩，缴费年限越长，缴费基数越大，退休后领取的养老金就越多。

三、延迟退休情形

在国家规定了法定退休年龄的同时，对于一些特殊情况，国家也统一出台了提前退休特殊政策和延迟退休的规定。延迟退休的政策主要有：

1.机关事业单位县处级女干部和具有高级职称的女性专业技术人员可延迟退休

2015年2月，中央组织部、人力资源社会保障部下发了《关于机关事业单位县处级女干部和具有高级职称的女性专业技术人员退休年龄问题的通知》(组通字〔2015〕14号)，明确规定：

(1)党政机关、人民团体中的正、副县处级及相应职务层次的女干部，事业单位中担任党务、行政管理工作的相当于正、副处级的女干部和具有高级职称的女性专业技术人员，年满六十周岁退休。可以本人申请，在年满五十五周岁时自愿退休。

(2)年满六十周岁的少数具有高级职称的女性专业技术人员，因工作需要，经过报批可以延长退休年龄。

2.企事业高级专家延长退休年龄

2019年12月，山东省人力资源社会保障厅下发了《关于进一步规范企事业单位高级专家延长退休年龄有关问题的通知》(鲁人社字〔2019〕242号)，明确规定："企事业单位中在相应岗位从事专业技术工作的副高级及以上高级专家，确因工作需要、身体能够坚持正常工作且具备下列条件之一的，可以申请延退：(一)承担的重要工作(如重点攻关科研项目)和带研究生等任务尚未完成，退休后将对工作带来较大影响的；(二)新学科和特殊专业、重点学科急需的；(三)技术力量薄弱的单位确系工作需要的；(四)在业务上起把关作用或在学科中起带头作用，退休后无人接替的；(五)我省新旧动能转换重大工程"十强"产业领域发展培育新动能、现代管理急需的；(六)其他助推我省乡村振兴、海洋强省等重大发展战略和创新驱动发展战略急需、紧缺的。"

符合申请条件的人员，应当在达到国家规定退休年龄前两个月，由本人向用人单位提出延退的书面申请，用人单位研究同意并填写"延长退休年龄申报表"，报基本养老保险参保地人力资源社会保障行政部门批准。经批准延退的高级专家，延退期限一般为1～3年。对于确需继续延退的，应按程序再次申报延退。高级专家经批准继续延退的，原则上不超过六十五周岁退休。

另外，根据国家和山东省的有关规定，经组织选派的民办高校党委书记、企业在聘高级技师等确因工作需要继续聘用的，按规定程序和权限确定后，可以申请延迟退休；政治上可靠、经营业绩突出的国有企业党委书记(同时任董事长)，以及院士、参事等可以延迟退休。

参保单位和参保职工必须严格执行国家关于职工退休年龄和条件的规定，不得随意降低标准，严禁扩大适用范围。凡是违反国家规定，办理提前或延迟退休、退职的，要追究有关领导和当事人的责任，已办理提前退休、退职的清退回原单位。

四、出生时间认定

按规定，参保职工达到法定退休年龄的，才能办理退休手续，享受养老保险待遇。因此，参保职工的出生时间直接关系到参保职工退休年龄的确定。准确无误地确认参保职工的出生时间是一项非常严格严肃的工作，这直接关系到参保职工的退休问题。

按照《劳动和社会保障部关于制止和纠正违反国家规定办理企业职工提前退休有关问题的通知》(劳社部发〔1999〕8号)规定："对职工出生时间的认定，实行居民身份证与职工个人人事档案相结合的办法。当本人身份证与档案记载的出生时间不一致时，以本人档案最先记载的出生时间为准。"本人身份证与档案记载的出生时间不一致的情形，大都集中在20世纪70年代以前出生的人身上，70年代以后出生的很少，80年代以后的，几乎没有。

"最先记载"四个字非常至关重要。当本人身份证与档案记载的出生时间不一致时，以本人档案"最先记载"的出生时间为准。在个人的档案中，最先记载出生时间的，往往大部分都是个人的入团申请书或应由本人填写的入团志愿书。因此，入团材料记载的出生时间，常常也是判定最早、最先的依据。但具体到每个人身上，也要具体情况具体分析。

如果能够查找到形成时间更早的真实有效的原始户籍档案材料证明，也可以按照管理权限，根据核实情况，认定为实际年龄。

当然了，很多人当初因为上学、入团、入伍、招工等不够年龄，可能存在将自己的年龄填大的情形，以达到顺利上学、入团等目的。那个年代，特别是在农村，家庭或是个人都没有正规户口本。后来，很多人上学、参军入伍、参加工作等，又都根据当时的情况或实际情况来填写自己的出生时间。因此，很可能就会出现自己的出生时间在同一份档案中一处或多处完全不一致的情况。为了防止重复得利，按照公平公正的原则，限制一人多次得利的情况，在办理退休时，人社部门常常会将入学、入伍、入团时填大的年龄认定为最终的档案年龄。

对于职工出生日期的认定，特别是干部职工身份的认定，总体要求是“原则上不改、造假的纠正”，而对于出生日期造假进行纠正和重新认定的基本原则是：公平公正、最先最早、全面取证。从 2015 年以后，按照中央组织部、人力资源社会保障部的统一部署，各个地方、各个单位都要对干部人事档案进行年度核查。各个单位的组织人事部门凡是发现干部职工的个人人事档案与本人的身份证年龄不一致，而且无法调整落实的，都要重新填写个人档案事项确认表。比如年龄不一致的，就要填写单位认定的出生年月确认表，本人对确认表无法出具有力的证明材料的，就只能按照个人档案记载的出生年月进行确认，然后由本人签字，单位党组织盖章。这张确认表就是今后办理退休时年龄应认定的依据。这种情形是在还没有办理退休之前通过档案核查来进行确认的。这是组织行为。

今后，社保部门应以组织人事部门确认的年龄为准，不应再进行年龄确认。但是对于那些离开组织的人员，比如有的人原来是机关事业单位的工作人员、有的是国有企业的职工，他们辞职以后到民营企业去工作的，同样涉及认定出生时间的问题，包括原来的特殊工种工作年限的确认问题。在确认过程中，如果发现档案记载的年龄和本人的身份证年龄不一致的，仍由社保部门进行确认。

每个人的出生日期是客观存在的，是唯一的，不可能存在两个真实、实际的出生日期。严禁随意更改个人出生时间和编造档案。对涂改、伪造职工档案的，除建议所在单位按规定对直接责任人给予行政处分或行政处罚外，对改动的地方，由单位重新取证并经法定公正后方可予以认定。

第七节　职工工龄

职工工龄是职工以工资收入作为生活资料全部或主要来源的工作时间。工龄的长短，标志着职工从事社会劳动时间的长短，在一定程度上，也反映了职工对国家贡献的多少和知识、经验、技术熟练程度等的高低。它是职工享受养老保险待遇的重要条件，是计发养老保险待遇的主要依据。

工龄计算非常复杂，文件规定非常繁多，时间跨度大，是一项政策性非常强的工作。工龄确认正确与否，直接关系到职工的切身利益。

一、工龄认定原则

这里的工龄，是指连续工龄①。计算职工养老保险待遇时，只涉及职工的连续工龄和缴费年限。连续工龄不仅包括在本企业连续工作的时间，而且还应包括前后两个工作单位可以合并计算的工作时间。若没有可以合并的情况，连续工龄就是本企业工龄。

(1)凡无任何理由和原因离职的，离职期间不计算连续工龄，自最后一次回本企业工作的时间算起；经组织调动工作的，其调动前后的工作年限可合并计算为连续工龄。

(2)企业经转让、改组或合并，原有职工仍留在企业工作的，其转让、改组或合并前后的工作时间，均应计算为连续工龄。

(3)因工负伤或患职业病停止工作医疗期间，应全部作为本企业连续工龄计算；疾病或非因工负伤停止工作医疗期间，在 6 个月以内者，应计算为连续工龄；超过 6 个月病愈后工作的，除超过 6 个月的时间不应计算工龄外，其前后的工作时间应合并计算为连续工龄。

(4)转入企业工作的专门从事革命工作者的工作年限及革命军人的军龄，均应计算为连续工龄。

(5)学徒在本企业学习期间，应计算为连续工龄。若临时工、试用人员转为正式职工，其转正前最后一次在本单位工作的时间可与转正后工作时间合并计算为连续工龄。

(6)被剥夺政治权利的，其被剥夺政治权利期间均不计算工龄。其连续工龄应从恢复政治权利之日起计算。

(7)全民和县以上集体单位原固定职工，在未实行企业和职工缴纳基本养老保险费制度之前，按规定计算为连续工工龄的时间视为企业与职工个人缴费年限。

(8)从事特殊工种的职工，实行统账结合前在特殊岗位的工作年限，按规定折算的连续工龄视为同缴年限，但折算后增加的年限最长不得超过 5 年。改革后，从事特殊岗位工作的年限，不再折算工龄。

(9)复员退伍军人、城镇下乡知识青年被招为合同制工人后，其军龄及下乡期间计算连续工龄的年限，可视为缴纳养老保险费的年限，免于补缴养老保险费。

(10)临时性质的工作人员被转招为劳动合同制职工的，其按规定计算连续工龄的年限，应按规定的标准补缴养老保险费。不补缴的，转招前的年限不计算为缴费年限。

二、三类常见人员工龄

常见三类人员的工龄主要是指 1964 年 7 月 1 日以后出生的人员，应涉及视同缴费年限问题常见的三类人员的工龄。1964 年 7 月 1 日以前出生的，一般应于 2024 年 7 月底前到达了法定退休年龄，办理完了退休手续，不再存在工龄确认的情形，并且 1964 年 7 月 1 日以前出生的人员，其工龄确认比较清晰，无精简随父母回乡务农、赤脚医疗、下乡、民

① 连续工龄，是指在职工的工作经历中，一般非本人主观原因间断了一段时间，把这段间断的时间扣除，间断前后两段工作时间合并计算的工龄时间。企业称连续工龄，机关、事业单位称工作年限。实际上，连续工龄和工作年限的含义和作用是相同的。

办教师、亦工亦农、网点待业等难以确认工龄的情形。

视同缴费年限是参保职工实际缴费年限之前的，按国家有关规定计算的连续工作年限。但在实际工作中，全国不同经济类型组织的养老保险制度实行个人缴费时间是不同步的，即使是同一经济组织内，不同地区也是不一样的。因此，视同缴费年限截止日期也是不一致的。

企业职工个人缴费时间。1995年7月，国家要求企业职工养老保险应按照社会统筹与个人账户相结合的原则进行改革。1997年7月，《国务院关于建立统一的企业职工基本养老保险制度的决定》(国发〔1997〕26号)颁布，要求建立统一的企业职工基本养老保险制度，按照社会统筹与个人账户相结合的模式，建立职工基本养老保险个人账户，个人缴费比例最终达到本人缴费工资的8%。但在实际工作中，各省早晚时间是不一样的，早的是1993年开始的，晚的是1998年开始的。而1986年10月，我国国有企业合同制工人已经实行了个人缴费的养老保险制度。

国家机关、事业单位工作人员个人缴费时间参照企业养老保险统账相结合的模式。2014年10月1日，全国统一的机关、事业单位养老保险制度才建立实施，实行个人缴费。以前部分地方已启动了机关、事业单位的养老保险制度。就国家层面来说，2014年10月1日以前的机关、事业单位工作人员的工作时间，应视同缴费年限。

1.临时工[①]工龄

1992年10月，党的十四大提出发展社会主义市场经济。之前，我国实行的是计划经济或有计划的商品经济。当时，企业用工很不规范，大量使用临时工。这就涉及临时工工龄计算的问题。

这里的临时工是指计划内临时工。按照规定，计划外临时工的工作时间一般是不计算为工龄的。

按照国家政策规定，临时工在本单位工作期间被本单位录用为长期工后，其最后一次在本单位当临时工的连续工作的时间，可以与被录用为长期工以后的工作时间合并计算为连续工龄。临时工转为固定工的，其在本单位最后一次当临时工之日为参加革命工作的时间。也就是说，临时工不是在最后一个用人单位录用为长期工或固定工的，而在其他单位被招用为临时工的工作时间是不能计算为工龄的。

全民所有制单位的临时工和集体所有制单位的职工，在"文化大革命"中，经组织动员，曾随同配偶一起下放到五七干校劳动，后从干校回来，被安排到全民单位工作，其在五七干校劳动和去五七干校以前连续工作的时间，可以与现在工作的时间合并计算为连续工龄。

在"文化大革命"中，因冤假错案被辞退的临时工，彻底平反后在全民所有制单位工作的，被辞退前最后一次当临时工的时间可以与在全民所有制单位工作的时间合并计算为连续工龄。

---

① 临时工是计划经计时代的一种用工形式。有计划内临时工和计划外临时工之分。据国家的有关政策规定，计划内临时工是经县以上劳动行政部门批准、被本单位招收的临时用工的一种用工形式。国家承认的临时工是计划内临时工。1995年《劳动法》颁布后，国家实行了全员劳动合同制，临时工这种用工形式便从此退出了历史舞台。

城镇居民经劳动部门批准招用的计划以内的临时工、合同工，在全民或县以上集体所有制单位做临时工、合同工期间应征入伍，退伍后又参加工作的，可将其入伍前最后一次做临时工、合同工的时间与其军龄和退伍后参加工作的时间合并计算为连续工龄。

2.退出现役军人工龄

转业、复员、退伍等军人统称退出现役军人。

退伍义务兵的军龄计算，其入伍时间，从县(市)征兵办公室或人民武装部批准入伍之日起计算；退伍时间，要以批准退出现役之日为准计算军龄。

(1)原城镇户口的退伍义务兵，服役前没有参加工作的，由国家统一分配工作，其军龄和待分配的时间应计算为连续工龄。待分配的时间从报到之日起，原则上不超过一年。

(2)复员退伍军人，回到农村参加农业生产以后，又到企业、事业或国家机关工作时，其军龄应与参加企业、事业或国家机关工作之后的工作时间合并计算为连续工龄。在农村参加农业生产的一段时间不得计算工龄。

(3)转业军人由国家分配到企业、事业或国家机关工作的，在其等待分配工作期间，应计算为连续工龄。

(4)被判刑的军队复员、转业人员，判刑后开除军籍的，其参加工作时间从刑满释放后分配工作之日起重新计算；判刑后保留军籍的，可以将服刑前后的军龄合并计算，其参加工作时间可从第一次参加军队之日起计算。

3.刑事处分人员工龄

刑事处分是指国家审判机关依据刑法的规定，对犯罪分子适用的剥夺其一种权益的强制处分，其范围包括主刑、附加刑以及对外国人适用的驱逐出境。

主刑种类有：管制、拘役、有期徒刑、无期徒刑、死刑。

附加刑种类有：罚金、剥夺政治权利、没收财产。附加刑也可以独立适用。

(1)企业职工因犯罪被判刑，按规定单位应给予其开除公职的行政处分的，无论当时单位是否作出开除公职的书面决定，其工龄均从刑满释放后重新参加工作之日起计算。

职工被判处有期徒刑宣告缓刑执行，仍留在原单位继续工作的，其缓刑期间的工龄或工作年限的计算问题，应根据不同情况对待。没有被剥夺政治权利的，在缓刑期间可以计算连续工龄或工作年限；被剥夺政治权利的，其连续工龄或工作年限应从恢复政治权利后重新计算。

(2)被判刑人员受过开除处分或者刑事处分的，应当从重新参加工作之日起计算工作年限。

(3)被判刑人员受开除留用察看处分，经过考察证明，悔改表现好，正式分配了工作的，他们受开除留用察看处分期间以及受处分前后的工作时间可以合并计算工作年限；如果没有悔改表现，决定予以开除以后又参加工作的，工作年限应从重新参加工作之日起计算。

(4)劳动改造人员刑满后，被批准转招为劳改单位直接就业的，其恢复政治权利后，在该单位就业的时间可计算为连续工龄；未被批准转招为劳改单位就业、被清理或遣送回原籍以后参加了工作的，其在劳改单位就业期间不计算连续工龄。

第八节　职工基本养老金计发

2005 年 12 月 3 日,《国务院关于完善企业职工基本养老保险制度的决定》(国发〔2005〕38 号)下发,决定改革基本养老金计发办法,并要求自发布之日起实施。该决定明确指出:“《国务院关于建立统一的企业职工基本养老保险制度的决定》(国发〔1997〕26 号)实施后[①]参加工作、缴费年限(含视同缴费年限,下同)累计满 15 年的人员,退休后按月发给基本养老金。基本养老金由基础养老金和个人账户养老金组成。退休时的基础养老金月标准以当地上年度在岗职工月平均工资和本人指数化月平均缴费工资的平均值为基数,缴费每满 1 年发给 1%。个人账户养老金月标准为个人账户储存额除以计发月数,计发月数根据职工退休时城镇人口平均预期寿命、本人退休年龄、利息等因素确定。”同时指出:“国发〔1997〕26 号文件实施前参加工作,本决定实施后退休且缴费年限累计满 15 年的人员,在发给基础养老金和个人账户养老金的基础上,再发给过渡性养老金。各省、自治区、直辖市人民政府要按照待遇水平合理衔接、新老政策平稳过渡的原则,在认真测算的基础上,制订具体的过渡办法,并报劳动保障部、财政部备案。

本决定实施后到达退休年龄,但缴费年限累计不满 15 年的人员,不发给基础养老金;个人账户储存额一次性支付给本人,终止基本养老保险关系。

本决定实施前已经离退休的人员,仍按国家原来的规定发给基本养老金,同时执行基本养老金调整办法。”

根据国务院上述决定规定,2006 年 8 月,山东省人民政府下发了《山东省完善企业职工基本养老保险制度实施意见》(鲁政发〔2006〕92 号),决定从 2006 年 1 月 1 日起,山东省实行新的基本养老金计发办法。

一、正常退休人员养老保险金

1998 年 1 月 1 日后参加工作、缴费年限(含视同缴费年限)满 15 年的人员,基本养老金由基础养老金和个人账户养老金组成。国发〔1997〕26 号文件实施前参加工作,国发〔2005〕38 号实施后退休且缴费年限累计满 15 年的人员,在发给基础养老金和个人账户养老金的基础上,再发给过渡性养老金。

(一)基础养老金

基础养老金月标准以退休时上年度省或市在岗职工月平均工资和本人指数化月平均缴费工资的平均值为基数,缴费每满 1 年发给 1%。

$$\text{基础养老金计发办法}=\frac{\text{上年度在岗职工月平均工资}+\text{本人指数化月平均缴费工资}}{2}\times$$

缴费年限(含视同缴费年限)×1%。

本人指数化月平均缴费工资=退休时上年度在岗职工月平均工资×本人平均缴费工

① 《国务院关于建立统一的企业职工基本养老保险制度的决定》(国发〔1997〕26 号)是 1997 年 7 月 16 日下发的。

资指数。

实行指数化计算方法可以体现职工一生为社会所作的贡献，同时使职工退休前历年的缴费工资保值，以维护职工的利益不受损害。

(二)个人账户养老金

个人账户养老金月标准为本人基本养老保险个人账户累计储存额除以计发月数，对退休(退职)年龄不满整年的余数，按一整年计算。

(三)过渡性养老金[①]

过渡性养老金＝本人指数化月平均缴费工资×建账前缴费年限×1.3%。

二、退职人员退职生活费

企业职工中未达到国家规定的退休年龄，但因病或非因工致残，经劳动能力鉴定委员会认定完全丧失劳动能力的人员，经本人申请，可按规定[②]办理退职手续。缴费年限满15年的，按月发给退职生活费。

退职人员生活费的具体标准为：

(1)以退职时上年度省或市在岗职工月平均工资和本人指数化月平均缴费的平均值为基数，缴费每满1年发给1%，同时发给个人账户养老金，月标准为本人个人账户储存额除以国家规定的计发月数。

(2)2006年1月1日后到达退休年龄，但缴费年限累计不满15年的人员，不发给基础养老金；个人账户储存额一次性支付给本人，终止基本养老保险关系。

(3)2006年1月1日前已离退休的人员，仍按国家和省原规定发给基本养老金，同时执行基本养老金调整办法。

国家对职工退休实行公示制度。为维护退休职工的合法权益，进一步规范和严格执行企业职工退休制度，2000年12月27日，山东省劳动和社会保障厅下发了《关于建立企业职工退休审批公示制度的通知》(鲁劳社发〔2000〕351号)，决定实行企业职工退休公示制度。职工正式退休前，应由劳动保障部门或由劳动保障部门委托企业劳资人事部门，在熟悉拟退休人员情况的本企业职工和离退休人员范围内，对拟退休人员的有关情况予以公示。公示内容一般包括拟退休人员的姓名、性别、职务、出生年月、参加工作时间、申报退休类别、拟核准退休的时间、拟核准的养老金数额(见表10-1)等。对于从事特殊工种的，还应包括特殊工种名称和从事特殊工种的累计年限；病退的，包括劳动能力鉴定级别等。公示期一般为10天。公示期内，如发现公示内容与实际情况不符，可向负责审批的劳动保障部门举报。经调查核实后，确有弄虚作假行为的，要立即纠正，并追究有关人员

---

① 随着时间推移，《国务院关于建立统一的企业职工基本养老保险制度的决定》(国发〔1997〕26号)实施前参加工作的退休人员越来越少，过渡性养老金也会逐渐消退。届时，退休人员的养老金只有基本养老保险金，即只有基础养老金和个人账户养老金两部分组成。国发〔1997〕26号决定是1997年实施的。

② 1978年6月2日，国务院颁布了《关于工人退休、退职的暂行办法》。该办法规定不具备退休条件，由医院证明，并经劳动鉴定委员会确认，完全丧失劳动能力的工人，应该退职。退职后，(由企业)按月发给相当于本人标准工资百分之四十的生活费，低于20元的，按20元发给。

的责任。公示期满无异议或虽有异议但调查核实后无问题的，按规定程序办理退休审批手续。

表 10-1 个人账户养老金计发月数表

退休年龄	计发月数	退休年龄	计发月数
40	233	56	164
41	230	57	158
42	226	58	152
43	223	59	145
44	220	60	139
45	216	61	132
46	212	62	125
47	207	63	117
48	204	64	109
49	199	65	101
50	195	66	93
51	190	67	84
52	185	68	75
53	180	69	65
54	175	70	56
55	170		

从上述规定和职工基本养老金计发公式中可以看出，职工退休养老保险待遇水平的高低取决于以下因素：

1.养老保险费缴费基数

用人单位和职工个人缴纳养老保险费的缴费基数越高，也就是缴纳养老保险费时，职工工资总额越高，缴费基数就越高，缴费指数就会越高，个人账户余额也会更多，退休金也就越高；反之，退休金就越低。

在现实生活中，个别用人单位或职工个人只顾眼前利益，往往会选择按最低工资标准缴纳养老保险费，而并未按照实际工资总额为职工缴纳养老保险费。单位多给职工发点工资就行了，职工也往往默认单位这种做法。事实上，这将会导致将来职工退休金也是最低水平的。

2.退休年龄

职工不到 60 岁退休，或 60 岁退休，或超过 60 岁退休，在计算个人账户养老金的时候，所除的计发月数是不同的，其养老保险金的多少也是不同的。退休年龄越大，计发月数越小，个人账户养老金可能算起来会略高一些。

3.上年度在岗职工月平均工资

本地区在岗职工月平均工资水平与当地的经济发展水平密切相关。一般来说，经济越发达的地区，其职工在岗月平均工资水平就越高，养老保险金水平也就越高；反之，养老保险金水平就越低。

4.缴费年限

缴纳养老保险费年限，包括视同缴费年限，会直接影响退休后的养老金待遇。缴费年限越长，其职工退休后领取养老保险金就越高；反之，领取养老保险金就越低。缴纳养老保险费是15年，还是20年，以及30年，其退休时，领取养老保险金的多少是不一样的。缴费年限满15年只是享受养老金的最低年限要求。

国家鼓励用人单位和职工多缴多得。现行的养老金计算办法计算养老金是随着缴费年限的延长而提高的。缴费年限长，计算的比例就大，基本养老金就越多。

5.个人账户利率

影响个人账户养老金高低的最后一个重要因素是个人账户记账利率的高低。从2016年开始，由国家统一公布个人账户利率，各省市全部实行统一个人账户利率。2016年是8.31%，2017年是7.12%，2018年是8.29%，2019年是7.61%，2020年的利率为6.04%……这样高的记账利率，远远超过了银行定期的存款利率，甚至超过了人们投资理财的利率。

对于同一个地区范围内的退休人员来说，上年度在岗职工月平均工资、个人账户的记账利率、退休年龄等三因素情况是一样的。因此，同一个地区的退休人员个人退休待遇水平的高低，实际上仅取决于单位和职工个人退休前缴费的多少和缴费时间的长短。退休前缴费越多，退休后养老保险待遇水平就越高；反之，退休前缴费越少，退休后养老保险待遇水平就越低。退休前缴费时间越长，退休后养老保险待遇水平就越高；反之，退休前缴费时间越短，退休后养老保险待遇水平就越低。这是符合国家鼓励用人单位和职工多缴多得、长缴多得基本原则的。

养老保险待遇确定后，国家几乎每年都对职工基本养老保险金标准进行调整，使广大退休人员充分享受到国家改革开放和社会经济发展的成果。调整养老保险金往往采取定额调整、挂钩调整和适当倾斜等“三结合”的办法。一是定额调整，主要体现社会公平和制度统一性，企业和机关事业单位退休人员实行统一的调整标准，每年每人统一一个绝对数增加退休金。二是挂钩调整，主要体现效率和激励，体现多缴多得、长缴多得：①常常与本人基本养老金多少挂钩，按个人基本养老保险金的一定比例增加。②与缴费年限挂钩，将不同的缴费年限划分为不同时间段，每一个时间段，增加的养老保险金额度是不同的。缴费年限长的时间段，增加养老保险金的额度就高；反之，就少。③适当倾斜，主要是向高年龄的退休人员倾斜，退休人员年龄越高越大，每人每月增加的养老保险金就多些；反之，就少些。另外，国家还会综合考虑不同年龄、不同情况的退休人员以及以往倾斜的程度等不同的因素，对属于不同情况的退休人员，会再适当增加一定数额的养老金。

三、养老金社会化发放

基本养老金社会化发放是指职工退休后，其基本养老保险金由养老保险基金各统筹地区的社会保险经办机构直接委托银行、邮局等社会服务机构发放，与原单位完全脱钩。养老金社会化发放是大势所趋。目前，仍由原行业统筹企业经办机构组织发放或由企业退休人员管理组织代发养老金的，要立即进行调整和规范，改由社会保险经办机构直接委托社会服务机构发放。为此，2001 年 12 月，《劳动和社会保障部办公厅关于进一步规范基本养老金社会化发放工作的通知》(劳社厅发〔2001〕8 号)，对养老金社会化发放的有关问题进行了明确。

(一)养老金集中发放日期

职工退休后，应按月发放其退休养老金。每月基本养老金开始发放的日期一般应定于 5 日至 25 日之间，具体日期由各地社会保险经办机构确定。济南市的养老待遇到账时间为每月的 20 日，遗属待遇到账时间为每月 15 日。

(二)养老金领取资格认证

各级社会保险经办机构应当定期对参加基本养老保险的离退休人员领取基本养老金的资格进行核查。

在国内异地居住的离退休人员，每年向负责支付其基本养老金的社会保险经办机构提供一次居住地公安机关出具的居住证明；出国定居的离退休人员，每年向负责支付其基本养老金的社会保险经办机构提供一次由我国驻该国使领馆出具的居住证明(未与我国建立外交关系的国家，由当地公证机关出具)。

(三)暂停养老金的情形

离退休人员发生下列情形之一，社会保险经办机构应停发或暂时停发其基本养老金：

(1)无正当理由，不按规定提供本人居住证明或其他相关证明材料的。

(2)下落不明超过 6 个月，其亲属或利害关系人申报失踪或户口登记机关暂时注销其户口的。

(3)被判刑收监执行的。

(4)法律、法规规定的其他情形。

发生以上第(1)(2)(4)项情形的离退休人员，经社会保险经办机构确认仍具有领取基本养老金资格的，应从停发之月起补发并恢复发放基本养老金；发生以上第(3)项情形的离退休人员，服刑满后可按服刑前最后一次领取的标准继续发给基本养老金。

(四)冒领养老金的处理

对弄虚作假，违规办理离退休手续的人员，社会保险经办机构应立即停发基本养老金，并限期收回或从其以后应领取的基本养老金中逐步扣除已经冒领的金额；离退休人员死亡后，其亲属或他人冒领基本养老金的，社会保险经办机构应责令冒领者退还冒领金额，劳动保障行政部门依法给予处罚；对拒不退还冒领金额者，社会保险经办机构可向人民法院申请强制执行。《社会保险法》第八十八条明确规定：“以欺诈、伪造证明材料或者其他手段骗取社会保险待遇的，由社会保险行政部门责令退回骗取的社会保险金，处骗取金额二倍以上五倍以下的罚款。”

(五)退休人员去世后养老保险待遇处理

已纳入社区管理的企业离退休人员死亡后，其亲属和户籍所在地(或常年居住地)的街道社区服务组织要在 7 日内向负责支付其基本养老金的社会保险经办机构报告；尚未纳入社区管理的企业离退休人员死亡后，其亲属要在3日内向死亡者原单位报告，原单位应在4日内向社会保险经办机构报告；异地居住的离退休人员死亡后，其亲属要在7日内向负责支付其基本养老金的社会保险经办机构报告。社会保险经办机构在接到报告，并审核死亡证明材料有效后，应及时办理支付丧葬补助等费用的手续，同时终止死亡离退休人员的基本养老保险关系。

第九节 职工死亡丧葬补助费和供养直系亲属

企业职工或离退休人员因病或非因工死亡后，为妥善处理善后事宜和解决其生前供养直系亲属的生活问题，国家制定出台了相关政策，明确规定了职工或离退休人员死亡后，其供养直系亲属的范围、条件以及其死亡丧葬补助费和其供养直系亲属费用的列支渠道和开支标准。

一、丧葬补助费标准

企业职工或离退休人员逝世后，不分职务级别，丧葬补助费的标准为每人1000元，包干使用，节约归家属，资金按原渠道列支。

二、供养直系亲属范围

供养直系亲属是指其主要生活来源依靠职工或离退休人员供给的直系亲属。

1.供养直系亲属范围

(1)死亡职工或离退休人员的直系亲属。

(2)其直系亲属必须是由职工或离退休人员生前供养的。

凡符合上述两个条件的，才能确定为是供养直系亲属。如果直系亲属有收入，不依靠或不主要依靠其死亡职工生前的工资或离退休人员生前的养老金来维持基本生活的，则不能列为供养直系亲属。

2.供养直系亲属必须符合下列条件之一

(1)祖父、父亲、丈夫，年满60周岁或完全丧失劳动能力的。

(2)祖母、母亲、妻子未从事有劳动报酬工作的。

(3)子、女(包括养子女、前妻或前夫所生子女、遗腹子)，弟、妹(包括同父异母或者同母异父的弟妹)，年未满16周岁，以及虽满16周岁，其父死亡或继续在中学学习的。

(4)孙子、孙女，年未满16周岁，其父死亡或完全丧失劳动能力、其母未从事有报酬工作的。

(5)自幼依靠他人抚养长大，现抚养人男性年满60周岁或完全丧失劳动能力，女性未从事有固定劳动报酬工作，依靠其本人供养且共同居住的，也可以列为供养直系亲属。

三、供养直系亲属生活困难补助标准

2018年11月，山东省人力资源社会保障厅、山东省总工会等3部门下发了《关于调整企业职工因病或非因工死亡后供养直系亲属生活困难补助标准的通知》(鲁人社发

〔2018〕56号)，决定自2018年10月1日起，调整企业职工遗属生活困难补助标准：

(1)企业职工(含离退休人员)因病或非因工死亡，符合领取遗属生活困难补助条件的供养直系遗属，每人每月补助标准按企业所在地调整为三类：530元、480元、430元。具体如表10-2所示。

表10-2 山东省企业职工遗属生活困难补助标准 单位：元/(月·人)

地区	标准
济南市：历下区、市中区、槐荫区、天桥区、历城区 青岛市：市南区、市北区、黄岛区、崂山区、李沧区、城阳区、即墨区 淄博市：淄川区、张店区、临淄区 东营市：所辖县(区) 烟台市：芝罘区、福山区、牟平区、莱山区、龙口市、莱州市、蓬莱市、招远市 潍坊市：潍城区、寒亭区、坊子区、奎文区、诸城市、寿光市 威海市：所辖市(区)	530
济南市：长清区、章丘区、平阴县、济阳县、商河县 青岛市：胶州市、平度市、莱西市 淄博市：博山区、周村区、桓台县 枣庄市：市中区、滕州市 烟台市：莱阳市、栖霞市、海阳市、长岛县 潍坊市：青州市、安丘市、高密市、昌邑市、临朐县、昌乐县 济宁市：任城区、兖州区、曲阜市、邹城市、微山县 泰安市：泰山区、新泰市、肥城市 日照市：所辖县(区) 莱芜市：所辖区 临沂市：兰山区、罗庄区、河东区 滨州市：滨城区、邹平市、博兴县	480
淄博市：高青县、沂源县 枣庄市：薛城区、峄城区、台儿庄区、山亭区 济宁市：鱼台县、金乡县、嘉祥县、汶上县、泗水县、梁山县 泰安市：岱岳区，宁阳县、东平县 临沂市：沂南县、郯城县、沂水县、兰陵县、费县、平邑县、莒南县、蒙阴县、临沭县 德州市：所辖县(市、区) 聊城市：所辖县(市、区) 滨州市：沾化区、惠民县、阳信县、无棣县 菏泽市：所辖县(区)	430

(2)中华人民共和国成立前参加革命工作职工的遗属补助标准，在补助标准的基础上提高20%。

(3)职工遗属为孤寡一人者，在补助标准基础上提高10%。

(4)兼有(1)(2)两项情况的，在补助标准基础上提高30%。

这次调整遗属生活困难补助所需资金，已纳入基本养老保险社会统筹的，从统筹基金中列支；未纳入社会统筹的，从原渠道列支。

第十节 退休人员社会化管理

对企业退休人员实行社会化管理，是健全完善我国社会保障体系的重要内容，也是建立社会主义市场经济体制的必然要求。

企业退休人员社会化管理服务，要求职工办理退休手续后，其管理服务工作与原企业分离，养老金实行社会化发放，人员移交所在的街道和社区，实行属地管理，由社区服务组织提供相应的管理服务。因此，职工退休后与原企业分离是社会化管理服务的本质，既有利于减轻企业负担，使企业平等参与市场竞争，又能使退休人员晚年生活得到组织管理和服务上的保障，解除退休人员生活的后顾之忧。

2019 年 3 月，《中共中央办公厅国务院办公厅印发〈关于国有企业退休人员社会化管理的指导意见〉的通知》（厅字〔2019〕19 号），要求全面深化国有企业改革，加快剥离国有企业办社会职能和解决历史遗留问题。平稳有序推进国有企业退休人员社会化管理工作，为国有企业公平参与市场竞争创造条件，积极推进企业退休人员社会化管理服务工作。该通知明确了总体要求、主要任务、政策措施、组织保障等有关实行退休人员社会化管理的问题。2019 年 12 月，山东省委办公厅、山东省人民政府办公厅印发了《山东省贯彻落实〈关于国有企业退休人员社会化管理的指导意见〉实施方案的通知》（鲁厅字〔2019〕90），结合山东省实际，制定了具体实施方案。

一、完善管理服务功能

通知要求地方党委和政府结合当地实际，赋予街道和社区党组织、社会化管理服务机构相应职权及资源手段，按照职责任务配备工作力量，加强经费保障，为退休人员提供学习场所和各类管理服务资源，提高街道和社区管理服务能力。确定街道和社区国有企业退休人员社会化管理服务工作的主要内容。推行首问负责制、一窗受理、全程代办、服务承诺等制度，为国有企业退休人员提供优质高效服务。

地方政府要采取有效措施，加强远离城市独立工矿区和国有企业退休人员居住集中区的社会管理职能建设，为国有企业退休人员社会化管理服务提供组织保障。

整合社会资源，调动各方面积极性，大力发展居家社区养老服务，推进居家为基础、社区为依托、机构为补充、医养相结合的养老服务体系建设。充分利用现代化信息手段，多渠道、多方式为国有企业退休人员提供社会化服务。

二、社会保障管理服务有效衔接

国有企业退休人员实行社会化管理后，各类社会保障待遇要按时足额支付。

已参加基本医疗保险的国有企业退休人员，按规定继续享受养老保险待遇。基本医疗保险未纳入地方管理的国有企业退休人员，相关企业和地方协商做好其医保关系转移衔接工作。国有企业退休人员原享受的补充医疗保险、医疗互助帮困等相关待遇仍按原渠道解决，确保待遇水平不降低。

三、做好组织关系转移接收

国有企业退休人员中的党员的组织关系转入所在的街道和社区党组织。

国有企业党组织要与退休人员所在的街道和社区党组织密切衔接，跟进做好党组织关系接转和有关服务工作，并在党员接转组织关系前负有管理责任。

加强街道和社区党组织建设，做好国有企业退休人员党组织关系接转工作，及时将国有企业退休人员中的党员编入党支部。

四、人事档案实行属地集中管理

国有企业退休人员的人事档案移交属地，实行集中统一管理，由地方党委和政府指定单位做好档案管理工作。

档案移交后，退休人员人事档案管理部门应按照有关规定认真做好档案提供利用工作，并实现档案服务数字化、便捷化。

国有企业退休人员中由中央管理的领导人员人事档案暂不移交。

五、分类处理统筹外费用

按照新人新办法、老人老办法、统筹兼顾、逐步消化的原则，妥善解决国有企业退休人员统筹外费用问题。

地方国资监管部门、中央企业集团公司要统筹考虑企业年金实施等情况，分别加强对所监管企业、所属企业分类处理退休人员统筹外费用的审核把关、监督检查，严肃财经纪律，严禁借机巧立名目，违规提高福利待遇，严格规范资产管理，坚决防止国有资产流失。

国有企业对退休人员现有统筹外费用进行认真清理、分类处理，不再新增统筹外项目，原则上不再提高发放标准。已实施企业年金的企业，不再发放统筹外费用。

对符合有关规定的现有退休人员统筹外费用，国有企业可一次性计提，按现有方式发放；在条件允许情况下，企业经与退休人员协商一致，也可参考所在城市人口平均预期寿命一次性支付。

对企业自行发放的现有退休人员统筹外费用，由企业按现行途径妥善处理。

国有企业要采取一定过渡期办法，在加强对职工工资福利统一规范管理的基础上，逐步减少新办理退休人员的统筹外费用，过渡期原则上不超过 3 年。过渡期满后办理退休的人员，按照企业所在地设区的市级以上政府有关规定应享受的待遇，由企业一次性支付，企业不再发放统筹外费用。

六、落实资金保障

按照阶段支出、分级负担原则，地方各级财政部门要将中央和地方国有企业退休人员由街道和社区实行社会化管理服务的经费纳入财政预算管理，予以必要保障。国有企业不承担移交后的退休人员社会化管理服务费用。

对于2020年前完成国有企业退休人员社会化管理的省(自治区、直辖市),中央财政视地方接收中央企业退休人员情况,采取适当方式予以一定支持。

七、资产无偿划转

国有企业现有专用于退休人员的服务场所、活动场所、设施设备等,能够移交的,经国有企业集团审核批准后,无偿划转给街道和社区。国有企业退休人员居住较为集中,现有专用于退休人员的服务活动场所确实难以分割划转的,国有企业可与街道社区协商采取调换等方式妥善处理。国有企业没有专用于退休人员的服务活动场所的,街道和社区不应要求国有企业新建或提供新建所需资金。划转后的资产由街道或社区负责管理维护并向社会开放,继续用于退休人员管理服务,优先开展养老服务项目。

随着企业办社会职能的逐步分离和移交以及社区建设的发展,今后,所有的企业退休人员都将由街道和社区进行管理服务,实现退休人员社会化管理。

第十一章

长期护理保险

长期护理保险是我国为了应对人口老龄化而新建立的一项社会保险制度，是实施积极应对人口老龄化国家战略的重要内容。随着我国越来越严重的老龄化，国家对长期护理保险制度的建立和发展会越来越重视，有望成为继养老、医疗、失业、工伤、生育等5项社会保险之后的第6项社会保险制度。这对我国有效地解决社会老龄化问题，保持社会的和谐稳定具有重要现实意义。

第一节　长期护理保险制度试点建立

人口老龄化问题已成为世界普遍的现象，尤其我国，自进入21世纪以来，人口老龄化问题日益凸现，老年人口规模庞大，老龄化速度快，高龄化、空巢化越来越严重，老年抚养比大幅上升，养老负担加重。如何有效地解决和化解这一世界性的难题，成为国家、社会面临的新课题。在这一背景下，一项新的社会保险制度——长期护理保险制度应运而生。建立长期护理保险制度已经成为我国应对人口老龄化的重要措施之一。

一、长期护理保险制度初探

就全国而言，我国是2000年进入老龄化社会①的。但我国幅员辽阔，东西南北差别很大，社会经济发展水平很不平衡，人口年龄构成状况迥异。因此，各地进入老龄化社会的具体时间进度是不同的。在国家确定开展长期护理保险制度试点之前，部分省、市、区已经积极探索建立长期护理保险了。

2006年12月，《中共中央、国务院关于全面加强人口和计划生育工作统筹解决人口的决定》(中发〔2006〕22号)明确要求“探索建立老年服务志愿者、照料储蓄、长期护理保险等社会化服务制度”；要求“有条件地方，可建立政府、集体和社会共同参与的养老服务机构”；“对生活不能自理的农村计划生育家庭老年父母，按规定提供适当补助”。这是国家官方文件首次提出“长期护理保险”概念。从此，我国各地开始积极探索长期护理保险

---

①　2000年11月1日，我国开展了第五次全国人口普查。据统计，2000年，我国60岁及以上人口达到1.3亿，占全国总人口的10.3%；65岁以上人口8821万，占全国总人口的7%。按照国际标准，这表明我国已是老龄化社会了。国际上通行的人口老龄化标准是，一个国家或地区60岁及以上的人口占总人口的比例达到或超过10%，或者65岁及以上人口占总人口的比例达到或超过7%，表示其所在的国家或地区已进入轻度老龄化社会；60岁及以上的人口占总人口的比例达到或超过20%，或者65岁及以上人口占总人口的比例达到或超过14%，表示其所在的国家或地区已进入中度老龄化社会；60岁及以上的人口占总人口的比例达到或超过30%，或者65岁及以上人口占总人口的比例达到或超过21%，表示其所在的国家或地区已进入重度老龄化社会。

制度的建立。

2008年1月,民政部、全国老龄委办公室、劳动和社会保障部、财政部等10多个部门联合下发了《关于全面推进居家养老服务工作的意见》(全国老龄办发〔2008〕4号),要求“整合资源,在城市社区和大部分农村乡镇建设综合性居家养老服务中心、居家养老服务站点等基础性服务设施,大力推动专业化的老年医疗卫生、康复护理等服务项目的开展……对生活不能自理的老人,则采取派专人上门包护,满足老年人生活照料、医疗护理、心理慰藉等多种需求”。这些要求完全符合长期护理保险对定点护理机构申请条件的规定,具备长期护理保险的性质,仅是主管部门不同。文件下发后,各地加快推进相关工作,资金投入力度稳步扩大,成效明显。这应是我国长期护理保险雏形。

2012年7月,青岛市在全国率先启动探索建立长期护理保险制度,当时称“长期医疗护理保险制度”。1987年,青岛市即步入老龄化社会,比全国提前了13年,比山东省全省提前了7年。早在2011年,山东省青岛市市南区人民医院就试点医疗专护病房,为失能和半失能的老年病人提供24小时的医疗护理与生活照料,形成了具有医疗保险保障的医养结合模式。市南区人民医院专护病房入住老人均由执业医师、护士提供24小时的医疗护理诊治与生活照料。这是建立长期护理保险制度的初步探索。2012年7月,青岛市出台了《关于建立长期医疗护理保险制度的意见(试行)》,正式实施长期护理保险制度。并根据参保患者不同的护理服务需求,设定了四种医疗护理模式:一是依托二、三级医院建立的“专护”模式;二是依托社区护理院建立的“院护”模式;三是依托社区医疗机构实施登门服务的“家护”模式;四是依托乡镇卫生院和村卫生室建立进门入户的“巡护”模式。随后,长春市于2015年5月,启动了“失能人员医疗护理保险”制度;南通市于2015年10月,经过多方论证,政府颁布了《关于建立基本照护保险制度的意见(试行)》,决定于2016年1月1日起,在南通三个辖区(崇川区、港闸区、市经济技术开发区)正式推出基本照护保险制度。各地对长期护理保险的叫法不统一,但都是长期护理保险试点的先行市。

二、长期护理保险制度试点

我国重大制度改革,特别是社会保险制度改革几乎都是先行试点,积极探索,待取得经验后再逐步推广扩大,直至全面实施。长期护理保险制度也不例外,先行试点。

2016年6月份,《人力资源社会保障部办公厅关于开展长期护理保险制度试点的指导意见》(人社厅发〔2016〕80号)发布,决定在河北、吉林、山东、广东等14省的15个市进行全国长期护理保险试点工作。试点期限为1~2年[①],利用2年试点时间,积累经验,力争在“十三五”期间,基本形成适应我国社会主义市场经济的长期护理保险制度的政策框架。试点阶段,长期护理保险制度原则上主要覆盖职工基本医疗保险参保人群。保障范围以长期处于失能状态的参保人群为保障对象,重点解决重度失能人员基本生活照料和

① 当时,人力资源社会保障部办公厅确定的试点期限为1~2年,即最晚到2018年6月底前结束试点。但2018年,国家机构改革,此项工作职能划转给了新成立的国家医疗保障局。2020年9月,《国家医保局 财政部关于扩大长期护理保险制度试点的指导意见》(医保发〔2020〕37号)扩大了试点范围,新增了14省的14个试点城市,并要求新增试点城市的试点工作于2020年年内启动实施,试点期限仍为2年。实际上,长期护理保险制度试点有望在2024年结束。

与基本生活密切相关的医疗护理等所需费用。可通过优化职工医保统账结构、划转职工医保统筹基金结余、调剂职工医保费率等途径筹集资金，并逐步探索建立互助共济、责任共担的长期护理保险多渠道筹资机制。根据护理等级、服务提供方式等制定差别化的待遇保障政策，对符合规定的长期护理费用，基金支付水平总体上控制在70%左右。

按照国家统一部署，全国各地积极开展长期护理保险制度的试点工作。在制度框架、政策标准、运行机制、管理办法等方面进行了有益探索，取得了初步成效。在总结各地试点工作经验的基础上，国家决定进一步深入扩大推进长期护理保险制度试点工作范围，2020年9月，《国家医保局 财政部关于扩大长期护理保险制度试点的指导意见》（医保发〔2020〕37号）下发，扩大了长期护理保险试点范围，并细化了长期护理保险基本政策、享受长期保险待遇条件，允许引入社会力量参与长期护理保险经办服务，其经办服务费可按比例或定额可从长期护理保险基金支付。

三、统一完善长期护理保险制度

我国长期护理保险制度经过8年的试点，到2024年已基本结束了试点工作。通过试点，获得了大量的第一手资料，取得了丰富的经验，成效显著。在2024年全国医疗保障工作会议上，国家医疗保障局要求按照党中央、国务院决策部署，推动建立长期护理保险制度，妥善做好从试点到全面推进的准备工作。现有试点城市要限期向国家模式转轨统一。这就意味着在国家层面，2024年内要完成长期护理保险制度试点工作，开始进入全国性的长期护理保险制度统一完善时期。

（一）统一失能评估标准流程

在全国试点阶段，国家层面已明确了长期护理保险政策的基本框架和基本内容，但具体实施范围、基金筹集渠道、待遇保障项目和标准、基金管理制度和会计核算制度等，全国还没有统一明确。因此，在我国长期护理保险制度后试点阶段，国家已经开始着手建立完善统一的全国长期护理保险制度。这项制度内容的统一首先是从统一全国失能等级标准和失能等级评估流程开始的，逐步实现全国长期护理保险政策的统一，进一步完善了我国长期护理保险制度。

失能是参保人员获得长期护理保险待遇的前提条件。失能等级评估是一项基础性、前提性的工作。2021年7月，《国家医保局办公室 民政部办公厅关于印发〈长期护理失能等级评估标准（试行）〉的通知》（医保办发〔2021〕37号）下发，要求在全国范围内，自《通知》下发之日起2年内统一失能等级标准。

1.统一设置失能指标体系

依据失能等级评估标准，对评估参保失能人员的日常生活活动、认知、感知与沟通等方面的能力丧失程度的分级进行评估，共设计了一级指标3个、二级指标17个，其中日常生活活动能力包括10个、认知能力包括4个、感知与沟通能力包括3个。

2.统一评估实施

对评估主体、评估对象、评估地点、评估流程等提出了明确的要求。评估主体必须是长期护理保险定点专职评估机构及其评估人员，或符合试点地区医保部门相关规定的、具备相应资质的评估机构及评估人员，且符合国家医疗保障局《长期护理保险失能等级评估机构管理办法》（见医保发〔2024〕13号文件）条件要求等；评估对象是提出评估申请、符合试点地区医保部门相关规定并通过受理审核的长期护理保险参保人员；评估地点要按照就近便利原则，现场评估地点安排在评估对象现居住地或其所在养老服务机构、医疗机构等。评估流程主要包括评估申请、受理审核、现场评估、复核与结论、公示与送达等环节；现场评估过程中，至少2名评估人员开展评估，至少1名评估对象的监护人或代理人在场，并进行全过程影像记录。

3.统一评估结果运用

长期护理失能等级确定后，按规定向评估对象出具评估结论，评估结论是享受长期护理保险待遇的依据。符合待遇享受条件的，根据护理需求，选择护理服务方式、定点护理服务机构等，接受护理服务，享受相应待遇。

4.统一长期护理保险标准操作流程

2023年12月，国家医疗保障局、财政部又下发了《长期护理保险失能等级评估管理办法（试行）》（见医保发〔2023〕29号文件），进一步明确了失能等级评估的基本原则、定点评估机构的职责要求、评估人员的条件标准、评估操作流程、监督管理等内容。向全国统一的长期护理保险制度又迈出了坚实的一步。

（二）统一规范失能等级评估机构评估行为

失能评估机构作出的失能等级评估结果直接关系到失能参保人员是否享受长期护理保险待遇和享受什么样的长期护理保险待遇。因此，失能评估机构的评估行为对失能参保人员来说意义重大，必须严格规范统一。

2024年4月，国家医疗保障局制定出台了《长期护理保险失能等级评估机构定点管理办法（试行）》（见医保发〔2024〕13号文件），决定对长期护理保险失能等级评估机构实行定点管理，并对定点评估机构的管理工作进行了统一明确，要求定点评估机构应具备专业性、稳定性、权威性，申请成为定点评估机构，应当同时具备下列基本条件：

（1）已依法登记注册，能够开展失能等级评估工作，正式运营至少3个月。

（2）具备与评估工作相适应的专业化人员队伍。

（3）具有固定的办公场所，配备符合评估服务协议要求的软、硬件设备和相应管理维护人员。

（4）具备使用全国统一的医保信息平台长期护理保险相关功能的条件。

（5）具有符合评估服务协议要求的服务管理、财务管理、信息统计、内控管理、人员管理、档案管理等制度。

（6）符合法律法规和省级及以上医疗保障行政部门规定的其他条件。

（三）建立统一长期护理保险制度

2024年，在全国范围内将结束长期护理保险制度试点工作，建立全国统一的长期护理保险制度。当年3月，第十四届全国人民代表大会第二会议在北京召开。在政府工作报告中提出了要实施应对人口老龄化国家战略，推进建立长期护理保险制度。二十届三中全会《决定》更是明确要求"加快长期护理保险制度"。这就意味着要在2024年内结束长达8年的全国长期护理保险制度试点工作。届时,国家医疗保障局将大力推进建立全国统一的长期护理保险制度工作,将会出台一个全国性的带有里程碑意义的长期护理保险纲领性文件,在全国范围内,进一步明确统一长期护理保险的参保范围、保障对象、长期护理保险基金筹集渠道和标准、失能等级标准、保障待遇项目和标准、经办管理服务等主要内容和基本要求。

2024年,将是我国长期护理保险制度建立发展改革创新的一年。此后,我国长期护理保险制度将迎来一个大的发展机遇期,一个独立的社会保险险种将从此诞生。

第二节 长期护理保险参保范围

目前,我国的长期护理保险还处于刚刚起步阶段,仍属于在探索完善的试点阶段。其参保范围从职工基本医疗保险参保人群起步,逐步扩大参保范围,将居民参保纳入实施范围,最终实现全民全覆盖。

一、职工长期护理保险参保范围

国家长期护理保险制度试点是从职工基本医疗保险参保人群起步的,将参加职工基本医疗保险的人员全部纳入了职工长期护理保险覆盖范围。但同时又要求长期护理坚持独立运行,着眼于建立独立险种,独立设计、独立推进。其中之一就是独立规定长期护理保险参保范围。

(一)同于职工基本医疗保险参保范围

从长期护理保险制度试点的过程来看,职工长期护理保险的参保范围和职工基本医疗保险的参保范围基本上是一致的。《国家医疗保障局 财政部关于扩大长期护理保险制度试点的指导意见》(医保发〔2020〕37号)明确指出:"试点阶段从职工基本医疗保险参保人群起步……有条件的地方可随试点探索深入,综合考虑经济发展水平、资金筹集能力和保障需要等因素,逐步扩大参保对象范围[①],调整保障范围。"因此,国家层面,试点市的职工长期护理保险的参保人群就是职工基本医疗保险的参保人群,两制度[②]的覆盖范围基本上一致的。例如:上海市规定,"上海市长期护理保险适用对象主要分为两类人群",其中"第一类是参加本市职工基本医疗保险的人员"。长春市规定,职工长期护理保险的覆盖范围为"城镇职工基本医疗保险的参保人","未参加基本医疗保险或中断参保及自行终止参保缴费的,不享受失能人员医疗照护保险的相关待遇","未参保(基本医疗保险)、中断参保后重新参保的,应按有关规定补缴基本医疗保险费,自享受基本医疗保险统筹基金支付待遇起,同时享受失能人员医疗照护保险待遇"。成都市参加长期照护保险的人群局

① 逐步扩大参保对象范围是指长期护理保险的范围先从职工长期护理保险开始试点,待经济发展水平、资金筹集能力和保障需要等条件成熟后,再扩大到居民长期护理保险。

② 两制度是指基本医疗保险制度和长期护理保险制度。目前,长期护理保险制度仍从属于基本医疗保险制度,还没有完全成为独立的社会保险制度险种。

限在一定范围内，大部分属于正规就业人员和一部分参加基本医疗保险的非正规就业人员。成都市行政区域内各类企业、民办非企业、国家机关、事业单位等城镇职工基本医疗保险单位参保人员，个体工商户、自由职业者、灵活就业人员等城镇职工基本医疗保险个体参保人员，按照住院统筹等方式参加城镇职工基本医疗保险、无个人账户的参保人员自愿参加长期照护保险都被纳入了参保范围，而已经按照国家工伤保险政策享受生活护理费的工伤职工不再参加长期照护保险。

现行的山东省职工长期护理保险政策是由2017年4月下发的《山东省人民政府办公厅关于试行职工长期护理保险制度的意见》(鲁政办字〔2017〕63号)所确定的。在时间上，早于《国家医保局 财政部关于扩大长期护理保险制度试点的指导意见》(医保发〔2020〕37号)的时间(2020年11月)。这主要是因为山东省的长期护理保险试点的时间早于国家的试点时间。2014年6月，山东省就下发了《山东省人民政府办公厅关于开展职工长期护理保险试点工作的指导意见》(鲁政办字〔2014〕85号)。该指导意见明确规定，试点市可将参加职工基本保险的人员全部纳入职工长期护理保险覆盖范围。职工基本医疗保险的范围，前面已进行了介绍，在此不再赘述。

（二）独立险种参保范围

从全国来说，目前，我国长期护理保险仍处于试点阶段，要形成一项独立的社会保险险种，还需要一个较长的改革探索完善过程和认识认同阶段。从2016年6月，《人力资源社会保障部办公厅关于开展长期护理保险制度试点的指导意见》(人社厅发〔2016〕80号)发布，到2020年9月，《国家医保局 财政部关于扩大长期护理保险制度试点的指导意见》(医保发〔2020〕37号)发布，长期护理保险仍在试点，但要求长期护理保险制度“坚持独立运行，着眼于建立独立险种，独立设计、独立推进”。特别是试点阶段结束后，长期护理保险各项工作比较完善成熟，有望成为一项独立的社会保险险种。届时，长期护理保险的参保范围应遵循自己的发展规律，根据长期护理保险的功能和定位，确定长期护理保险的参保范围。

早在2014年6月，山东省出台的《山东省人民政府办公厅关于开展职工长期护理保险试点工作的指导意见》(鲁政办字〔2014〕85号)明确规定：“可将参加职工基本医疗保险的人员全部纳入职工长期护理保险覆盖，也可将其中一定年龄以上的参保人员纳入职工长期护理保险覆盖范围。”可见，参加长期护理保险的范围并不一定都是参加职工基本医疗保险的参保范围，两种制度的参保范围完全可以独立表述，参保范围也完全可以不一致。

2020年9月，《国家医疗保障局 财政部关于扩大长期护理保险制度试点的指导意见》(医保发〔2020〕37号)下发。该意见要求，试点阶段从职工基本医疗保险参保人群起步……有条件的地方可随着试点探索深入，综合考虑经济发展水平、资金筹集能力和保障需要等因素，逐步扩大参保对象范围。也就是说，随着长期护理保险试点的深入，其参保范围不会长期从属于职工基本医疗保险的参保范围，作为一项独立的社会保险险种，将来应有自己的参保范围和保障对象。如北京市海淀区规定“海淀区城乡户籍年满18周岁(在校学生除外)以上的居民以及在本行政区域内各类合法社会组织工作的具有本市户籍人员[①]可以参保,参保以户为单位,其中享受生活困难补助人员、具有残疾证的残疾人可个人参保”。从参保资格来看,以户为单位是海淀区居家养老失能护理互助保险制度最鲜明的特色。在国内的失能保障基本以个体为单位的情况下,海淀失能护理互助保险以家庭为单位,这使得海淀区的失能护理保险的保障范围扩大,即若家庭中只有一名户籍人口,其参保就可带领全家参保,在一定程度上增强了家庭成员间的联系;而且以家庭为单位自然不会区分职工和居民,理论上具备进一步缩小城乡差距的作用。

此外,北京海淀区失能护理互助保险还有三个特色:一是对特殊困难群体提供财政补贴;二是坚持自愿参保原则;三是海淀区的失能护理互助保险虽然形式为商业保险项目,但制度从建立初期即具备了明显的社会福利特征。

可见,长期护理保险试点工作完成后,随着其发展和不断完善,应着眼于建立独立的社会保险险种,进行独立设计,统筹推进,其参保范围、资金筹集渠道和标准、保障人员、长期护理保险待遇、管理服务等都要独立运行。

二、居民长期护理保险参保范围

从国家层面来看,居民长期护理保险的试点还没有明确开展,仅在《国家医疗保障局财政部关于扩大长期护理保险制度试点的指导意见》(医保发〔2020〕37 号)中提出,有条件的地方可随试点探索深入,综合考虑经济发展水平、资金筹集能力和保障需要等因素,逐步扩大参保对象范围。这里的扩大参保对象范围应该是指扩大到居民长期护理保险的参保范围。虽然国家没有明确提出可以开展居民长期护理保险的试点,但部分省份已经根据自己的省情,特别是根据本省的经济发展情况、社会老龄化程度进程、长期护理保险基金的承受能力等状况,开展了居民长期护理保险试点。

(一)等同居民医疗保险参保范围

在国家层面,还没有明确开展居民长期护理保险的试点的要求,但部分省市已根据本省的情况,积极开展了居民长期护理保险试点工作,有的省已全面开展。目前,我国长期护理保险仍从属于基本医疗保险,因此,基本医疗保险的参保范围就是长期护理保险的参保范围,包括居民长期护理保险。例如,长春市规定,失能人员医疗照护保险的保障对象为“城镇居民基本医疗保险的参保人”;南通市规定,参加基本照护制度的参保群体为参加城乡居民医疗保险的居民,包括了三个辖区所有参保的婴幼儿、学生儿童、青壮年和老年人。

2022 年 11 月,《山东省人民政府办公厅关于开展居民长期护理保险试点工作的意见》(鲁政办发〔2022〕17 号)明确要求“开展居民长期护理保险试点工作”,“实现我省 2025 年居民长期护理保险全覆盖的工作目标”,参保范围为“参加我省居民基本医疗保险人员”。也就是在山东省行政区域内,参加居民长期护理保险的范围就是参保居民基本医疗保险

① 具有本市户籍的人员是指在海淀区行政区域内注册的党政机关、企事业单位、社会团体工作的本市户籍人员。符合规定的参保人员常驻父母与配偶(非本区、市户籍)可随参保人员一同参保,但不享受政府财政补贴。

的居民范围，两者是一致的。那山东省居民基本医疗保险的参保范围是如何规定的呢？

2013年12月，《山东省人民政府关于建立居民基本医疗保险制度的意见》（鲁政发〔2013〕31号）发布，明确指出："在省行政区域内不属于职工基本医疗保险参保范围的城乡居民，包括农村居民、城镇非从业居民、国家和我省规定的其他人员，可参加居民基本医疗保险。"这就是说，只要没有参加职工基本医疗保险的山东省城乡居民，都应该参加居民基本医疗保险。这就是居民基本医疗保险的参保范围。

（二）独立明确参保范围

前面讲了，目前，我国长期护理保险仍从属于基本医疗保险，但终究长期护理保险不同于基本医疗保险，特别是长期护理保险作为一项独立社会保障制度，不仅是参保范围有所不同，享受的医疗保险待遇等涉及医疗保险的规定也应该有所不同，如上海市、北京市海淀区。

上海市规定，上海市长期护理保险适用对象主要分为两类，其中第二类为居民长期护理保险的参保对象为参加本市城乡居民基本医疗保险60周岁及以上的人员。这就对参加居民基本医疗保险的参保人作了一个年龄的限制。60岁以下失能居民未纳入长期护理保险覆盖的范围。

北京市海淀区居民长期护理保险的参保范围不再区别职工和居民身份，只要是海淀区户籍、年满18周岁及以上的辖区内的户籍人员都应该参加长期护理保险。

就全国范围来看，开展居民长期护理保险的试点市较少，将来随着社会经济的发展，特别是我国高质量发展，居民长期护理保险会逐步推开，最终实现全民全覆盖。

第三节 长期护理保险基金筹集

从目前来看，我国的长期护理保险还处于试点阶段，需要进一步完善，包括长期护理保险基金的筹集，如筹集渠道及其各种渠道的构成、渠道之间的比例、筹集标准等都在探索完善中，全国、全省未统一固定的筹集渠道和筹集标准。但作为一项独立的社会保险制度，其基金筹集渠道应该是明确的、固定的、多元的。在长期护理保险试点阶段，无论是职工长期护理保险基金的筹集，还是居民长期护理保险基金的筹集，都是允许从其对应的基本医疗保险基金中划拨的。其他渠道各不相同。

一、职工长期护理保险基金筹集

职工长期护理保险基金的主要来源应该是由用人单位和职工共同缴纳的，但目前试点状况下，仍以从职工医疗保险基金结余中划拨为主；部分试点省市规定，以用人单位和职工以其工资额为基数，分别按一定的比例缴纳职工长期护理保险费；此外，还有财政拨款、福利彩票款等多种基金来源渠道。

《国家医保局 财政部关于扩大长期护理保险制度试点的指导意见》（医保发〔2020〕37号）要求各地探索建立互助共济、责任共担的多渠道筹资机制。科学测算基本护理服务相应的资金需求，合理确定本统筹地区年度筹资总额。有条件的地方可探索财政等其他筹资渠道。建立与经济社会发展和保障水平相适应的筹资动态调整机制。现阶段，长期护理保险基金的筹集渠道主要来源于五个渠道：①单位缴费的长期护理保险费；②职工个人缴费的长期护理保险费；③划转的部分职工医疗保险基金；④财政补助；⑤福彩公益金等捐助。

（一）职工长期护理保险缴费基数

《国家医保局 财政部关于扩大长期护理保险制度试点的指导意见》（医保发〔2020〕37号）明确规定，单位缴费基数为职工工资总额①，起步阶段可从其缴纳的职工基本医疗保险费中划出，不增加单位负担；个人缴费基数为本人工资收入，可由其职工基本医疗保险个人账户代扣代缴。

在试点现阶段，允许筹集职工长期护理保险基金的渠道之一为从职工基本医疗保险基金划拨一部分。因此，长期护理保险基金的缴费基数应该是职工基本医疗保险的缴费基数，与职工基本医疗保险的缴费基数是一致的，即用人单位职工工资总额。

上述规定明确了长期护理保险的缴费基数，其中：用人单位缴费基数为职工工资总额，职工个人缴费基数为本人工资收入。

2006年11月，《中华人民共和国劳动保障部社会保险事业管理中心关于规范社会保险缴费基数有关问题的通知》（劳社险中心函〔2006〕60号）下发，对缴费基数的核定依据、工资总额的计算口径、计算缴费基数的具体项目、统一缴费基数等问题都作了详细规定，同时对不列入缴费基数的项目也进行了具体明确。参保单位缴纳基本养老保险、失业保险、生育保险费的基数为职工工资总额，基本医疗保险、失业保险的职工个人缴费基数为本人工资。明确了为便于征缴，可以上一年度个人月平均工资为缴费基数。

2021年12月，山东省医疗保障局等3厅局下发了《关于进一步规范基本医疗保险参保缴费与待遇支付有关问题的通知》（鲁医保发〔2021〕54号），要求规范职工缴费基数“封顶保底线”执行时间。明确规定每年省人力资源和社会保障厅会同省医疗保障局下发全省全口径城镇单位就业人员平均工资公告后，各统筹地区自公告之日的次月起，统一按公告的平均工资调整基本医疗保险缴费基数“封顶保底线”；公告之日的当月及公告当月前继续按上一年度公布的平均工资执行基本医疗保险缴费基数“封顶保底线”。

在实际工作中，一些统筹地区社会保险经办部门为了整合经办资源，实行社会保险费的统一征收和统一稽核，将医疗保险的用人单位和职工个人缴费基数统一为用人单位和职工个人缴纳基本养老保险费的基数。这种做法方便了参保企业和参保人员，有利于提高工作效率。

（二）职工长期护理保险缴费比例

长期护理保险的缴费比例，目前国家没有统一的标准。《山东省人民政府办公厅关于试行职工长期护理保险制度的意见》（鲁政办字〔2017〕63号）规定，职工长期护理保险基金通过职工医保统筹基金、单位补充医保资金、个人缴费及财政补助、福彩公益金等渠道解决。其中，个人缴费不低于筹资总额的30%，个人缴费可从职工个人医保账户代扣；并

① 工资总额和劳动报酬总额的内容见本书第249页。

要求各市要根据各方面的承受能力和职工长期护理保险待遇水平，合理确定具体筹资办法、筹资比例和筹资标准。鼓励各地结合实际，探索拓宽包括用人单位缴费、接受社会捐助等资金渠道，建立动态筹资机制，并随经济社会发展逐步提高筹资水平。

根据上述规定，山东省各地在筹集长期护理保险资金时，其渠道各不相同，用人单位和职工个人的缴费比例也不相同。如《青岛市长期护理保险办法》(青政发〔2021〕6号)第六条规定，职工护理保险资金通过以下渠道筹集：①按照基本医疗保险缴费基数总额0.5%的比例，从职工基本医疗保险统筹基金中按月划转；②以在职职工基本医疗保险个人缴费基数为基数、退休人员基本医疗保险个人账户划入基数为基数，按照0.2%的比例，从应划入基本医疗保险个人账户的资金中，在计入本人基本医疗保险个人账户前按月划转；③财政部门按照参保职工每人每年30元标准予以补贴，补贴资金由市与区(市)两级财政按1∶1比例负担。

山东省滨州市的长期护理保险基金筹集是以职工医疗保险缴费基数为基数，用人单位按0.2%缴纳，职工个人按0.1%缴纳，财政补助一部分。

(三)从职工医疗保险基金划转

从职工基本医疗保险基金划出多少基金，或按多少的比例划出，用于建立长期保险基金，现阶段国家未作统一规定，各统筹地区划出的标准不尽一致。《山东省人民政府办公厅关于试行职工长期护理保险制度的意见》(鲁政办字〔2017〕63号)明确指出，职工长期护理保险资金通过职工医保统筹基金、单位补充医保资金、个人缴费及财政补助、福彩公益金等渠道解决。可见，通过职工基本医疗保险基金划拨是来源渠道之一，并且是现阶段的主渠道。山东省各统筹地区的从职工医疗保险统筹基金中划出金额为20～100元，从职工个人账户中划出30～45元。

山东省《关于建立省直职工长期护理保险制度的通知》(见鲁医保发〔2021〕47号文件)则规定，省直职工长期护理保险资金按照以收定支、收支平衡、略有结余的原则筹集，实行按年缴费机制，由参保单位、参保人员个人合理分担，探索通过财政补贴等其他筹资渠道对特殊困难退休人员缴费给予适当资助，接受企业、社会组织和个人的捐助。起步阶段参保单位缴费部分从职工医保统筹基金划转，个人缴费部分从职工医保个人账户资金中划转。省直职工长期护理保险资金暂按每人每年115元标准筹集，职工医保统筹基金、个人分别承担100元、15元。2023年起，每年1月按上年12月31日参保人数一次筹集。山东省医疗保障局会同省财政厅，根据经济社会发展、护理保障水平及护理服务成本等因素适时调整筹资标准。

从职工基本医疗保险基金中划出一部分基金，用于建立职工长期护理保险基金是长期护理保险制度试点阶段所采取的有效途径。

在实际工作中，用人单位缴费可探索采取费率平移办法，将一部分职工基本医疗保险单位缴费转换为长期护理保险单位缴费，按照总费率保持不变、总体不增加用人单位负担的原则，建立长期护理保险单位缴费筹资机制；个人缴费可从职工基本医疗保险个人账户中代扣代缴。探索建立个人账户共享机制，逐步推行个人账户的基金可用于为家庭成员缴纳长期护理保险费的方式方法。

二、居民长期护理保险基金筹集

目前，居民长期护理保险试点工作，国家层面还没有部署，但部分省市已经开展了试点。从全国各省居民长期护理保险试点的规定来看，其基金的来源渠道是不同的，但都能坚持多渠道筹集基金；即使相同的筹集渠道，其筹集的标准或比例也是不同的。主要有以下筹集渠道：①从居民长期护理保险基金结余基金中划拨；②居民缴纳；③财政补助；④其他来源。

(1)从居民长期护理保险基金结余基金中划拨一部分资金，充实到长期护理保险基金，从目前来看，仍是长期护理保险基金来源的主渠道。这首先是因为长期护理保险制度还没有完全成为一项独立的社会保险制度，仍从属于基本医疗保险制度，从基本医疗保险基金结余中划拨一部分资金，充实给长期护理保险基金成为各试点市首选来源。其次，统筹考虑，在我国经济仍然受到疫情影响，推进我国经济实现高质量发展，特别是企业生产经营状况仍需要改善的情况下，不能因为启动长期护理保险制度而增加企业和人民群众的经济负担。在不增加企业和人民群众经济负担的前提下，各省市才启动长期护理保险制度试点。

(2)居民个人缴费已是长期护理保险基金的重要来源。长期护理保险制度作为一项重要的社会保障制度，虽然没有成为一项独立的社会保险制度，但参保范围、保障对象、保障条件等都不同于基本医疗保险制度的规定，筹集渠道也应不同于基本医疗保险基金的来源渠道。实行居民个人缴费是大势所趋。部分试点省市都明确规定了参加居民长期护理保险的参保人，个人应缴纳长期护理保险费。

(3)财政补助也是长期护理保险基金的重要来源。从目前已经启动居民长期护理保险制度的省市来看，试点期间，各级统筹区财政部门都给予了大力支持。居民基本医疗保险基金的筹集，其中财政补助是主要部分，这也体现到了居民长期护理保险上。

(4)其他来源，包括社会捐助、从福彩款中划转部分资金等，也是居民长期护理保险基金的来源渠道之一。

南通市是长期护理保险试点最早的省份之一。按照南通市人民政府《关于建立基本照护保险制度的意见(试行)》(通政发〔2015〕73 号)规定，参保人员应按上年城镇居民人均可支配收入的 0.3%左右缴费，设立基本照护保险财政专户，试点期间暂按每人每年 100 元的定额筹资。

山东省居民长期护理保险工作走在了全国前列。2022 年 11 月，正式启动了居民长期护理保险试点工作，其基金的筹集标准，全省没有统一，也没有具体明确，只规定了基金来源的渠道。《山东省人民政府办公厅关于开展居民长期护理保险试点工作的意见》(鲁政办发〔2022〕17 号)明确指出，长期护理保险基金的筹集，按照以收定支、收支平衡、略有结余原则，合理确定筹资办法和筹资标准，通过居民医保基金、个人缴费、财政补助等多渠道筹集资金，并根据经济社会发展、护理保障水平及护理服务成本等因素适时调整，建立动态多元筹资机制。根据这一规定，各市都建立了明确、稳定的筹集渠道和筹集标准。例如，济南市规定居民长期护理保险基金按参保人数，每人每年 40 元，其中居民基本医疗保险基金划拨 20 元，财政补助 20；青岛市规定每人每年 60 元，其中居民基本医疗保险基金划拨 30 元，财政补贴 30 元。

第四节 长期护理保险待遇条件

凡是参加长期护理保险，并且按规定缴纳长期护理保险费用的职工和退休人员，符合享受长期护理保险待遇条件的，都应纳入长期护理保险的保障范围。可见，享受长期护理保险待遇是有条件的。只有符合条件的参保人员长期处于失能状态的，才能享受长期护理保险待遇。

一、参加长期护理保险

按照权利与义务对等的原则，享受长期护理保险待遇，必须要取得享受长期护理保险待遇的权利，按规定参加长期护理保险并缴纳长期护理保险费。

从现阶段来看，大部分统筹地区的长期护理保险基金是从职工基本医疗保险统筹基金中划拨的，职工个人缴纳的长期保险费是从个人账户中扣缴的。因此，参加长期护理保险的人员自然属于参加职工医疗保险的参保人员。

济南市对享受长期护理保险待遇规定的非常具体明确。《济南市人力资源和社会保障局等 4 部门关于建立职工长期医疗护理保险制度的意见》(济人社发〔2016〕45 号)规定："凡参加我市职工基本医疗保险的人员，均参加职工长期医疗护理保险(以下简称"长期护理保险")。经评定后符合条件的，自核准之日起享受长期护理保险待遇。职工基本医疗保险未参保、中断参保或自行终止参保缴费的，以及由工伤保险支付生活护理费的人员，不享受长期护理保险的相关待遇。首次参加职工基本医疗保险的，以及中断参保后重新参保的，自连续缴纳职工基本医疗保险满一年后，方可享受长期护理保险待遇。"

从目前国家规定来看，长期护理保险的参保人员必须是参加职工基本医疗保险的参保人员。因此，享受长期护理保险待遇的失能人员，必须是参加医疗保险并按规定缴纳职工基本医疗保险费或者长期护理保险费的参保人员。

二、参保人员处于失能状态

享受长期护理保险待遇的人员必须是处于失能半失能状态的医疗保险参保人员。

失能半失能是指由于年老、疾病、伤残等原因，致使参保人员吃饭、洗澡、穿衣、上厕所、控制大小便、室内活动等日常的生活活动必须由他人协助或者完全依赖他人的协助，才能完成的情形。

在失能半失能的状态下，人们身体或精神的功能损伤或部分损伤，造成生活或社交能力下降或丧失及部分丧失。需要长期护理保险制度给予这部分失能半失能人员基本生活照料和与基本生活密切相关的医疗护理等服务。

失能半失能的状况或等级程度是通过评估量表打分分级确定的。

2021 年 7 月，国家医保局、民政部制定下发了《长期护理失能等级评估标准(试行)》

（见医保办发〔2021〕37 号文件）。依据该评估标准，对失能半失能人员失能能力丧失程度分别从日常生活活动、认识、感知觉与沟通等 3 个一级指标进行专项评估。通过组合法综合确定评估对象长期护理失能等级。长期护理失能等级分 0 级（基本正常）、1 级（轻度失能）、2 级（中度失能）、3 级（重度失能Ⅰ级）、4 级（重度失能Ⅱ级）、5 级（重度失能Ⅲ级）6 个级别。

《长期护理失能等级评估标准（试行）》见本章第五节。

三、失能状态持续时间 6 个月以上

享受长期护理保险的参保人员，并不是只要处于失能半失能状态，就符合条件。而是处于失能半失能状态，并且失能半失能状态要持续一定的时间。《国家医保局 财政部关于扩大长期护理保险制度试点的指导意见》（医保发〔2020〕37 号）明确指出：“经医疗机构或康复机构规范诊疗、失能状态持续 6 个月以上，经申请通过评估认定的失能参保人员，可按规定享受相关待遇。”

这就明确了享受长期护理保险待遇的条件之一，要失能状态持续 6 个月以上。否则，不符合享受长期护理保险待遇条件。

《山东省人民政府办公厅关于试行职工长期护理保险制度的意见》（鲁政办字〔2017〕63 号）明确规定：“职工长期护理保险重点保障长期处于失能或半失能状态的参保人员日常生活照料和与基本生活密切相关的医疗护理等所需服务费用。”在这里，长期护理保障的范围必须是长期处于失能或半失能状态的参保人员。山东省《关于省直长期护理保险失能评定有关工作的通知》（鲁医保发〔2021〕17 号）规定，申请失能评定的条件必须是参保人员根据本人自身情况进行自评，因年老、疾病、伤残等原因长年卧床已达或预期达 6 个月以上，生活不能自理，病情基本稳定，经自评达到以下条件之一[①]的，可申请失能评定。

第五节 失能等级

失能等级是用来表明参保人员失能状况差异程度的指标。参加长期护理保险人员的失能程度不同，享受长期护理保险待遇标准也不尽相同。失能等级得分越低，表示失能程度越严重。2021 年 7 月，国家医疗保障局、民政部制定了《长期护理失能等级评估标准（试行）》，统一了全国长期护理保险失能标准、失能等级标准、综合失能等级划分标准等项目，使全国范围内实行统一的长期护理保险制度迈出了坚实的一步。

① 以下条件之一：①参保人员因年老、疾病、伤残等导致人身某些功能全部或部分丧失，长年生活无法自理，需要入住定点机构长期提供 24 小时连续医疗护理服务的；②参保人员因年老、疾病、伤残等导致人身某些功能全部或部分丧失，长年生活无法自理，需要入住定点医养院护机构护理 30 天以上的；③参保人员因年老、疾病、伤残等导致人身某些功能全部或部分丧失，长年生活无法自理，需要医护人员上门提供长期护理服务 30 天以上的；④按照《日常生活能力评定量表》评定低于 55 分（含 55 分）的。

一、失能状况具体表现形式

人们因年老、疾病、伤残等原因，常常会导致人体的某些功能部分或全部丧失，从而正常的活动能力受到限制或缺失。人们正常的活动能力受影响，通常表现为人们的日常生活活动能力、认知能力、感知和沟通能力等三个方面受到限制或缺失。这三个方面，又有很多具体的表现形式，是通过人们不同的活动方式或动作行为最直接地体现出来。

（一）日常生活活动能力失能

人们的日常生活活动能力，通常表现为人们为独立生活而每天必须反复进行的、最基本的、具有共同性的一系列身体动作，是人们进行衣、食、住、行、个人卫生等日常生活活动的基本活动和技巧。如果这些人们日常的生活基本动作和技巧受到了限制或缺失，那么在长期护理保险上，被称为日常生活活动能力失能。

人们日常生活活动能力失能，通常体现在下列十个方面的与日常生活活动能力最直接的运作和技巧受到影响：

(1)进食方面：人们在进食时，需要他人帮助或部分帮助，甚至完全依赖于他人，才能吃饭，如协助把持餐具、依靠他人吃饭、通过鼻饲管进食。

(2)穿衣方面：人们在穿脱衣服、鞋袜等时，需要他人帮助，或者完全依赖于他人穿脱，如穿脱衣服时，由他人帮助整理衣物、系扣子、拉拉链、穿脱裤子等。

(3)面部与口腔清洁方面：人们在进行洗脸、刷牙、梳头，刮脸等行为时，由他人帮助，部分或完全不能凭借自己的能力完成，如由他人帮助梳头、洗脸，自己不能完成洗脸、刮脸等。

(4)大便控制方面：人们偶尔大便失控或大便完全不能由自己完成，需要他人帮助，或者上厕所时完全依赖他人帮助。

(5)小便控制方面：如同大便一样，偶尔小便失控，如每周 2～3 次，或留置导尿管才能完成小便等动作。

(6)用厕方面：人们上厕所时，需要他人帮助，如需要搀扶、开衣裤、整理衣服、帮助冲厕等。

(7)平地行走方面：在平地行走时，需要借助外部力量或由他人帮扶才能走路，如扶着墙体走、让他人搀扶，甚至坐轮椅行走等。

(8)床椅转移方面：人们由床至椅子或由椅子到床上时，需要他人帮扶，或者使用拐杖才能完成由床到椅子上或由椅子到床上的动作。

(9)上下楼方面：人们在上下楼梯时，需要他人帮助，如让他人搀扶、依附于楼梯扶手、让人背着或架着上楼或下楼等。

(10)洗澡方面：人们在洗澡时，需要他人帮助。如让他人帮着放水、有人搀扶下澡堂、自己不能使用洗澡液等。

（二）认知能力失能

认知能力主要表现于人们在时间定向、人物定向、空间定向以及记忆等方面的能力。

如果人们在这些方面失能受限或缺失，那么长期护理保险上被称为认知能力失能。

(1)时间定向方面：人们没有时间观念，或记不清年、月、日，或对年、月、日的判断相差较多。

(2)人物定向方面：对长期共同生活的人或经常接触过的人，常常出现不认识，或称呼不清楚，不能准确地辨别和他人的关系等。

(3)空间定向：在空间方向或定位上，不能准确识别方位，无空间概念，不能单独外出，仅知道或少量知道自己居住地或日常生活的地址等。

(4)记忆力方面：对过去发生的事件或事情，不能完全记起或仅记起一部分或少量部分等。

(三)感知和沟通能力失能

感知和沟通能力主要表现于人们在视力、听力以及与他人有效地沟通交流等方面的能力。在这些方面的失能，通常就是长期护理保险所称的感知和沟通能力失能。

(1)视力方面：人们在视力上，不能看到光亮，完全失明，或只能够看到光、颜色和形状，或看书学习时看不清楚字体等。

(2)听力方面：在与人们说话交流时，通常需要大声说话或说话很慢很清楚时，才能听到或听清楚，与人们说话交流有困难，不那么顺畅或完全失聪等。

(3)沟通能力方面：在与他人沟通交流时，不能准确理解他人的话，与他人勉强沟通或完全不能理解他们的言语，自己的意思不能完全表达清楚等。

二、失能等级标准

参保人员的失能程度是通过失能等级来确定的。失能等级主要是从失能人员的日常生活能力、认知能力、感知与沟通能力等三个方面进行判断的，而每个方面又细分了很多小项，分别赋予每小项一定分值，然后将每一项分值相加求和，得到相应的分值，按分值来确定参保人员失能等级标准(见表 11-1)。

(1)日常生活活动能力标准为：完好为 100 分；轻度受损为 65～95 分；中度受损为 45～60 分；重度受损为 0～40 分。

(2)认知能力标准：完好为 16 分；轻度受损为 4～15 分；中度受损为 2～3 分；重试受损为 0～1 分。

(3)感知觉与沟通能力标准：完好为 12 分；轻度受损为 4～11 分；中度受损为 2～3 分；重度受损为 0～1 分。

表 11-1　失能等级标准表

能力	完好	轻度受损	中度受损	重度受损
日常生活活动能力	100 分	65～95 分	45～60 分	0～40 分
认知能力	16 分	4～15 分	2～3 分	0～1 分
感知觉与沟通能力	12 分	4～11 分	2～3 分	0～1 分

三、失能等级划分

参保人员的失能程度，按其失能等级标准可以划分为不同的等级。这主要综合了人们的日常生活活动能力、认知能力、感知觉与沟通能力等三个方面，通过组合法综合确定参保失能人员长期护理失能等级。长期护理失能等级分 0 级（基本正常）、1 级（轻度失能）、2 级（中度失能）、3 级（重度失能Ⅰ级）、4 级（重度失能Ⅱ级）、5 级（重度失能Ⅲ级）六个级别（见表 11-2 至表 11-4）。

0 级，基本正常。人们的日常生活活动能力完好，其认知能力、感知觉与沟通能力完好或轻度受损。

1 级，轻度失能。人们的日常生活活动能力完好或轻度失能，但其认知能力、感知觉与沟通能力完好或轻度受损，或有的中度受损，甚至重度受损。

2 级，中度失能。人们的日常生活活动能力轻度受损或中度受损，但其认知能力、感知觉与沟通能力完好或轻度受损，有的中度受损，甚至重度受损。

3 级，重度失能Ⅰ级。人们的日常生活活动能力中度受损或重试受损，但其认知能力、感知觉与沟通能力完好或轻度受损，甚至重度受损。

4 级，重度失能Ⅱ级。人们的日常生活活动能力重度受损，但其认知能力、感知觉与沟通能力中度受损。

5 级，重度失能Ⅲ级。人们的日常生活活动能力重度受损，同时其认知能力、感知觉与沟通能力重度受损。

表 11-2 参保人员失能等级划分表

日常生活活动能力	认知能力/感知觉与沟通能力（以失能等级严重的判断）			
	能力完好	轻度受损	中度受损	重度受损
能力完好	0 基本正常	基本正常	轻度失能	轻度失能
轻度受损	轻度失能	轻度失能	轻度失能	中度失能
中度受损	中度失能	中度失能	中度失能	重度Ⅰ级
重度受损	重度Ⅰ级	重度Ⅰ级	重度Ⅱ级	重度Ⅲ级

表 11-3 长期护理失能等级评估表

（1）日常生活活动能力评估表

序号	指标	分值	评估标准	得分
1	进食	0	较大或完全依赖，或有留置营养管	
		5	需部分帮助（夹菜、盛饭）	
		10	自理（在合理时间内能独立使用餐具进食各种食物，可使用辅助工具独立完成进食，但不包括做饭）	

续表

序号	指标	分值	评估标准	得分
2	穿衣	0	依赖他人	
		5	需要部分帮助(能自己穿脱衣服或假肢或矫形器,但需他人帮助整理衣物、系扣/鞋带、拉拉链等)	
		10	自理(自己系开纽扣,关开拉链和穿鞋、袜、假肢或矫形器等)	
3	面部与口腔清洁	0	需要帮助	
		5	独立洗脸、梳头、刷牙、剃须(不包括准备洗脸水、梳子、牙刷等准备工作)	
4	大便控制	0	失禁(平均每周≥1 次或完全不能控制大便排泄,需要完全依赖他人)	
		5	偶有失禁(每周<1 次),或需要他人提示,或便秘需要人工帮助取便	
		10	能控制	
5	小便控制	0	失禁(平均每天≥1 次或经常尿失禁,完全需要他人帮忙完成排尿行为;或留置导尿管,但无法自行管理导尿管)	
		5	偶有失禁(每 24 h<1 次,但每周>1 次),或需要他人提示	
		10	能控制(或留置导尿管,可自行管理导尿管)	
6	用厕	0	需要极大地帮助或完全依赖他人	
		5	需部分帮助(需他人帮忙整理衣裤、坐上/蹲上便器等)	
		10	自理(能够使用厕纸、穿脱裤子等)	
7	平地行走	0	卧床不起、不能步行、移动需要完全帮助	
		5	在较大程度上依赖他人搀扶(≥2 人)或依赖他人帮助使用轮椅等辅助工具才能移动	
		10	需少量帮助(需 1 人搀扶或需他人在旁提示或在他人帮助下使用辅助工具)	
		15	独立步行(自行使用辅助工具,在家及附近等日常生活活动范围内独立步行)	
8	床椅转移	0	完全依赖他人,不能坐	
		5	需大量帮助(至少 2 人,身体帮助),能坐	
		10	需少量帮助(1 人搀扶或使用拐杖等辅助工具或扶着墙、周围设施,转移时需他人在旁监护、提示)	
		15	自理	
9	上下楼	0	不能,或需极大帮助或完全依赖他人	
		5	需要部分帮助(需扶着楼梯、他人搀扶、使用拐杖或需他人在旁提示)	
		10	独立上下楼(可借助电梯等,如果使用支具,需可独自完成穿脱动作)	

续表

序号	指标	分值	评估标准	得分
10	洗澡	0	洗澡过程中需他人帮助	
		5	准备好洗澡水后，可自己独立完成	
上述评估指标总分为100分，本次评估得分为____________分				
评估人员（签章）：1.________________ 2.________________				

（2）认知能力评估表

序号	指标	分值	评估标准	得分
11	时间定向	0	无时间观念	
		1	时间观念很差，年、月、日不清楚，可知上午、下午或白天、夜间	
		2	时间观念较差，年、月、日不清楚，可知上半年或下半年或季节	
		3	时间观念有些下降，年、月、日（或星期几）不能全部分清（相差两天或以上）	
		4	时间观念（年、月）清楚，日期（或星期几）可相差一天	
12	人物定向	0	不认识任何人（包括自己）	
		1	只认识自己或极少数日常同住的亲人或照护者等	
		2	能认识一半日常同住的亲人或照护者等，能称呼或知道关系等	
		3	能认识大部分共同生活居住的人，能称呼或知道关系	
		4	认识长期共同一起生活的人，能称呼并知道关系	
13	空间定向	0	不能单独外出，无空间观念	
		1	不能单独外出，少量知道自己居住或生活所在地的地址	
		2	不能单独外出，但知道较多有关自己日常生活所在地的地址	
		3	不能单独外出，但能准确知道自己日常生活所在地的地址	
		4	能在日常生活范围内单独外出，如在日常居住小区内独自外出购物等	
14	记忆力	0	完全不能回忆即时信息，并且完全不能对既往事物进行正确的回忆	
		1	对既往事物能有少部分正确的回忆，没有近期记忆	
		2	能回忆大部分既往事物，记住1个词语	
		3	能回忆大部分既往事物，记住2个词语	
		4	能够完整回忆既往事物，记住3个词语	
上述评估项目总分为16分，本次评估得分为____________分				
评估人员（签章）：1.________________ 2.________________				

(3)感知觉与沟通能力评估表

序号	指标	分值	评估标准	得分
15	视力	0	完全失明	
		1	只能看到光、颜色和形状(大致轮廓),眼睛可随物体移动	
		2	视力有限,看不清报纸大标题,但能辨认较大的物体	
		3	能看清楚大字体,但看不清书报上的标准字体,辨别小物体有一定困难	
		4	与日常生活能力相关的视力(如阅读书报、看电视等)基本正常	
16	听力	0	完全失聪	
		1	讲话者大声说话或说话很慢,才能部分听见	
		2	正常交流有些困难,需在安静的环境大声说话才能听到	
		3	在轻声说话或说话距离超过2米时听不清	
		4	与日常生活习惯相关的听力基本正常(如能听到门铃、电视、电话等声音)	
17	沟通能力	0	完全不能理解他人的言语,也无法表达	
		1	不能完全理解他人的话,只能以简单的单词或手势表达大概意愿	
		2	勉强可与他人交流,谈吐内容不清楚,需频繁重复或简化口头表达	
		3	能够表达自己的需要或理解他人的话,但需要增加时间或给予帮助	
		4	无困难,能与他人正常沟通和交流	
上述评估项目总分为12分,本次评估得分为＿＿＿＿分				
评估人员(签章):1.＿＿＿＿＿＿ 2.＿＿＿＿＿＿				

表11-4 长期护理综合失能等级划分表

长期护理失能等级评估指标得分及对应等级				
一级指标	能力完好	轻度受损	中度受损	重度受损
日常生活活动能力	100分	65～95分	45～60分	0～40分
认知能力	16分	4～15分	2～3分	0～1分
感知觉与沟通能力	12分	4～11分	2～3分	0～1分
表C2/表C3失能等级 表C1失能等级	表C2/表C3(以失能等级严重的判断)			
	能力完好	轻度受损	中度受损	重度受损
能力完好	0级	0级	1级	1级
轻度受损	1级	1级	1级	2级

续表

长期护理失能等级评估指标得分及对应等级				
一级指标	能力完好	轻度受损	中度受损	重度受损
中度受损	2级	2级	2级	3级
重度受损	3级	3级	4级	5级
长期护理失能等级对应	0级：基本正常 2级：中度失能 4级：重度失能Ⅱ级	1级：轻度失能 3级：重度失能Ⅰ级 5级：重度失能Ⅲ级		

第六节 长期护理保险服务形式条件

参加长期护理保险的参保人员失能程度不同和失能人员护理需求不同，长期护理保险提供的护理内容和护理方式也不尽相同。长期护理保险待遇方式，一般可分为医疗专护、医养院护、居家护理等三种类别，这主要根据参保人员失能程度和为其提供的服务方式、定点医疗护理机构的级别以及地点的不同而确定。其中，参保人员的失能程度成为长期护理保险提供不同护理类别的考虑的主要因素。

在现阶段，我国长期护理保险正处于建立和完善阶段。在这一阶段中，重点是解决重度失能人员长期护理保障问题，这就要涉及为失能人员提供一系列的基本生活照料和与之密切相关的护理保障问题。与基本生活照料最密切的是日常生活活动能力。因此，在长期护理保险建立和实施初期，日常生活活动能力成为失能最明显、最直观、最具体的表现形式，也正因为如此，人们日常生活活动能力成为失能评估的重点。所以，我国大分部分长期护理保险试点市，仅是按照《日常生活活动能力评估表》所列的项目指标、评定标准和各项目所赋予的分值进行评定的，并按其评定的结果决定分别享受专护待遇、院护待遇和家护待遇。因此，失能程度成为决定待遇保障形式的先决条件，特别是成为专护和院护、家护的决定条件。

下面以山东省省直长期护理保险有关规定为例，就长期护理保险待遇的形式条件进行阐述。2021年12月，山东省建立了省直职工长期护理保险制度。同时下发了《关于省直长期护理保险待遇有关规定的通知》(鲁医保发〔2021〕52号)，对省直职工长期护理保险待遇形式作出了规定[①]。

山东省《关于省直长期护理保险待遇有关规定的通知》(鲁医保发〔2021〕52号)，不仅

① 2021年11月，山东省医疗保障局、民政厅等5家单位下发《关于建立省直职工长期护理保险制度的通知》(鲁医保发〔2021〕47号)，决定建立省直职工长期护理保险制度。同年12月，山东省医疗保障局下发《关于省直长期护理保险待遇有关规定的通知》(鲁医保发〔2021〕52号)，对长期护理保险待遇形式作出了规定。2021年7月，国家医疗保障局、民政部下发《长期护理失能等级评估标准(试行)》(见医保办发〔2021〕37号文件)。山东省医疗保障局在贯彻国家《长期护理失能等级评估标准(试行)》时，已充分考虑了当时山东省实施长期护理保险制度的实际情况。

明确了省直职工长期护理保险待遇的形式，而且还规定了失能人员享受专护、院护、家护的具体条件。

一、医疗专护条件

专护主要是针对严重失能的参保人员，在定点护理机构开设的医疗护理专区，由其提供以安宁疗护为主的医疗护理服务。像参保人员重度昏迷，绝大部分或全部失去知觉，完全依靠他人或机器设备、药物维持其生命。在此情形下，需要进行专护，体现在分值上，就是根据《日常生活活动能力评估表》所列项目分值，经计算小于或等于 50 分。

按照《日常生活活动能力评估表》所列的项目、评定标准和各项目所赋予的分值进行评定。一般各项评定总分数≤50 分，需要长期住院治疗，且符合以下条件之一的，可申请专护长期护理服务方式。

(1)患终末期恶性肿瘤的(呈恶病质状态)。

(2)因病情需长期保留气管套管、胆道等外引流管、造瘘管、深静脉置管等管道(不包括鼻饲管及导尿管)，需定期对创面进行处理的。

(3)因神经系统疾病或外伤等原因导致昏迷、全身瘫痪或截瘫，且双下肢肌力或单侧上下肢肌力均为 0 级，生活完全不能自理，需要住院接受医疗护理的。

(4)经评估审核，确需纳入的。

二、医养院护条件

参保人员失能后，根据自己的意愿和要求，决定到指定的定点护理机构开设的医养院护院区，由其提供基本生活照料和与之密切相关的医疗护理服务。院护适应失能等级比较低，基本正常或有轻度失能、中度失能的参保人员。体现在分值上，是根据《日常生活活动能力评估表》所列项目，计算其的分值≤55 分的情形。

按照《日常生活活动能力评估表》所列的项目、评定标准和各项目所赋予的分值进行评定。各项评定总分数小于或等于 55 分，且应符合以下条件之一的，可申请专护长期护理服务方式：①达到专护申请标准的；②需长期保留鼻饲管、尿管的；③患骨折长期不愈合，合并其他慢性疾病的；④患有严重不可逆性疾病，导致失能或半失能，需要长期护理的；⑤经评估审核，确需纳入的。

三、居家护理条件

家护的条件和院护的条件基本相同，其区别主要体现在，参保人员失能后，其意愿和要求是到指定的定点护理机构开设的医养院护院区，由其提供基本生活照料和与之密切相关的医疗护理服务，还是由定点护理机构定期到自己家里提供基本生活照料和与之密切相关的医疗护理服务。如果到自己家里提供护理服务，则称其为家护。家护也是适应失能等级比较低，基本正常或有轻度失能、中度失能的参保人员。体现在分值上，同样是根据《日常生活活动能力评估表》所列项目，计算其分值≤55 分的情形。

家护长期护理保险待遇形式和院护按照《日常生活活动能力评估表》所列的项目、评定标准和各项目所赋予的分值进行评定的分值是一样的，都是评定总分数小于或等于55分，且也是符合下列条件之一的可申请专护长期护理服务方式。①达到专护申请标准的；②需长期保留鼻饲管、尿管的；③骨折长期不愈合，合并其他慢性疾病的；④患有严重不可逆性疾病，导致失能或半失能，需要长期护理的；⑤经评估审核，确需纳入的。除此条件外，决定是否享受家护保障待遇，还应主要考虑以下因素：

(1)失能人员的需求：主要看失能人员本人是否需要家护。

(2)失能人员家庭照顾情况：主要看是否有失能人员家庭成员或亲戚照料失能人员。

(3)距离远近情况：主要考虑定点服务机构的地点和失能人员居住地的距离多少。

(4)定点服务机构人员的服务水平：主要看定点服务机构服务态度、人员素质等服务水平。

(5)定点服务机构的设施设备完善情况：主要看定点服务机构设施设备配备齐全完善情况。

(6)定点服务机构环境状况：主要看定点服务机构院落布局、周边环境等情况。

(7)其他情况。

我国的长期护理保险仍处于试点阶段，就全国来说，各试点省市的工作开展情况很不平衡，进展不一。山东省各市之间，工作也不平衡，一些制度、政策、标准全省也没有统一。其中，对失能人员的失能等级评估的依据，有的从失能所涉及的全部项目进行了评估，有的依据失能主要内容进行评估，如按照长期护理保险保障失能人员的基本生活照料的要求，对失能人员的日常生活能力进行评估，以此来确定失能人员的失能程度。对失能人员的认知能力、感知觉与沟通能力等的评估要求非常高、操作起来比较难的方面，待条件成熟或制度完善后，再开展更广泛的、更全面的失能评估项目。

今后，随着我国长期护理保险制度的不断完善，长期护理保险制度将单设险种，独立运行。服务的区域和范围将进一步拓展，逐步延伸，关口前移，将失智参保人员纳入保障范围，建立延缓失能失智保障机制，制定对失智人员的评定标准。通过开展延缓失能失智工作，积极探索应对我国人口老龄化的新路子，促进我国社会和谐、文明、进步。

第七节　职工长期护理保险待遇

失能参保人员申请长期护理需求的，经评审符合条件，且在评估有效期内的，自核准之日起，可以享受长期护理保险待遇。

一、长期护理保险待遇内容

《山东省人民政府办公厅关于试行职工长期护理保险制度的意见》(鲁政办字〔2017〕63号)规定，职工长期护理保险重点保障长期处于失能或半失能状态参保人员的日常生活照料和与基本生活密切相关的医疗护理等所需服务费用。

从上述的规定中可以看出，长期护理保险待遇的内容主要包括以下两个方面：

（一）保障长期处于失能或半失能状态的参保人员日常生活照料

对处于失能半失能状态的参保人员进行日常生活照料，涉及方方面面，内容项目繁多，形式、方式复杂多样。全国没有统一的日常生活照料项目内容，但长期护理保险各统筹地区都制定了自己的服务项目范围。服务项目一般有30项左右。有的统筹地区，为了便于操作，直接明确规定了各项目服务的金额标准和时间期限，即服务哪些项目，服务多长时间，给付标准为多少元。

（二）保障长期处于失能状态的参保人员与基本生活密切相关的医疗护理等所需服务费用

医疗护理等所需的费用，是指在基本医疗保险药品目录、诊疗项目目录、医疗服务设施目录三大目录范围内，为处于失能或半失能状态的参保人员支付与基本生活密切相关的医疗护理所需的服务费用。

不同的护理形式，所支付的医疗护理费用是不同的。

青岛市是山东省，乃至全国最早建立长期护理保险制度的市，服务项目比较健全完善，创建了整合式护理服务模式，服务内容进一步拓展，包括了失能失智人员的健康管理、慢性病维持性治疗、医疗护理、生活照料、功能维护（康复训练）、安宁疗护、临终关怀、精神慰藉等基本照护服务。其长期护理保险基金主要用于支付参保人员的基本医疗护理和照护服务、辅具租赁及预防和延缓失能失智等相关费用。

二、不同类型长期护理保险护理待遇

享受长期护理保险待遇是通过一定方式实现的。每个参保人员失能半失能的严重程度不同，家庭经济状况不同，居住的地理位置不同，需求也不尽相同。划分长期护理保险待遇的依据不同，待遇的形式类别也不相同。

根据为参保人员提供的服务方式、定点医疗护理机构的级别和地点的不同，一般可将享受长期护理保险待遇的方式分为医疗专护、医养院护、居家护理等三种类别，并实行差别化的费用结算标准及结算办法。有的统筹地区还有更多的长期护理服务方式和种类。

（一）医疗专护

医疗专护，简称专护，是指失能参保人入住定点机构开设的医疗专护区，提供以安宁疗护为主的医疗护理服务的情形。

长期护理保险基金支付专护服务费用的范围为基本医疗保险药品目录、诊疗项目目录、医疗服务设施目录和统筹地区制定的《职工护理保险服务项目》内的服务项目费用。

专护服务实行“定额包干”的费用结算办法，每床日总费用包干标准在各统筹地区不尽一致。定点专护的级别不同，费用标准也不相同。济南市规定一级综合医疗机构、护理院、专科医院为220元，二级及以上综合医疗机构为260元。

参保人员在享受专护待遇期间，不再重复享受住院、门诊慢特病、普通门诊统筹等应由职工医保统筹基金支付的相关待遇费用。

（二）医养院护

医养院护，简称院护，指定点机构开设医养院护区，为入住本机构的参保人员提供基本生活照料和与基本生活密切相关的医疗护理服务。

院护服务费用实行“定额包干”的费用结算办法，每床日总费用包干标准在各统筹地区不尽一致。济南市统一规定为70元。

院护长期护理保险基金支付的服务费用范围为统筹地区制定的《职工护理保险服务项目》内的服务项目费用。

（三）居家护理

居家护理，简称家护，指定点机构定期指派医疗或照护人员，为选择定点机构提供服务的参保人员定期提供上门照护或社区日间集中照护等基本生活照料及相关医疗护理服务。

家护服务费用实行按项目付费和按小时付费相结合的结算办法，日均支付限额在各统筹地区不尽一致。济南市规定日均支付限额为60元。按小时付费的结算标准一般为60元/小时，每天最高支付时长为4小时。超出支付范围、服务时间、每小时结算标准或支付限额的费用，护理保险资金不予支付。

按项目付费的项目内容及支付标准由社会保险经办定点医护机构协调谈判确定。

家护服务费用的支付范围为统筹地区制定的《职工护理保险服务项目》内的服务项目费用。

失能半失能参保人员在享受院护、家护待遇期间，可同时享受门诊慢特病、普通门诊统筹医疗保险待遇。

参保人员可根据自身的状况和身体健康的恢复变化情况，申请变更长期护理保险服务类型。经过当地医保经办机构核实确定后变更定点服务机构。

三、长期护理保险待遇支付形式

参保人员享受长期护理保险待遇主要还是体现在长期护理保险基金能否为长期处于失能或半失能状态的参保人员，支付其日常生活照料和与基本生活密切相关的医疗护理等所需服务费用和能为其支付比例多少上。

《国家医保局 财政部关于扩大长期护理保险制度试点的指导意见》（医保发〔2020〕37号）明确规定，对符合规定的护理服务费用，基金支付水平总体控制在70%左右；并要求做好长期护理保险与经济困难的高龄、失能老年人补贴以及重度残疾人护理补贴等政策的衔接。

《山东省人民政府办公厅关于试行职工长期护理保险制度的意见》（鲁政办字〔2017〕63号）规定，职工长期护理保险资金支付协议护理服务机构和人员为参保人员提供的符合规定的长期护理服务费用，可对保障对象发生的护理服务费用进行直接补偿或通过购买方式向提供服务的机构或护理人员支付费用。护理服务费用由护理保险资金和保障对象个人按比例或按定额分担,对贫困人员,可以给予适当照顾。长期护理保险待遇可按机构护理、家庭护理等不同形式、护理不同等级、提供护理服务不同方式等制定差别化的待遇保障政策,原则上规定范围内的护理服务费用支付标准掌握在75%左右。参保人员享受职工长期护理保险待遇的资格条件、支付范围和具体支付比例,由各市确定。

这里所说的长期护理保险基金支付的护理服务费用,不仅包括符合规定的失能或半失能状态参保人员的日常生活照料费用,还应包括与其基本生活密切相关的医疗护理等所需服务费用。所支付的费用总额度为符合规定费用的一定比例,剩余部分由参保职工个人负担。

护理服务费用具体支付比例在各长期护理保险统筹地区是不一致的。各地应积极探索享受护理待遇与个人缴费适当挂钩的办法,强化个人责任。

《山东省人民政府办公厅关于建立省直职工长期护理保险制度的通知》(鲁政办字〔2017〕63号)明确规定,参保人员提出护理需求评估申请,评估符合要求且在评估有效期内,可以享受长期护理保险待遇。参保人员发生的符合规定的基本生活照料和相关的医疗护理费用由长期护理保险资金和个人按比例分担,长期护理保险资金支付比例为90%,个人负担10%,个人负担部分可使用职工医保个人账户余额支付。不符合长期护理保险规定的服务费用由参保人员承担。青岛市规定,参保职工发生的符合规定的费用,报销比例为90%。

国家在规定了参保人员享受长期护理保险待遇的同时,也规定了不予支付的范围。按照现行国家法律、法规,已享受相关护理待遇,以及应由第三方支付的护理费用,长期护理保险资金不再支付。

总之,参保人员失能状况程度不同,享受长期护理保险的待遇也不同。不同的长期护理保险统筹地区,长期护理保险待遇也不同,待遇水平也不一致,长期护理保险待遇的支付比例也不相同。

第八节　享受长期护理保险待遇流程

享受长期护理保险待遇要按规定的程序进行申请。申请经过审核后,按一定的程序,办理相关手续后,方可享受长期护理保险待遇。但申请长期护理保险待遇的流程,全国、全省没有统一规定或模式标准,但一般要经过下列程序:

一、提出申请

失能参保人员享受长期护理保险待遇,需携带住院病历复印件或者有效诊断证明、社会保障卡或身份证,向定点护理机构提出申请,并填写“职工长期护理保险申请表”,如表11-5所示。

表 11-5 职工长期护理保险申请表

身份证号		姓名		性别		年龄	
申办类别	医疗专护（ ） 医养院护（ ） 居家护理（ ）						
病种							
患者详细住址							
联系人 1		与参保人关系		联系电话			
联系人 2		与参保人关系		联系电话			

申请原因：

申请人(家属)签字：

年　　月　　日

温馨提示：职工长期护理保险规定，定点机构及经办机构应对申请人和核准建床的参保人病情及生活自理能力进行评估。因此，相关工作人员将会到护理机构或家中查看参保人病历资料、询问病情、查体、录音、录像以及采集指纹信息等，申请人及家属应给予积极配合；对不能配合的，将终止长期护理保险待遇核准。

申明：本人已认真阅读上述内容，理解并愿意配合做好上述工作。

申请人(家属)签字：

身份证复印件粘贴处：

(正面)　　　　(反面)

定点机构意见：

定点机构(公章)

负责人签字：

年　　月　　日

备注：本表一式三份，经办机构、定点机构、申请人各一份。

二、进行失能等级评估

定点机构接到申请后，一般在5个工作日内，按规定安排医师和护士对申请人的病情和自理情况进行申请审核和现场审核，或由医疗保险经办机构委托的商保机构进行审核。审核通过的，由专门的失能评估机构，按照“日常生活活动能力评估表”评定标准进行失能评估。

定点机构应严格按照申请条件和申办流程，规范管理。对于评分高于评分标准或病情不稳定急需诊治的，定点机构不得受理申报。定点机构应及时将评定结论反馈给失能参保人员或家属。对不符合护理保险办理条件的，定点机构应向失能参保人员或家属做好解释工作。

三、公示

经申请审核和失能等级评估，符合享受长期护理保险待遇条件的，评定结果应在一定范围内进行公示，接受社会监督。

四、办理护理待遇手续

商保机构或有资质对失能评估结果经公示后无异议，符合享受长期护理保险待遇条件的，将失能人员的有关情况传递给有关定点护理机构。同时，定点评估机构的评估结论等情况报送当地医疗保险经办机构。

定点护理机构将参保失能人员信息输入信息库，为失能参保人员建立信息档案，做好接收失能参保人员准备，随时接收失能人员。

五、定点护理机构提供服务

定点服务机构根据参保人员失能程度和服务需求，研究制定服务方案。按照失能人员的要求和客观条件，可选择性提供家护、院护、专户等医疗保障服务。

六、支付自付费用

每个月末，失能人员要与定点护理机构进行长期护理保险待遇费用结算。按规定，失能人员仅负担应该由个人自己承担的那部分待遇费用。

七、异议处理

定点机构或失能参保失能人员对定点护理机构提供的服务或有关待遇费用有异议的，可在发生异议行为的一定时间内，向当地医疗保险经办机构提出书面异议申请，由医疗保险经办机构予以解释或复核。

第十二章

劳动争议处理

在市场经济条件下，劳动关系双方的利益调整日益频繁，有关劳动就业、合同履行、工资福利、社会保险、工作时间、休息休假、安全卫生、劳动保护等方面的劳动争议案件大量增加。必须及时妥善处理，解决这些劳动争议，以保护劳动者和用人单位双方当事人的合法权益，维护社会的稳定。

第一节　劳动争议概述

在我们的日常生活与劳动工作中，常常出现各种纠纷，从而导致各种争议的产生，其中，有一类争议是发生在劳动者和用人单位之间的争议，我们将其称为劳动争议。劳动争议的产生有其客观必然性，对经济发展和社会稳定都有很大的影响。为此，我国建立了劳动争议处理制度，以及时化解和科学预防劳动争议，构建和谐社会，维护社会稳定。

一、劳动争议概念

劳动争议是指劳动关系双方，即劳动者与用人单位在执行劳动法律、法规或者履行劳动合同的过程中，因对劳动权利义务的分歧而产生的争议。对履行劳动权利、义务的分歧是确定争议是否属于劳动争议范围的依据。从劳动争议的概念中，我们可以看出，劳动争议是在劳动者和用人单位劳动关系存续期间产生的，并因劳动权利义务分歧而引起。因此，劳动争议具有下列特征：

（一）劳动争议的当事人是特定的

劳动争议的主体一方是用人单位，另一方是劳动者。“用人单位和劳动者”具有特定的含义。用人单位必须是具有用人权利能力和行为能力的社会经济组织和个体经营者；劳动者必须是具有劳动权利能力和行为能力的人。

（二）劳动争议主体之间必须存在劳动关系，即劳动者与用人单位有隶属劳动关系

劳动者是用人单位通过签订劳动合同形成劳动关系的劳动者；用人单位是劳动者所在的用人单位。劳动争议是在这种劳动关系存续期间发生的。

（三）劳动争议的内容必须是与劳动权利义务有关

劳动争议的内容必须在用人单位和劳动者劳动关系存续期间，因劳动就业、劳动合同、劳动报酬、工作时间和休息时间、劳动安全卫生、社会保险与福利、职工培训、奖惩问题等与双方履行劳动合同权利义务不对等而引起的争议。

二、劳动争议处理范围

劳动争议处理范围是指用人单位与劳动者之间发生什么样的争议应属于由劳动争议处理制度进行处理的情形。根据《劳动争议调解仲裁法》①的规定，用人单位与劳动者发生的下列劳动争议，应属于劳动争议处理范围：

(一)因确认劳动关系发生的争议

劳动关系是用人单位自用工之日起，即与劳动者建立的关系。对用人单位招用劳动者未订立书面劳动合同，但同时具备下列情形的，劳动关系成立，从而用人单位与劳动者确定了劳动关系：

(1)用人单位和劳动者符合法律、法规规定的主体资格。

(2)用人单位依法制定的各项劳动规章制度适用于劳动者，劳动者受用人单位的劳动管理，从事用人单位安排的有报酬的劳动。

(3)劳动者提供的劳动是用人单位业务的组成部分。

(二)因订立、履行、变更、解除和终止劳动合同发生的争议

用人单位和劳动者的劳动关系是由劳动合同确立的。劳动关系的变化和调整涉及订立、履行、变更、解除和终止劳动合同的全过程。对于这一过程任何一个环节发生的争议，都可由劳动争议调解仲裁法来解决。劳动者与用人单位解除终止劳动关系后，用人单位应返还其收取的劳动合同定金、保证金、抵押金、抵押物，或者应为其办理人事档案、社会保险关系移交转接等手续。由此而产生的争议，也属于劳动争议。

(三)因除名、辞退和辞职、离职发生的争议

1.除名

除名原来是指根据《企业职工奖惩条例》②第十八条的规定："职工无正当理由经常旷工，经批评教育无效，连续旷工超过 15 天或者一年内累计旷工时间超过 30 天的，企业有权予以除名。"2008 年 1 月，《企业职工奖惩条例》被国务院第 516 号令废止。但对这种"严重违反劳动纪律或者用人单位规章制度的"职工，应按照《劳动法》《劳动合同法》的规定解除劳动合同。

对事业单位的工作人员来说，《事业单位人事管理条例》第十五条的规定："事业单位工作人员连续旷工超过 15 个工作日，或者 1 年内累计旷工超过 30 个工作日的，事业单位可以解除聘用合同。"

应注意除名职工旷工时间的计算问题。旷工连续时间必须扣除法定节假日，即职工无正当理由经常旷工，经批评教育无效，扣除节假日天数以后，连续旷工超过 15 天或者 1 年内累计旷工时间超过 30 天的，企业有权予以除名。累计旷工时间按自然年度计算，

---

① 《中华人民共和国劳动争议调解仲裁法》(简称《劳动争议调解仲裁法》)已于 2007 年 12 月 29 日由中华人民共和国第十届全国人民代表大会常务委员会第三十一次会议通过，国家主席令第 80 号公布，自 2008 年 5 月 1 日起施行。

② 《企业职工奖惩条例》于 1982 年 4 月 10 日由国务院公布。该条例已于 2008 年 1 月 15 日，被国务院第 516 号令废止，并明确该条例被《劳动法》《劳动合同法》代替。

不得跨年度累计。

2.辞退

辞退是指用人单位依照法律规定的条件和程序，解除与劳动者的劳动关系。这是根据《劳动法》第二十五条规定的第二种情况的情形，对严重违反劳动纪律或者用人单位规章制度的职工，企业所作出的与职工解除劳动合同的行为。

3.辞职

辞职是指劳动者根据本人的意愿，辞去所担任的职务或岗位，解除与所在用人单位的劳动关系的行为。根据《劳动法》第三十一条的规定："劳动者要与用人单位解除劳动合同，应当提前三十日以书面形式通知用人单位。"

4.离职

离职是指劳动者根据本人意愿，主动自行解除与用人单位的劳动关系的行为。

由以上情况分析可知，除名、辞职、辞退、离职等情形，都属于解除和终止劳动关系的范畴。

(四)因工作时间、休息休假、社会保险、福利、培训以及劳动保护发生的争议

因工作时间、休息休假发生的争议，主要涉及的是用人单位规定的工作时间是否符合有关法律的规定，劳动者是否能够享受国家法定节假日和带薪休假的权利等而引起的争议。

因社会保险发生的劳动争议，主要涉及的是用人单位是否依照有关法律、法规的规定为劳动者缴纳养老、工伤、医疗、失业、生育等社会保险费用而引起的争议。

因福利、培训发生的劳动争议，主要涉及的是用人单位与劳动者在订立的劳动合同中规定的有关福利待遇、培训等约定事项的履行而产生的争议。

因劳动保护发生的劳动争议，主要涉及的是用人单位是否为劳动者提供符合法律规定的劳动安全卫生条件等标准而产生的争议。

(五)因劳动报酬、工伤医疗费、经济补偿或赔偿金等发生的争议

劳动报酬主要涉及劳动者的工资、奖金以及其他应按劳动标准支付给劳动者的劳动报酬。

工伤医疗费主要涉及劳动者被确定为工伤后，对未参加工伤保险的用人单位来说，其职工发生的工伤费用由谁来承担、怎样承担、承担多少的问题。《工伤保险条例》第六十二条第二款规定："依照本条例规定应当参加工伤保险而未参加工伤保险的用人单位，其职工发生工伤的，由该用人单位按照本条例规定的工伤保险待遇项目和标准支付费用。"但在实际工作执行中，用人单位会尽量避免承担责任，不支付或少支付职工工伤费用。由此而产生的争议，理应属于劳动争议范围。

经济补偿是指根据《劳动合同法》的规定，用人单位解除和终止劳动合同时，应给予劳动者的补偿。根据《劳动合同法》的规定，劳动者因用人单位的过错而单方提出与用人单位解除劳动合同的；或者用人单位因为劳动者存在过错之外的原因而单方决定与劳动者解除劳动合同的；或者用人单位提出动议，与劳动者协商一致解除劳动合同的，应当向劳

动者支付经济补偿。同时，在用人单位与劳动者终止固定期限劳动合同、无固定期限劳动合同，或以完成一定工作任务为期限的劳动合同时，或者企业破产、责令关闭、吊销执照、提前解散等情形时，也应当向劳动者支付经济补偿。

赔偿金是指根据《劳动合同法》的规定，用人单位应当向劳动者支付的赔偿金和劳动者应当向用人单位支付的赔偿金。用人单位应当向劳动者支付的赔偿金包括：用人单位违反劳动合同法规定与劳动者约定试用期的，如违法约定的试用期已经履行的，由用人单位以劳动者试用期满月工资为标准，按已经履行的超过法定试用期的期间向劳动者支付赔偿金；用人单位未依照劳动合同的约定或者国家规定及时足额支付劳动者劳动报酬，或者低于当地最低工资标准支付劳动者工资的，或者安排加班不支付加班费，以及解除、终止劳动合同，未依照《劳动合同法》规定向劳动者支付经济补偿的，在劳动行政部门责令限期支付后，逾期仍不支付的，用人单位按应付金额百分之五十以上百分之一百以下的标准向劳动者加付赔偿金；用人单位违反《劳动合同法》规定，解除或者终止劳动合同的，应当按照劳动合同法规定的解除终止劳动合同的经济补偿标准的二倍支付赔偿金；用人单位自用工之日起超过一个月不满一年未与劳动者订立书面劳动合同的，应当向劳动者每月支付二倍的工资，或者用人单位违反本法规定，不与劳动者订立无固定期限劳动合同的，自应当订立无固定期限劳动合同之日起向劳动者每月支付二倍的工资，等等。劳动者向用人单位支付的赔偿金，包括劳动者违反《劳动合同法》规定解除劳动合同，或者违反劳动合同约定的保密义务或者竞业限制给用人单位造成损失所应承担的赔偿金。

（六）法律、法规规定的其他劳动争议

这是一项开放性的、兜底性的规定，除了上述劳动争议事项外，法律、行政法规或者地方性法规规定的其他发劳动争议，也要纳入劳动争议调解仲裁法的仲裁范围。

对于劳动争议的范围，《最高人民法院关于审理劳动争议案件适用法律问题的解释（一）》[①]更具体、详细。其第一条规定："劳动者与用人单位之间发生的下列纠纷，属于劳动争议，当事人不服劳动争议仲裁机构作出的裁决，依法提起诉讼的，人民法院应予受理：(一)劳动者与用人单位在履行劳动合同过程中发生的纠纷；(二)劳动者与用人单位之间没有订立书面劳动合同，但已形成劳动关系后发生的纠纷；(三)劳动者与用人单位因劳动关系是否已经解除或者终止，以及应否支付解除或者终止劳动关系经济补偿金发生的纠纷；(四)劳动者与用人单位解除或者终止劳动关系后，请求用人单位返还其收取的劳动合同定金、保证金、抵押金、抵押物发生的纠纷，或者办理劳动者的人事档案、社会保险关系等移转手续发生的纠纷；(五)劳动者以用人单位未为其办理社会保险手续，且社会保险经办机构不能补办导致其无法享受社会保险待遇为由，要求用人单位赔偿损失发生的纠纷；(六)劳动者退休后，与尚未参加社会保险统筹的原用人单位因追索养老金、医疗费、工伤保险待遇和其他社会保险待遇而发生的纠纷；(七)劳动者因为工伤、职业病，请求用人单位依法给予工伤保险待遇发生的纠纷；(八)劳动者依据劳动合同法第八十五条规定，要求

---

① 《最高人民法院关于审理劳动争议案件适用法律问题的解释（一）》（法释〔2020〕26号）于2020年12月25日由最高人民法院审判委员会第1825次会议通过，自2021年1月1日起施行。

用人单位支付加付赔偿金发生的纠纷;(九)因企业自主进行改制发生的纠纷。”

该解释同时明确了不属于劳动争议的范围,其第二条规定:“下列纠纷不属于劳动争议:(一)劳动者请求社会保险经办机构发放社会保险金的纠纷;(二)劳动者与用人单位因住房制度改革产生的公有住房转让纠纷;(三)劳动者对劳动能力鉴定委员会的伤残等级鉴定结论或者对职业病诊断鉴定委员会的职业病诊断鉴定结论的异议纠纷;(四)家庭或者个人与家政服务人员之间的纠纷;(五)个体工匠与帮工、学徒之间的纠纷;(六)农村承包经营户与受雇人之间的纠纷。”

根据上述规定,用人单位之间、劳动者之间、用人单位与没有与之建立劳动关系的劳动者之间产生的一切争议,都不属于劳动争议处理的范围。

三、劳动争议处理原则

劳动争议处理原则是指在处理劳动者与用人单位之间发生的劳动争议时,贯穿于整个劳动争议处理程序,对劳动争议的处理有着指导意义的一般性准则。

《劳动争议调解仲裁法》第三条规定:“解决劳动争议,应当根据事实,遵循合法、公正、及时、着重调解的原则,依法保护当事人的合法权益。”这就明确了用人单位和劳动者发生劳动争议时,调解仲裁的原则。

(一)应当根据事实

以事实为依据,以法律为准绳,这是我国多年来正确适用法律规范的一条基本经验和一项基本原则。以事实为依据,以法律为准绳,在查清事实的基础上,依法处理。

根据事实就是以事实为根据,要求劳动争议处理机构在适用法律规范处理具体的劳动争议时,必须以案件的客观事实为依据,把对案件的处理建立在符合客观事实的基础上,既不能夸大,也不能缩小,更不能虚构事实或以主观想象、分析代替客观事实。只有查明了事实的真相,才能为争议的正确处理、法律的正确运用提供可靠的保证。

要做到以事实为依据,就要求劳动争议处理机构深入实际,依靠群众,调查研究,收集证据,每一样证据都必须经过查明属实,才能作为处理劳动争议的依据。在调查收集证据时,切不可先入为主、主观臆断。

(二)遵循合法、公正

遵循合法就是要求有关劳动争议处理机构在处理劳动争议时,要严格按照劳动法律、法规、政策的有关规定办事。

首先,劳动争议处理机构在收到争议当事人的处理劳动争议的申请时,要依据有关规定进行审查,确定争议的性质是否属于劳动争议。

其次,劳动争议处理机构在处理劳动争议时不能只凭自己的好恶和是非标准来进行判断,必须按照有关规定来确定争议双方当事人的权利义务关系,按照法律来分清是非,明确责任,只有这样才能让当事人对处理结果心服口服,才有利于劳动争议的彻底解决,才有利于对当事人进行劳动法律、法规和政策的宣传,才有利于推动我国劳动法治建设的发展。

最后，要求劳动争议处理机构必须按照法定的程序进行。

遵循公正就是适用法律一律平等。我国《宪法》第三十三条规定："中华人民共和国公民在法律面前一律平等。"可见，这一原则是宪法的规定在劳动争议处理过程中的具体运用和体现。人民法院审理民事案件，应当保障和便利当事人行使诉讼权利，对当事人在适用法律上一律平等。

一是劳动争议调解委员会、劳动争议仲裁委员会、人民法院在适用劳动法律、法规、政策处理劳动争议的过程中，对劳动者和用人单位不分民族、种族、性别、职业、社会出身、宗教信仰、教育程度、财产状况、居住地区，一律平等地适用法律规范，绝不能因人而异，不能偏袒任何一方。

二是《宪法》第三十三条规定："任何公民享有宪法和法律规定的权利，同时必须履行宪法和法律规定的义务。"因此，对任何人，只要是法律赋予的各项权利，国家法律都要平等地予以保护，而法律规定的义务，任何人都要履行。

因此，劳动争议处理机构在处理劳动争议时，应当按照法律、法规的规定分清是非，明确双方当事人的权利、义务，确定各自所应承担的责任。只让一方享受权利而不承担义务或仅承担少量义务，就会加剧劳动争议双方的矛盾，影响劳动关系的恢复。

这些原则对于我们正确找出发生劳动争议的根据，正确适用法律，正确处理劳动争议具有非常重要的意义。

（三）及时处理、着重调解

"及时处理"要求劳动争议发生后，争议双方当事人、调解组织、劳动争议仲裁委员会、人民法院在劳动争议案件的处理过程中，要按照法律规定的期限及时行使权利，履行职责，妥善解决，不能久拖不决，影响争议双方当事人的合法权益的实现和生产工作的顺利开展。对此，《劳动争议调解仲裁法》对劳动争议申请仲裁的时效期间、调解、开庭、裁决的时限等都作了明确限制。《劳动争议调解仲裁法》第十四条规定："调解协议书由双方当事人签名或者盖章，经调解员签名并加盖调解组织印章后生效，对双方当事人具有约束力，当事人应当履行。自劳动争议调解组织收到调解申请之日起十五日内未达成调解协议的，当事人可以依法申请仲裁。"第二十七条规定："劳动争议申请仲裁的时效期间为一年。仲裁时效期间从当事人知道或者应当知道其权利被侵害之日起计算。"第二十九条规定："劳动争议仲裁委员会收到仲裁申请之日起五日内，认为符合受理条件的，应当受理，并通知申请人；认为不符合受理条件的，应当书面通知申请人不予受理，并说明理由。对劳动争议仲裁委员会不予受理或者逾期未作出决定的，申请人可以就该劳动争议事项向人民法院提起诉讼。"第三十条规定："劳动争议仲裁委员会受理仲裁申请后，应当在五日内将仲裁申请书副本送达被申请人。被申请人收到仲裁申请书副本后，应当在十日内向劳动争议仲裁委员会提交答辩书。劳动争议仲裁委员会收到答辩书后，应当在五日内将答辩书副本送达申请人。被申请人未提交答辩书的，不影响仲裁程序的进行。"

由此可见，从劳动争议申请仲裁的时效日期，到认定受理、答辩的送达、仲裁等，《劳动争议调解仲裁法》都有明确的时间要求，就是为了劳动争议发生后要及时处理，不能久拖不决，最后使矛盾激化。

"着重调解",主要指在劳动争议的仲裁、审判中,应尽可能地采用调解的方式结案。如在劳动争议仲裁程序中,表现为仲裁委员会受理劳动争议案件,应先进行调解,调解不成时方可进行仲裁。在裁决作出前的任何阶段都可以进行调解。在诉讼程序上,表现为人民法院在审理劳动争议案件的过程中,只有在调解不成的情况下,才可以依法进行判决。

通过劳动争议仲裁委员会或人民法院的调解使劳动争议双方在互谅互让的基础上达成共识,这样有利于当事人双方的安定团结和纠纷的彻底解决。因此,我国将调解作为劳动争议案件仲裁、审判程序的重要阶段,非经调解,一般不会直接作出裁决或判决。劳动争议仲裁委员会和人民法院的调解也必须在当事人自愿的基础上进行,不能片面追求调解结案率而强迫当事人接受调解。

四、劳动争议处理制度

劳动争议处理制度是通过国家立法,将劳动争议受理范围、处理原则、机构设置、人员配备和操作程序等作为制度确定下来,成为我国劳动法制的组成部分。

随着我国社会主义市场经济的发展和完善,劳动关系变得多样化和复杂化,劳动争议呈上升趋势。针对这种情况,早在 1993 年 6 月,国务院就发布了《企业劳动争议处理条例》,将劳动争议处理范围扩大到各类企业,进一步完善了办案程序。同年,劳动部依据《企业劳动争议处理条例》,制定颁布了一系列配套规章。1994 年 7 月,第八届全国人民代表大会常务委员会第八次会议通过了《劳动法》,以基本法的形式对劳动争议处理的范围、原则、机构、程序及签订和履行集体合同发生劳动争议的处理进一步作出了原则性规定。2007 年 12 月,第十届全国人民代表大会常务委员会第三十一次会议又通过《劳动争议调解仲裁法》,决定自 2008 年 5 月 1 日起施行。2012 年 12 月,第十一届全国人民代表大会常务委员会第三十次会议决定修改《劳动合同法》,自 2013 年 7 月 1 日起施行。2020 年 12 月,最高人民法院审判委员会第 1825 次会议通过公布了《最高人民法院关于审理劳动争议案件适用法律问题的解释(一)》(法释〔2020〕26 号),自 2021 年 1 月 1 日起施行。至此,我国劳动争议处理的法律体系基本形成。

按照劳动法律、法规、规章规定,我国的劳动争议处理是"企业调解、地方仲裁与法院判决"相结合的"一调、一裁、两审"体制。《劳动法》第七十九条规定:"劳动争议发生后,当事人可以向本单位劳动争议调解委员会申请调解;调解不成,当事人一方要求仲裁的,可以向劳动争议仲裁委员会申请仲裁。当事人一方也可以直接向劳动争议仲裁委员会申请仲裁。对仲裁裁决不服的,可以向人民法院提起诉讼。"《劳动争议调解仲裁法》第四条规定:"发生劳动争议,劳动者可以与用人单位协商,也可以请工会或者第三方共同与用人单位协商,达成和解协议。"紧接着该法第五条规定:"发生劳动争议,当事人不愿协商、协商不成或者达成和解协议后不履行的,可以向调解组织申请调解;不愿调解、调解不成或者达成调解协议后不履行的,可以向劳动争议仲裁委员会申请仲裁;对仲裁裁决不服的,除本法另有规定的外,可以向人民法院提起诉讼。"

根据这些规定,用人单位与劳动者发生劳动争议后,当事人应当先协商解决;不协商或协商不成的，可以向本单位劳动争议仲裁委员会申请调解；调解不成，当事人一方要求仲裁的，可以向劳动争议仲裁委员会申请仲裁。当事人一方也可以直接向劳动争议仲裁委员会申请仲裁。对仲裁裁决不服的，可以向人民法院提请诉讼。

仲裁是处理劳动争议的必经程序，只有对仲裁裁决不服时，才可以自收到仲裁裁决书之日起 15 日内向人民法院起诉。《劳动争议调解仲裁法》第四十八条规定："劳动者对本法第四十七条[①]规定的仲裁裁决不服的，可以自收到仲裁裁决书之日起十五日内向人民法院提起诉讼。"人民法院审理是劳动争议处理的最终程序。人民法院只受理当事人不服仲裁决定，向人民法院起诉的劳动争议案件。

由此可见，劳动争议发生后，当事人应当协商解决；不愿协商或协商不成的，可以向本企业劳动争议调解委员会申请调解；调解不成的，可向劳动争议仲裁委员会申请仲裁，也可以直接向劳动争议仲裁委员会申请仲裁。对仲裁裁决不服的，可以向人民法院起诉。

从上述规定中，我们可以得出结论，即我国现行的劳动争议处理体制依然包括协商、调解、仲裁、诉讼四种形式。这四种形式可以在劳动争议处理中相互配合，既能保证劳动争议得到及时、快速的处理，又能保证劳动争议处理具有严肃性、权威性、强制性、连贯性。

发生劳动争议后，当事人很难平心静气地坐下来协商。因此，从实际情况来看，运用较多的是调解、仲裁、诉讼三种形式。因此，我国现行劳动法律中规定的劳动争议处理制度更多的是指调解、仲裁、诉讼三种形式。这三种程序都有其自身的价值和意义，都有一定的相对独立性，又都处在一种依次递进的关系链条中，不能互相取代。作为法定的劳动争议处理程序，它们具有不同的地位，并且是相互联系、相互衔接的。总之，现行的劳动争议处理机制有更大的灵活性和科学性，更加适应社会主义劳动关系发展的需要，它一定会在劳动争议处理中发挥更加积极的作用。

第二节　劳动争议调解

劳动争议调解是指劳动争议调解委员会对申请调解解决的劳动争议案件，在查明事实、分清是非的基础上，以国家的劳动法律、法规为准绳，以民主协商的方式，促使当事人在互让互谅的基础上达成协议，从而化解争议，消除劳动纠纷的处理方法。

劳动争议调解是用人单位内基层群众性组织所作的调解，是我国处理劳动争议的基本形式之一。劳动争议调解是劳动争议解决的最有效方法，简单、快捷、明了，是用人单位和职工双方解决劳动争议的最初选择。

一、劳动争议调解概述

劳动争议的调解主要是通过说服教育和宣传相关的劳动法律、法规、政策的方法，在明确双方当事人责任的基础上，通过协商达成和解协议，从而使劳动争议得到解决。

---

① 第四十七条："下列劳动争议，除本法另有规定的外，仲裁裁决为终局裁决，裁决书自作出之日起发生法律效力：(一)追索劳动报酬、工伤医疗费、经济补偿或者赔偿金，不超过当地月最低工资标准十二个月金额的争议；(二)因执行国家的劳动标准在工作时间、休息休假、社会保险等方面发生的争议。"

劳动争议调解的依据：一是企业规章制度；二是当事人之间书面或口头约定；三是道德规范与民规民约等。

以情以理说服当事人互相谅解，是劳动争议调解的优势所在。

前面介绍了处理劳动争议的原则，这些原则是全局性的，对整个劳动争议处理程序都有普遍的指导意义。但由于调解、仲裁、诉讼各有其特色，因此在具体的处理程序中又包含了不同的指导原则。企业劳动争议调解应遵循以下几个原则：

(一)自愿原则

在调解的整个过程中，始终贯穿着当事人自己的意愿。因此，自愿是进行调解的本质和前提。如果当事人一方不愿调解而是向劳动争议仲裁委员会申请仲裁或是采用其他的法律救助途径，则调解程序就无法启动；如果当事人在调解过程中不能达成共识，不能取得一致，任何人不得强迫当事人接受调解协议。

劳动争议调解应尊重当事人双方的真实意愿，包括申请调解必须出于自愿，达成协议必须出于双方自愿，履行调解协议必须出于自愿。

(二)合法、合情、合理原则

合法原则是调解委员会开展工作必须贯彻的一项基本原则。调解委员会进行调解主要是通过对双方当事人进行疏导、说服教育，而在这个过程中，必须有一定的标准和依据，不能没有原则，更不能违法进行调解。这个标准和依据就是国家现行的劳动法律、法规、政策、制度等，要依法进行调解。

合情、合理原则要求调解委员会在调解时应对事实真相进行调查研究。在事实清楚、证据充分的基础上，对双方当事人晓之以理、动之以情，分清是非曲直和当事人各方应负的责任。调解委员会只有在此原则指导下开展工作，才能让双方当事人平心静气地坐下来解决问题，减少对抗情绪，才能对调解委员会的意见和建议心服口服，最终在民主协商的气氛中达成调解协议。同时，在调解过程中，调解委员会也不得违反社会公德或者损害社会公共利益和他人的合法利益。

(三)处理简便、不收费原则

这一原则正是劳动争议调解灵活性的反映，也正因为有这一优势，才使得劳动争议调解在长期的实践中得以保留，并随着条件的变化不断被赋予新的内容。

处理简便原则是相对于劳动争议仲裁程序和诉讼程序而言的。调解工作是采取会议的形式进行的，这样就为当事人双方进行民主协商创造了良好的条件和氛围。而且调解会议如何进行，法律并未作出具体的规定，完全可以由双方当事人和调解委员会根据实际情况决定，一切以方便调解为宜。这样就大大简化了调解的程序，能更大程度反映了当事人的意思。

不收费原则是指劳动争议调解委员会受理劳动争议的调解申请，不得向双方当事人收取任何费用。这一点显然不同于劳动争议仲裁和劳动争议诉讼。正因为劳动争议调解不收费，使得一些有困难的职工在利益受到侵害时，不致忍气吞声或以消极怠工的方式发泄心中不满，影响劳动关系的正常化；也使大量的劳动争议在企业内部就可以进行“消化”，避免了矛盾的扩大，也减轻了劳动争议仲裁委员会和人民法院的工作量。

调解是解决民间纠纷，协调社会关系的传统做法，在我国具有悠久的历史。这种方式是预防争议和避免争议激化、防止造成重大社会影响和经济损失的“第一道防线”。将调解方式引入劳动争议处理领域，符合中国国情和劳动关系当事人的需要。

二、劳动争议调解机构

用人单位和劳动者发生了劳动争议，可以首选向劳动争议调解机构申请调解。劳动争议由劳动争议调解机构进行调解化解，是最有利于构建和谐稳定的劳动关系和社会关系。《劳动争议调解仲裁法》第十条规定：“发生劳动争议，当事人可以到下列调解组织申请调解：(一)企业劳动争议调解委员会；(二)依法设立的基层人民调解组织；(三)在乡镇、街道设立的具有劳动争议调解职能的组织。”

目前，我国主要的劳动争议调解机构是企业劳动争议调解委员会。但企业劳动争议调解委员会不是用人单位必须设立的调解机构。《劳动法》第八十条规定：“在用人单位内，可以设立劳动争议调解委员会。劳动争议调解委员会由职工代表、用人单位和工会代表组成。劳动争议调解委员会主任由职工代表担任。”同时《劳动法》第七十九条规定：“劳动争议发生后，当事人可以向本单位劳动争议调解委员会申请调解。”

根据这一规定，用人单位可以设立劳动争议调解委员会，以便及时解决用人单位与劳动者之间的劳动争议，建立良好的劳动关系。

企业劳动争议调解组织是劳动争议调解委员会。劳动争议调解委员会主要负责调解本单位内发生的劳动争议，由职工代表、企业代表和工会代表组成。职工代表由职工代表大会(或者职工大会)推举产生；企业代表由厂长(经理)指定；企业工会代表由企业工会委员会指定。各方推举或指定的代表只能代表一方参加调解委员会。调解委员会组成人员的具体人数由职工代表大会提出并与企业法定代表人协商确定。企业代表的人数不得超过调解委员会成员总数的1/3。调解委员会的主任由工会代表担任，主持劳动争议调解委员会的工作。调解委员会的办事机构设在工会。

上述这些规定都是强制性的，用人单位在组织劳动争议调解委员会时必须遵守这些规定，以保证调解委员会组织的合法性。

劳动争议调解委员会是企业、职工和工会三方面协商解决劳动争议的群众性调解组织，是企业中一个相对独立的群众性组织。企业调解委员会的工作接受上级工会和地方劳动争议仲裁委员会的业务指导，与仲裁委员会和人民法院之间不存在隶属关系。总之，劳动争议调解委员会是依法成立的企业内部的一个有独立地位的专门调解劳动争议的群众性组织。

企业劳动争议调解委员会是依法调解本单位内部劳动争议的群众组织。具有如下特征：

(1)法定性：调解委员会依法建立，受国家法律约束和保护，是我国企业民主制度的重要组成部分。

(2)独立性：调解委员会依法调解本单位的劳动争议，不受任何个人、用人单位或国家机关的干预。

(3)群众性:调解委员会的性质是群众组织。

(4)专一性:处理企业内部劳动争议是调解委员会唯一的工作。

三、劳动争议调解程序

企业劳动争议调解程序,是指劳动争议双方和劳动争议调解委员会以及其他有关人员和单位,在劳动争议调解过程中应当遵循的步骤和方法。根据《劳动争议调解仲裁法》的规定,劳动争议调解工作的开展应当按照以下程序进行:

(一)第一步:调解申请

调解申请是指劳动争议当事人以口头或书面的方式,向劳动争议调解委员会提出调解的请求。《劳动争议调解仲裁法》第十二条规定:"当事人申请劳动争议调解可以书面申请,也可以口头申请。口头申请的,调解组织应当当场记录申请人基本情况、申请调解的争议事项、理由和时间。"

我国的劳动争议调解采取自愿原则,劳动争议发生后,劳动争议双方可以考虑通过协商、调解或其他方式解决纠纷。当事人如果认为需要通过调解方式解决劳动争议的,就应当向劳动争议调解委员会提出明确的申请。调解委员会只有在当事人作出明确的意思表示后,才能考虑是否受理和调解,而不能依职权单方迫使当事人进行调解。因此,劳动争议当事人的调解申请是启动劳动争议调解程序的必经步骤。

当事人向劳动争议调解委员会提出调解申请,并填写"劳动争议调解申请书"。申请一般包括以下内容:①申请人的姓名、工作岗位和部门、工种或职务;②申请对方的名称及其必要的自然状况;③调解请求,即通过调解请求维护自己的哪些权利,要求另一方履行哪些义务;④事实和理由,即自己提出请求所依据的事实与理由等。

上述内容是调解申请书的主要部分。

如果发生争议的职工当事人一方在10人以上,并有共同的申请理由的,应当推举代表参加调解活动。

(二)第二步:调解委员会受理

受理是指劳动争议当事人向调解委员会提出调解申请后,调解委员会依法审查,并决定接受申请的过程。

对于调解委员会经过审查决定不予受理的调解申请,应当向申请人说明理由,并告知其应当向何部门申诉。如果调解委员会决定受理,应当通知双方当事人,要求被申请人提出答辩,使双方当事人做好参加调解的准备。通知可以是书面的,也可以是口头的,但都必须送达当事人本人。

(三)第三步:查清争议事实

查清争议事实,即通常所说的调查阶段。调解工作要以事实为依据,所以调解委员会受理调解申请后,应当及时向当事人和其他有关人员、部门进行调查了解。调查的事项主要是争议发生的原因、发展的过程、争议的焦点、争议双方当事人的意见和要求、争议涉及的有关证据、其他职工对争议的看法等。

调解委员会对收集到的材料进行全面的分析之后，弄清事实的来龙去脉，掌握争议的关键所在，分清是非，在明确当事人双方责任的基础上制定调解方案。

(四)第四步：实施调解

调解委员会在调查清楚案件事实、了解双方当事人的心态后，拟订调解方案。为了使调解工作顺利进行，在调解开始前，调解委员会还应当事先和当事人双方进行谈话，做好双方参加调解、准备进行民主协商的思想工作。调解通过调解会议的形式进行，由调解委员会主任主持，有关单位和个人可以参加调解会议，协助调解。对于简单的劳动争议，可以由调解委员会指定1～2名调解委员进行调解。《劳动争议调解仲裁法》第十三条规定："调解劳动争议，应当充分听取双方当事人对事实和理由的陈述，耐心疏导，帮助其达成协议。"

调解应当自当事人出调解申请之日起15日内结束。到期未结束的，视为调解不成，当事人可以直接向当地劳动争议仲裁委员会申请仲裁。《劳动争议调解仲裁法》第十四条第三款规定："自劳动争议调解组织收到调解申请之日起十五日内未达成调解协议的，当事人可以依法申请仲裁。"

(五)第五步：制作调解协议书

当事人经过调解达成协议的，调解委员会应制作调解协议书，以明确和记载当事人之间的调解协议的内容，它是当事人协商结果的记录，也是调解委员会依法确认的调解协议的记录，作为当事人享受权利和履行义务的依据。调解协议书应当简明扼要、通俗易懂、条款明确，以利于双方当事人执行，而不致因为权利义务不明确再发生争议。《劳动争议调解仲裁法》第十四条规定："经调解达成协议的，应当制作调解协议书。"

调解协议一般一式四份，一份留调解委员会备案，双方当事人各执一份，抄送当地劳动争议仲裁委员会。如果当事人反悔，调解协议书还可以作为劳动争议仲裁委员会研究分析该劳动争议的参考依据。

(六)第六步：劳动争议调解协议执行

依法制作的劳动争议调解书经双方当事人签收后，立即发生效力，当事人应当自觉履行，因为它是双方当事人在合法、自愿、友好协商的基础上达成的，劳动争议调解委员会有权要求双方当事人履行。《劳动争议调解仲裁法》第十四条第二款规定："调解协议书由双方当事人签名或者盖章，经调解员签名并加盖调解组织印章后生效，对双方当事人具有约束力，当事人应当履行。"

由于企业劳动争议调解委员会的调解是群众性调解，因而调解协议书不具有强制执行的法律效力，当事人可以反悔，可以不履行。因此，调解协议的履行，完全要靠当事人的自觉。如果一方不履行，另一方不能申请人民法院强制执行，只能向仲裁机构申请仲裁。《劳动争议调解仲裁法》第十五条规定："达成调解协议后，一方当事人在协议约定期限内不履行调解协议的，另一方当事人可以依法申请仲裁。"但对于劳动者和用人单位就拖欠劳动报酬、工伤医疗费、经济补偿或者赔偿金事项达成调解协议，用人单位在协议约定期限内不履行的，《劳动争议调解仲裁法》作了特别规定，可以直接向人民法院申请支付令。《劳动争议调解仲裁法》第十六条规定："因支付拖欠劳动报酬、工伤医疗费、经济补偿或者赔偿金事项达成调解协议，用人单位在协议约定期限内不履行的，劳动者可以持调解协议书依法向人民法院申请支付令。人民法院应当依法发出支付令。"

（七）第七步：制作调解意见书

由于劳动争议的多样性和复杂性，在双方当事人经调解无法达成协议或期满后调解不成的情况下，调解委员会应做记录，并制作调解意见书，它是调解程序终结的文书，是劳动争议调解委员会对劳动争议事实、责任及解决方案的结论性意见。

劳动争议调解处理意见书不具有法律效力，也无执行性，但在劳动争议仲裁程序中可以为劳动争议仲裁委员会提供参考意见。

第三节　劳动争议仲裁

劳动争议发生后，如果当事人不愿选择协商、用人单位的调解，或者虽然选择了但最终没有有效解决，劳动争议仍然存在，这时争议当事人已经别无选择，要想解决争议就必须通过劳动争议仲裁这条渠道。根据我国劳动法律、法规的规定，仲裁程序是处理劳动争议法定的必经程序[①]。劳动争议当事人只有在仲裁委员会裁决后，对裁决不服时，才能向人民法院起诉。否则，人民法院不予受理。

一、劳动争议仲裁概述

劳动争议仲裁是劳动争议仲裁委员会对用人单位与劳动者之间发生的争议，在查明事实，明确是非、分清责任的基础上，依法作出裁决的活动。因此，劳动争议仲裁具有以下特征：

（一）劳动争议仲裁机构具有特定性和独立性

目前，我国劳动争议仲裁机构是劳动争议仲裁委员会，它具有与其他仲裁机构不同的组织、权限、职责和受案范围。在仲裁过程中，劳动争议仲裁委员会处于第三者的位置，依据劳动法律、法规、政策等公平、公正仲裁，维护双方当事人的合法权益。因此，劳动争议仲裁机构独立行使劳动争议仲裁权，其享有的仲裁权是法律赋予的，其他任何机构和个人都不得加以干涉。

（二）劳动争议仲裁由劳动争议当事人提出申请

劳动争议仲裁申请必须是与劳动争议有直接利害关系的人，即有关劳动权利的直接

---

① 《劳动争议调解仲裁法》第五条规定："发生劳动争议，当事人不愿协商、协商不成或者达成和解协议后不履行的，可以向调解组织申请调解；不愿调解、调解不成或者达成调解协议后不履行的，可以向劳动争议仲裁委员会申请仲裁；对仲裁裁决不服的，除本法另有规定的外，可以向人民法院提起诉讼。"

第十五条规定："达成调解协议后，一方当事人在协议约定期限内不履行调解协议的，另一方当事人可以依法申请仲裁。"

受益者或有关劳动义务和责任的直接承担者。这种劳动争议的当事人是基于劳动关系而产生的。

(三)劳动争议仲裁申请是当事人自愿提交的

是否通过劳动争议仲裁解决劳动争议是争议当事人的自由,他们既可以通过仲裁方式解决,也可以通过协商或调解方式解决,仲裁机构不得依职权强行仲裁。自愿申请是劳动争议仲裁的起点,是引起劳动争议仲裁程序开始的法律事实。但是,只要仲裁程序已启动,双方当事人就要遵守有关的强制性法律规定,依法行使权利、履行义务,否则就要承担相应的法律责任。

(四)劳动争议仲裁是强制性仲裁

所谓强制性仲裁是指当事人双方必须将发生的争议提交仲裁机构裁决。仲裁裁决不具有终局效力。《劳动法》第七十九条规定:“当事人一方也可以直接向劳动争议仲裁委员会申请仲裁。对仲裁裁决不服的,可以向人民法院提起诉讼。”在我国,劳动争议仲裁是劳动争议当事人向人民法院起诉的法定前置程序。

法律虽然规定劳动争议当事人可以根据具体情况,从协商、调解、仲裁、诉讼四种劳动争议处理程序中选择合适的形式处理纠纷,但这种选择并非完全任意的,必须在法律允许的范围内进行。当事人要向人民法院起诉,必须先向劳动争议仲裁委员会申请仲裁,人民法院不受理未经仲裁的劳动争议案件。法律之所以将劳动争议仲裁作为劳动争议诉讼的前置程序,其目的就是为了发挥劳动争议仲裁方式灵活、快捷的优势,使大量的劳动争议通过仲裁得到及时解决,同时也减轻法院的工作负担。

(五)劳动争议仲裁不具有最终的法律效力

劳动争议仲裁委员会作出的裁决具有法律约束力,但是,这一裁决也非最终的。当事人对仲裁不服的,或经仲裁过期没有执行的,还可以在规定的期限内向人民法院起诉。《劳动法》第八十三条规定:“劳动争议当事人对仲裁裁决不服的,可以自收到仲裁裁决书之日起十五日内向人民法院提起诉讼。一方当事人在法定期限内不起诉又不履行仲裁裁决的,另一方当事人可以申请人民法院强制执行。”

二、劳动争议仲裁机构与管辖

对劳动争议进行仲裁必须建立劳动争议仲裁管理组织机构,并且明确管理组织机构的性质、任务、职责,充实配备人员,确定各级仲裁管理机构的管理权限和管理范围。

(一)劳动争议仲裁机构

劳动争议仲裁机构主要由仲裁委员会、仲裁委员会办事机构以及仲裁庭组成。劳动争议仲裁委员会由国家授权依法设立,代表国家行使仲裁权,并由国家强制力保证其裁决的实施。劳动争议仲裁委员会是由劳动保障行政部门代表、同级工会代表、用人单位方面的代表共同参加的处理劳动争议的仲裁机构。《劳动法》第八十一条规定:“劳动争议仲裁委员会由劳动行政部门代表、同级工会代表、用人单位方面的代表组成。劳动争议仲裁委员会主任由劳动行政部门代表担任。”这说明劳动争议仲裁委员会是一个三方人员组成的仲裁机构。

劳动争议仲裁委员会由三方代表组成，并且仲裁委员会的人员数必须是单数。这充分体现了劳动关系中的劳动者、用人单位和政府的“三方原则”，同时也决定了仲裁委员会的性质以及仲裁裁决的法律效力。“三方原则”保证了仲裁在全面、公正的基础上作出公正的裁决。在三方代表中，劳动保障行政部门代表为中立的一方，代表政府的权威性。根据《劳动争议调解仲裁法》第十九条规定：“劳动争议仲裁委员会依法履行下列职责：(一)聘任、解聘专职或者兼职仲裁员；(二)受理劳动争议案件；(三)讨论重大或者疑难的劳动争议案件；(四)对仲裁活动进行监督。”

劳动争议仲裁委员会处理劳动争议，实行仲裁员、仲裁庭办案制度。这就要求仲裁委员会处理劳动争议时，应当组成仲裁庭。仲裁庭由 3 名专职或兼职仲裁员组成。仲裁庭是根据“一案一庭”的原则，由仲裁委员会指定仲裁员组成的处理劳动争议案件的临时机构。仲裁委员会决定受理的劳动争议案件，应自立案之日起 5 日内按规定组成仲裁庭。《劳动争议调解仲裁法》第三十一条规定：“劳动争议仲裁委员会裁决劳动争议案件实行仲裁庭制。仲裁庭由三名仲裁员组成，设首席仲裁员。简单劳动争议案件可以由一名仲裁员独任仲裁。”第三十二条规定：“劳动争议仲裁委员会应当在受理仲裁申请之日起五日内将仲裁庭的组成情况书面通知当事人。”

劳动争议仲裁员是具有特定的资格，是经法定程序由仲裁委员会聘任的、从事劳动争议案件处理工作的专业人员。《劳动争议调解仲裁法》第二十条规定：“劳动争议仲裁委员会应当设仲裁员名册。仲裁员应当公道正派并符合下列条件之一：(一)曾任审判员的；(二)从事法律研究、教学工作并具有中级以上职称的；(三)具有法律知识、从事人力资源管理或者工会等专业工作满五年的；(四)律师执业满三年的。”

仲裁庭审理劳动争议案件的工作主要有：开庭前的准备工作、事实调查、先行调解、及时裁决、送达仲裁文书、整理结案文件等工作。仲裁庭对重大的或者疑难的劳动争议案件的处理，可以提交仲裁委员会讨论。

仲裁委员会仲裁实行少数服从多数的原则。《劳动争议调解仲裁法》第四十五条规定：“裁决应当按照多数仲裁员的意见作出，少数仲裁员的不同意见应当记入笔录。仲裁庭不能形成多数意见时，裁决应当按照首席仲裁员的意见作出。”仲裁委员会的决定，仲裁庭必须执行。但对于简单的劳动争议案件，可以由一名仲裁员处理。因仲裁员处理劳动争议在职责、权限、程序上与仲裁庭基本一致，是仲裁庭的简单形式，与仲裁庭处理争议的意义是一致的。

劳动行政主管部门的劳动争议处理机构为仲裁委员会的办事机构，负责办理仲裁委员会的日常事务。

仲裁工作人员在仲裁活动中，徇私舞弊、收受贿赂、滥用职权泄露秘密和个人隐私的，由所在单位或者上级机关给予行政处分，仲裁委员会应当予以解聘；构成犯罪的，依法追究刑事责任。

(二)劳动争议仲裁管辖

劳动争议仲裁管辖，是指确定各个劳动争议仲裁委员会审理劳动争案件的分工和权限，明确当事人应当到哪一个劳动争议仲裁委员会申请劳动争议仲裁，由哪一个劳动争议仲裁委员会受理的法律制度。《劳动争议调解仲裁法》第十七条规定："劳动争议仲裁委员会按照统筹规划、合理布局和适应实际需要的原则设立。省、自治区人民政府可以决定在市、县设立；直辖市人民政府可以决定在区、县设立。直辖市、设区的市也可以设立一个或者若干个劳动争议仲裁委员会。劳动争议仲裁委员会不按行政区划层层设立。"

从劳动争议仲裁委员会的设立可以看出，劳动争议的管辖区域与各级行政区划不完全一致。一个劳动争议仲裁委员会可能同时管辖好几个市区，也可能只管辖一个县或者市辖区内的劳动争议案件。这就需要省级人民政府在依法设立劳动争议仲裁委员会的时候，须同时划定该劳动争议仲裁委员会的管辖区域。

1.发生劳动争议的当事人必须到有管辖权的劳动争议仲裁委员会去申请仲裁

《劳动争议调解仲裁法》第二十一条规定："劳动争议仲裁委员会负责管辖本区域内发生的劳动争议。劳动争议由劳动合同履行地或者用人单位所在地的劳动争议仲裁委员会管辖。"双方当事人分别向劳动合同履行地和用人单位所在地的劳动争议仲裁委员会申请仲裁的，由劳动合同履行地的劳动争议仲裁委员会管辖。

这里的用人单位所在地一般是指用人单位的注册地。当用人单位的注册地与生产经营营业地不一致时，用人单位所在地应指用人单位生产经营营业地。劳动合同履行地为劳动者实际工作场所。双方当事人分别向劳动合同履行地和用人单位所在地的仲裁委员会申请仲裁的，由劳动合同履行地的仲裁委员会管辖。劳动合同履行地不明确的，由用人单位所在地的仲裁委员会管辖。案件受理后，劳动合同履行地或用人单位所在地发生变化的，不改变争议仲裁的管辖。

需要注意的是，实践中，在大多数情况下，劳动合同的履行地即用人单位所在地，二者是一致的。选择劳动合同履行地或者用人单位所在地的劳动争议仲裁委员会进行劳动争议仲裁，既方便劳动者和用人单位参加仲裁活动，又方便劳动争议仲裁委员会对仲裁案件的审理活动；且一旦仲裁裁决发生法律效力，当事人向人民法院申请强制执行时，还便于人民法院进行强制执行。

2.我国的劳动争议仲裁实行的是特殊地域管辖，不实行级别管辖或者协定管辖

特殊地域管辖是指依照当事人之间的某一个特殊的联结点确定的管辖。《劳动争议调解仲裁法》是以劳动合同履行地和用人单位所在地作为联结点，确定劳动争议仲裁管辖的，因此是特殊地域管辖。同时，《劳动争议调解仲裁法》不允许双方当事人协议选择劳动合同履行地或者用人单位所在地以外的其他劳动争议仲裁委员会进行管辖。

3.劳动争议仲裁委员会设在同一层面的不同地域，相互之间是独立的，没有隶属关系

设在同一层面的不同地域的劳动争议仲裁委员会，不存在上级仲裁委员会可以变更或者撤销下级仲裁委员会作出的仲裁裁决的问题。因此，劳动争议仲裁不实行级别管辖。在出现管辖权争议时，《劳动争议调解仲裁法》又明确规定了由劳动合同履行地的劳动争议仲裁委员会管辖，这也基本避免了由上级主管部门指定管辖的情形。

劳动争议由劳动合同履行地或用人单位所地的劳动争议仲裁委员会管辖。这就是说，只要发生争议的当事人一方的单位所在地或发生争议的当事人之间的劳动合同的履

行地是在一个劳动争议仲裁委员会的管辖范围内，则该劳动争议仲裁委员会为有管辖权的劳动争议仲裁委员会。发生劳动争议的双方当事人分别向劳动合同履行地和用人单位所在地的劳动争议仲裁委员会申请仲裁的，由劳动合同履行地的劳动争议仲裁委员会管辖。这主要是为了解决当事人劳动争议仲裁委员会的管辖权发生争议时，如何确定劳动争议仲裁管辖的问题。发生劳动争议的劳动者和用人单位分别向劳动合同履行地或者用人单位所在地的劳动争议仲裁委员会申请仲裁的，则只能由劳动合同履行地的劳动争议仲裁委员会管辖。

三、劳动争议仲裁程序

劳动争议调解仲裁应当按照一定的步骤和程序开展。在进行劳动争议仲裁前，也应遵循“先行调解”的原则。《劳动争议调解仲裁法》第四十二条规定：“仲裁庭在作出裁决前，应当先行调解……调解不成或者调解书送达前，一方当事人反悔的，仲裁庭应当及时作出裁决。”由此可见，只有在调解不成的情况下，才应该及时地作出仲裁裁决。这样有利于当事人缓和矛盾，使调解工作顺利进行，达成让双方都满意的协议。劳动争议仲裁的程序如下：

（一）第一步：确定申请仲裁时效

仲裁时效具体来说就是指权利人在一定期间内，不行使请求劳动争议仲裁机构保护其民事权利的请求权，就丧失该请求权的法律制度。这是以权利人不行使请求劳动争议仲裁机构保护其权利的事实状态为前提的。

1.仲裁时效为 1 年

仲裁时效为 1 年，这是劳动争议仲裁时效的法定时间。当事人提出劳动争议仲裁申请应当在法定期间内提出。在仲裁时效完成后，权利人所丧失的并非是向劳动争议仲裁机构申请仲裁的权利。权利人仍有权向劳动争议仲裁机构由请仲裁，不过劳动争议仲裁机构不再保护其权利。《劳动争议调解仲裁法》第二十七条规定：“劳动争议申请仲裁的时效期间为一年①。仲裁时效期间从当事人知道或者应当知道其权利被侵害之日起计算。”

仲裁时效具有强制性，当事人不得协议排除对仲裁时效的适用，也不得协议变更仲裁时效的期间。在仲裁时效内申请仲裁，仲裁机构予以受理的，人民法院应该予以认可。

2.仲裁时效计算

仲裁时效期间从当事人知道或者应当知道其权利被侵害之日起计算。《劳动争议调解仲裁法》第二十七条规定：“仲裁时效期间从当事人知道或者应当知道其权利被侵害之日起计算。”

知道权利遭受了侵害，指权利人主观上已了解自己权利被侵害事实的发生。应当知道权利遭受了侵害，指权利人尽管主观上不了解其权利已被侵害的事实，但根据他所处的

---

① 《劳动法》第八十二条规定：“提出仲裁要求的一方应当自劳动争议发生之日起六十日内向劳动争议仲裁委员会提出书面申请。”这短于《劳动争议调解仲裁法》第二十七条“劳动争议申请仲裁的时效期间为一年”的规定。根据“新法优于旧法”的原则，提出仲裁申请应以《劳动争议调解仲裁法》规定的为准，即劳动争议申请仲裁的时效期间为 1 年。

环境,有理由认为他已了解被侵害的事实,他对侵害的不知情,出于对自己的权利未尽到必要的注意或将其作为推延仲裁时效期间起算点的借口的情况。根据这一规定,权利人知道自己的权利遭到了侵害,这是其请求劳动争议仲裁机构保护其权利的基础。从这一时间点开始计算仲裁时效期间,符合仲裁时效是权利人请求仲裁机构保护权利的法定期间的本意。

仲裁时效的起算,以权利人的权利客观上受到了侵害且主观上已知晓权利被侵害的事实为构成要件。权利人主观上认为自己的权利受到了侵害,而事实上其权利并未受到侵害的,不能使仲裁时效期间开始计算。

3.仲裁时效中断

所谓仲裁时效中断,是指在仲裁时效进行期间,因发生一定的法定事由,使已经经过的时效期间归于无效,仲裁时效期间从中断之日起重新计算的法律制度。

设立劳动争议仲裁时效中断制度,有利于劳动纠纷的解决,避免用人单位通过拖延时间逃避义务,能够更好地保护劳动者的合法权益。根据《劳动争议调解仲裁法》第二十七条规定,劳动争议申请仲裁的时效期间为一年,因当事人一方向对方当事人主张权利,或者向有关部门请求权利救济,或者对方当事人同意履行义务而中断。从中断时起,仲裁时效期间重新计算。因不可抗力或者有其他正当理由,当事人不能在本条第一款规定的仲裁时效期间申请仲裁的,仲裁时效中止。从中止时效的原因消除之日起,仲裁时效期间继续计算。

4.仲裁时效特殊规定

《劳动争议调解仲裁法》第二十七条第四款规定:"劳动关系存续期间因拖欠劳动报酬发生争议的,劳动者申请仲裁不受劳动争议申请仲裁的时效期间为一年的仲裁时效期间的限制;但是,劳动关系终止的,应当自劳动关系终止之日起一年内提出。"

实践中,劳动者为了保住工作,对在劳动关系存续期间用人单位拖欠劳动报酬一般不敢积极争取。为了更好地保护劳动者,防止用人单位利用劳动争议仲裁时效的规定损害劳动者合法权益,《劳动争议调解仲裁法》第二十七条第四款对劳动关系存续期间,因拖欠劳动报酬发生争议如何适用劳动争议仲裁时效作了特别规定。只要当事人之间存在劳动关系,对在劳动关系存续期间因拖欠劳动报酬发生争议的,不论经过多长时间,劳动者都可以提请劳动争议仲裁,不适用劳动争议仲裁时效制度。但是,劳动关系终止的,应当自劳动关系终止之日起一年内提出仲裁申请。这实际上是恢复劳动报争议仲裁申请实行时效制度,只是时效期间从劳动关系终止之日起算。也就是说,"劳动关系终止之日,用人单位不付或少付劳动报酬"相当于"知道或者应当知道其权利被侵害之日",劳动关系终止之日就是计算劳动争议仲裁时效期间的起算点。

(二)第二步:提出申请

劳动争议申请书是指劳动合同一方当事人的合法权益被另一方的当事人侵犯后,向劳动争议委员会提交的保护其合法权益的相关法律文书。根据《劳动争议调解仲裁法》第二十七条第一款的规定,仲裁要求的一方应当自劳动争议发生之日起一年内向劳动争议仲裁委员会提出申请。

1.申请的形式

申请可以是书面申请，也可是口头申请。但对于口头申请，《劳动争议调解仲裁法》有明确的要求。根据该法第二十八条的规定："申请人申请仲裁应当提交书面仲裁申请，并按照被申请人人数提交副本。书写仲裁申请确有困难的，可以口头申请，由劳动争议仲裁委员会记入笔录，并告知对方当事人。"

2.申请的内容

申请的内容主要包括三个方面：一是写明劳动争议案件当事人的一些基本情况，包括劳动者和用人单位的最基本的情况；二是写明仲裁请求和所根据的事实、理由；三是写明证据和证据来源、证人姓名和住所等情况。对此，《劳动争议调解仲裁法》作了具体明确，仲裁申请书应当载明下列事项：①劳动者的姓名、性别、年龄、职业、工作单位和住所，用人单位的名称、住所和法定代表人或者主要负责人的姓名、职务；②仲裁请求和所根据的事实、理由；③证据和证据来源、证人姓名和住所。

这里要注意劳动者和用人单位"住所"的含义：

(1)劳动者的住所是指劳动者户籍所在地的居住地，但经常居住地与住所地不一致的，经常居住视为住所。

(2)用单位的住所，是指用人单位的主要办事机构所在地。

明确当事人的住所，不但便于仲裁委员会根据当事人，特别是用人单位的住所地依法受理申请，而且也便于仲裁委员会在仲裁活动中通知、联系当事人，依法有序开展仲裁活动。

(三)第三步：仲裁委员会受理

仲裁委员会收到仲裁申请书后，应对下列事项进行审查：①申诉人是否与本案有直接利害关系；②申请仲裁的争议是否属于劳动争议；③申请仲裁的劳动争议是否属于仲裁委员会的受理内容；④该劳动争议是否属于本仲裁委员会管辖范围；⑤申请书及有关材料是否齐备并符合要求；⑥申请时间是否符合申请仲裁的时效规定等。

对申诉材料不齐备或有关情况不明确的仲裁申请书，应指导申请人予以补充完善。对符合要求的申请，劳动劳动争议仲裁委员会应当在收申请书之日起 7 日内受理。不符合受理条件的，应当书面通知申请人不予受理，并说明原因。对此，《劳动争议调解仲裁法》第二十九条有明确的规定："劳动争议仲裁委员会收到仲裁申请之日起五日内，认为符合受理条件的，应当受理，并通知申请人；认为不符合受理条件的，应当书面通知申请人不予受理，并说明理由。"

仲裁委员会决定受理的，应在收到申请书日起 5 日内通知申请人，并在 5 日内将仲裁申请书副本送达被申请人。被申请人收到仲裁申请书副本后，应当在 10 日内向劳动争议仲裁委员会提交答辩书。《劳动争议调解仲裁法》第三十条的规定："劳动争议仲裁委员会受理仲裁申请后，应当在五日内将仲裁申请书副本送达被申请人。被申请人收到仲裁申请书副本后，应当在十日内向劳动争议仲裁委员会提交答辩书。劳动争议仲裁委员会收到答辩书后，应当在五日内将答辩书副本送达申请人。被申请人未提交答辩书的，不影响仲裁程序的进行。"

（四）第四步：案件仲裁准备

劳动争议仲裁委员会裁决劳动争议案件实行仲裁庭制。仲裁庭由3名仲裁员组成，设首席仲裁员（简单劳动争议案件可以由一名仲裁员独任仲裁）。仲裁委员会决定受理后，应组成仲裁庭，并在受理仲裁申请之日起5日内将仲裁庭的组成情况书面通知当事人。

仲裁庭成立和受理以后，立即审阅案卷，掌握争议焦点，弄清事实，拟订处理方案。仲裁庭应当在开庭5日前，将开庭日期、地点书面通知双方当事人。当事人有正当理由的，可以在开庭3日前请求延期开庭。是否延期由劳动争议仲裁委员会决定。

申请人收到书面通知，无正当理由拒不到庭或者未经仲裁庭同意中途退庭的，可以视为撤回仲裁申请。被申请人收到书面通知，无正当理由拒不到庭或者未经仲裁庭同意中途退庭的，可以缺席裁决。

仲裁庭对专门性问题认为需要鉴定的，可以交由当事人约定的鉴定机构鉴定；当事人没有约定或者无法达成约定的，由仲裁庭指定的鉴定机构鉴定。

仲裁委员会和仲裁庭在处理劳动争议时，为取得证据、弄清是非，有权向有关单位查阅与案件有关的档案、资料和其他证明材料，并有权向知情人调查，有关单位和个人不得拒绝。仲裁委员会及其工作人员对调查劳动争议案件中涉及的商业秘密和个隐私应当保密。

（五）第五步：审理裁决

仲裁庭的开庭应查明当事人是否到庭、宣布仲裁纪律、宣布仲裁庭组成人员、询问当事人是否申请回避等情况。

仲裁庭开庭审理劳动争议案件的程序主要是：

1.申诉与答辩

在仲裁庭上，当事人发言顺序依次是：申诉人或代理人、被诉人或代理人、第三人或代理人。

当事人在仲裁过程中有权进行质证和辩论。质证和辩论终结时，首席仲裁员或者独任仲裁员应当征询当事人的最后意见。

2.仲裁庭调查

一般采取仲裁员询问的方式进行，包括告知当事人的权利义务，询问事实、理由及证据，出示证据宣读鉴定和勘验结果。

当事人提供的证据经查证属实的，仲裁庭应当将其作为认定事实的根据。劳动者无法提供由用人单位掌握管理的与仲裁请求有关的证据，仲裁庭可以要求用人单位在指定期限内提供。用人单位在指定期限内不提供的，应当承担不利后果。

3.仲裁庭调解

调解仍然是化解当事人劳动争议仲裁的有效方法和途径，并且调解是仲裁庭仲裁的必经程序。《劳动争议调解仲裁法》第四十二条规定："仲裁庭在作出裁决前，应当先行调解。调解达成协议的，仲裁庭应当制作调解书。调解书应当写明仲裁请求和当事人协议的结果。调解书由仲裁员签名,加盖劳动争议仲裁委员会印章,送达双方当事人。调解书经双方当事人签收后,发生法律效力。”

4.仲裁裁决

仲裁庭调解不成或者调解书送达前,一方当事人反悔的,仲裁庭应当及时作出裁决。《劳动争议调解仲裁法》第四十五条规定:“裁决应当按照多数仲裁员的意见作出,少数仲裁员的不同意见应当记入笔录。仲裁庭不能形成多数意见时,裁决应当按照首席仲裁员的意见作出。”

仲裁庭裁决劳动争议案件时,其中一部分事实已经清楚,可以就该部分先行裁决。仲裁庭对追索劳动报酬、工伤医疗费、经济补偿或者赔偿金的案件,根据当事人的申请,可以裁决先予执行,移送人民法院执行。仲裁庭裁决先予执行的,应当符合下列条件:①当事人之间权利义务关系明确;②不先予执行将严重影响申请人的生活;③劳动者申请先予执行的,可以不提供担保。

5.仲裁决定

仲裁庭裁决劳动争议案件,应当自劳动争议仲裁委员会受理仲裁申请之日起 45 日内结束。案情复杂需要延期的,经劳动争议仲裁委员会主任批准,可以延期并书面通知当事人,但是延长期限不得超过 15 日。逾期未作出仲裁裁决的,当事人可以就该劳动争议事项向人民法院提起诉讼。

根据《劳动争议调解仲裁法》第四十七条的规定:“下列劳动争议,除另有规定的外,仲裁裁决为终局裁决,裁决书自作出之日起发生法律效力:(一)追索劳动报酬、工伤医疗费、经济补偿或者赔偿金,不超过当地月最低工资标准十二个月金额的争议;(二)因执行国家的劳动标准在工作时间、休息休假、社会保险等方面发生的争议。”

6.制作裁决书

仲裁庭作出裁决后,应当及时制作仲裁裁决书。《劳动争议调解仲裁法》第四十六条规定:“裁决书应当载明仲裁请求、争议事实、裁决理由、裁决结果和裁决日期。裁决书由仲裁员签名,加盖劳动争议仲裁委员会印章。对裁决持不同意见的仲裁员,可以签名,也可以不签名。”可见,裁决书应当载明以下内容:①申请人和被申请人的姓名、性别、年龄、民族、职业住址、单位名称和地址、单位法定代表人或者代理人的姓名、职务;②仲裁请求和理由;③争议的事实;④裁决认定的事实和理由;⑤适用的法律、法规和裁决的结果;⑥如果当事人不服仲裁裁决,向人民法院起诉的期限;⑦裁决日期。

裁决书必须由仲裁员签名,并且加盖劳动争议仲裁委员会印章。这是裁决书必须履行的条件,缺少任何一个条件,即仲裁员未在裁决书上签名,或者裁决书未加盖劳动争议仲裁委员会印章,该裁决书都是无效的。

仲裁庭作出裁决,制作裁决书,送达当事人后,当事人对仲裁裁决不服的,可以自收到仲裁裁决书之日起 15 日内向人民法院提起诉讼。在此 15 日期限内,裁决书暂不生效。15 日期满,当事人未起诉的,裁决书发生法律效力。这样规定,也是为了充分保障当事人提起诉讼的权利。

7.送达裁决书

劳动争议裁决书送达是指仲裁委员会采取一定的方式将其制作的仲裁文书及时、准确地送给当事人的法律行为。目前,裁决书的送达有以下几种方式:

(1)直接送达:直接送达是指仲裁委员会将应送达的裁决书直接交给受送达人的一种送达方式。这是目前在实践中采用最多的方式。仲裁文书直接送达时,应当由当事人在送达回执上签名或盖章。如果当事人不在,可以交给与其同住的成人亲属或其指定的代收人签收。

(2)留置送达:留置送达是指受送达人在拒绝签收裁决书的情况下,由仲裁人员将仲裁书留置在受送达人住所的一种送达方式。这种送达方式是一种强制性的方式,法律上有严格的规定。当事人因拒收,期满未向人民法院起诉的,仲裁裁决书将发生法律效力,当事人不得再向人民法院起诉。

(3)委托送达:委托送达是指仲裁委员会采取直接送达的方式的确有困难时,可以将需要送达的仲裁文书委托给其他仲裁机关或有关组织代为送达的一种送达方式。这实际上是直接送达的补充。

(4)邮寄送达:邮寄送达是指在仲裁委员会采取直接送达有困难时,将需要送达的仲裁书,通过邮局挂号邮寄给受送达人的一种送达方式。邮寄送达,以挂号查询回执上注明的收件日期为送达日期。

(5)公告送达:公告送达是指受达人下落不明或根本无法送达的情况下,以公告的方式以示裁决书送达的行为。

8.执行

执行是指人民法院根据当事人的请求,依照法律规定的程序,运用国家法律手段,强制对方当事人履行已发生法律效力的调解书、裁决书等法律文书所规定的义务,保证调解书、裁决书等法律文书所规定的内容得以实现的司法活动。

按照我国现行的法律规定,对依法设立的仲裁机构的裁决,一方当事人不履行的,对方当事人可以向有管辖权的人民法院申请执行。人民法院对劳动争议仲裁委员会作出的生效的调解书、裁决书有权予以执行。如果一方当事人逾期不履行已发生法律效力的调解书、裁决书,另一方当事人有权向人民法院申请执行。当事人申请人民法院执行,应当在法定的期限内,以书面形式提出。书面申请书的主要内容有:①已发生法律效力的仲裁裁决书;②执行的内容;③申请执行的原因、理由。

对发生法律效力的劳动争议仲裁裁决必须执行,使仲裁裁决书或仲裁调解书中规定的权利义务得以实现。受理申请的人民法院应当根据《民事诉讼法》[①]的规定予以执行。《劳动争议调解仲裁法》第五十条规定:“当事人对本法第四十七条[②]规定以外的其他劳动争议案件的仲裁裁决不服的,可以自收到仲裁裁决书之日起十五日内向人民法院提起诉讼;期满不起诉的,裁决书发生法律效力。”第五十一条规定:“当事人对发生法律效力的调

① 《中华人民共和国民事诉讼法》(简称《民事诉讼法》),是1991年4月9日第七届全国人民代表大会第四次会议通过的。2021年12月24日,第十三届全国人民代表大会常务委员会第三十二次会议第四次修正。

② 详细内容见本书第329页。

解书、裁决书，应当依照规定的期限履行。一方当事人逾期不履行的，另一方当事人可以依照民事诉讼法的有关规定向人民法院申请执行。受理申请的人民法院应当依法执行。”

强制执行权只有人民法院才能行使，其他任何机构和个人都没有这个权力。但是人民法院也不能滥用权力，予以执行的仲裁裁决必须是建立在合法的基础上。如果当事人一方向人民法院申请强制执行，在执行中，被申请执行人能够提出证据证明仲裁裁决有法律规定的违法情形之一的，经人民法院组成合议庭审查核实后，可以裁定不予执行。对人民法院裁定不予执行的仲裁裁决，当事人可以再次向作出仲裁裁决的劳动争议仲裁委员会申请仲裁。

第四节 劳动争议诉讼

一般情况下，劳动争议通过协商、调解、仲裁等基本上都能够得到解决，但当双方当事人分歧和矛盾得不到解决或一方不满意时，可向人民法院提起诉讼。《劳动法》第七十九条规定：“劳动争议发生后，当事人可以向本单位劳动争议调解委员会申请调解；调解不成，当事人一方要求仲裁的，可以向劳动争议仲裁委员会申请仲裁。当事人一方也可以直接向劳动争议仲裁委员会申请仲裁。对仲裁裁决不服的，可以向人民法院提起诉讼。”《劳动争议调解仲裁法》同样也作出了类似的规定，其第四十三条规定：“仲裁庭裁决劳动争议案件，应当自劳动争议仲裁委员会受理仲裁申请之日起四十五日内结束……逾期未作出仲裁裁决的，当事人可以就该劳动争议事项向人民法院提起诉讼。”可见，人民法院的审判活动是劳动争议处理解决的最后一个环节。

人民法院审理劳动争议案件适用我国的《民事诉讼法》所规定的诉讼程序。

一、劳动争议诉讼概述

劳动争议诉讼是指劳动争议双方当事人不服劳动争议仲裁委员会的裁决处理，在法定的期限内，依法向人民法院起诉，人民法院按照法律规定的程序进行审理和判决的活动。我国将劳动争议诉讼作为保护当事人合法权益的最后一道屏障。

（一）劳动争议诉讼原则

劳动争议诉讼案件适用《民事诉讼法》。因此，人民法院审理劳动争议案件应遵循司法审判中的诉讼原则。这些原则主要有：

（1）人民法院依照法律规定对劳动争议案件独立进行审判，不受行政机关、社会团体和个人的干涉。

（2）必须以事实为根据，以法律为准绳。

（3）劳动争议诉讼当事人有平等的诉讼权利。

（4）人民法院对双方当事人在适用法律上一律平等。

（5）人民法院审理劳动争议案件，根据自愿和合法的原则进行调解；调解不成的，应当及时判决。

(6)当事人有权进行辩论。

(7)应当遵循诚信原则,当事人有权在法律规定的范围内处分自己的民事权利和诉讼权利。

(8)人民法院审理劳动争议案件,实行合议、回避、公开审判和两审终审制度。

(二)人民法院对劳动争议的管辖

劳动争议诉讼管辖主要是指各级人民法院对第一审劳动争议案件的分工。《最高人民法院关于审理劳动争议案件适用法律问题的解释(一)》(法释〔2020〕26 号)第三条明确规定:"劳动争议案件由用人单位所在地或者劳动合同履行地的基层人民法院管辖。劳动合同履行地不明确的,由用人单位所在地的基层人民法院管辖。"双方当事人就同一仲裁裁决分别向有管辖权的人民法院起诉的,后受理的人民法院应当将案件移送给先受理的人民法院。关于劳动争议仲裁委员会的管辖,《劳动争议调解仲裁法》第二十一条规定:"劳动争议仲裁委员会负责管辖本区域内发生的劳动争议。劳动争议由劳动合同履行地或者用人单位所在地的劳动争议仲裁委员会管辖。"可见,人民法院对劳动争议的管辖和劳动争议仲裁委员会对劳动争议的管辖是一致的,分别都由用人单位所在地或者劳动合同履行地的劳动争议仲裁委员管辖和基层人民法院管辖。

对于案情比较简单、影响不大的劳动争议案件,一般由劳动争议仲裁委员会所在地的基层人民法院作第一审;对于案情复杂、影响重大的劳动争议案件,基层人民法院审理确有困难的,可由中级人民法院作第一审。

(三)审判组织

审判组织是指人民法院审理案件的内部组织机构形式。有第一审组织、第二审组织。劳动争议案件诉讼实行两审终审制度。

1.第一审组织

人民法院审理第一审劳动争议案件,由审判员、陪审员共同组成合议庭或由审判员组成合议庭。合议庭的成员人数,必须是单数。

适用简易程序审理的劳动争议案件,由审判员一人独任审理。基层人民法院审理的基本事实清楚、权利义务关系明确的第一审劳动争议案件,可以由审判员一人适用普通程序独任审理。

2.第二审组织

人民法院审理第二审劳动争议案件,由审判员组成合议庭。合议庭的成员人数,必须是单数。

发回重审的案件,原审人民法院应当按照第一审程序另行组成合议庭。审理再审案件,原来是第一审的,按照第一审程序另行组成合议庭;原来是第二审的或者是上级人民法院提审的,按照第二审程序另行组成合议庭。

当事人认为案件由审判员一人独任审理违反法律规定的,可以向人民法院提出异议。人民法院应当审查当事人提出的异议,异议成立的,裁定转由合议庭审理;异议不成立的,裁定驳回。

合议庭的审判长由院长或庭长指定审判员一人担任;院长或庭长参加审判的,由院长或庭长担任。

合议庭评议案件,实行少数服从多数的原则。评议应当制作笔录,由合议庭成员签名。评议中的不同意见,必须如实记入笔录。

二、劳动争议诉讼程序

劳动争议的诉讼程序是解决劳动争议的最终程序。诉讼是整个法院审判案件的全过程,是起诉、审查、开庭、判决,结案的整个过程。人民法院审理劳动争议案件程序适用《民事诉讼法》所规定的诉讼程序。劳动争议案件同样实行两审终审制度,当事人对一审判决不服的,可以上诉,进行二审。二审判决是最终判决。

(一)第一审程序

一审普通程序包括以下几个阶段:起诉和受理、审理前的准备工作、开庭审理、判决和裁定等环节。

1.起诉和受理

起诉是指公民、法人或其他组织认为自己的或依法由自己管理、支配的合法劳动权益受到侵害或与他人发生了争议,以自己的名义向人民法院提起诉讼,请求人民法院通过审判,予以法律保护的诉讼行为。起诉是整个法院审判案件的开始,受理是指人民法院对当事人的起诉,经审查后,认为符合法定条件的,决定立案审理,从而引起劳动争议诉讼程序开始的诉讼行为。

当事人向人民法院起诉时必须符合法定的起诉条件:

(1)起诉人必须是劳动争议的直接利害关系人,即起诉人请求人民法院予以保护的受到侵害或发生争议的劳动权益,必须是自己的或者依法由自己管理、支配的劳动权益。

(2)必须有明确的被告。劳动争议当事人不服劳动争议仲裁裁决向人民法院起诉,必须有具体的被告,指明是谁侵害了其劳动权益或者与其发生了劳动争议,无论是公民、法人或其他组织,都要写清楚。

(3)必须是在经过劳动争议仲裁委员会仲裁后,不服仲裁裁决。当事人一方或双方不能就劳动争议不经劳动争议仲裁委员会仲裁,直接向人民法院起诉。否则,人民法院不予受理。《劳动法》第八十三条规定:“劳动争议当事人对仲裁裁决不服的,可以自收到仲裁裁决书之日起十五日内向人民法院提起诉讼。一方当事人在法定期限内不起诉,又不履行仲裁裁决的,另一方当事人可以申请人民法院强制执行。”

(4)必须有具体的诉讼请求。即要求通过人民法院的审判活动需要解决什么问题。

(5)必须有事实和理由。当事人提出的诉讼请求,要有事实、依据,向人民法院说明劳动争议是如何发生的及争议的内容等。

(6)必须是在法律规定的时效期限内提起诉讼。用人单位或者劳动者对劳动争议仲裁委员会裁定的劳动争议案件不服的,必须在规定的时间内向人民法院提起诉讼。否则,期满不起诉的,裁决书发生法律效力。

起诉的当事人不同、起诉案件的性质不同,法院受理的时效也不相同。《劳动争议调解仲裁法》第四十八条规定："劳动者对本法第四十七条[①]规定的仲裁裁决不服的，可以自收到仲裁裁决书之日起十五日内向人民法院提起诉讼。该法第四十九条规定：用人单位有证据证明本法第四十七条规定的仲裁裁决有下列情形之一[②]，可以自收到仲裁裁决书之日起三十日内向劳动争议仲裁委员会所在地的中级人民法院申请撤销裁决：……人民法院经组成合议庭审查核实裁决有前款规定情形之一的，应当裁定撤销。仲裁裁决被人民法院裁定撤销的，当事人可以自收到裁定书之日起十五日内就该劳动争议事项向人民法院提起诉讼。第五十条规定：当事人对本法第四十七条规定以外的其他劳动争议案件的仲裁裁决不服的，可以自收到仲裁裁决书之日起十五日内向人民法院提起诉讼；期满不起诉的，裁决书发生法律效力。"

(7)属于人民法院受理劳动争议诉讼的范围和受诉人民法院的管辖。人民法院受理的劳动争议案件，是指当事人之间的争议属于人民法院主管的劳动争议案件的范围。《最高人民法院关于审理劳动争议案件适用法律问题的解释(一)》(法释〔2020〕26号)第一条规定："劳动者与用人单位之间发生的下列纠纷[③]，属于劳动争议，当事人不服劳动争议仲裁机构作出的裁决，依法提起诉讼的，人民法院应予受理。"

具备了以上条件，当事人就可以向人民法院起诉，人民法院必须受理。当事人应向人民法院递交起诉书。起诉书应当记明下列内容：①双方当事人的基本情况，包括双方当事人的姓名、性别、年龄、民族、职业、工作单位和住所，法人或其他组织的名称、住所和法定代表人或主要负责人的姓名、职务等。②诉讼请求及所依据的事实和理由。这是起诉书的主要内容。应当写明要求人民法院保护什么劳动权利，制裁什么行为，有哪些事实和理由为依据。③证据和证据来源，证人姓名和住所。

劳动争议案件的诉讼适应《民事诉讼法》的规定。《民事诉讼法》第一百二十六条规定："人民法院应当保障当事人依照法律规定享有的起诉权利。对符合本法第一百二十二条[④]的起诉，必须受理。符合起诉条件的，应当在七日内立案，并通知当事人；不符合起诉条件的，应当在七日内作出裁定书，不予受理；原告对裁定不服的，可以提起上诉。"

2.审理前的准备

人民法院决定受理劳动争议诉讼案件后，审判人员必须认真审核诉讼材料，调查收集证据，通知双方当事人，做好审理前的准备工作。审理前的准备主要有：

(1)人民法院在立案之日起5日内，将起诉状副本发送被告，被告在收到之日起15日内提出答辩状。被告提出答辩的，人民法院应当在收到之日起5日内将答辩状副本发送

---

① 详细内容见本书第329页。

② 下列情形之一："(一)适用法律、法规确有错误的；(二)劳动争议仲裁委员会无管辖权的；(三)违反法定程序的；(四)裁决所根据的证据是伪造的；(五)对方当事人隐瞒了足以影响公正裁决的证据的；(六)仲裁员在仲裁该案时有索贿受贿、徇私舞弊、枉法裁决行为的。"

③ "下列纠纷"是指属于劳动争议范围的劳动争议纠纷。劳动争议范围可详见第六章第一节"四、劳动争议处理范围"的内容。

④ 《民事诉讼法》第一百二十二条："起诉必须符合下列条件：(一)原告是与本案有直接利害关系的公民、法人和其他组织；(二)有明确的被告；(三)有具体的诉讼请求和事实、理由；(四)属于人民法院受理民事诉讼的范围和受诉人民法院管辖。"

原告。被告不提出答辩状的，不影响人民法院审理。

(2)审判人员认真审核诉讼材料，调查收集必要的证据。

(3)开庭审理案件的，应当在开庭3日前通知当事人和其他诉讼参与人。公开审理的，应当公告当事人姓名、案由和开庭的时间、地点。

3.开庭审理

开庭审理前，书记员应当查明当事人和其他诉讼参与人是否到庭，宣布法庭纪律。开庭审理时，由审判长或者独立审判员核对当事人，宣布案由，宣布审判人员、书记人员名单，告知当事人有关的诉讼权利、义务，询问当事人是否提出回避申请。

法庭调查按照下列顺序进行：当事人陈述；告知证人的权利义务，证人作证，宣读未到庭的证人证言；出示书证、物证和视听资料；宣读鉴定和勘验笔录；当事人在法庭上可以提出新的证据。

法庭辩论按照下列顺序进行：原告及其诉讼代理人发言；被告及其诉讼代理人答辩；第三人及其诉讼代理人发言或者答辩；互相辩论。法庭辩论终结，由审判长按照原告、被告、第三人的先顺序征询各方最后意见。法庭辩论终结，应当依法作出判决。判决前能够调解的，还可以进行调解。调解不成的，应当及时判决。

4.判决和裁定

调解不成的，法庭应当及时进行判决，并制作判决书。判决书应当写明判决的理由。判决书内容：①案由、诉讼请求、争议的事实和理由；②判决认定的事实和理由、适用的法律和理由；③判决结果和诉讼费用的负担；④上诉期限和上诉的法院。

判决书由审判人员、书记员署名，加盖人民法院印章。

需要法庭裁定的事项，根据《民事诉讼法》第一百五十七条的规定："下列事项属于裁定的范围：(一)不予受理；(二)对管辖权有异议的；(三)驳回起诉；(四)保全和先予执行；(五)准许或者不准许撤诉；(六)中止或者终结诉讼；(七)补正判决书中的笔误；(八)中止或者终结执行；(九)撤销或者不予执行仲裁裁决；(十)不予执行公证机关赋予强制执行效力的债权文书；(十一)其他需要裁定解决的事项。"

对于裁定的事项，法庭应当制作裁定书。裁定书应当写明裁定结果和作出该裁定的理由。裁定书由审判人员、书记员署名，加盖人民法院印章。口头裁定的，记入笔录。

(二)第二审程序

二审程序是指上级人民法院根据当事人的上诉，对下一级人民法院未发生法律效力的判决、裁定进行审理和裁判的程序。

劳动争议诉讼案件实行的是两审终审制。第二审人民法院的判决、裁定是终审判决、裁定，自送达之日起即具有法律效力，当事人不能再行上诉，也不能以同一理由和事实再行起诉。只能在法定期间内，即判决、裁定发生法律效力后两年内，依审判监督程序向人民法院申请再审，但是是否再审由人民法院决定。

1.上诉与受理

劳动者对一审裁决结果不服的，可以在规定的期限内上诉。当事人向上一级人民法院上诉必须满足以下条件：

(1)必须是当事人不服地方人民法院第一审判决、裁定的。《民事诉讼法》第一百七十一条规定:“当事人不服地方人民法院第一审判决的,有权在判决书送达之日起十五日内向上一级人民法院提起上诉。当事人不服地方人民法院第一审裁定的,有权在裁定书送达之日起十日内向上一级人民法院提起上诉。”

(2)上诉人和被上诉人必须是一审程序的当事人。可以成为上诉人和被上诉人的有:一审程序中的原告和被告、共同诉讼人、人数众多诉讼的诉讼代表人、第三人等,凡人民法院判决其承担责任的,均拥有上诉权,可以在法定期限内向人民法院提起上诉。

(3)上诉必须在法定期限内提出。上诉期限自第一审判决、裁定依法送达后的第二日起计算。根据《民事诉讼法》的规定,当事人不服地方人民法院一审判决的,有权在判决书送达之日起15日内向上一级人民法院提起上诉;当事人不服地方人民法院第一审裁定的,有权在裁定书送达之日起10日内向上一级人民法院提起上诉。

(4)必须提交上诉状。上诉必须采用书面形式,上诉状应包括以下内容:当事人的姓名,法人的名称及其法定代表人的姓名或者其他组织的名称及其主要负责人的姓名;原审人民法院名称、案件的编号和案由;上诉的请求和理由。

上诉状应当通过原审人民法院提出,并按照对方当事人或者代表人的人数提出副本。当事人直接向第二审人民法院上诉的,第二审人民法院应当在5日内将上诉状移交原审人民法院。原审人民法院在收到上诉状后,应当在5日内将上诉状副本送达对方当事人,对方当事人应当自收到之日起15日内提交答辩状,人民法院应当自收到答辩状之日起5日内将副本送达上诉人,对方不提供答辩状的,不影响人民法院对案件的审理。

原审人民法院收到的上诉状和答辩状,应当在5日内连同全部的卷宗和证据,报送第二审人民法院。

2.审理

第二审人民法院收到上诉状后,应当对上诉请求的有关事实和适用法律进行审查。

第二审人民法院对上诉案件应当开庭审理。经过阅卷、调查和询问当事人,对没有提出新的事实、证据或者理由,人民法院认为不需要开庭审理的,可以不开庭审理。第二审人民法院审理上诉案件可以在本院进行,也可以到案件发生地或者原审人民法院所在地进行。

3.判决和裁定

第二审人民法院审理上诉案件,可以进行调解。调解达成协议,应当制作调解书,由审判人员、书记员署名,加盖人民法院印章。调解书送达后,原审人民法院的判决即视为撤销。经调解达不成协议的,则由第二审人民法院进行判决和裁定。

第二审人民法院审理上诉案件,经过审理,按照下列情形分别处理:

(1)原判决、裁定认定事实清楚,适用法律正确的,以判决、裁定方式驳回上诉,维持原判决、裁定。

(2)原判决、裁定认定事实错误或者适用法律错误的,以判决、裁定方式依法改判、撤销或者变更。

(3)原判决认定基本事实不清的,裁定撤销原判决,发回原审人民法院重审,或者查清事实后改判。

(4)原判决遗漏当事人或者违法缺席判决等严重违反法定程序的,裁定撤销原判决,发回原审人民法院重审。

第二审人民法院对不服第一审人民法院裁定的上诉案件的处理,一律使用裁定。

人民法院审理对判决的上诉案件,应当在第二审立案之日起3个月内审结。有特殊情况需要延长的,由本院院长批准;对裁定的上诉案件,应当在第二审立案之日起30日内作出终审裁定。

三、劳动争议诉讼案件执行

执行又叫强制执行,是一种法律制度,是指人民法院的执行组织依照法律规定的程序,运用国家的强制力量,依法采取强制措施,强制负有义务的当事人履行已经生效的判决、裁定所规定义务的诉讼活动。

执行程序作为一项法律制度,涉及公民、法人和其他组织的利益,法律上对其作出了严格的规定,并不是当事人向人民法院申请就必然进入执行程序。《民事诉讼法》第二百四十三条规定:“发生法律效力的民事判决、裁定,当事人必须履行。一方拒绝履行的,对方当事人可以向人民法院申请执行,也可以由审判员移送执行员执行。调解书和其他应当由人民法院执行的法律文书,当事人必须履行。一方拒绝履行的,对方当事人可以向人民法院申请执行。”

(一)执行条件

人民法院启动执行程序还必须符合执行的条件。执行条件主要有以下几条:

1.必须要有执行根据

劳动案件的执行必须是已经生效的法律文书,方可作为人民法院执行的依据。已经生效的法律文书主要有两种:

(1)劳动争议仲裁委员会作出的发生法律效力的裁决书或调解书。对依法设立的仲裁机构的裁决,一方当事人不履行的,对方当事人可以向有管辖权的人民法院申请执行。受申请的人民法院应当执行。《劳动争议调解仲裁法》第四十四条规定:“仲裁庭对追索劳动报酬、工伤医疗费、经济补偿或者赔偿金的案件,根据当事人的申请,可以裁决先予执行,移送人民法院执行。”第五十一条规定:“当事人对发生法律效力的调解书、裁决书,应当依照规定的期限履行。一方当事人逾期不履行的,另一方当事人可以依照民事诉讼法的有关规定向人民法院申请执行。受理申请的人民法院应当依法执行。”

(2)人民法院发生法律效力的判决书、裁定书和调解书。执行已发生法律效力的法院判决书、裁定书和调解书,是有力保证法律的严肃性和执行力的强制措施。《民事诉讼法》第二百四十三条规定:“发生法律效力的民事判决、裁定,当事人必须履行。一方拒绝履行的,对方当事人可以向人民法院申请执行,也可以由审判员移送执行员执行。调解书和其他应当由人民法院执行的法律文书,当事人必须履行。一方拒绝履行的,对方当事人可以向人民法院申请执行。”

2.必须在法定期限内提出

期间包括法定期间和人民法院指定的期间。期间以时、日、月、年计算。期间开始的时和日,不计算在期间内。期间届满的最后一日是法定休假日的,以法定休假日后的第一日为期间届满的日期。期间不包括在途时间,诉讼文书在期满前交邮的,不算过期。《民事诉讼法》第二百四十六条规定:“申请执行的期间为二年。申请执行时效的中止、中断,适用法律有关诉讼时效中止、中断的规定。”

申请执行的期间,从法律文书规定履行期间的最后一日起计算;法律文书规定分期履行的,从最后一期履行期限届满之日起计算;法律文书未规定履行期间的,从法律文书生效之日起计算。当事人因不可抗拒的事由或者其他正当理由耽误期限的,在障碍消除后的十日内,可以申请顺延期限,是否准许由人民法院决定。

3.必须有执行的内容

一般来说,判决书、裁定书、调解书等法律文书中确定一方当事人交付财产、金钱或履行一定义务的,才具有执行性。这样的法律文书才可以作为执行的依据。如果法律文书具有人身内容的,则不能强制执行。

4.必须要有执行的原因

执行是因为当事人故意推脱、逃避或者拒绝履行生效的法律文书确定的义务,根据权利人的申请或人民法院依职权主动提起而进行的。一般情况下,生效的法律文书都给予当事人一段自行履行义务的时间,如果当事人按照法律文书的规定已经履行了义务或义务人正在履行义务的,就不需要执行。

以上几个条件必须同时具备,权利人才可向人民法院申请执行。当事人申请执行时,应当提交书面申请,说明申请执行的事项和理由,并提出作为执行依据的法律文书和被执行人可供执行的经济、行为能力等状况,经人民法院审查受理后,才可进入开始执行程序。

(二)执行措施

劳动争议委员会作出的仲裁裁决和人民法院作出的判决、裁定和调解等法律文书中规定的义务,必须保证得以实现,必须强制执行。执行一般可以采取以下措施:

1.扣押、冻结、划拨、变价被执行人的存款、债券、股票、基金份额等财产

被执行人未按执行通知履行法律文书确定的义务,人民法院有权向有关单位查询被执行人的存款、债券、股票、基金份额等财产情况。人民法院有权根据不同情形扣押、冻结、划拨、变价被执行人的财产。人民法院决定扣押、冻结、划拨、变价财产,应当作出裁定,并发出协助执行通知书,有关单位必须办理。

人民法院查询、扣押、冻结、划拨、变价的财产不得超出被执行人应当履行义务的范围。

2.扣留、提取被执行人应当履行义务部分的收入

被执行人未按执行通知履行法律文书确定的义务,人民法院有权扣留、提取被执行人应当履行义务部分的收入,但应当保留被执行人及其所扶养家属的生活必需费用。

人民法院扣留、提取收入时,应当作出裁定,并发出协助执行通知书,被执行人所在单位、银行、信用合作社和其他有储蓄业务的单位必须办理。

3.查封、扣押、冻结、拍卖、变卖被执行人应当履行义务部分的财产

被执行人未按执行通知履行法律文书确定的义务,人民法院有权查封、扣押、冻结、拍卖、变卖被执行人应当履行义务部分的财产,但应当保留被执行人及其所扶养家属的生活必需品。

被执行人不履行法律文书确定的义务,并隐匿财产的,人民法院有权发出搜查令,对被执行人及其住所或者财产隐匿地进行搜查。财产被查封、扣押后,执行员应当责令被执行人在指定期间履行法律文书确定的义务。被执行人逾期不履行的,人民法院应当拍卖被查封、扣押的财产;不适于拍卖或者当事人双方同意不进行拍卖的,人民法院可以委托有关单位变卖或自行变卖。

4.对被执行人或者其法定代理人、有关单位的主要负责人或者直接责任人员予以罚款、拘留

被执行人未按执行通知履行法律文书确定的义务,应当报告当前以及收到执行通知之日前一年的财产情况。被执行人拒绝报告或虚假报告的,人民法院可以根据情节轻重对被执行人或者其法定代理人、有关单位的主要负责人或者直接责任人员予以罚款、拘留。

5.加倍支付迟延履行期间的债务利息或支付迟延履行金

被执行人未按判决、裁定和其他法律文书指定的期限履行给付金钱义务的,应当加倍支付迟延履行期间的债务利息。被执行人未按判决、裁定和其他法律文书指定的期限履行其他义务的,应当支付迟延履行金。

6.限制出境和记录征信系统

被执行人不履行法律文书确定的义务的,人民法院可以对其采取或者通知有关单位协助对其采取限制出境、在征信系统记录、通过媒体公布不履行义务信息以及法律规定的其他措施。

(三)执行中止和终结

人民法院在强制负有义务的当事人履行已经生效的判决、裁定所规定义务的诉讼活动中,时常遇到意想不到的情形。当这些情形出现时,必须中止或终结案件的强制执行。

1.执行中止

执行中止,是指在执行程序开始后,由于发生法定的特殊情形,执行程序暂时停止,在这种特殊情形消失后,执行程序再继续进行。《民事诉讼法》第二百六十三条规定:“有下列情形之一的,人民法院应当裁定中止执行:(一)申请人表示可以延期执行的;(二)案外人对执行标的提出确有理由的异议的;(三)作为一方当事人的公民死亡,需要等待继承人继承权利或者承担义务的;(四)作为一方当事人的法人或者其他组织终止,尚未确定权利义务承受人的;(五)人民法院认为应当中止执行的其他情形。中止的情形消失后,恢复执行。”

2.执行终结

执行终结,是指人民法院在执行过程中,由于出现了某种特殊情况,使执行程序无法或无须继续进行,从而结束执行程序。《民事诉讼法》第二百六十四条规定:“有下列情形

之一的，人民法院裁定终结执行：（一）申请人撤销申请的；（二）据以执行的法律文书被撤销的；（三）作为被执行人的公民死亡，无遗产可供执行，又无义务承担人的；（四）追索赡养费、扶养费、抚养费案件的权利人死亡的；（五）作为被执行人的公民因生活困难无力偿还借款，无收入来源，又丧失劳动能力的；（六）人民法院认为应当终结执行的其他情形。中止和终结执行的裁定，送达当事人后立即生效。”

参考书目

[1]"本书编写组".党的十九大报告学习辅导百问[M].北京:党建读物出版社,学习出版社,2017.

[2]"本书编写组".党的十九届四中全会《决定》学习辅导百问[M].北京:学习出版社,党建读物出版社,2019.

[3]"本书编写组".党的十九届五中全会《建议》学习辅导百问[M].北京:党建读物出版社,学习出版社,2020.

[4]"本书编写组".党的二十大报告学习辅导百问[M].北京:党建读物出版社,学习出版社,2022.

[5]国务院法制办公室.《中华人民共和国劳动法》注解与配套[M].北京:中国法制出版社,2020.

[6]国务院法制办公室.《中华人民共和国劳动争议调解仲裁法》注解与配套[M].北京:中国法制出版社,2020.

[7]国务院法制办公室.《中华人民共和国劳动合同法》注解与配套[M].北京:中国法制出版社,2020.

[8]郝双英,王正柱.医疗保险理论与实务[M].济南:山东大学出版社,2024.

[9]胡晓义.走向和谐:中国社会保障发展60年[M].北京:中国劳动社会保障出版社,2009.

[10]李启国.工伤保险实用手册[M].北京:中国社会出版社,2005.

[11]李志明.《中华人民共和国社会保险法》配套解读与实例[M].北京:法律出版社,2017.

[12]仇雨临.医疗保险[M].北京:中国劳动社会保障出版社,2008.

[13]全国人大常委会法工委,国务院法制办,人力资源和社会保障部.《中华人民共和国社会保险法》释义[M].北京:中国劳动社会保障出版社,2010.

[14]全国人大常委会法制工作委员会行政法室编著,李援主编.《中华人民共和国就业促进法》释义及实用指南[M].北京:中国民主法制出版社,2012.

[15]马原.劳动法条文精释[M].北京:人民法院出版社,2003.

[16]人力资源和社会保障部养老保险司.养老保险关系转移接续政策法规汇编[M].北京:中国劳动社会保障出版社,2017.

[17]王德学,李建勋.基本养老保险实用手册[M].济南:黄河出版社,2003.

[18]王正柱.失业保险实用大全[M].济南:山东大学出版社,2003.

[19]杨景宇,李飞.《中华人民共和国劳动争议调解仲裁法》释义[M].北京:中国市场出版社,2008.

[20]张小建.中国就业的改革发展[M].北京:中国劳动社会保障出版社,2008.

[21]郑功成.《中华人民共和国社会保险法》释义与适用指引[M].北京:中国劳动社会保障出版社,2012.

[22]中共中央组织部,人事部,全国人大常委会法工部,国务院法制办.《中华人民共和国公务员法》释义[M].2 版.北京:中国人事出版社,党建读物出版社,2007.

[23]国家统计局.中华人民共和国 2023 年国民经济和社会发展统计公报[EB/OL].(2024-02-29)[2024-04-30]. https://www.gov.cn/lianbo/bumen/202402/content_6934935.htm.

[24]山东省人力资源和社会保障厅.山东省就业创业政策文件汇编(2020 年)[EB/OL].(2020-12-31)[2024-04-30].http://hrss.shandong.gov.cn/articles/ch06581/202104/3aca990b-27f3-4d96-8cd1-4b91aed8b089.shtml.

[25]山东省国家统计局,国家统计局山东调查总队.2023 年山东省国民经济和社会发展统计公报[EB/OL].(2024-03-03)[2024-04-30].http://tjj.shandong.gov.cn/art/2024/3/3/art_6196_10311526.html.

后　记

《就业保障》书稿完成以后，感觉还有些话要说，于是，便有了下面的文字。

本书最初稿形成于2006年6月。当时，编者已是不惑之年，孩子正上学，晚上要在家写作业。这样编者就不能在家看电视了，时常和孩子一起看书学习，家庭氛围其乐融融。慢慢地，孩子养成了自觉学习的良好习惯，且自立性见长，同时感到学习需要一个安静的环境。一家三口都在家，免不了相互影响，于是我想：干脆晚上去办公室吧！当时，单位离家比较近，一路之隔，非常方便。那个年代，人们的生活没有像现在这样——紧张又被紧张。8小时之外，空闲比较多，编者又没有其他爱好，也不乐于应酬多事。于是，就有了想将自己多年从事的工作总结一下的想法，未想到竟成全了一本书。

尔后，编者仍不敢偷懒懈怠。当时，编者所从事的工作，从不同的角度讲，既可属于劳动就业的重要内容，又可属于社会保障的重要组成部分，需要全面了解、掌握、熟悉劳动就业业务和社会保障工作以及政策理论。静下心来学习，乐此不疲。时常应邀为服务对象讲解劳动就业、社会保障方面的有关基本知识和政策规定。同时，在现实生活中，编者也深深感受到广大用人单位和从业人员急需掌握、了解劳动就业、社会保障的政策规定，以维护自己的合法权益。但这些政策规定，时间久远，跨不同部门，分散在不同领域，正需要一本面向广大用人单位和劳动者的集劳动就业、社会保障政策规定于一册的书籍，将有关内容系统、完整、准确、明白地进行阐述介绍，便于掌握、使用。于是，编者就在工作之余，充分利用自身有利的条件，把那时我国现行的劳动就业制度、社会保障制度的内容向广大用人单位和从业人员作个详细的介绍，于是就有了本书的初稿。

初稿完成以后，编者又进行了多次修改，终于成型定稿了。正想付梓的时候，编者又被派任新的工作任务，已无暇顾及书稿付梓一事，只能将其束之高阁了。

时光荏苒，岁月如梭，一晃十多年过去了。

2018年，政府机构改革，编者被转隶到了新成立的医疗保障部门，岗位也有所调整，但工作仍没有离开社会保障范畴，只是自己不在一线了。新的工作单位，新的工作环境，一切从头学起，但终不似少年游。方方面面，种种原因，感觉有些事情无能为力，又无可奈何，可初心不改，秉性不移，唯有学习才是永恒的主题。

编者非常感谢转隶到医疗保障部门这段美好的时光。学须静也。编者心静后，又想起了那尘封已久的书稿，便重新拾起。于是乎，编者又认真研究起当今现行的劳动就业政策、社会保障制度。请教有关专家，拜访各路学者，讨教问题，查阅资料，研读法律、法规，学习政策文件，组织编写团队。在充实自己的同时，也补充、修改完善了那久违的书稿。就这样，《就业保障》一书终于见到了它可爱可敬的读者。

当此后记。

编者

2024 年 7 月于泉城济南